U0139869

图书在版编目(CIP)数据

法国"国王数学家"与中西文化交流 / 吕颖著. —
天津：南开大学出版社，2019.9
(南开大学外国语言文学青年学者文库)
ISBN 978-7-310-05820-4

Ⅰ.①法… Ⅱ.①吕… Ⅲ.①传教士－人物研究－法
国－近代②文化交流－文化史－中国、西方国家－清代
Ⅳ.①B979.956.5②K249.03

中国版本图书馆 CIP 数据核字(2019)第 145534 号

南开大学出版社出版发行
出版人:刘运峰
地址:天津市南开区卫津路 94 号　　邮政编码:300071
营销部电话:(022)23508339　23500755
营销部传真:(022)23508542　　邮购部电话:(022)23502200
*
天津市蓟县宏图印务有限公司印刷
全国各地新华书店经销
*
2019 年 9 月第 1 版　　2019 年 9 月第 1 次印刷
210×148 毫米　32 开本　11.625 印张　2 插页　290 千字
定价:37.00 元

如遇图书印装质量问题,请与本社营销部联系调换,电话:(022)23507125

目　录

引　言

在中西文化交流史上，虽然葡萄牙、西班牙和意大利人于 16、17 世纪首开西学东渐之先河，但到 17 世纪末，法国人便取而代之。他们逐渐开始了学术型的汉学研究，并把这种优势一直保持到 20 世纪三四十年代。正如 19 世纪法国著名汉学家雷慕沙（Abel-Rémusat）在《亚洲杂纂》中所说："欧洲人殆在 16 世纪末与 17 世纪上半叶中，始对于中国风俗文学史有正确认识，要为当时葡萄牙、西班牙、意大利等国传教士安文思（Gabriel de Magalhaens）、鲁德照（Alvare de Semedo）、殷铎泽（Prospero Intorcetta）、卫匡国（Martin Martini）诸人之功。法国教士始与诸人竞，不久遂以所撰关于中国之著述凌驾诸人之上。"[1]事实上，法国人能于 17 世纪末异军突起，在很大程度上要归功于 1685 年法国国王路易十四（Louis XIV）出于政治、科学和宗教等方面的原因，向中国派遣的首支由耶稣会士组成的传教团，他们是洪若翰（Jean de Fontaney）、张诚（Jean-François Gerbillon）、白晋（Joachim Bouvet）、李明（Louis Le Comte）和刘应（Claude de Visdelou）。该传教团成员个个饱学多能，他们在出发前被选定为法国王家科学院院士，并被路易十四授予了"国王数学家"的称号。法国"国王数学家"与之前所有赴华传教士不同，他们是首次由世俗君主直接派出，身兼传教与科学双重使命，并未获得葡萄牙国王之准许，而直接前往东方的一个传教团。法国传教团来

---

① 朱谦之：《中国哲学对于欧洲的影响》，福州：福建人民出版社，1983 年，第 56 页。

华是中西交通史上一个历史性的转捩点，传教士们凭借其卓越的聪明才智、严谨的科学精神，为康熙皇帝提供了多方面的服务，对中国历史文化进行了深入的研究，从而在中西文化交流史上留下了深刻的印迹。

笔者选择该传教团作为研究对象，主要出于以下三个方面的原因。

其一，"国王数学家"见证了中法两国的最初交往。虽然在1687 年之前，已经有多位法国传教士来到过中国，如史惟贞（Pierre Van Spiere）、罗历山（Alexandre de Rhodes）、颜尔定（Martin Burgent）、方德望（Etienne Faber）、汪儒望（Jean Valat）、客方西（François Clément）等，但这些传教士都是由教会派遣，和法国政府并不存在实质的关系。而"国王数学家"由路易十四直接派出并提供年金支持，既绕过了葡萄牙保教权的控制，又坚决不对宗座代牧宣誓，他们代表的是法国国王的意志和法国国家的利益。1693 年和1699 年，康熙分别派遣白晋和洪若翰携带着大量书籍等礼物前往凡尔赛宫，他们在康熙和路易十四这两位伟大的君王之间，架起了一座友谊的桥梁。白晋呈递给路易十四的报告《康熙皇帝》几乎全篇将康熙与路易十四相比较，路易十四为此感到非常自豪，常常向旁人流露出他对康熙皇帝的钦佩之情。[①]而白晋和洪若翰在法国国王的支持下，很快又招募到了近二十位法国传教士来华。"国王数学家"见证了中法两国的最初交往，虽然两国当时并未建立真正的外交关系，但是双方之间友好的种子已经渐渐发芽，直到鸦片战争将之彻底摧毁。

其二，"国王数学家"是在华法国耶稣会传教区的奠基者。由于五位耶稣会士的不断努力，1693 年康熙在内城赐予他们一所

---

① Jean-Pierre Abel-Rémusat. *Nouveaux mélanges asiatiques, ou Recueil de morceaux de critique et de mémoires, relatifs aux religions, aux sciences, aux coutumes, à l'histoire et la géographie des nations orientales*, tome 2. Paris: Schubart et Heideloff, 1829: 41.

宅院，以使其能和葡萄牙人分开居住，1699 年又批准他们兴建天主教堂，即后来的北堂。同年，耶稣会总会长任命洪若翰为具有行使副省会长权力的法国传教区会长，这标志着独立于副省的在华法国耶稣会传教区正式成立。转年 11 月 30 日，张诚正式出任在华法国传教区第一任会长。从 1700 年到 1775 年 11 月 15 日耶稣会士在北京签署耶稣会被取缔的敕令期间，历任总会长分别是张诚、殷弘绪（François Xavier d'Entrecolles）、赫苍璧（Julien-Placide Herieu）、龚当信（Cyr Contancin）、胥孟德（Joseph Labbe）、赫苍璧、沙如玉（Valentin Chalier）、纽若瀚（Jean Sylvain de Neuvialle）、嘉类思（Louis-Marie Du Gad）、纽若瀚、石若瀚（Jean-Baptiste de la Roche）和邓类斯（Louis Joseph Le Febure）。[①]自从法国人有了自己的传教区，在随后的四分之三个世纪里，他们的活动不再受葡萄牙人的钳制，新来华的法国传教士数目不断增长，这使法国的中国研究无论在深度还是广度上都是其他国家所望尘莫及的。而追根溯源，在华法国耶稣会传教区得以建立并发展，"国王数学家"为之做出了奠基性的工作。正如雷慕沙所说："是为驻华法国传教会之第一中心，东亚之足使世人识识，颇赖此会会士之力，故传名世界已百有余年。"[②]

其三，"国王数学家"在中西文化交流史上做出了重要的贡献。一方面，他们将大量西方科学知识引入中国，如张诚、白晋曾贵为帝师，他们向康熙教授了许多西方数学、哲学、医学等方面的知识；张诚在尼布楚谈判中发挥了重要作用并将国际法引入中国；洪若翰和刘应用金鸡纳霜治愈了康熙的疟疾；张诚、白晋参与了《皇舆全览图》的绘制，等等。另一方面，也是他们做得更好的一面，他们把中国介绍给了西方。通过白晋的《康熙皇帝》，

---

① 〔法〕荣振华著，耿昇译：《在华耶稣会士列传及书目补编》，北京：中华书局，1995年，第 785-786 页。

② 同上，第 425-426 页。

张诚的《张诚日记》《对大鞑靼的历史考察概述》，李明的《中国近事报道》，刘应的《大鞑靼史》等作品，这些传教士成为中国历史和文化最为积极热心的宣传者。在他们的笔下，中国的神秘面纱被逐渐揭开。法国甚至是整个欧洲对中国产生了极大的兴趣，法国本土的中国研究也随之悄然兴起，出现了杜赫德（Jean Baptiste Du Halde）、佛雷烈（Nicolas Fréret）及傅尔蒙（Etienne Fourmont）等一批卓有成就的汉学家，从而为 19 世纪初汉学作为一门学科在法国得以创立奠定了良好的基础。

在明末清初这个中西文化交流的高潮时期，西方的众多耶稣会士都充当了双方交流的媒介，对此，国内外学者已有不少作品进行论述。但具体到将法国"国王数学家"作为一个专题进行研究的还是凤毛麟角，至今并未见到专著出版，只有几篇相关文章面世。法国学者蓝莉（Isabelle Landry-Deron）的《1685 年路易十四派往中国的数学家》[①]一文将"国王数学家"的来华背景、过程、在华主要活动及传教团的解体按照时间的顺序进行了梳理，使人们对该传教团有了一个大体上的认识。但遗憾的是全文将传教团的来华背景和过程作为重点，而对传教士们的在华活动只是寥寥几笔带过，更未涉及他们对中国历史文化所进行的研究，无法使读者对该传教团成员的在华活动以及他们对中西文化交流所做出的贡献有准确和深入的认识。法国学者詹佳玲（Catherine Jami）的《葡萄牙海上帝国，17、18 世纪的法国外交和欧洲数学在东亚的传播》[②]一文将"国王数学家"置于 17、18 世纪欧洲的大背景之下进行研究。作者梳理了葡萄牙从海上扩张到衰落的历

---

① Isabelle Landry-Deron. Les mathématiciens envoyés en Chine par Louis XIV en 1685. *Archive for History of Exact Sciences*, 2001, 55.

② Catherine Jami. L'empire maritime portugais, la diplomatie française et la transmission des sciences mathématiques européennes en Asie orientale aux XVIIe et XVIIIe siècles. In Dominique Tournès ed., *L'Océan Indien au carrefour des mathématiques arabes, chinoises, européennes et indiennes*. Saint-Denis: I.U.F.M. de la Réunion, 1998.

史，将之作为法国传教团的来华背景，进而分析了该传教团成员在将西方数学知识传入中国过程中所发挥的作用。詹佳玲的另一篇文章《清初的北京：皇家知识之都和巴黎王家科学院的中继站》①一文则将该传教团置于清初北京的背景之下进行研究，突出了传教士们在沟通中西方科学方面所发挥的桥梁作用。

除此之外，目前国内外涉及"国王数学家"的研究型著作或文章大体上可分为两类。一类是对在华传教士全景式研究或对其他传教士个案研究中对该传教团成员或作品有所涉及，另一类是对该传教团成员的个案研究。

在西方，有关在华传教士研究的作品中有不少谈及该传教团成员。雷慕沙在《亚洲杂纂》中对洪若翰和刘应的经历、著作及影响做了简要介绍。费赖之（Louis Pfister）在《在华耶稣会士列传及书目》中为该传教团五位成员写传，介绍了他们的生平、主要活动及著作。荣振华（Joseph Dehergne）在《在华耶稣会士列传及书目补编》中将他们每人的情况都做了简要的补充。维吉尔·毕诺（Virgile Pinot）的《中国对法国哲学思想形成的影响》②一书主要探讨的是通过"礼仪之争"和耶稣会士们有关中国的著作，法国对中国形成了怎样的认识以及这些认识对法国哲学思想的形成都产生了哪些影响。全书有多处涉及了"国王数学家"，如在首章对该传教团的来华背景进行了分析，在"中国的礼仪之争"一章中对李明的《中国近事报道》在索邦神学院遭受到谴责一事做了精彩的叙述，在"中国人的哲学和宗教"一章中对索隐派思想的起源、白晋的索隐派研究以及索隐派思想的影响进行了探讨。

① Catherine Jami. Pékin au début de la dynastie Qing: capitale des savoirs impériaux et relais de l'Académie royale des sciences de Paris. *Revue d'histoire moderne et contemporaine*, 2008, 55-2.

② 〔法〕维吉尔·毕诺著，耿昇译：《中国对法国哲学思想形成的影响》，北京：商务印书馆，2000年。

魏若望（John W. Witek）在《耶稣会士傅圣泽神甫传：索隐派思想在中国及欧洲》①一书中，用第二章"在华法国耶稣会士传教区开端（1687—1697 年）"的整章介绍了"国王数学家"的来华背景、过程，为康熙提供的服务以及他们与葡萄牙保教权之间的冲突。孟德卫（David E. Mungello）的《奇异的国度：耶稣会适应政策及汉学的起源》②以欧洲思想文化史为背景，以耶稣会的文化适应政策及其发展变化为线索，重点分析了耶稣会士依此策略撰写的有关中国语言、历史、文化的几部代表性著作以及欧洲学者以自己的视角解读耶稣会士著作后写出的一些早期汉学论著，为读者系统地梳理了欧洲早期汉学的学术脉络。该书的第九章介绍了耶稣会适应政策在白晋索隐主义中的演变，第十章分析了李明《中国近事报道》的写作背景、在神学上引起的争议以及李明对汉语的看法，此外第六章的部分内容还涉及了白晋在莱布尼茨（Leibniz）对汉语的理解方面所发挥的作用。布洛奇（Liam Matthew Brockey）的作品《东游记——耶稣会士在华传教史（1579—1724）》③以藏于里斯本和罗马的葡萄牙文原始文献为基础，试图改变以往只关注利玛窦（Matteo Ricci）、汤若望（Johann Adam Schall von Bell）、南怀仁（Ferdinand Verbiest）等英雄式人物的做法，努力考察长期在地方传教的耶稣会士和普通的中国教徒。在该书的第四章"成功问题"中，作者分析了洪若翰团队的来华背景、法国人与视察员之间的矛盾、法国人开辟自己的教区及其后续影响等问题。何夏（Florence C. Hsia）2009 年的作品《异乡异

① 〔美〕魏若望著，吴莉苇译：《耶稣会士傅圣泽神甫传：索隐派思想在中国及欧洲》，郑州：大象出版社，2006 年。

② 〔美〕孟德卫著，陈怡译：《奇异的国度：耶稣会适应政策及汉学的起源》，郑州：大象出版社，2010 年。

③ Liam Matthew Brockey. *Journey to the East, The Jesuit Mission to China, 1579-1724.* Cambridge: The Belknap Press of Harvard University Press, 2007.

客：在华耶稣会士和他们的科学传教团》^①从第四章起所涉及的
内容就和"国王数学家"紧密相关，如传教团来华途中和在华所
做的科学观测、他们寄回王家科学院的报告、洪若翰对该科学传
教团的重要作用、李明的《中国近事报道》等。詹佳玲于 2012
年完成了一部著作——《皇帝的新数学：康熙朝的西学和皇权
（1662—1722）》^②。该书以时间为序，通过数学这条主线，将康
熙与西方传教士之间的关系紧紧相连。作者借此主要探讨的是康
熙如何利用传教士传入中国的西学，特别是数学来加强皇权的。
该书第五至第八章的内容涉及了"国王数学家"的来华背景、经
过、在华的旅行和观测、康熙在南京观象台、张诚和白晋教授康
熙西学、《几何原本》的重译等内容。此外，考狄（Henri Cordier）
的《中国书目》^③，艾田蒲（René Etiemble）的《中国之欧洲》^④，
谢和耐（Jacques Gernet）的《中国与基督教——中西文化的首次
撞击》^⑤，谢和耐、戴密微（Paul Demiéville）等人的《明清间耶
稣会士入华与中西汇通》^⑥，卫三畏（Samuel Wells Williams）的
《中国总论》^⑦，科林·马克尔（Colin Mackerras）的《西方的中
国形象》^⑧，利奇温（A. Reichwein）的《十八世纪中国与欧洲文

① Florence C. Hsia. *Sojourners in a Strange land: Jesuits and Their Scientific Missions in Late Imperial China.* Chicago: University of Chicago Press, 2009.

② Catherine Jami. *The Emperor's New Mathematics: Western Learning and Imperial Authority During the Kangxi Reign (1662-1722).* Oxford: Oxford University Press, 2012.

③ Henry Cordier. *Bibliotheca Sinica*, Vols.1-4. Paris: E. Guilmoto, 1904-1908.

④〔法〕艾田蒲著，许钧、钱林森译：《中国之欧洲》，桂林：广西师范大学出版社，2008 年。

⑤〔法〕谢和耐著，耿昇译：《中国与基督教——中西文化的首次撞击》，上海：上海古籍出版社，2003 年。

⑥〔法〕谢和耐、戴密微等著，耿昇译：《明清间耶稣会士入华与中西汇通》，北京：东方出版社，2011 年。

⑦〔美〕卫三畏著，陈俱译：《中国总论》，上海：上海古籍出版社，2005 年。

⑧ Colin Mackerras. *Western Images of China.* Oxford: Oxford University Press, 1982.

化的接触》①等众多著作也都对该传教团成员或著作有所提及或有简单的评述。

在国内，法国"国王数学家"也是宗教史、汉学史、中西文化交流史等领域的众多著作不可绕过的话题。方豪在《中国天主教史人物传》②一书中为洪若翰、张诚、白晋和李明分别写传，他致力于在中文史料中攫取素材，所以他笔下的内容和费赖之为教士们所写的传记互为补充、相得益彰。阎宗临的《传教士与法国早期汉学》③收录了他的博士论文《杜赫德的著作及其研究》，文章开篇对 1685 年以前法国对中国的认识进行了研究。阎宗临将路易十四派出"国王数学家"的 1685 年作为时代的分割点，可见他认为该传教团在汉学史上具有里程碑式的作用。该书还收录了阎宗临的《白晋与傅圣泽之学〈易〉》《关于白晋测绘〈皇舆全览图〉之资料》等多篇和该传教团有关的文章。朱谦之在《中国思想对于欧洲文化之影响》④一书中谈及了该传教团，并主要对张诚和白晋二人的活动进行了介绍。张国刚的《中西文明的碰撞》⑤、《明清传教士与欧洲汉学》⑥以及《从中西初识到礼仪之争——明清传教士与中西文化交流》⑦这三部作品从中西文化交流的视角对明清间来华传教士进行了研究，其中对该传教团的活动、作用做了较为中肯，也较为简略的评述。许明龙的《欧洲十八世纪中国热》⑧以"中国热"形成、发展到沉寂为线索，呈现了 18 世纪中

---

①〔德〕利奇温著，朱杰勤译：《十八世纪中国与欧洲文化的接触》，北京：商务印书馆，1991 年。

② 方豪：《中国天主教史人物传》，北京：宗教文化出版社，2007 年。

③ 阎宗临著，阎守诚编：《传教士与法国早期汉学》，郑州：大象出版社，2003 年。

④ 朱谦之：《中国思想对于欧洲文化之影响》，北京：商务印书馆，1940 年。

⑤ 张国刚：《中西文明的碰撞》，广州：广东人民出版社，北京：华夏出版社，1996 年。

⑥ 张国刚等：《明清传教士与欧洲汉学》，北京：中国社会科学出版社，2001 年。

⑦ 张国刚：《从中西初识到礼仪之争——明清传教士与中西文化交流》，北京：人民出版社，2003 年。

⑧ 许明龙：《欧洲十八世纪中国热》，北京：外语教学与研究出版社，2007 年。

西文化交流的全貌。其中对该传教团成员的来华、著作、他们和
欧洲学者的通信、他们对欧洲学者的影响等问题的阐述分布在不
同的章节里。此外，徐宗泽的《中国天主教传教史概论》[①]及《明
清间耶稣会士译著提要》[②]、张西平的《传教士汉学研究》[③]、许
明龙主编的《中西文化交流先驱》[④]、严建强的《十八世纪中国
文化在西欧的传播及其反应》[⑤]、吴孟雪的《明清时期——欧洲人
眼中的中国》[⑥]、许光华的《法国汉学史》[⑦]等著作均对该传教团
成员的活动或作品有所简单介绍。

　　对于该传教团成员的个案研究，近些年西方学者发表了与此
相关的两部著作和一些文章。这两部著作分别是伊夫斯·德·托
玛斯·博西耶尔夫人（Yves de Thomaz de Bossière）的《耶稣会
士张诚：路易十四派往中国的五位数学家之一》[⑧]以及柯兰霓
（Claudia von Collani）的《耶稣会士白晋的生平与著作》[⑨]。这两
部作品对留在宫廷的张诚和白晋两位教士分别进行了详细的个案
研究，并披露了欧洲多个档案馆和图书馆中的一些相关资料和书
信，对弥补我国相关研究的不足起到了一定的积极作用。《耶稣会
士张诚：路易十四派往中国的五位数学家之一》在内容上大体可
以分为三部分。首先，作者介绍了张诚在鞑靼的八次旅行，接着

　　① 徐宗泽：《中国天主教传教史概论》，上海：上海世纪出版集团，2010 年。
　　② 徐宗泽：《明清间耶稣会士译著提要》，北京：中华书局，1946 年。
　　③ 张西平：《传教士汉学研究》，郑州：河南教育出版社，2005 年。
　　④ 许明龙主编：《中西文化交流先驱》，北京：东方出版社，1993 年。
　　⑤ 严建强：《十八世纪中国文化在西欧的传播及其反应》，杭州：中国美术学院出版社，
2002 年。
　　⑥ 吴孟雪：《明清时期——欧洲人眼中的中国》，北京：中华书局，2000 年。
　　⑦ 许光华：《法国汉学史》，北京：学苑出版社，2009 年。
　　⑧〔法〕伊夫斯·德·托玛斯·博西耶尔夫人著，辛岩译：《耶稣会士张诚：路易十四
派往中国的五位数学家之一》，郑州：大象出版社，2009 年。
　　⑨〔德〕柯兰霓著，李岩译：《耶稣会士白晋的生平与著作》，郑州：大象出版社，2009
年。

从张诚的一些来往书信阐述他在宫廷的生活以及其与巴黎外方传教会的友好关系，最后介绍了铎罗（Charles Thomas Mailland de Tourrnon）来华期间张诚的活动以及他生命最后几个月的时光。作者的写作目的是为了清晰再现张诚一生的历程，并不是突出他在中西文化交流史上的作用，所以在处理张诚的代表性著作时，只是将他在八次鞑靼之行中所写的日记（特别是后六次旅行的日记）按照时间的顺序进行了简写，并未做任何分析，而对他的《对大鞑靼的历史考察概述》一文更是只字未提。《耶稣会士白晋的生平与著作》的内容大体也可以分为三部分。首先，作者按照时间的顺序再现了索隐派思想是如何贯穿在白晋一生当中的。接着是全书的重点，作者从索隐派思想的一般出发点、神的启示在中国、中国人对独一神和三一神的认识、世界发展的三个阶段和自然的三重状态、中国古代典籍中出现的救世主这五个方面详细地介绍了白晋的索隐派思想体系。最后作者非常简略地对白晋的品格和作品进行了评价。柯兰霓写作此书的目的也不是为了阐释主人公在中西文化交流中所起的作用，而是"对白晋的理论进行总体上的介绍，另外则是为了反驳几十年前的一种观点，即 1932 年毕诺提出的所谓索隐派不重视历史，所以毫无科学性的观点"[1]。柯兰霓认为对白晋作品的进一步研究对当代传教事业有不可低估的价值，白晋作为教徒、传教士和杰出科学家在华几十年所取得的经验和认识以及他的索隐派思想的精髓对于在华传教甚至对于整个传教事业都至关重要。即使白晋的理论当中也存在一些错误主张，但是他的思想对于当代传教理论的发展会起到重大的作用。作者甚至在该书的最后部分直言，希望该书能够推动这方面的努力，并鼓励跨学科的研究以适应传教理论建设的需要。[2]所以，

---

① 柯兰霓著，李岩译：《耶稣会士白晋的生平与著作》，郑州：大象出版社，2009 年，第 214 页。

② 同上，第 218-219 页。

作者的写作目的决定了该书的结构，也决定了该书中的一些观点存在争议。

除此之外，国外学者还发表了一些有关该传教团成员个案研究的文章，有代表性的如：裴化行（Henri　Bernard）的《洪若翰神父的暹罗和中国之行（1685—1687）》①以传教士们的书信为基础介绍了洪若翰团队的来华背景，特别是从暹罗到宁波一路上的经历。裴化行在该篇长文中与之前提及的蓝莉在《1685年路易十四派往中国的数学家》一文中都在传教士们的来华背景和过程方面着墨颇多，笔者分析其中一个很重要的原因是记载他们来华背景及过程的西文史料比记载他们在华活动的资料更加充分和集中。这些史料一部分来自后来抵华的"国王数学家"，但更多的是来自提前脱离团队的塔查尔（Guy Tachard）、与该传教团共乘"飞鸟号"前来东方的舒瓦齐小修道院长（Choisy）、福尔班骑士（Forbin）和瓦歇先生（Vachet）等人。此外，魏若望的文章《刘应和中国矛盾》②谈及了刘应的来华经历及在华活动，重点探讨了他在"礼仪之争"中态度转变的原因。

周燕2012年出版的《传教士与中外文化交流——李明〈中国近事报道〉研究》③是国内唯一一部对"国王数学家"进行个案研究的著作，也是截至目前对李明及其代表作进行研究最为深入的一部作品。该书中，作者将《中国近事报道》与早期传教士有关中国的著作进行对比研究，如曾德昭（Alvaro Semedo）的《大中国志》、卫匡国的《中国概览》、利玛窦的《利玛窦中国札记》

---

① Henri Bernard. Le voyage du père de Fontaney au Siam et à la Chine (1685-1687) d'après des lettres inédites. *Bulletin de l'Université l'Aurore*, 1942 (série 3, 3, no. 2).

② John W. Witek. Claude Visdelou and the Chinese Paradox. In Edward Malatesta and Yves Raguin, eds., *Images de la Chine: Le contexte occidental de la sinologie naissante*. Taipei and Paris: Institut Ricci, 1995.

③ 周燕：《传教士与中外文化交流——李明〈中国近事报道〉研究》，杭州：浙江大学出版社，2012年。

等,从而展现了欧洲人在认识中国某些共同领域方面的渐进过程。此外,作者还通过文本对比得出李明的著作对西方众多思想家产生影响的结论。关于张诚的研究,国内学界主要将目光集中于他在尼布楚谈判中的活动与作用,如曹增友的《法国传教士张诚与〈中俄尼布楚条约〉》[①]、何桂春的《〈中俄尼布楚条约〉的签订与耶稣会士》[②]、余三乐的《徐日升[③](Thomas Pereira)、张诚与中俄〈尼布楚条约〉的签订》[④]、倪军民和三英的《耶稣会士与〈中俄尼布楚条约〉》[⑤]等文章,但这些文章对张诚在尼布楚谈判中作用的评价褒贬不一,相去甚远。李晓标的《耶稣会士张诚眼中的蒙古地区》[⑥]是笔者所见的唯一一篇对张诚的鞑靼之行进行分析的文章,作者从经纬度下的蒙古地区、蒙古地区的地理景观、蒙古社会的时局众生三个方面再现了张诚对蒙古地区的认识,但并未涉及鞑靼所包含的其他区域。关于白晋的研究,张西平的《梵蒂冈图书馆藏白晋读〈易经〉文献初探》[⑦]、《中西文化的一次对话:清初传教士与〈易经〉研究》[⑧]这两篇文章以梵蒂冈图书馆所藏中文文献为基础,对白晋《易经》研究的过程以及康熙指导他进行研究的原因和目的进行了分析。吴伯娅的《耶稣会士白晋

---

① 曹增友:《法国传教士张诚与〈中俄尼布楚条约〉》,《学习与探索》,1985 年第 4 期。

② 何桂春:《〈中俄尼布楚条约〉的签订与耶稣会士》,《福建师范大学学报》(哲学社会科学版),1989 年第 4 期。

③ 即徐日昇。

④ 余三乐:《徐日升、张诚与中俄〈尼布楚条约〉的签订》,《北京行政学院学报》,2000 年第 5 期。

⑤ 倪军民、三英:《耶稣会士与〈中俄尼布楚条约〉》,《北方论丛》,1994 年第 5 期。

⑥ 李晓标:《耶稣会士张诚眼中的蒙古地区》,《内蒙古社会科学》(汉文版),2013 年第 4 期。

⑦ 张西平:《梵蒂冈图书馆藏白晋读〈易经〉文献初探》,《文献》,2003 年第 3 期。

⑧ 张西平:《中西文化的一次对话:清初传教士与〈易经〉研究》,《历史研究》,2006 年第 3 期。

对〈易经〉的研究》①以《康熙朝满文朱批奏折全译》为史料基础，分析了白晋研究《易经》的缘起、康熙对白晋的指导和评价以及白晋和莱布尼茨关于《易经》的通信。而对于洪若翰和刘应的研究，除了笔者的两篇文章②分别将他们二人的在华活动、中国研究以及对中西文化交流的贡献做了梳理外，还未见其他相关论文发表。

综合国内外研究现状，对于这样一个与众不同而又贡献卓著的团队，中外学者对它都缺乏整体性的深入研究。诚然，有关在华传教士特别是在华耶稣会士的全景式著作数量众多，但其中谈及"国王数学家"的部分大都以活动的概括性介绍为主，并未涉及更细节和更深层次的问题。而对该传教团成员的个案研究则呈现出一种极不均衡的态势。张诚和白晋受到了学者们的青睐，这和他们生活在宫廷，其活动往往和康熙皇帝紧密相关，因而在中西文化交流史上产生较大影响有关。但实际上，生活在外省的几位教士通过他们的活动和著作也对中西文化交流产生了很大的影响，他们同样值得学者们进行研究。可喜的是，随着近些年国内外对中西文化交流，特别是"礼仪之争"这段历史探讨的不断深入，李明引起了学界越来越多的关注，但是对于洪若翰、刘应的研究还只是处于刚刚起步的阶段。事实上，洪若翰既是该传教团的领导者，又是其中天文学造诣最高者，在法国国王、大臣和他的会友们看来是接替南怀仁的最佳人选。刘应则是西方人中研究中亚、东亚历史之第一人，被费赖之称誉为昔日居留中国耶稣会士中最完备的汉学家。如若对他们缺少基本研究，这将是清史研

---

① 吴伯娅：《耶稣会士白晋对〈易经〉的研究》，中国社会科学院历史研究所：《中西初识二编——明清之际中国和西方国家的文化交流之二》，2000年4月。
② 吕颖：《清代来华"皇家数学家"传教士洪若翰研究》，《清史研究》，2013年第3期。吕颖：《清代来华法国传教士刘应研究》，《福建师范大学学报》（哲学社会科学版），2014年第3期。

究方面的一些缺憾。此外，由于受语言、史料等因素的影响，国内外学者对该传教团的认识还存在一些偏颇甚至错误之处，亟须有所辨析和纠正。

　　本书正是针对国内外对该传教团研究的不足，拟对"国王数学家"与中西文化交流这一主题展开深入研究，为推动明清中西文化交流史研究的纵深发展尽一点绵薄之力。

第一章　法国"国王数学家"来华

第一节　"国王数学家"的来华背景

　　17世纪，葡萄牙国力日渐衰败，令其无法再从经济上支持传教士的东方拓展之旅，这不仅让罗马教廷颇为不满，而且让新崛起的法国看到了一个取而代之的机会。当时法国遇到的障碍主要有两个：一是葡萄牙所拥有的保教权；二是罗马教廷所要求的宣誓问题。但是，法国政治、科学和宗教发展的需求，加之暹罗使团的突然到访，让路易十四最终决定派遣耶稣会士跟随暹罗使团前往东方，这些传教士便是中西交流史上赫赫有名的"国王数学家"。

一、葡萄牙、罗马教廷和法国之间的利益争夺

　　从15世纪开始，葡萄牙和西班牙两个欧洲强国就在全球范围内展开了瓜分殖民地的斗争，依靠新航线和对殖民地的掠夺各自建立起庞大的帝国,这种激烈的竞争一度几乎引起双方的战争。在教皇亚历山大六世（Alexandre Ⅵ）出面调停下，两国于1494年缔结了《托德西拉斯条约》，确定了亚速尔群岛以西370里格[①]的子午线为分界线，西属西班牙，东属葡萄牙，两国都保证在各自保护地上传播天主教，由此便产生了葡萄牙在东方的保教权。该条约将所有裁决大权都交给了作为首席主教的果阿大主教以及

---

① 1里格约等于5.556千米。

分布在印度各地的副主教，规定任何东去的传教士必须得到葡萄牙国王的批准，且必须途经里斯本，并在那里取得护照。当时，葡萄牙是一个繁荣兴盛的国家，保教权对天主教传教区是有益处的，因为葡萄牙在拥有此项权力的同时，还必须承担起招募、运送和供养传教士的义务。而到了 17 世纪，葡萄牙的这种优势地位受到了法、英、荷等国的挑战，并在角逐中颓势逐渐显现。"在印度，葡萄牙的海上力量受到了荷兰和英国强有力的竞争。葡萄牙已掌控不住通过好望角前往东方的传统航线的中途站。马六甲于 1613 年落入荷兰人之手。在巽他海峡上，英国和荷兰建立了一些商行和货栈，并可监视海上通行。更重要的是，1619 年巴达维亚建城了。"①再加之葡萄牙小国寡民及 1580—1640 年沦为西班牙的藩属，它已逐渐失去了昔日在东方的辉煌。随着国力日渐衰败，葡萄牙已渐渐无力供养各传教区，但它不会甘心就这样被别国取代，它还拥有一种有力的自卫武器，就是百余年来教皇所赋予它的保教权。

　　然而，当葡萄牙只想享受权利而拒绝承担义务的时候，此项特权便成为天主教传播的一大障碍。教廷为摆脱葡萄牙保教权的羁绊，于 1622 年成立了传信部，直接组织和管理海外传教事务。1659 年，又设立宗座代牧制，委派直属圣部的主教治理传教区。1673 年 11 月 10 日，教皇克莱芒十世（Clément X）签署一道敕书，免除了果阿大主教和宗教裁判所对宗座代牧主教的管辖权，并于同年的 12 月 23 日，向诸位宗座代牧颁发了《罗马理当宪章》，其中重新具体指明了宗座代牧们的权限，并允许他们不必经里斯本而直赴远东。② 1677 年，罗马教廷进一步强化了过去的措施，

---

① Isabelle Landry-Deron. Les mathématiciens envoyés en Chine par Louis XIV en 1685. *Archive for History of Exact Sciences*, 2001, 55: 428.

②〔法〕维吉尔·毕诺著，耿昇译：《中国对法国哲学思想形成的影响》，北京：商务印书馆，2000 年，第 24-25 页。

在远东创建了 6 个宗座代牧区，其中两个设在中国。此后，教皇
又规定所有传教士必须向宗座代牧宣誓，誓词的部分内容如下：
教皇对所有土地上的宗教行为拥有至高和绝对独立的权力，无须
获得任何信徒或非信徒的允许和同意，无论此人具有何种地位和
级别，即使国王也不例外。教皇可派传教士到不信教的人中去，
特别是到中国、交州、交趾支那、柬埔寨、暹罗和附近的其他地
区去宣讲上帝的福音，从而奠定和发展基督教。[①]教廷的这一系
列举措，目的是打破葡萄牙在东方的宗教垄断，建立一种独立于
各个天主教国家的教士品级，通过一种统一的誓词，使不同国家
不同修会的会士都能服从于宗座代牧，也就是最终都服从于罗马
教廷。然而几乎所有的修会会士都奋起反对这种誓词，因为他们
觉得向一名不属于他们修会的主教宣誓既不合常理也违背他们的
原则。葡萄牙人当然也不例外，因为参加了这种宣誓，就是承认
了教皇向远东派遣宗座代牧主教的合法性，也就是承认了葡萄牙
自动放弃了它在远东所拥有的保教权。

　　在保教权和宗座代牧的斗争中，法国出于自身利益开始站在
罗马教廷一边，但实则心存芥蒂。1652 年，交州和交趾支那的耶
稣会士亚历山大·罗德神父（Alexandre de Rhodes）来到罗马，
他的目的是"为拯救那些漂亮的教堂寻求资助，找到并带回一些
主教和新的传教士"[②]。9 月 11 日，他受传信部委派离开罗马，
寻找完成使命的人选及资助。他跑遍了皮埃蒙特和瑞士，一无所
获，于是他想到了"世界上最虔诚的王国"[③]——法国。1653 年，

---

　　① 〔法〕维吉尔·毕诺著，耿昇译：《中国对法国哲学思想形成的影响》，北京：商务
印书馆，2000 年，第 27 页。

　　② Andrien Launay. *Histoire générale de la Société des missions étrangères*, tome 1. Paris:
Téqui, 1894: 13.

　　③ Alexandre de Rhodes, Jacques Machault. *Voyages et missions du Père Alexandre de
Rhodes de la Compagnie de Jésus en la Chine et autres royaumes de l'Orient*. Paris: Julien,
Lanier et Cie, 1854: 435.

罗德神父到达巴黎，得到了国王路易十四的召见，但当时法国正经历投石党叛乱，无暇顾及此事。后来罗德神父得到了耶稣会士巴戈神父（Bagot）创立的挚友会中青年人的响应，并得到圣事会成员的解囊相助。但葡萄牙以保教权为由，对教廷传信部提出控告，反对其向东方派遣传教士，致使此事一再延期。直到 1658 年，教廷传信部旧事重提，后来成为巴黎外方传教会创始人的法国神父陆方济（François Pallu）和朗伯特（Pierre Lambert de La Motte）被任命为宗座代牧派往远东。他们为摆脱葡萄牙设下的种种障碍，不得不选择了充满艰险的陆路，经波斯和印度到达远东。在路易十四看来，教皇选择法国人出任远东主教，这当然是个绝好的增加法国荣耀的机会。所以当他得知教廷非常希望任用法国传教士，并已派出主教去归化不信基督的东方各国的消息时，感到尤为满意，并许诺赐给每名宗座代牧 1000 里弗尔的终身年金，以后将增加到 3000 里弗尔。[1]我们不难想象路易十四对教皇的使节如此慷慨的原因：他全力地支持宗座代牧们，是因为他觉得此时是一个绝佳的"鹬蚌相争，渔翁得利"的时机，而且宗座代牧都是法国人，他期待着他们能为法国的利益服务。但当宗座代牧们遵照教皇的旨意在传教区发出牧函，要所有传教士到其面前宣誓，绝对遵守罗马颁布的任何诏谕时，路易十四必然会觉得希望落空和极为不满。"誓词一事破坏了国王最初对巴黎外方传教会和宗座代牧主教所保有的信任。当陆方济于 1680 年返回法国时，对此已有察觉，他曾试图让国王召见他，但却一无所获。"[2]至于宗座代牧的失宠，毫无疑问是由宣誓问题导致的。路易十四意识到虽然他们是法国人，但他们服从的只是教廷，而不是自己，法国应当有其新的途径，扩大其在东方的影响。

---

① 〔法〕维吉尔·毕诺著，耿昇译：《中国对法国哲学思想形成的影响》，北京：商务印书馆，2000 年，第 18-19 页。

② 同上，第 28 页。

二、科学使命的召唤

"国王数学家"来华和法国的一个重要机构——法国王家科学院密切相关。该院于 1666 年在财政大臣科尔伯（Jean-Baptiste Colbert）的支持下创立，目的是推动法国科学事业的迅速发展。在科学院的第一次会议中，院士们决定要建造一座设备精良的天文台作为其开会和实验的场所，这就是后来举世闻名的巴黎天文台。1669 年，法国著名天文学家卡西尼（Jean-Dominique Cassini）被任命为天文台台长。科尔伯指派给王家科学院的首要任务之一就是要提高现有地图的精确度。科学院曾对月亮进行过细致的观察，因为其运行轨迹太过复杂，很难被用来测量经度，于是便决定推广伽利略（Galileo Galilei）提出的"木星卫星法"。这个方法的成功要归功于卡西尼，他于 1668 年公布了第一个木星历表，详细记录了木星的四颗卫星的运动轨迹和星食时间。这是当时出版的最为精确的木星卫星表，依据此表，世界各地的天文学家可以通过观测卫星的出没，测定出所在地的准确经度。有了科学的方法，科学院便在世界范围内开展起大规模的地理考察活动。

洪若翰在 1703 年 2 月 15 日致拉雪兹神父（Lachaise）的信中回顾了当时的背景：

> 当时在法国，人们正根据国王的诏令，为改造地理学而工作。皇家科学院的先生们奉命负责此事，他们派遣了其团队中最精明能干的人赴大西洋和地中海各港口，英国、丹麦、非洲和美洲诸岛屿，在那里从事必要的考察。大家对遴选将被派往印度和中国的人员感到最为棘手，因为这些地区在法国较少被人所知，且科学院的先生们还认为，在那里可能会

有不受欢迎以及使执行计划的外国人感到不安的危险。^①

塔查尔在他的《暹罗行纪》中做了类似的描述：

　　　自从国王在巴黎建立了王家科学院来完善法国的科学和艺术以来，科学院的院士们找到的完成这项使命的最好方法就是派遣一些学者到国外从事考察，以便修正地图，为航海提供便利并完善天文学。出于这个目的，这个精干团体中一些最博学的人奉国王之命前往不同的国家。一些人去了丹麦，一些人去了英国，还有一些人被派往卡宴岛及美洲的其他岛屿，派往佛得角，甚至是王国的港口和海岸；而另外一些人留在巴黎天文台，共同协作，和他们保持着必要的信件往来，并伺机继续派遣人员前往欧洲的不同地方，前往被定为本初子午圈的耶罗岛，东印度，特别是中国。^②

虽然勘测活动在各地如火如荼地展开了，但对东方印度与中国这些地区进行考察的计划却因路途遥远和陌生而带来的恐惧等原因迟迟未能成行。在此棘手之时，卡西尼向科尔伯提出了向中国派遣耶稣会士的建议。这样的提议不仅是因为耶稣会士在这一地区拥有传教团，更为重要的原因是他们多为一些饱学之士，能够胜任科学考察的重要使命。科尔伯和卡西尼对科学的热情要远远大于他们对宗教的热情，在他们和洪若翰的一次会谈中，科尔伯着重强调了传教士们的科学使命，他讲道："我的神父，科学不足以驱使你们渡重洋，离祖国，别亲友，而徙居别一世界。然而，

---

①〔法〕杜赫德编，郑德弟等译：《耶稣会士中国书简集》上卷 I，郑州：大象出版社，2005 年，第 251 页。

② Guy Tachard. *Voyage de Siam des Pères Jésuites envoyés par le Roi aux Indes & à la Chine*. Paris: A. Seneuze et D. Horthemels, 1686: 1-2.

劝化异教徒改宗以及把他们的灵魂争取到耶稣基督这方面来，常使你们的神父做此远行。我希望，诸神父们利用这一机会，在传播福音之暇在当地进行种种观测，使我们能够完善多种科学与技术。"①科尔伯的这番话语气很婉转，但意思很明确，他叮嘱传教士勿忘科学考察的使命。显然，他所关注的并不是宗教，而是科学，"这似乎首次表明为了欧洲某一机构之利益而向中国派遣科学使团的想法"②。当科尔伯就派遣耶稣会士前往东方的想法奏请路易十四时，很快便得到了国王的批准。国王的这一举动，不仅是出于他对这位重臣的信任，也源于他一直以来对耶稣会士的好感：在他登基至亲政的 18 年中，一直担任他的宰相和教父的马札然（Jules Mazarin）就是耶稣会士；长期担任其忏悔神父的拉雪兹神父乃至整个王族的听告解神父都是耶稣会士。这种多重的信任交织在一起，使这项计划立刻被提上日程。但不幸的是，不久之后科尔伯的去世使该计划一度搁浅。

三、在华传教士的匮乏

从 17 世纪起，由于葡萄牙国力日渐衰败，已无力承担向各传教区运送和供养传教士的职责，这必然直接导致在华传教士的人员和资金都异常匮乏。1610 年，龙华民（Nicolas Longobardi）在给耶稣会总会长的信中称："我们正在借贷度日，因为已经有两年没有船只从印度开来，尤其西班牙国王（腓力三世）以往每年给我们的补助金也停止了。"③ 1622 年，柏应理（Philippe Couplet）在写自福州的信中称他们已有三年没有从他们基本生活资料的来

① 〔法〕杜赫德编，郑德弟等译：《耶稣会士中国书简集》上卷 I，郑州：大象出版社，2005 年，第 251 页。

② 〔法〕詹嘉玲著，耿昇译：《18 世纪中国和法国的科学领域的接触》，《清史研究》，1996 年第 2 期，第 57 页。

③ 〔意〕龙华民著，罗渔译：《龙华民神父致罗马总会长阿桂委瓦神父书》，〔意〕利玛窦：《利玛窦全集》第 4 册，台北：光启出版社，1986 年，第 543 页。

源地澳门得到资金支持了。① 1670 年，殷铎泽返回罗马，向教廷
报告中国传教区的情况："殷氏向传信部及总会长要求增派传教
士至少四十人。殷氏表示一千人亦不为少，因现存教士，或已年
迈，或因为工作过度，疲惫不堪。"②1678 年，时任中国修会副省
会长的南怀仁有感于在华传教事业筚路蓝缕、急需人才，便写信
向欧洲耶稣会士发出呼吁，鼓励更多的欧洲传教士来华，并指出
这些传教士须精通天文学和数学的必要性。他这样写道：

　　在欧洲，无论是我们的耶稣会还是其他修会，因为虔诚
的讲道者太过众多，因此不是每个人都有自己的讲道台的。
所以圣座并不阻止他们来中国。他们只须将自己十分之一的
工作用于锻炼自己的汉语口才，就会获得百倍的成果。但条
件是他们不害怕精神上的折磨，它是由渴望获得赞赏的心理
所催生，却也时常如烈火般毁掉讲道者。

　　许多人都力争一个哲学的或者其他学科的席位，所有人
都全身心地反驳别人的观点，巩固自己的观点。归根结底，
这难道不是为了展示自己的才华，而非揭示真理吗？在我们
传教过程中，在驳斥中国人的错误时，我们有如此多的资源
本可以更好地被利用。中国人之间，经常会发生一些论战，
胜出会收到良好的效果，而获胜者不会骄傲，失败者也不会
悲伤。

　　许多钟情于文学的人都盲目投入研究诗歌的浪潮中，然
而由于过分迷恋诗歌，最终成果平平，一无所获。这难道不
是为了达到永恒，却最终走向衰落吗？愿上天激励一些人将
精力投入宣传上帝的荣耀中，并以同样的热情研究中国的文

---

　　① 汤开建：《明清之际中国天主教会传教经费之来源》，高伟浓主编：《暨南史学丛
书·专门史论集》，广州：暨南大学出版社，2002 年，第215 页。
　　② 方豪：《中国天主教史人物传》，北京：宗教文化出版社，2007 年，第320 页。

学！可以肯定的是，他们将满载光辉荣耀，而胜利也握在他们手中。

天文学及数学科学的其他分支，特别是一些无论从思辨角度还是从实际运用角度来说，都非常吸引人的学科，如光学、静力学和机械学及其附属学科，它们都通过自己的魅力如同缪斯女神般吸引着中国人。在欧洲很少有学校是这样的，欧洲人认为这些学科微不足道，会扰乱其他的学科并破坏相应的成果，然而它们在中国找到了用武之地。它们经常被带入宫廷，甚至紧挨皇帝的宝座，而所有的亲王或显贵靠近御座时都必须屈膝下跪。另外，我们神圣的宗教，披着天文学的外衣，往往很容易就可以被亲王或者巡抚所接纳，获得他们的支持从而使我们的教堂和传教士得到保护。因此，希望欧洲的神父们能够更多地致力于这些学科，因为经验告诉我们，不仅在欧洲和中国，而且对文明程度较低的民族，传教士借助这种方式可以寻得容易的传教之道，尤其是对于亲王或者大人物们，而传教的成功大部分取决于他们。此外，数学科学能够提供给他们一些颇具吸引力的小礼物，使他们不会阻止天主教的传播。这就如同可怜的中国人向恶魔上香一样，他们那么做为的是让恶魔们不要作恶，不要破坏他们的事情。[①]

南怀仁这封用拉丁文撰写的信于 1681 年到达巴黎，并广为传阅。"1681 年，《文雅信使》刊登了其中的部分节选，次年该信

---

① Henri Bernard. Le voyage du père de Fontaney au Siam et à la Chine (1685-1687) d'après des lettres inédites. *Bulletin de l'Université l'Aurore*, 1942 (série 3, 3, no. 2): 230-231. 该封信的拉丁语版见 Ferdinand Verbiest, Henri Josson, Léopold Willaert. *Correspondance de Ferdinand Verbiest de la Compagnie de Jésus*. Bruxelles: Palais des Académies, 1938: 237-238.

又被出版社全文发行。"①这封信在法国，乃至欧洲都引起了广泛的关注，一些传教士已经开始跃跃欲试，积极准备赴华。

　　巴黎国家图书馆保存有一份重要的文献，该文献显示耶稣会士已经开始着手准备前往东方（特别是中国）的事宜，并列举了他们拟走的线路：一支由六七名耶稣会士组成的队伍，携带送给波斯国王的礼物，从霍尔木兹一直到伊斯法罕。另外一些人直接前往澳门，为了从那里最后进入中国宫廷，他们准备了两架罗姆机和许多其他数学方面的新奇仪器作为礼物，以便能获得到最大的城市进行观察和可能情况下前往大鞑靼地区的便利。另外，还有一些人经阿勒颇一直到达印度，并从印度入华；转年，他们可以乘坐荷兰人的船只到达中国，这是行程最短的线路。而且将来人们还能够不断地将类似的法国传教士和数学家作为增援送往中国。②

　　由此可见，此时传教士们已经积极筹备赴华事宜，对赴华的路线也做了种种预想。但是此时还有一个重要的问题悬而未决，即在葡萄牙拥有保教权的情况下，通过什么途径来运送传教士是真正可行的。葡萄牙的商船绝不会来帮这个忙，而法国东印度公司的商船此前从未在东方海域上行驶过。多年前，陆方济等神父无奈选择充满艰辛的陆路，而此次赴华拟带的大量珍贵仪器又很难承受陆路的颠簸。可见，交通是当时一个非常棘手的问题。

　　1684 年，柏应理神父途经巴黎，返回罗马。在凡尔赛宫觐见路易十四时，他重申了南怀仁的呼吁："国王通过柏应理神父得知，三十多年前同罗德神父前往中国的法国耶稣会士几乎全都在这个帝国传教的工作中去世了，虽只剩下为数不多的传教士，但

　　① Isabelle Landry-Deron. Les mathématiciens envoyés en Chine par Louis XIV en 1685. *Archive for History of Exact Sciences*, 2001, 55: 427.

　　②〔法〕维吉尔·毕诺著，耿昇译：《中国对法国哲学思想形成的影响》，北京：商务印书馆，2000 年，第 34 页。

皇帝依然对他们给予保护。以皇帝为榜样，督抚们对他们极为爱护，所以中国地区急需大量人手，来教导数量已成规模的基督徒，来采摘基督教在这个庞大帝国里前所未有的希望果实。"[①]时任财政总监的卢瓦（Louvois）非常支持这项计划，他委派科学院为柏应理准备了一份有关中国的问题清单，其中包括：耶稣会神父是否已经在中国的经纬度方面有研究成果；中国人在数学、天文学、哲学、音乐、医学等研究领域的优缺点；荷叶、大黄等药物和新奇植物；中国是否生产某种香料，是否使用烟草以及有关武器、城防、船舰、军队、地理学、技术和风俗等方面的各种问题[②]。向中国派遣传教士的计划酝酿和准备了多年，但该计划最终成行，还要等到另外一个重要契机的出现——暹罗使团的来访。

四、暹罗使团的来访

柏应理刚刚动身前往罗马，便有一暹罗使团来访，这一使团由巴黎外方传教会的瓦歇先生陪同，同样得到了路易十四在凡尔赛宫的召见。对于这次暹罗使团来访的目的，使团声称，"之前暹罗国王也曾派出一个使团，携带大量送给路易十四的珍贵礼物，乘坐一艘名为'东方之光'的东印度公司的商船前往法国，但后来听说该船不幸失事，而这次来访的目的就是打听一下关于上个使团的消息"[③]。此外，暹罗国王还想"以向法国开放一个通商口岸的方式请求与法国国王结盟"[④]。路易十四听后十分震惊，

---

① Guy Tachard. *Voyage de Siam des Pères Jésuites envoyés par le Roi aux Indes & à la Chine*. Paris: A. Seneuze et D. Horthemels, 1686: 4.

② 参见〔法〕维吉尔·毕诺著，耿昇译：《中国对法国哲学思想形成的影响》，北京：商务印书馆，2000 年，第 502-504 页。

③ Guy Tachard. *Voyage de Siam des Pères Jésuites envoyés par le Roi aux Indes & à la Chine*. Paris: A. Seneuze et D. Horthemels, 1686: 5.

④〔法〕伊夫斯·德·托玛斯·博西耶尔夫人著，辛岩译：《耶稣会士张诚：路易十四派往中国的五位数学家之一》，郑州：大象出版社，2009 年，第 1-2 页。

他对暹罗国王对自己所表示出的诚意十分感动。但真正促使法王
向暹罗派出使团的原因主要有以下两个方面：

一方面，振兴法国东印度公司。该公司于 1664 年由科尔伯
所创建，与荷兰及英国不同，法国的东印度公司是国有的。该公
司在经营初期以进口优质的印度纺织品而获得丰厚利润。但法国
本土纺织品公司的抵制以及政府对货币支付造成的贵金属外流的
担忧，使进口纺织品业务有了越来越多的限制，公司经营日渐惨
淡。[①]到 1683 年科尔伯去世，其子塞涅莱（Jean-Baptiste Colbert de
Seignelay）出任海军大臣时，法国东印度公司几近破产。塞涅莱
"这个青年好大喜功、大胆无畏、颇有才识、又积极肯干，希望兼
战士和大臣于一身"[②]。在此危难之时，他积极改组东印度公司，
而此时暹罗使团来访并主动提出开放其口岸，使他觉得一个振兴
东印度公司的绝佳机遇出现了。路易十四也希望改组后的公司能
够同荷兰进行贸易竞争，他不想再放弃东方而让荷兰人单独称霸
了。

另一方面，传播天主教。1662 年和 1664 年，由教皇任命的
两位来自法国的宗座代牧朗伯特和陆方济先后抵达暹罗，他们和
巴黎外方传教会会士在此的工作进展得尤为顺利。暹罗虽信仰佛
教，但因其地处东亚和南亚主要道路的交叉口，汇集了来自东方
不同民族、不同信仰的人，它对其他宗教一贯采取宽容的政策，
这使天主教在此的发展并未遇到太大的障碍。国王为天主教教士
们修建教堂，入教人数也不断增长，这一切都使巴黎外方传教会
会士对天主教在这个国家的未来充满信心。特别是瓦歇先生对暹
罗国王皈依天主教一直怀有一种不切实际的奢望，在此次觐见路

---

① 〔苏〕别尔津著，陈远峰译：《十七世纪下半叶法国殖民者在暹罗的活动》，《东南亚
研究资料》，1963 年第 2 期，第 69 页。

② 〔法〕伏尔泰著，吴模信等译：《路易十四时代》，北京：商务印书馆，1997 年，第
178 页。

易十四时夸大了暹罗国王即将归化成为天主教徒，进而整个国家改宗的可能性。而自认为是"正教"传播者的路易十四不会放过这个光大天主教的机会，因为这关系到了法国的威望，甚至在他下达给使团的指示中，宗教问题超越了商贸问题。[①]加之柏应理神父刚刚离开巴黎，他呼吁向中国派遣更多传教士的呼声还未被人们所遗忘，而中国又与暹罗近在咫尺，这一切都促成了路易十四决定派遣使团出使暹罗。塔查尔对此做了如下记述："陛下看到暹罗国王主动前来缔结友好关系，他希望向暹罗派遣大使从而使暹罗国王改信基督教，也希望通过这个途径将法国耶稣会士带往中国。中国与暹罗有着良好的贸易关系，它们相距只有 2000 到 2400 千米。"[②]

　　对于这次暹罗使团来访的真实目的，伏尔泰（Voltaire）则一针见血地指出了这是个骗局：

　　　　康斯坦斯（Constance）企图巩固自身权位，进一步高升，需要外国援助……他以他的主人、暹罗国王的名义派遣了一个威严的使团，并携带厚礼前往觐见路易十四，以便使这位法国国王知道，这个印度地区的国王对他的光荣十分敬佩，只愿同法国一国缔结商约，并且他自己并非不想皈依基督教。法国国王的赫赫威势就这样受到了奉承吹捧，他信仰的宗教就这样受到欺哄蒙蔽。两者都促使他向暹罗派去使节两名和耶稣会教士六名。后来，他又加派了一些军官和八百名

---

　　① 〔法〕维吉尔·毕诺著，耿昇译：《中国对法国哲学思想形成的影响》，北京：商务印书馆，2000 年，第 45 页。

　　② Guy Tachard. *Voyage de Siam des Pères Jésuites envoyés par le Roi aux Indes & à la Chine*. Paris: A. Seneuze et D. Horthemels, 1686: 5.

士兵。[①]

伏尔泰所说的这位康斯坦斯先生名为康斯坦丁·帕夫尔孔（Constantin Phaulkon），原籍为希腊人，是克法利尼亚一个小酒店老板的儿子。他曾服务于英国东印度公司，1680年最终在暹罗定居，并逐渐积累起了大笔财富。他手腕灵活，善于钻营，阿谀奉承以及他语言上的天赋使暹罗国王对他异常地器重，1683年起被任命为该国宰相。虽身居要职，但康斯坦斯仍感到忧心忡忡，因为国王身体欠安，他担心王位更迭后，自己地位不保，所以想在欧洲寻找一个可以向他提供有效支持的国家。他当然不会选择在远东到处都使人害怕和憎恶的英国人和荷兰人。他把目光投向了法国，因为法国远不如英、荷两国对远东熟悉，更容易受他操纵。他相信从远方来向法国国王表示敬意，出乎路易十四意料之外，一定会使他感到高兴。他诱骗了外方传教会的神父们，使他们让路易十四相信只要法国国王向暹罗派出一个使团，暹罗国王成为天主教徒就为时不远了。他期待着法国使团为他带来物质上的好处，并支持他对付国内的荷兰人。虽然康斯坦斯只是以宗教为幌子，谋求个人的利益，但他确实迎合了路易十四扩大在远东影响的意图，促使法王决定立刻派遣使团前往暹罗。

五、仓促的准备工作

赴华传教团的准备工作非常仓促，而首要任务就是人员的选定。塔查尔在《暹罗行纪》中这样写道："国王向卢瓦侯爵和拉雪兹神父表达了这方面的想法。他们首先要求我们的上级派遣至少四位神父，使之能够与王家科学院一起为完善科学和艺术而工作，

---

① 〔法〕伏尔泰著，吴模信等译：《路易十四时代》，北京：商务印书馆，1997年，第179-180页。这里所说的"耶稣会教士六名"其实指的是前往中国的"国王数学家"，"一些军官和八百名士兵"指的是路易十四1687年向暹罗派遣的第二个使团。

同时能够与在中国的传教士一起致力于基督教的传播。这些神父将在六个星期之后搭乘运送赴暹罗的法国大使的船只启程。"①洪若翰是唯一一位被法国君臣和科学院专家们酝酿已久的人选。洪氏 1643 年 2 月 27 日出生于法国布列塔尼，1658 年 10 月 11 日加入耶稣会，1676 年 8 月 15 日发愿。从年轻时提出前往中国和日本传教区工作的申请以来，二十多年他一直为此在做着各种积极的准备。1677 年至 1678 年间，即将前往中国配合南怀仁进行工作的安多神父（Antoine Thomas）曾在巴黎两次与他进行会谈。1684 年，柏应理和沈福宗来到巴黎呼吁更多的传教士前往中国，并将南怀仁的一封信亲自交给了他。

　　洪氏入选的原因，除了他多年来矢志不渝地企盼奔赴传教区工作的热忱以外，更重要的是他完全符合南怀仁向欧洲同仁的呼吁中所提出的需在数学及天文学领域具有很高造诣的标准。1684 年时，洪若翰在巴黎耶稣会最知名的学校——路易大帝学校教授数学已达八年，并有多部著作面世。他是巴黎天文学家协会的成员，并以此方面的才华而饮誉法国。1674 年，在他的努力下，耶稣会士科学家巴蒂（Pardies）的天文图在其逝世后得以出版。"他在兼管南特学院时，从 1676 年 2 月 16 日到 3 月 9 日，曾对一颗出现在波江座和天兔座中具有三等星亮度的彗星进行观测。然而遗憾的是，这个发现并没有得到其他观测者的确认，直到彗星出现 56 年后才第一次被公布。"② "从 1678 年起，他同卡西尼、皮卡尔德（Jean Picard）、罗默（Ole Roemer）、惠更斯（Christian

　　① Guy Tachard. *Voyage de Siam des Pères Jésuites envoyés par le Roi aux Indes & à la Chine*. Paris: A. Seneuze et D. Horthemels, 1686: 5-6.

　　② Henri Bernard. Le voyage du père de Fontaney au Siam et à la Chine (1685-1687) d'après des lettres inédites. *Bulletin de l'Université l'Aurore*, 1942 (série 3, 3, no. 2): 232.

Huygens）共同进行了一些天文观测活动。"①"1678 年 2 月 27 日，他在天文学家卡西尼、皮卡尔德、罗默和拉伊尔（Philippe de La Hire）的邀请下，和他们共同观测了月掩土星现象。10 月 29 日，在路易大帝学校观测站，他同在巴黎天文台工作的卡西尼、罗默、惠更斯、拉伊尔和奥祖（AdrienAuzout）共同观测了一次月食。《学者杂志》对这些活动进行了报道。"②"1680 年 11 月 14 日以及接下来的几周之内，他观测了一颗彗星的轨迹。1681 年 1 月 3 日，他指出原本假定为单一星的某颗星星，实际上是颗双星。"③"1681 年，他出版了《彗星观测报告》，并把此书题献给法国王储。1684 年 7 月，在比巴黎天文台更靠东的路易大帝学校观测站，他同卡西尼和拉伊尔共同观测了一次日食。"④随着洪若翰的这些成果引起越来越大的反响，他也成为法国天文学界领军式人物，这就不难解释为何法国君臣和科学院专家们在得知耶稣会士在中国的困境后，很快将目光投向了他。

　　洪若翰在 1703 年 2 月 15 日写给拉雪兹神父的信中谈到了他当时的感受。他写道：

　　　　刚刚接替科尔伯先生继任法国建筑总管和科学、艺术与制作总监的卢瓦侯爵先生则请求我会诸道长挑选六名精通数学的耶稣会士，供派遣该地区之用。

　　　　我在我们设在巴黎的学校教授数学已有八年，且二十多

① François Pouillon. *Dictionnaire des orientalistes de langue française*. Paris: IISMM-Karthala, 2008: 393.

② Isabelle Landry-Deron. Les mathématiciens envoyés en Chine par Louis XIV en 1685. *Archive for History of Exact Sciences*, 2001, 55: 432.

③ Henri Bernard. Le voyage du père de Fontaney au Siam et à la Chine (1685-1687) d'après des lettres inédites. *Bulletin de l'Université l'Aurore*, 1942 (série 3, 3, no. 2): 233.

④ Isabelle Landry-Deron. Les mathématiciens envoyés en Chine par Louis XIV en 1685. *Archive for History of Exact Sciences*, 2001, 55: 432.

年来一直坚决地要求赴中国与日本传教。然而，或许是人们认为我尚不够格，或许是上帝要我再等待一段时间，我始终被安排在法国。但我仍力争能生活在中国与日本等地区，从事我宗教生涯中的各种活动。我确信，当我们忠实地沿着这条道路前进时，上帝仁慈的意愿必定会在我们身上实现。我的希望没有落空：因为当这一幸运的时机到来时，我第一个向我们的道长们提出了申请，他们终于同意满足我的这一夙愿，并由我负责去寻找与我同行的传教士。我尊敬的神父，我简直无法向您言表我此时感到的欣慰之情。在我看来，把我们的科学传播到世界的尽头，或者拯救异教徒的灵魂并得到为光大上帝的慈爱与荣耀而受苦的机会，要比继续在我们设在巴黎的学校里执教幸福一千倍。

自从人们得知我在物色派往中国的传教士后，自愿前往的杰出人士颇多。[1]

事实上，随着赴暹罗使团出发日期的迫近，只能从本地招募赴华传教士。幸运的是，洪若翰所在的路易大帝学校人才济济，有很多饱学多能又志向于外方传教的人士。洪氏首先拜访的是塔查尔，向他讲述了赴华传教的工作，并得到了对方积极的响应。塔氏 1648 年 4 月 7 日出生于法国夏朗德省的马尔顿，是家中的长子，父亲是一名药剂师。1668 年 9 月 20 日，他加入耶稣会，1680 年曾作为随军神父前往安德烈斯群岛。1684 年时，他正在路易大帝学校教授数学。洪若翰首选塔查尔，与其说是看中了他数学方面的才华，不如说是他旅行方面的经验。对于多年来只专心于数学和天文学研究的洪若翰而言，他是一个再合适不过的助手。

---

① 〔法〕杜赫德编，郑德弟等译：《耶稣会士中国书简集》上卷 I，郑州：大象出版社，2005 年，第 251-252 页。

　　第二位得以入选的是白晋。白晋 1656 年 7 月 18 日出生于法国勒芒，父亲是当地高级法院的法官。白晋很早就被送到位于弗莱彻的亨利四世耶稣会学校，这为他以后的生活道路奠定了极为重要的基础。该校是一所综合性的学校，开设了从语法课到神学课几乎所有的课程，并具有一套系统而完整的培养年轻基督徒的计划，以使他们将来能够胜任政府部门或教会中的重要职位。在弗莱彻耶稣会学校，白晋对数学和物理尤感兴趣并掌握了大量数理知识。正是在此期间，一直视沙勿略（Saint François-Xavier）为偶像的白晋听说了很多有关利玛窦在中国的事情，并把去中国传教当作了自己的人生目标。1673 年 10 月 9 日，白晋加入了耶稣会。两年的修士见习期结束后，他又回到学校研究雄辩术、哲学、数学和物理等学科。1680 年，他成为坎佩尔的教师，但后来因病被迫辞职。白晋在圣玛利亚学院逗留过一段时间之后，来到了路易大帝学校学习神学。①柏应理巴黎之行时，白晋多次拜访过他，并讨论去中国传教的可能性。在柏氏房间，白晋多次碰到洪若翰，并谈起自己赴华的愿望。洪氏便告知了他耶稣会传教团即将前往中国的计划。白晋请求洪若翰向巴黎负责整个东方传教的维利乌斯神父（Antoine Verjus）推荐自己和其亲密伙伴刘应。虽然白晋和刘应在神学院刚开始神学学习的第三年，他们还没有对神宣誓，但维利乌斯在此问题上为两人开了绿灯。②

　　刘应得知此事后十分兴奋。刘应，1656 年 8 月 12 日出生于布列塔尼一个有着神职传统的家庭，他的一位叔父是布列塔尼省

①〔德〕柯兰霓著，李岩译：《耶稣会士白晋的生平与著作》，郑州：大象出版社，2009年，第 12-14 页。
②〔美〕魏若望著，吴莉苇译：《耶稣会士傅圣泽神甫传：索隐派思想在中国及欧洲》，郑州：大象出版社，2006 年，第 28-29 页。

圣波勒—德莱昂的主教。①这种成长环境培养了刘应的宗教热情，他 17 岁便加入耶稣会并追随众多神父进行学习。当路易十四决定向中国派遣一支传教团时，刘应非常渴望能够加入，但当时他也刚刚开始神学学习的第三年，这成为他前往中国的最大障碍。最终，刘应的语言能力使他能够脱颖而出得以入选。因为他同白晋一样熟练掌握了拉丁文、希腊文、希伯来文、叙利亚文、意大利文、西班牙文和葡萄牙文这七种语言。

当四位神父被确定后，他们共同来到巴黎的蒙马特高地参加了一场弥撒，感谢上帝所赐予的恩惠。他们之所以选择蒙马特，是因为这里是耶稣会的摇篮，当年罗耀拉（Ignace de Loyola）、沙勿略等人正是在此共同发神贫和贞洁的誓愿，创立了耶稣会。当他们返回学校后，秘密开展的计划才在耶稣会士中公开，许多人都希望能与他们同行。事实上，卢瓦起初只打算派四位神父前往中国，但凡尔赛传话给布雷斯特在船上预备六个舱位，因为法王向葡萄牙申请的是四名耶稣会士及其两名随行的通行证。这就是赴华传教团人数由四人扩大到六人的原因。在众多踊跃者当中，张诚和李明也向洪若翰申请能够随之前往，洪氏让他们去向各自的省会长申请，半个月之后便得到了期待已久的答复。②

张诚，1654 年 6 月 11 日出生于法国凡尔登，其父亲曾担任国王参事、凡尔登法官和市政长官等职。张诚幼年时在故乡凡尔登求学，1670 年 10 月 5 日进入南锡耶稣会初修院。随后，他在蓬塔穆松研读哲学，并在多地教授数学和修辞语法学。1681 年，他在蓬塔穆松研读神学，转年 12 月 16 日在上莱茵省的莫尔申姆

---

① Louis Moréri, Claude-Pierre Goujet, Etienne-François Drouet. *Le grand dictionnaire historique, ou le mélange curieux de l'histoire sacrée et profane*, vol. 10. Paris: Les Librairies Associées, 1759: 663.

②〔美〕魏若望著，吴莉苇译：《耶稣会士傅圣泽神甫传：索隐派思想在中国及欧洲》，郑州：大象出版社，2006 年，第 29-30 页。

晋铎，①随后他被派往路易大帝学校。李明，1655 年 10 月 10 日出生于法国波尔多，家境殷实。1671 年，他进入波尔多的吉延教区初修院，同年 10 月 15 日加入耶稣会。②当洪若翰招募赴华传教士时，白晋和张诚正在路易大帝学校进行第四年的神学学习。

由洪氏选出的这五位耶稣会士同他一样，也都是才能极为出众者。当时很多虔诚之士提出异议："把他们留在原处，改派那些能力一般，但具有足够的力量忍受传教的辛劳、具有足够的热忱致力于非基督教徒的归附的人前往这些遥远的国家不是更好吗？"③洪若翰代表整个使团给出了这样的回应："我赞同没有必要始终派遣具有如此杰出的精神和如此广泛的能力的人去传教……然而，当沙勿略给美德注入那么多的内容时，请允许我补充一句，即他绝没有排斥那些具有其他的才能和那些在大学或我们设在欧洲的神学院中全神贯注于科学的人。"④在他看来，派遣这种德才兼备的传教士赴华不是损失，而是宗教的成功，是上帝永恒的旨意，是对神父们的一种恩赐。后来的事实也证明了洪若翰确实是一位独具慧眼的伯乐，这几位神父抵华后著书立说、贵为帝师、参加外交谈判，若没有他们，17、18 世纪中西交流史上这次史无前例的高潮定会暗淡许多。

在人员选定的同时，其他各项准备工作也加紧开展起来，而重要任务之一就是与王家科学院建立密切的联系。1684 年 12 月 20 日，王家科学院通过国王的特令授予洪若翰、白晋、张诚和刘应通讯院士的头衔。白晋在他的游记中写道：

---

① 〔法〕伊夫斯·德·托玛斯·博西耶尔夫人著，辛岩译：《耶稣会士张诚：路易十四派往中国的五位数学家之一》，郑州：大象出版社，2009 年，自序第 1 页。
② 〔法〕费赖之著，冯承钧译：《在华耶稣会士列传及书目》，北京：中华书局，1995 年，第 440 页。
③ 〔法〕杜赫德编，郑德弟等译：《耶稣会士中国书简集》上卷 I，郑州：大象出版社，2005 年，第 252 页。
④ 同上，第 252-253 页。

王家科学院的先生们最终接受了我们。我们将通过给他们寄天文观测数据，和他们共同构成一个由天文学家和数学家组成的团体。一部分人在中国，另外一部分人在法国，将共同致力于科学知识的推广，共同处于我们最伟大国王的保护之下。[①]

塔查尔对此做了类似但更为详细的记述：

我们这次旅行的使命在巴黎众所周知了，很大原因归于王家科学院的各位院士们，他们特例接受我们进入科学院。就在我们出发前几天，我们在科学院有了一席之地。他们寻求完成国王命令最合适的方式，并决定把卢瓦先生要求在柏应理返回中国时将交给他的调查表，先交到了我们手里。科学院的主要成员们同时提供给我们一些相关材料，涉及我们将在中国所做的观察，以及应该寄回法国的资料。这样做既为了充实王家图书馆，也为了完善艺术。

他们每个人都负责给我们提供他们所擅长领域的有关科学和艺术的资料，因此我们之间召开了多次相关会议。我们约定要在中国以及旅途中进行天文学观测。他们交给我们木星卫星表，这个表是经过多次观测完成的，现在用于确定经度。他们还让我们携带了许多制造望远镜用的大镜片，长度分别是 12、15、18、25、50 和 80 法尺[②]，我们要把其中的一些留在北京天文台。他们还给了我们许多关于物理学、解剖学和植物学方面的论文资料。王家图书馆还存放着我们应该携带的航海地图，这个地图多次用于其他旅行，我们拿到了它的复制品，这对我们的航海旅行作用重大。我们收到

① Janette Gatty. *Voyage de Siam du Père Bouvet*. Leiden: Brill, 1963: 15.
② 1 法尺约等于 33 厘米。

了数量众多、内容广泛的各种调查表，关于航海学、建筑学和其他艺术，关于我们应该寄回法国的知识资料以及我们应做的一些评论。科学院的所有成员都对这个项目表现出热情和投入，它的成功会巨大地发扬国王的光辉，满足国王的期望。所有这些论文资料都经过王家科学院多次会议的讨论，并在出发前交给了我们。这些科学院院士让我们了解他们的研究内容，我们也将给他们寄去我们的观测结果，身为学院院士团体的成员，我们一起行动，他们在法国，我们在中国，一起在世界最伟大的君王的保护下促进科学的发展和完善。[①]

科学院的院士们除了提供给赴华传教士们需调查的列表，还为他们配备了在暹罗和中国进行观测所需的各种数学与天文仪器。这些仪器是专门为赴华传教团所订购的，其费用由国库承担。综合白晋和塔查尔在他们旅行日志中所记，传教团共携带了各种科学仪器 30 多件，其中包括：用于制造望远镜的长达 2.4 米的镜片，两个便携式八分仪，三只计秒挂钟，一个测定星体的赤经和赤纬的仪器，一个日晷，一个大水平仪，三个量角器，报时钟，凹镜，温度气压计，真空测量仪，一个斜面座钟等[②]。这些仪器每个都做工精致，巧妙绝伦，尤为特别的是量角器以及罗默的仪器。据塔查尔所讲，科学院为他们配备的两个量角器的刻度都精确到六分，一个用于测量，另一个用于望远镜。而另外一个更大的量角器是他们向缅因公爵（Maine）告别时对方所赠，这个量

---

① Guy Tachard. *Voyage de Siam des Pères Jésuites envoyés par le Roi aux Indes & à la Chine*. Paris: A. Seneuze et D. Horthemels, 1686: 7-9.

② Isabelle Landry-Deron. Les mathématiciens envoyés en Chine par Louis XIV en 1685. *Archive for History of Exact Sciences*, 2001, 55: 433-434.

角器以它的大小以及三分刻度的精密性而出名。①罗默的两件仪器，一个用于测量行星的运动，另一个用于测量日食和月食。这两件仪器是他 1681 年 1 月 25 日离开法国之前赠送给王家科学院的。

为了能赶上赴暹罗使团所乘坐的船只，六位传教士夜以继日地工作着。白晋和刘应还须通过他们最后的神学考试，并被提前祝圣司铎。"这两位年轻的耶稣会士的授职仪式举行的精确时间和地点仍未有定论，尽管很大可能是于 1685 年 1 月上旬在巴黎举行。白晋在他的游记中写到，他们两人在授职仪式后于 1685 年 1 月 14 日举行了他们的首次大弥撒。因此，授职仪式很可能在 1 月 6 日主显节举行的。"②1 月 24 日，白晋和刘应随洪若翰一起从巴黎前往出发港口布雷斯特，在此之前，他们的会友李明和塔查尔已经启程前往该地。

1 月 28 日，耶稣会士们从法国派往暹罗的大使肖蒙（Alexandre de Chaumont）骑士手中得到了路易十四亲下的诏书。通过这份诏书，他们每个人被授予了"国王数学家"的称号。其内容如下：

> 路易，上帝的恩惠授予的法国和纳瓦拉国王：所有看到此信的人，你们好！
>
> 为了更确定地达到积极地尽一切所能逐渐提高航海的安全性并且完善科学和艺术这一目标，朕认为必须向亚洲和中国派遣贤能之士完成欧洲的观测。鉴于此，朕觉得最好的选择就是耶稣会士——***神父，朕特别了解他的杰出才能。

---

① Guy Tachard. *Voyage de Siam des Pères Jésuites envoyés par le Roi aux Indes & à la Chine*. Paris: A. Seneuze et D. Horthemels, 1686: 10.

② John W. Witek. Claude Visdelou and the Chinese Paradox. In Edward Malatesta and Yves Raguin, eds., *Images de la Chine: Le contexte occidental de la sinologie naissante*. Taipei and Paris: Institut Ricci, 1995: 372-373.

经朕的特别授命，代表王室的权威和力量，任命***神父投入朕所发起的事业中，并以朕手中这个法令任命他为"国王数学家"。朕认为，这种身份有助于他在亚洲地区和中国进行所有必要的观测以完善和发展艺术和科学，使地理学更加精确，并逐渐提高航海的安全性。

朕任命我们亲爱的、受人爱戴的图卢兹伯爵，法国海军上将，以及海军副将，总副官为这支舰队的首领。朕所有城市及地方的管理者，市长、领事和其他官员都应给予***神父完成使命必需的所有支持、照顾和协助，不允许设置任何障碍进行阻挠，以免耽误他的行程。因为这关乎朕的乐趣，正是为此，朕任命他们去完成这个使命。朕请求所有的朋友们，国王，王子，权贵，国家，团体，请你们联合官员和民众，共同给予***神父各种协助和救助以促进这个愿望的实现，不要妨碍他执行公务的自由和国家权力的实施。1685 年 1 月 28 日，统治第 42 年，于凡尔赛宫。①

此外，路易十四还下令每年从国库拨款 9200 里弗尔，资助包括他们在内的 20 位在印度和中国的法籍耶稣会士。1685 年 3 月 3 日，"飞鸟号"战舰在"魔鬼号"的护航下，从布雷斯特港扬帆起航了，在离开港口时，船上的人都高呼着"国王万岁"。600 吨级的"飞鸟号"军舰由德·沃德里古尔（de Vaudricourt）指挥，该舰于 1670 年在敦刻尔克建造，配有 46 尊大炮。"魔鬼号"护卫舰配有 24 尊大炮，由布雷斯特港副长官德·饶瓦耶（de Joyeux）任舰长。这两艘军舰，除搭乘了赴华传教团，还有暹罗派来的使节以及法国赴暹罗使团。

---

① Guy Tachard. *Voyage de Siam des Pères Jésuites envoyés par le Roi aux Indes & à la Chine*. Paris: A. Seneuze et D. Horthemels, 1686: 13-15.

　　法国赴暹罗使团以肖蒙骑士为大使，随团出发的有大使助理舒瓦齐小修道院长、包括福尔班骑士在内的 12 位侍从、要返回暹罗传教区的瓦歇先生和遵从罗马教廷命令前往暹罗的外方传教会会士。"亚历山大·肖蒙骑士，出身于古老的肖蒙·基特里（Chaumont-Quitry）家族，被任命为大使。1671 年前，他一直在土伦海军护卫队做副官。之后他被晋升为战舰舰长，后又成为黎凡特地区海军准将。他因多次将维沃讷的急件送到宫中而引起了塞涅莱的注意。他曾经是胡格诺，后改宗成为虔诚的基督教徒，因此其形象十分符合这个使团的使命，他宣称要使暹罗纳莱王（Naraï）改宗。"①路易十四"选择了肖蒙骑士来负责这个光荣的使命，就是相信他会给暹罗带去很好的典范，向其证明基督教的神圣，并使暹罗国王为此宗教的真理所折服"②。选择肖蒙骑士很容易使人理解，而选择以假扮女人的嗜好和男女私通而出名的舒瓦齐作为大使助理就显得不太合适了。但是舒瓦齐真的想加入这个赴远东使团，他想与往日那放荡、荒淫的生活决裂，觉得除了置身于与过去的那种生活环境相距数千法里③以外的地区外，没有更好的办法。④

　　需要指出的是，六位赴华传教士被授予"国王数学家"称号，这种任命与其说是对他们科学能力的赏识，不如说是为了绕过所有东去的传教士都要向葡萄牙效忠的义务。⑤因为，保教权只规

---

　　① Raphaël Vongsuravatana. Guy Tachard ou la Marine française dans les Indes orientales (1684-1701). *Histoire, économie et société*, 1994 (2): 251.

　　② Guy Tachard. *Voyage de Siam des Pères Jésuites envoyés par le Roi aux Indes & à la Chine*. Paris: A. Seneuze et D. Horthemels, 1686: 12-13.

　　③ 1 法里约等于 4 千米。

　　④〔法〕维吉尔·毕诺著，耿昇译:《中国对法国哲学思想形成的影响》，北京:商务印书馆，2000 年，第 2 页。

　　⑤ Catherine Jami. Pékin au début de la dynastie Qing: capitale des savoirs impériaux et relais de l'Académie royale des sciences de Paris. *Revue d'histoire moderne et contemporaine*, 2008, 55-2: 52.

定了国王不能向东方派遣传教士，并没有规定其不能派遣学者。在"飞鸟号"出发前，法国展开了种种外交手段，力争使这次派遣更加名正言顺。法国驻葡萄牙大使以法国派遣传教士从事各种科学考察为由上书葡萄牙国王，为他们申请通行许可证。葡王慑于法国日渐强盛的国力，采取了一种很含糊的态度，既没有颁发许可证，也没有明言阻止。拉雪兹神父与耶稣会总会长诺耶（Noyelle）联系，以便使之同意法国派出耶稣会士的计划。因为按照惯例，只有总会长有权决定在海外传教区工作的人选。但此事在罗马进展得并不十分顺利。此后，拉雪兹神父还就此问题致函教廷大使。当他遵照教廷大使的指示，交给其一份向远东派遣使团的申请时，耶稣会士们已于两周前在布雷斯特港出发了。这份所谓的报告，只不过是法国表面上显示对教皇尊重的一个伎俩而已。

第二节 "国王数学家"的来华过程

一、从布雷斯特到暹罗

"飞鸟号"和"魔鬼号"两艘战舰前往暹罗的航程较为顺利，并先后在好望角和巴达维亚停靠。我们几乎可以详细地了解这段行程的每一个细节，因为船上的多位乘客都写了各自的日志，如耶稣会的白晋、塔查尔，外方传教会的瓦歇先生和舒瓦齐小修道院长。其中舒瓦齐的日志更为妙趣横生，他以旁观者的视角，多次提及赴华传教士及其在旅途中的传教和科学活动，如：

> 3月4日
> 塔查尔神父做完了弥撒，他曾经去过美洲群岛，因此不

晕船。

3月5日

我也和其他人一样病了，但我知道我要做什么。等我们一康复，我们就要开始学习了。我们将学习葡萄牙语和天文学，应该充分利用六位神父同行的机会，他们都是前往中国的南怀仁。

3月13日

晚上，我们进行了天文观测。只有天气晴朗的时候，我们才能观测月球和恒星，我们已经了解了指引圣雅克之路的星星和大卫王马拉战车之星。我们可以从赤道南侧观测到你们从没有看过的星星。巴蒂神父的天文图给我们带来了很大的乐趣，洪若翰神父对其贡献不小，是他校对、修正、增补并出版了这些天文图。他很高兴再见到他的"孩子"。我们的耶稣会士是世界上最好的人，这六个人都很幽默，有的老练而睿智，有的充满活力、思维敏捷，只要别人一开口，他们就能抓住对方的思想。

3月18日

李明神父刚才做了精彩的布道。每周日都会有这样一次，如果我们不满足的话，就会改成每日一次。船上有诸多演说家，讲道者们都充满激情，而听众们也都愿意听。船上每一个见习水手都希望升入天堂，如果是这样的话，什么方式能比布道更好呢？

3月22日

我们的舵手们觉得泰弗诺（Thévenot）先生赠送给耶稣会士的精致地图十分好用，这是王家图书馆馆藏的复制件。

3月23日

天气一点都不热，但我感到恶心。这是我的错：我想学习。当人们靠近赤道时，应该只想着如何生存。洪若翰神父犯了跟我同样的错误,他在看代数。人们让他休息,但无济于事。所以我们相互安慰。两天的睡眠和休息让我们恢复了健康。

3月24日

我同刘应神父学习葡萄牙语……我与洪若翰神父一起观看月球。

3月26日

刘应神父刚做了告诫,优美而高尚。他个头不高,却很和善,具有穿透人心的声音。我喜欢这里所有的耶稣会士。他们都是诚实的人,尤其是洪若翰和刘应远远超过其他人。洪若翰也是最温和的,他简洁地表明自己的观点,当他有不同意见的时候,他一般是沉默而不去争吵。

4月15日

洪若翰神父在做告诫。可能是我和他兴趣相投,在我看来,他所说的一切都是美好、简单、易懂且实用的。我非常崇拜他:既有思想又有能力。必要时也会知错,并不像许多人一样总是标榜自己正确。因为在我们小小的团体里,有人总是将"道理"强加给别人,我们会誓死反抗这些人,甚至拒绝给予他们公平正义。

4月20日

洪若翰神父对耶稣受难进行了巴尔达鲁(Bourdaloue)式的布道:没有多少神秘,讲的更多的是一种道德。事实上,他使人很感动,尽管多年来他从事的是与布道者迥异的职业,但是他在这方面也很成功。我不知道天空是否跟心灵一样被他震撼了。

5月5日

所有人都适应了大海,而且阳光微细,清风凉爽,每个人都投入自己的事情中了。耶稣会士们忙着画线和计算:这是他们的工作。他们知道就是通过数学，人们才能在中国引人注目，没有数学，宗教不会在那里取得任何进展。

5月8日

今天早晨，洪若翰神父开始了关于球体的公开课。如果我们没有从他身上学到一星半点东西的话，我们是不会让他离开的。当他将来成为中国皇帝喜爱的大臣时，我将会说是他教会了我天体周日运动的知识……他说得浅显易懂而且干脆利索，这是一个在巴黎耶稣会学校工作了十二年的人应该具备的素质。

5月20日

李明神父刚在小过道里做了布道，他字斟句酌，每一个词都使用得恰如其分。他使有思想的人感到心神愉悦，水手们都愿意听他布道。

5月26日

洪若翰神父继续讲解球体学：他清楚地向我们展示了为什么人们容易找到纬度，而无法找到经度。[①]

6月1日，"飞鸟号"在出发了近三个月后进行了首次停靠。乘客们在好望角登陆，耶稣会士们抓住此次机会拜访了荷兰人，以校正此地的经度。舒瓦齐对此这样记载：

6月3日

这些优秀的神父一出现，总督就提出要安置他们并提供一处适于思考的地方。他们抓住他这句话要求其兑现。神父们的房间在两个大的平台之间。在那里放置大的望远镜，让他感觉很得心应手。面包，红酒，水果，他们什么都不缺。

---

① François-Timoléon de Choisy. *Journal du voyage de Siam*. Paris: Trévoux, 1741: 4-77.

但他们什么都不动，他们傻吗？他们向荷兰人展示了木星的卫星，土星环，银河。他们有小型显微镜，可以看到漂亮的小图像。最后我甚至觉得如果他们想居住于此，别人肯定会为他们建一所房子。

　　6 月 4 日

　　我们今晚进行了一次漂亮的观测，我们要修正好望角的经度。它比人们认为的偏西 3 度。然而，3 度的经度在这个地区意味着 48 法里，这对航海来说十分重要。看以下证据：卫星掩星在这里是 6 月 4 日晚上 10 点 40 分，因此要比巴黎晚 74 分钟。在这 74 分钟内，卫星只行进了 18.5 度。因此，好望角只是比巴黎偏东 18.5 度，而不是普通的地图所表明的更偏东 3 度。仅仅是这次观测成果，国王让人制造的这些仪器就都值了。

　　你们没发现我是一个伟大的天文学家吗？我不是一无是处。当洪若翰神父还在看望远镜，其他人还在关注钟摆的时候，我已经在读秒了"1、2、3、4"。①

校正好望角的经度，是耶稣会士们从布雷斯特到暹罗途中最为重要的活动，具有重大的科学价值。福尔班骑士对这一事件也进行了类似的叙述：

　　神父们向总督表示，既然他们已经登陆，那么他们非常愿意花些时间来进行某些对公众有益的科学观测，而且在别的地方，并不能如此便利地进行这些活动。总督对此欣然答应，并安排他们住在位于印度公司花园中的一座豪华的独立房屋中，以方便他们开展工作。神父们确实在那里进行了非

---

① François-Timoléon de Choisy. *Journal du voyage de Siam*. Paris: Trévoux, 1741: 84-85.

常有用的各种观测，并校正了好望角的经度。这一经度此前尚未被确定，而只是根据领航员的估计而得出的一个数据，那种计算方法非常值得怀疑并且经常出错。①

6月7日，"飞鸟号"重新扬帆起航，舒瓦齐也继续在他的日志中讲述耶稣会士们接下来的行程及活动。

6月16日

今晚，我们观测了一次月食，卡西尼先生肯定没有看过。虽然他在这方面十分擅长，但是欧洲人是无法看到这种月食的。晚上6点15分出现了半阴影，月食从6点43分26秒开始，您看我和洪若翰神父记录得很详细。1小时10分后出现了月全食，月盘变成了红色而且比明亮的时候要小，透过望远镜，我们发现月亮表面看起来似乎覆盖了一层轻烟。

6月17日

我们在陆地上用大型望远镜本可以更好地观测月食，现在我们只能用小型的了，因为即使是小型望远镜都很难在船体摇摆的过程中保持平衡。

6月19日

昨晚风平浪静，船平稳行驶，而今天早上，我们就根本无法在甲板上站稳。张诚神父扭伤了脚，他将被迫在舱内休养一段时间。

6月25日

我刚赢了一盘棋，心情很好。小个子的张诚神父非常出众，他确有才华，当他的智慧和福尔班骑士联合起来时，他

---

① Claude Forbin, François Timoléon de Choisy. *Voyage du comte de Forbin à Siam, suivi de quelques détails extraits des Mémoires de l'abbé de Choisy* (1685-1688). Paris: Librairie de L. Hachette et Cie, 1853: 8-9.

们激起了我的好胜心，接着是愉悦。

6 月 29 日

塔查尔神父今天做了布道，效果不错。他激情四射，每个人都很满意。

7 月 8 日

哦，李明神父刚才讲得多么精彩啊！巴尔达鲁式的布道。看同样事情所产生的两种不同结果。他非常具有口才，又使人觉得亲切和感动，我没看到过别的布道者如此热情高昂。别的人，至少是大部分人，当他们高声宣讲，汗流浃背之后，没有人对他们说什么，就开始晚祷了。但是李明神父不是这样的，每个人都拥抱他，为他擦汗，人们不想让他感冒，因为还希望再听他布道。

7 月 29 日

张诚神父做了关于地狱的布道，充满哲理。他讲得十分精彩，但是不太慷慨激昂，因为他懂得在中国要有所克制。在那里，人们不讲道，讲的是情理，人们总是很理性，当他们看到一个布道者在那里慷慨陈词，趾高气扬地说话时，他们会大笑，会说："他在埋怨谁？他想跟谁打架？他认为他怒气冲冲，放任激情就能说服我吗？"①

8 月 18 日，"飞鸟号"在巴达维亚进行了出发后的第二次停靠，耶稣会士们抓住这次机会又进行了科学观测。舒瓦齐是这样记载的：

8 月 20 日

福西梯神父（Domenico Fuciti）和我们的耶稣会士一起

---

① François-Timoléon de Choisy. *Journal du voyage de Siam*. Paris: Trévoux, 1741: 100-143.

住在总督安排的花园里，总督先生热情地按照法国方式接待了他们。在好望角时他们感觉良好，这里又是另一种氛围。他们将支起他们的仪器，准备做一些有关木星和水星的观测，以向主人聊表谢意。①

舒瓦齐在他的日志中详细记载了布雷斯特至暹罗的行程，也向我们勾画了几位性格迥异的"国王数学家"：谦虚内敛、诲人不倦的洪若翰，心绪平和、虑事深沉的张诚，充满活力、受人欢迎的李明，阅历丰富、热情似火的塔查尔，以及个头矮小但充满能量的刘应……可惜的是这位小修道院长止步于暹罗，如果他也能前往中国，那么他的日志将会为我们提供更多的信息，使我们更为深入地了解300多年前法国这次跨越东西半球的科学和信仰之旅。

经过半年的航行，"飞鸟号"和"魔鬼号"战舰终于于1685年9月22日停靠在了暹罗沙洲入口。路易·拉诺主教（Louis Laneau）和梁弘仁神父（Artus de Lionne）对他们的到来表示了欢迎。10月18日，暹罗纳莱王在卢沃②召见了肖蒙使团。法国本来赋予了肖蒙骑士双重使命：首先是使纳莱王改宗，同时也尽可能争取法国在该地区贸易方面的利益。但这位大使好像忘记了后一个使命，在觐见纳莱王时，只是恳请其皈依天主教。在致辞中，他不断讲到类似的话："我主国王为了要维护您真正的荣誉，请求您把在这片土地上所具有的权力看作是来自真正的上帝，也就是一位万能的、持久的、永恒的神。正如基督徒们所认为的那样，是上帝使国王们统治国家，是上帝分配人们的财富。"③几日后，

① François-Timoléon de Choisy. *Journal du voyage de Siam*. Paris: Trévoux, 1741: 169.

② 即洛布里。

③ Guy Tachard. *Voyage de Siam des Pères Jésuites envoyés par le Roi aux Indes & à la Chine*. Paris: A. Seneuze et D. Horthemels, 1686: 235.

在暹罗国王对肖蒙骑士的另一次召见中，这位大使依然只是不断试图说服国王皈依天主教。而暹罗国王并没有改宗的意愿，当康斯坦斯建议其接受归化时，国王曾给予了这样的反驳："既然这个真正的上帝创造了天与地，创造了我们看到的宇宙万物，并赋予其不同的本性与喜好，那么如果他愿意的话，本可以给予人类相似的身体与灵魂，使人类对他所认为最好的宗教有着共同的信仰，按照同一规则创造所有的民族……难道大家都不认为真正的上帝非常愿意受到不同礼仪和形式的崇拜吗？难道他的这一批造物们不都是以各自独特的方式赞扬他的荣耀吗？"[①]在康斯坦斯的鼓动下，暹罗国王希望与法国缔结反荷同盟，但肖蒙骑士却在宗教问题未彻底解决之前，既不想讨论结盟，也不想讨论商业。他的这种发展基督教徒过分的激情，使法国使团面临着以失败而收场的局面。

在多次和肖蒙骑士商谈无果的情况下，康斯坦斯企图另觅一位合适人选返回法国，从而使路易十四明白即使暹罗国王不立刻改宗，法国和暹罗的关系也可给法国带来巨大的利益。他首先选中的是舒瓦齐小修道院长，但是在几次接触之后，他觉得这位轻佻的大使助理无法完成他所寄予的厚望。于是他又把目光转向了塔查尔。

11 月 22 日，在康斯坦斯的引荐下，纳莱王接见了六位耶稣会士。但因当时国王正准备去看为大使表演的大象比赛，会面在神父们的感谢声中便草草结束了。几天后，康斯坦斯向纳莱王建议在卢沃建造一座天文台，并派遣塔查尔回国征聘 12 位数学家和天文学家耶稣会士。塔查尔在他的《暹罗行纪》中对此这样记述道：

---

① Guy Tachard. *Voyage de Siam des Pères Jésuites envoyés par le Roi aux Indes & à la Chine*. Paris: A. Seneuze et D. Horthemels, 1686: 309-310.

　　几天后，康斯坦斯先生同国王谈论他思考很久的计划，即让 12 位耶稣会士数学家来暹罗，他已经向我们尊敬的总会长请示过了，同时希望效仿巴黎和北京在暹罗建立天文台。他向国王阐释了此举将带来的荣耀和作用，以及通过向暹罗臣民教授欧洲的最杰出的艺术和科学将带来的好处。暹罗国王十分赞赏这项计划，并让康斯坦斯先生告知我们他期望在暹罗建立一个天文台，将其托付给他信任的耶稣会神父，并保护他们，尽他一切所能促进他们的事业。

　　关于这个计划，康斯坦斯先生认为我们当中有人应当返回法国来负责此事，其意义重大。他向洪若翰神父表明了这个意图，当时我们三人都在场。我们愉快地接受了这个建议，最后决定由我返回法国。①

　　塔查尔提前回国的官方理由是为暹罗国王回国征聘数学家和天文学家耶稣会士，但其实真正的目的是携带康斯坦斯的一封信，亲自向路易十四和拉雪兹神父阐述这位暹罗宰相所提出的把宗教和贸易同时引进暹罗的可行性方案。此方案主要包括两点：首先，要派遣 60 至 70 位学识渊博、善于文武治国的人物到暹罗，康斯坦斯将把他们安插在政府的军事和财政等显赫的职位上，其中应包括一些乔装成世俗者的耶稣会士。其次，法国国王占据和加强宋卡要塞。为了使此计划能够顺利实施以及在动乱期间也能不受影响，法王应不断地加强宋卡要塞，使此地配有士兵、大炮、船舶以及驻军所需的其他必备物资。②康斯坦斯的意图是昭然若揭的。在暹罗内部，他为了一步步高升已经树敌不少，这种强大

　　① Guy Tachard. *Voyage de Siam des Pères Jésuites envoyés par le Roi aux Indes & à la Chine*. Paris: A. Seneuze et D. Horthemels, 1686: 281-282.
　　②〔法〕维吉尔·毕诺著，耿昇译：《中国对法国哲学思想形成的影响》，北京：商务印书馆，2000 年，第 52-53 页。

的仇恨力量使他觉得自己的地位岌岌可危，他试图寻找欧洲人来
掌控王国的要职；在外部，荷兰人的胃口日益增大，他想通过与
法国结盟，来达到遏制荷兰人的目的。

　　洪若翰对这位宰相的提议有着比较清晰的认识，他在致维利
乌斯神父的信中曾这样写道：康斯坦斯先生给拉雪兹神父写了一
封长信，完全是自作主张的行为。他的结论是，为了实现归化就
必须向这里派遣军队，并由他亲自发放军饷并出任将军。他还讲
到要在一些他无力掌控的地方建造法国堡垒，但却对需要优秀的
传教士只字未提，因为这既不会给他带来权力，也不会带来利益。①
而塔查尔是一位容易轻信而又雄心勃勃的神父，他受到了康斯坦
斯的蒙蔽与鼓惑。这位宰相大人许诺会建立耶稣会学校，为耶稣
会士们建造天文台，还会让他们成为王国政府要员。在塔查尔看
来，若这一切都被付诸实施的话，那国王改宗一事定会为期不远
了。于是这位本是要前往中国的传教士就这样停止了赴华的脚步，
反倒成为真正意义上的赴暹罗使团的大使，负责回法国的谈判，
并承诺如果拉雪兹神父愿意帮忙的话，他一定能完成使命。舒瓦
齐在他的回忆录中写道："我和肖蒙骑士就像演员似的，而塔查尔
神父是真正的大使，负责秘密的谈判。"②12 月 22 日，肖蒙使团
登上"飞鸟号"战舰，由"魔鬼号"护航从暹罗沙洲返航了。船
上除了肖蒙使团、塔查尔，还有暹罗国王派去的三位大使及其随
从。

　　在塔查尔动身前往沙洲的前一天，耶稣会士们和纳莱王一起
观测了 12 月 11 日的月全食，这次观测被雕刻成画，永久地保存
了下来。观测所收集的数据被寄回法国王家科学院，后被保存于

---

① 〔法〕维吉尔·毕诺著，耿昇译：《中国对法国哲学思想形成的影响》，北京：商务
印书馆，2000 年，第 53-54 页。

② François-Tiloméon de Choisy. *Mémoires pour servir à l'histoire de Louis XIV*. Utrecht:
Van-De-Water, 1727: 103.

巴黎天文台的档案馆。

关于这次观测,舒瓦齐在其日志中做了记载:

> 12 月 11 日
>
> 今天凌晨三点一刻月食开始,在国王居室的另一间屋子里,洪若翰神父和他的会友们都用望远镜进行观测,国王也在场。此时,国王十分乐意不再是高高在上的,而是同他们一样平起平坐。他对他们说,他将要在大城府和卢沃建立一个教堂、一个修道院和一个天文台,希望他们或者像他们一样的人在那里进行观测。这之后,每个神父都带着一件国王赏赐的缎子衣袍回到住所。①

洪若翰神父对此次观测的记载更加详细:

> 在离开巴黎前,我已与卡西尼先生做了准备,以便观测一次月食。此次月食预计在巴黎发生的时间是 1685 年 12 月 10 日晚 9 时,而在暹罗出现的时间为 12 月 11 日早晨的 3 时至 4 时。由于这是一次月全食,所以人们能够同时在巴黎与暹罗观看到它。由于这次月食非常适合于准确地确定这两条子午线长度的差异,我们对此次观测甚为重视。暹罗国王在得悉我们的计划后,希望能当着他的面进行观测。他当时住在距卢沃有一法里的泽普松纳,这是一座建在池塘边的王宫,位于一片森林的入口,国王在这片森林中捕猎大象取乐。
>
> 我们为国王准备了一架极好的五角望远镜。当我们在距他与康斯坦斯先生四步之遥的地方进行观测时,他就用这架望远镜观看月食。国王与康斯坦斯先生交谈着,并通过翻译

---

① François-Timoléon de Choisy. *Journal du voyage de Siam*. Paris: Trévoux, 1741: 264.

向我们提了一些问题。国王因为在前一天已经看到过我们在
巴黎天文馆刻制的月亮图样类型之一，故在通过望远镜观看
月亮时首先喊道："这正像你们昨天让我在图样类型中所看
到的那样。"当月亮明显地被遮掉时，他问我们，为何月亮
在望远镜中显得像是颠倒了？当月亮被完全遮掩后，他又
问，既然月亮已接受不到任何太阳的光线，为何月体还能显
现？这些明智的问题表明，这位君主的思维是何等地灵活敏
捷。①

　　塔查尔神父在其著作中也详细记述了此次观测，并补充了纳
莱王和耶稣会士们接下来的对话：

　　　　然后国王问到是哪位神父将返回法国，得知是我后，他
十分客气地对我说，因为他派遣到法国的大使对欧洲的习
俗毫无了解，所以他希望我能够给他们提出好的建议，尤其
是通过我的朋友们为他们提供各种帮助。他命令他的大使们
向法国国王请求派遣 12 位耶稣会士数学家，并通过拉雪兹
神父以获得他的支持……②

　　因为暹罗湾的季风只是每年的 6 月到 8 月向东方吹，所以赴
华耶稣会士们不得不在暹罗停留至少半年才能启程前往中国。康
斯坦斯希望他们之中至少有一位神父能留在暹罗。这位神父将效
仿诺比利（Robert Nobili）在印度，尝试着和暹罗僧侣生活在一
起，和他们穿着同样的服装，过同样艰苦的生活，采用"适应政

---

① 〔法〕杜赫德编，郑德弟等译：《耶稣会士中国书简集》上卷 I，郑州：大象出版社，
2005 年，第 255-256 页。

② Guy Tachard. *Voyage de Siam des Pères Jésuites envoyés par le Roi aux Indes & à la
Chine*. Paris: A. Seneuze et D. Horthemels, 1686: 329.

策"使基督教与当地文化相融合，以达到归化基督徒的目的。最后李明神父被指定在 12 位耶稣会士来到暹罗之前着手此方面的工作。在滞留暹罗期间，耶稣会士们受到了纳莱王和康斯坦斯的热情款待，洪若翰于 1686 年 2 月 26 日在暹罗写给朋友的一封信中提到了纳莱王的赏赐以及他们所从事的科学活动：

> 我们现在在康斯坦斯先生家，很自由，您也可以想到，就像在欧洲一样方便。我们在这里以法国的方式用餐，他妻子很和善，对我们十分照顾，无微不至。暹罗国王也对我们十分友善。他经常派他的数学家来向我们问问题，但通常涉及物理学。比如，太阳是否是一个实心球，为什么它从地平线升起时是红色的？风从哪里来？诸如此类的。国王陛下经常给我们送吃的，餐饭十分丰盛，使我们备感荣耀……
>
> 国王继续为我们提供各种恩惠，当他得知我们的国王让我们负责了解所经国家的新奇之处时，他下令赐给我们犀牛、鳄鱼以及大老虎，这些我们几乎在欧洲很少知晓，从未见过。依此命令，宰相大人一个月前就给了我们两条活生生的大鳄鱼。我们对其进行了解剖，最近这几天我们会把相关报告寄给王家科学院的院士们。我们请您代为表达我们的敬意，并告诉他们我们十分愿意给他们寄去我们发现的能引起他们极大兴趣的所有事物。①

二、从暹罗到中国

1686 年 7 月 10 日，洪若翰、张诚、刘应和白晋四位神父登上了康斯坦斯租借的船只。尽管包括康斯坦斯在内的众人担心葡

① Jean de Fontaney. *Lettre du Père de Fontaney, supérieur des six Jésuites envoyés par le Roi à la Chine, écrite de Siam depuis le départ des vaisseaux à un autre Jésuite de ses amis le 26 février 1686.* S.I., 1687: 5-35.

萄牙人的阻挠，但耶稣会士们还是决定取道澳门。此次航程远非想象的那么顺利，从第五天起，船就开始四处漏水，祸不单行的是此时又刮起了可怕的台风。船长命令领航员暂时回避，于是他们偏航到了柬埔寨的海岸。耶稣会士们认为他们张帆起航才六七天，如果走陆路还有可能及时赶到大城府，以便搭乘从那里启程前往中国的船只。他们穿过了有毒蛇、水牛、大象出没的森林，穿过了被洪水淹没，又有水蛭叮咬的地区，就这样绕了一个月的弯路，经人指点才筋疲力尽、饥肠辘辘地返回到他们那艘搁浅的船上。他们于1686年9月在经历了狂风暴雨之后重新回到了暹罗，但此时前往中国所需的季风已经完全过去了，赴华计划不得不又被推迟了一年。

在这期间，耶稣会士们并没有虚度光阴，而是依旧克勤克勉，利用一切机会开展他们的传教和科学考察活动。如洪若翰在1687年5月12日的一封信中写道：

回到暹罗后不久，我们于11月初在葡萄牙神父在暹罗本地的修道院中建了一个小型的天文台。我们打算一边等候第二次启程的合适时机一边在此工作，以便寄给王家科学院更多的观测成果，同时在修道院里我们可以更接近上帝……

基督降临的第一个周日和圣母无玷始胎瞻礼日之际，张诚神父和刘应神父在我们的暹罗教堂中讲授了教义。这是我们第一次用葡萄牙语讲授，这些神父们契合主题，讲授的教义让所有人都信服和满意。张诚神父每周日都要给孩子们上教理问答课……

刘应神父同拉马尔先生（de la Mare）和白晋神父一起去参观一个磁矿时，从大象上摔了下来，扭伤了脚，三个月后才能复原。这份磁矿报告十分新奇，您一定愿意了解细节。我将把他们的手稿寄给您，它值得一读。

这次出行主要是要解答以下这个重要问题：磁偏角的变化是否是由地球磁化部分的不同引力所引起的。

我们希望在靠近磁矿的途中进行多次观测，根据我们得到的报告，这个矿场应该有足够的能力在方圆二三十法里的范围内产生明显的反应。我们注意到了磁偏角的变化，这只能归因于我们所朝向的磁极的不同的位置，因此最后的普遍结论是，所有磁偏角的不规律性都源于几个相似的原则。同时我们觉得，一旦我们最终能确认这一点，将为公众提供重要的服务，使他们摆脱多余的担忧，人们长久以来为寻找磁偏角变化的规律周期进行观测，但根据所有的现象证明它在自然中并不存在。①

终于等到了 1687 年向东的季风再次吹起，耶稣会士们已经迫不及待地决定再次起航。由于塔查尔回国所招募的耶稣会传教士即将抵达暹罗，李明决定此次和其会友共同赴华。此时，他们得知在澳门据葡萄牙的命令，禁止宗座代牧主教以及不是乘坐葡萄牙船只抵达的传教士上岸。于是，五位传教士改变了路线，于 1687 年 6 月 17 日乘坐一条开往宁波的商船前往中国。

关于传教团从暹罗至宁波的旅程经历，李明在《中国近事报道》的第一封信及洪若翰 1687 年 8 月 12 日于宁波写给维利乌斯神父的信②中对此均有记载，只是洪若翰的记述更突出了这段旅程的艰辛。

经过一个多月的海上航行，五位耶稣会士于 1687 年 7 月 23 日抵达宁波。当他们看到多年来一直期盼的这片土地时，旅途中所遭受的一切磨难在他们脑海中即刻烟消云散了，展现在面前的

---

① Guy Tachard. *Second voyage du Père Tachard et des jésuites envoyés par le Roi au royaume*. Paris: D. Horthemels, 1689: 234-238.

② 参见本书附录六。

是一片希望和光明。但是，进入中国远非他们想象的那么简单。
"浙江巡抚金鋐惧干处分，即据实奏闻朝廷，请旨处断。当时在朝
诸臣，忌西士者尚多，谓宜驱逐回国，不令登岸。"[①]在此困境当
中，洪若翰写信通知了杭州的殷铎泽和北京的南怀仁，请求他们
的援助。殷铎泽派来一位代表给予帮助，南怀仁冒着触犯果阿总
督和澳门总督的危险，费力周旋。在几位教士的共同努力下，终
使康熙帝下令："洪若[②]等五人，内有通历法者亦未可定，着起送
来京候用；其不用者听其随便居住。"[③]

在获悉可前往北京的消息后，洪若翰迫不及待地给王家科学
院的先生们写了一封信，其中提及了五个人的科学分工[④]。离开
宁波之前，洪若翰又写信给卢瓦侯爵，要求增加补助金，并附上
了五位耶稣会士为落实具体使命所需的书籍和仪器清单。洪若翰
还给暹罗以及巴黎的同事写了信，与他通信的人的范围以及他信
件的内容再次证明了该传教团成员教士和"国王数学家"的双重
身份[⑤]。1687 年 11 月 26 日，他们从宁波启程，途经杭州，殷铎
泽款留数日，接着登上巡抚所备的官船，由运河北上，于 1688
年 2 月 7 日进入北京。因为当时整个宫廷都在为孝庄皇太后守丧，
所以他们并未得到皇帝立即召见。但真正让法国传教士们感到悲
伤的是南怀仁于 1688 年 1 月 28 日去世，就在皇太后去世的第二
天。而更为雪上加霜的是，徐日昇接替了南怀仁北京传教区教士
的管理工作。徐氏于 1673 年由南怀仁举荐，以乐师身份被康熙从
澳门调入北京，之后他深得康熙宠信。但他与南怀仁极为不同，

---

① 方豪：《中国天主教史人物传》，北京：宗教文化出版社，2007 年，第 411 页。

② 即洪若翰。

③《康熙定案》，第 166 页。参见方豪：《中国天主教史人物传》，北京：宗教文化出版社，2007 年，第 411 页。

④ 参见本书第三章结语部分。

⑤ Catherine Jami. *The Emperor's New Mathematics: Western Learning and Imperial Authority During the Kangxi Reign (1662-1722)*. Oxford: Oxford University Press, 2012: 111.

南怀仁是积极为在华传教团寻求欧洲各个宫廷的支持，而作为葡萄牙人的徐日昇，急切希望由葡萄牙国王单独控制传教团。在他看来，新来的法国人打乱了传教团的秩序，是他们的竞争者而非协助者。①

　　法国人在耶稣会士住院受到了种种限制，他们收到的命令使他们无法开展科学工作，其中包括：任何人离开居所或旅行时，不得以任何借口带走任何数学仪器；在旅行途中，任何人不得测量当地纬度，或进行任何会引起当地总督们怀疑的测量。在这些地方，教士的工作只是救赎灵魂。②这些禁令很可能来自徐日昇，他很想让北京传教团保留法国人带来的所有仪器。作为地区负责人，他认为应该控制传教团的所有钱财和物资。

　　1688 年 3 月 21 日，法国传教团受到康熙皇帝的召见。康熙对他们非常友善，对其不愿全部留在自己身边感到非常惋惜，并宣布要把张诚和白晋留在宫中，允许其他神父前往各省传播天主教。关于留下这两位神父是康熙自己的意愿还是受了徐日昇的影响，我们没有太多的资料进行考证，但是"傅圣泽入朝多年以后述及此次筛选时，力言徐日昇垂青于张诚和白晋是由于此二人比他人易于控制"③。洪若翰也认为这是徐日昇的选择，他曾写道："很确定，在葡萄牙人看来，我是第一个被排除的……李明和刘应经常进行科学观测，我对他们进行指导。张诚比我们任何人都迁

　　① Catherine Jami. *The Emperor's New Mathematics: Western Learning and Imperial Authority During the Kangxi Reign (1662-1722)*. Oxford: Oxford University Press, 2012: 112.

　　② 罗马耶稣会档案馆，Jap. Sin. 127, ff. 145v-146r. 参见 Catherine Jami. *The Emperor's New Mathematics: Western Learning and Imperial Authority During the Kangxi Reign (1662-1722)*. Oxford: Oxford University Press, 2012: 111.

　　③〔美〕魏若望著，吴莉苇译：《耶稣会士傅圣泽神父传：索隐派思想在中国及欧洲》，郑州：大象出版社，2006 年，第 45 页。

就徐日昇。白晋想了解鞑靼地区，皇帝知晓后留下了他。"①洪若翰是"法国耶稣会士（也可能是路易十四）对这个使团所给予的厚望。他们似乎最为希望的就是让他们当中最有资格的人——洪若翰接替南怀仁来主持钦天监"②。洪若翰在他的同胞眼中是未来一颗最为闪耀的星，是一颗能为法国、为天主教在东方打开局面的启明星。而在徐日昇眼里，洪若翰的科学才能对在华传教团是威胁而非优势。徐日昇忠于葡萄牙国王，遵守耶稣会等级，他不想让皇帝知晓传教团内部的分裂，所以他希望洪若翰尽快离开北京。徐日昇的暗中阻挠使康熙忽略了洪氏天文学方面的才华，将钦天监一职一度空缺，直到 1694 年意大利传教士闵明我③（Philippus Maria Grimaldi）从欧洲返回。其间，此职位由安多和徐日昇联合掌管。洪若翰的失意是显而易见的，虽然听从上帝的召唤去最需要的地方拯救灵魂，是完成其使命最为直接的方式，但是罗马帝国给他们的启示是：如果能留在这个帝国最重要的部门为皇帝工作，在潜移默化中使他皈依天主教，从而使整个国家改宗，这将是一条前景最为光明的道路。

　　此次召见后，张诚和白晋留在京城。洪若翰、李明和刘应前往外省，1688 年 4 月 14 日，他们三人到达山西省的绛州。在此分手后，洪若翰前往南京，李明和刘应留在了山西。不久后，李明又前往了陕西。

---

① 巴黎外方传教会档案，V. 479, 76. 参见 Catherine Jami. *The Emperor's New Mathematics: Western Learning and Imperial Authority During the Kangxi Reign (1662-1722)*. Oxford: Oxford University Press, 2012: 115.

② Isabelle Landry-Deron. Les mathématiciens envoyés en Chine par Louis XIV en 1685. *Archive for History of Exact Sciences*, 2001, 55: 439.

③ 历史上有两位西方传教士叫闵明我，一个是意大利耶稣会会士闵明我（Philippus Maria Grimaldi, 1639-1712），另一个是西班牙多明我会会士闵明我（Domingo Fernández Navarrete, 1610-1689）。本文中若无明确指出，指的是意大利人闵明我。

本章结语

17 世纪末法国传教士的东渡不仅仅是一次宗教之旅，而且还肩负了法国政治、科学等诸多方面的使命。促成这一历史性旅程实现的主要推动力源自欧洲各国竞争态势的变化及其在瓜分海外利益过程中的矛盾。法国的崛起使它不愿继续屈从于沿用了将近 300 年的有利于葡、西两国瓜分世界的所谓《托德西拉斯条约》，迫切希望扩大其在东方的影响。其次，被派遣的耶稣会士都为饱学之士，作为法国王家科学院通讯院士，他们还肩负着从事科学考察并促进法国天文、地理等学科进步的使命。另外，在华传教力量的匮乏、知名传教士的不断呼吁也促使了法王最终决定向中国派遣传教团。而 1684 年末暹罗使团的来访为此次东渡之旅提供了一个重要契机。法国"国王数学家"们经过三年的艰苦跋涉才最终到达北京。尽管路易十四派遣他们来华的直接原因是为了加强法国在远东地区的政治和宗教影响力，并从事科学考察，但后来的事实表明，他们的活动为中西文化交流架设起了一座桥梁，也为开创欧洲汉学研究的新局面奠定了基础。

本章的研究还解答了塔查尔过早地脱离赴华传教团的原因。关于这一问题，学界一直存在争论，如有一说是："法国国王路易十四应南怀仁的呼请，决定派六位传教士，携带各种科研器材，以洪若翰为团长前往中国……1687 年 7 月 23 日抵达浙江宁波。当时，只有五人还活着。"[1]另有一说是："这六名教士中，除一名在途经暹罗时，留在那里传教之外，其余五名，经过种种周折，

---

① 江文汉：《明清间在华的天主教耶稣会士》，北京：知识出版社，1987 年，第 60 页。

终于于 1687 年 7 月 23 日到达浙江宁波……"①还有一说是:"1685 年 3 月 3 日,6 位'国王数学家'乘暹罗使节的船从法国布雷斯特港出发,1685 年 9 月抵达暹罗。塔查尔返回法国……"②,等等。

其实塔查尔是受到康斯坦斯的蒙蔽返回法国,向路易十四和拉雪兹神父阐述这位宰相提出的把宗教和贸易同时引进暹罗的可行性方案。塔查尔想使法国和暹罗建立外交关系的一切努力,都是为了能使暹罗归信天主教。他一生当中五次奔波于欧亚大陆之间③,但最终却一无所获。他是一位不知疲倦的旅行者,一位具有胆识的外交官,同时也是一位失意的传教士。从塔查尔传教活动的失败中可以看出,当宗教与政治、经济利益结合在一起的时候,往往虔诚的愿望也会被世俗所玷污。虽然并不是出自他的本意,但塔查尔的活动确实是和法国早期殖民主义活动相伴的,这就注定了他所做的一切努力终将无情地被现实的一切摧毁殆尽。幸好在塔氏生命的最后几年,他放弃了那个遥不可及的梦想,重新致力于在民间的传教活动,通过这种最为原始的、也是最为务实的方式为自己的使徒生涯画上了一个句号。

① 何寅、许光华主编:《国外汉学史》,上海:上海外语教育出版社,2002 年,第 67 页。

② 周燕:《"国王数学家"来华及其意义》,《株洲师范高等专科学校学报》,2006 年第 6 期,第 75 页。

③ 参见吕颖:《17 世纪末法国与暹罗外交的斡旋者——塔查尔》,《南洋问题研究》,2012 年第 2 期。

第二章　"国王数学家"与康熙皇帝

"国王数学家"在华与康熙皇帝之间建立起了一种和谐、默契甚至是相互欣赏、相互信赖的关系，虽然他们各自的出发点有所不同。康熙皇帝对法国传教士的赏识和器重，除了其自身对新鲜事物抱有的求知欲外，主要是因为在他眼中，这些传教士不是教徒，而是教授，[①]他们的知识和才华对康熙有一种深深的吸引力。而传教士们竭尽全力为康熙服务，则是源于传播天主教的需要。他们深知在这样一个以皇帝一人之言号令天下的国度，没有他的庇护，传教活动将举步维艰。科学对于他们而言是一块敲门砖，他们"奉上帝的意旨，根据百年来的实践，体会到传教士要把天主教传入中国并使之在那里发展，最好的办法就是宣传科学。今后，上帝为从中国铲除异教，还必须利用科学"[②]。传教士们与康熙皇帝之间的交流与互动是 17、18 世纪中西文化交流最为直接的体现。

第一节　康熙皇帝与"法国科学"

康熙一生之中和西方科学有着不解之缘。早在 17 世纪 70 年

---

① 阎宗临著，阎守诚编：《传教士与法国早期汉学》，郑州：大象出版社，2003 年，第 25 页。

② 〔法〕白晋著，赵晨译：《康熙皇帝》，哈尔滨：黑龙江人民出版社，1981 年，第 61 页。

代，他便随南怀仁学习西方天文学及数学。到了 90 年代，他又随张诚、白晋、安多等人学习西方数学、哲学和医学等知识。由于随传教士学习西学是属于皇帝私生活范畴，我国官方对此并无史料记载，但张诚和白晋的日记弥补了这方面的缺憾。他们详细记载了 1690 年 1 月至 1691 年 11 月间康熙学习西学的经过，包括教材、教学地点、教学形式和教学内容等，为我们了解这段历史提供了可靠的第一手资料。

一、康熙学习西学的过程

1690 年 1 月，康熙决定继续由于内乱而中断的西洋科学的学习，此次张诚和白晋被任命为帝师。他们二人建议用满语教学，因为他们觉得满语比汉语简单易懂，"鞑靼语有动词变化、语尾变化以及连贯语句时所用的连接词等，而汉语缺乏这些，鞑靼语因此胜过汉语"[①]，"满语远比汉语清楚、明白，而且容易理解"[②]。此外，张诚和白晋学习满语已有七八个月的时间，已经可以和别人较为准确地交流思想。康熙曾考虑将二人送往黑龙江以便在当地学习满语，但最后决定让他们留在北京，在内务府衙门随几位老师进行学习。据杜赫德所讲，康熙同一时期还有另外两位用汉语授课的西学老师——安多和徐日昇。安多负责教授天文仪器的用法以及几何学，但因其汉语还不够流利，徐日昇负责翻译。[③]

据《正教奉褒》记载，"康熙二十八年十二月二十五日，上召徐日升、张诚、白晋、安多等至内廷。谕以自后每日轮班至养心殿，以清语授讲量法等西学。上万机之暇专心学问，好量法、

---

① 〔法〕张诚著，陈霞飞译：《张诚日记》，北京：商务印书馆，1973 年，第 65 页。

② 〔法〕白晋著，赵晨译：《康熙皇帝》，哈尔滨：黑龙江人民出版社，1981 年，第 33 页。

③ Jean-Baptiste Du Halde. *Description géographique, historique, chronologique, politique et physique de l'empire de la Chine et de la Tartarie chinoise*, vol. 4. The Hague: H. Scheuleer, 1736: 267.

测算、天文、格致诸学、自是，即或临幸畅春园及巡行省方，必谕张诚等随行。或每日、或间日授讲西学。并谕日进内廷，将授讲之学，翻译清文成帙。……讲授数年，上每劳之。"①这段文字对康熙学习西学的教师、学习的内容和上课地点等问题做了准确的概括，但有关授课所使用的语言，即四位教士都用"清语"（满语）授讲西学，与杜赫德在《中华帝国全志》中的说法有所出入。事实上，杜赫德的表述是准确的，这不仅是因为他掌握了在华传教士寄回法国的大量书信和著作，其言论具有权威性，更重要的是我们可以在白晋的《康熙皇帝》中发现有多处记述都与杜赫德的说法相符。如，"我们四个耶稣会士已经来到北京，康熙皇帝赐予我们进讲西洋科学的荣誉。我们给皇帝讲课时，有的用汉语，有的用满语……我们两个人，用满语进讲西洋科学……当时，安多神甫用汉语给康熙皇帝讲解主要天文仪器的用法及几何学和算数的实际练习"②，"皇上旨谕安多神甫用汉语起草一本算术和几何计算问题集，它应该是西洋和中国书籍中内容最丰富的"③，等等。

耶稣会士们授课的地点设在养心殿，该殿被白晋称为"皇帝艺术学院所在地"④。1690 年 1 月，张诚第一次参观养心殿时，对它做了如下描述：

我们被领到皇宫内一处名为养心殿的地方。那里有一部

---

① 黄伯禄：《正教奉褒》，光绪三十年上海慈母堂本，1904 年，中科院自然史研究所藏，第 107 页。

② 〔法〕白晋著，赵晨译：《康熙皇帝》，哈尔滨：黑龙江人民出版社，1981 年，第 33 页。

③ 同上，第 35 页。

④ 巴黎国家图书馆，Ms. Fr. 17240, f. 270r. 参见 Catherine Jami. *The Emperor's New Mathematics: Western Learning and Imperial Authority During the Kangxi Reign (1662-1722).* Oxford: Oxford University Press, 2012: 151.

分最巧的匠人,如漆画匠、木匠、金匠、铜匠等等在工作。
他们把数学仪器拿给我们看。这些都是遵照陛下的谕旨,放
在用纸板特制的精致小匣或抽屉内。仪器并无特异之处。只
有几副两脚规,差不多都有些损缺,几副大小和种类不同的
罗针仪或罗盘,一些木匠用的角尺和几何勾尺,一座直径半
呎,有刻度,并附准星的刻度圆尺。所有仪器全都制作粗糙,
远不如我们带去的那些精致而准确。皇帝的官员们于我们到
来时检视我们所带仪器之后,也承认这一点。皇上传旨要我
们备细检查仪器的用途,以便我们能向他明白解释。他还令
我们于次日把家里的仪器全都带去,以测量土地的高低远近
和星宿的距离。[①]

    康熙将授课地点安排在养心殿是很实际和方便的。仪器及其
用法也是康熙尽力去掌握的科学知识,传教士们在这里教学不仅
方便使用这些仪器,而且也便于他们进出这里对仪器进行维护。
张诚对养心殿中皇家仪器的评价非常严苛,"这与他希望在皇宫
所保持的地位有关。法国耶稣会士在巴黎和科学院院士们使用的
仪器以及他们带到中国的仪器的制造标准都很高。而中国皇帝的
收藏品满足不了这个标准,其工匠与巴黎的仪器制造者也无法媲
美,这些事实正好符合传教士们的目的,即展示法国仪器的优越
性"[②]。

    1690年2月,张诚和白晋向康熙展示了他们在老师的帮助下,
用满语写的一篇论述消化、营养、血液变化和循环的稿子。康熙
阅览后称赞它条理清晰,甚是精妙。3月,他们已经准备好用满
语撰写的有关欧几里得原理的部分讲稿,并且开始向康熙教授几

---

① 〔法〕张诚著,陈霞飞译:《张诚日记》,北京:商务印书馆,1973年,第62-63页。

② Catherine Jami. *The Emperor's New Mathematics: Western Learning and Imperial Authority During the Kangxi Reign (1662-1722)*. Oxford: Oxford University Press, 2012: 152.

何学的课程。其实康熙以前随南怀仁学习过此方面的知识,但他希望像教师那样彻底掌握这些知识而不断学习[①]。康熙还指派了两位精通满语和汉语的大臣协助他们准备讲稿,并指派专人加以誊清。

康熙学习欧几里得原理时非常用功,白晋在《康熙皇帝》中曾这样记载:

> 皇上旨谕我们每天进宫口授文稿内容。皇上认真听讲,反复练习,亲手绘图,对不懂的地方立刻提出问题,就这样整整几个小时和我们在一起学习。然后把文稿留在身边,在内室里反复阅读。同时,皇上还经常练习运算和仪器的用法,复习欧几里得的主要定律,并努力记住其推理过程。这样学习了五六个月,康熙皇帝精通了几何学原理,取得了很大进步,以至于一看到某个定律的几何图形,就能立即想到这个定律及其证明。有一天皇上说,他打算把这些定律从头至尾阅读十二遍以上。[②]

纵使康熙敏而好学,他在学习过程中也时常会遇到一些困难。张诚的笔下清晰地记载了康熙学习过程中情绪的波动:遇到不解时的苦恼和挫败感;理解问题后的愉悦和成就感。

> 1690 年 5 月 21 日,皇帝没能明白我们关于欧几里得定理的解释,他告诉我们这让他非常苦恼……
>
> 22 日,他完全理解了当天的课程。这个用来证明三角定律公式的课程很重要,他一直都希望弄明白。所以,那天他

---

① 〔法〕白晋著,赵晨译:《康熙皇帝》,哈尔滨:黑龙江人民出版社,1981 年,第33页。

② 同上,第34页。

非常满意，并告诉我们说，他知道当他不明白我们讲解的时候，我们很苦恼，但请不要担心，他确实愿意接着学。他这样说就像为昨天的事道歉一般。①

在讲完欧几里得原理之后，到 7 月康熙希望两位教士"能用满语起草一本包括全部理论的应用几何学问题集，并以讲解原理时所用的方法，进讲应用几何学"②。应用几何学课程进展顺利，并于 1691 年 1 月结束。此后，康熙开始与两位教士共同修订欧几里得原理与应用几何学这两份讲义的满文稿，并命人将其翻译成汉语，以便之后公开刊行。对此，张诚记载道："讲完实用几何以后，皇上告诉我，他有意把几何原理重读一遍。这本原理我们已经用鞑靼语做过解释。皇上也已令人将它译成汉文。皇上令我们逐日将已译出的定理带去若干条。他或许将与我们共同修改，再由他亲自订正。"③白晋对此的记载如下：康熙"为了表示自己对这两份讲稿的重视，旨谕把它们由满语译成了汉语，并亲自执笔撰写序文，刊载于两书的卷头。然后，为在皇城内用满汉两种文字印刷成书，发行全国，皇上谕令校订两书的原稿"④。这两份讲稿就是后来被收录在了 1723 年出版的巨著《数理精蕴》中的《几何原本》。

在讲授完几何学之后，康熙又命张诚和白晋用同样的方式编写讲稿为其讲授哲学。两位教士决定将哲学分为逻辑、物理和伦

---

① 巴黎国家图书馆，Ms. Fr. 17240, f. 275v. 参见 Catherine Jami. *The Emperor's New Mathematics: Western Learning and Imperial Authority During the Kangxi Reign (1662-1722).* Oxford: Oxford University Press, 2012: 149-150.

② 〔法〕白晋著，赵晨译：《康熙皇帝》，哈尔滨：黑龙江人民出版社，1981 年，第 35 页。

③ 〔法〕张诚著，陈霞飞译：《张诚日记》，北京：商务印书馆，1973 年，第 91 页。

④ 〔法〕白晋著，赵晨译：《康熙皇帝》，哈尔滨：黑龙江人民出版社，1981 年，第 38 页。

理三个部分进行教学。但不久，课程因康熙生病而中断，因为"人们，尤其是御医们都认为御体未完全康复以前用功学习，会妨碍恢复健康，因此奉劝皇上在此期间应该放弃所有研究工作，并说服了皇上"①。康熙虽不能像以前那样通过进讲的方式学习哲学，但他还是通读了两位教士编写的逻辑学文稿。

哲学课程中断后，张诚和白晋又开始编写讲稿为康熙讲授解剖学知识，因为这既适合皇帝的健康状况，又能满足其兴趣爱好，他们发现康熙非常想了解人体组织及其机能以及在这些组织中发生的那些有益作用的原理。②康熙对两位神父课上所使用的铜版印刷的人体解剖图尤为欣赏，还命宫廷画师依照这幅图进行了精心的绘制。但由于康熙身体状况不佳，人体解剖学的课程后来也中断了，两位帝师的讲稿因此也未完成。但后来巴多明（Dominique Parrenin）将之续写完毕，共计八卷，这部用满文编写的书稿现存于丹麦王家图书馆和法国自然史博物馆。

康熙对未能完成解剖学课程深感遗憾，于是命两位教士根据西方的医学理论，特别是他所患疾病，写一些相关的文章，供他阅览。两位教士遵旨写了近20篇文章，其中谈到的化学试剂又引起了康熙的强烈兴趣。于是，他命二人在宫内建起了化学实验室，试制西药，并多次亲自前往观看。实验室在三个月的时间内制作了一批西药，康熙将其留作御用或赏赐给身边的皇子和大臣，甚至在出巡的时候也带在身边。③

康熙对张诚和白晋的教学工作颇为满意，不断用丝绸、衣服和美食来奖赏他们，甚至给予了他们大臣们都不曾享受过的礼遇，白晋曾这样记载：

---

① 〔法〕白晋著，赵晨译：《康熙皇帝》，哈尔滨：黑龙江人民出版社，1981年，第39页。

② 同上，第40页。

③ 许明龙主编：《中西文化交流先驱》，北京：东方出版社，1993年，第177-178页。

皇上每天都和我们在一起达一两个小时。在此期间，房间里只有两三个宦官陪侍。皇上亲自向我们垂询有关西洋科学、西欧各国的风俗和传闻以及其他各种问题。我们最愿意对皇上谈起关于路易大王宏伟业绩的话题；同样，可以说康熙皇帝最喜欢听的也是这个话题。这样一来，皇上竟让我们坐在置放御座的坛上，而且一定要坐在御座的两旁。如此殊遇除皇子外从未赐予过任何人。①

张诚和白晋贵为帝师，甚至常坐在御座的两旁，这看似非常光鲜，但背后的辛苦却鲜为人知。但为了他们心中的福音传播事业，他们从未有过任何怨言。正如费赖之在《在华耶稣会士列传及书目》中所载：

二神甫逐日进讲，虽驾幸京师十余里外之畅春园时，彼等亦进讲不辍。不分阴晴，早四时入宫，日落后始出。返寓后尚须在夜间预备次日进讲之日课；往来奔走，昼夜研究，劳苦可知，然其意在回帝心，厚遇本教，故不觉其劳苦。彼等进讲时间有时始午前二时迄午后二时，讲时帝赐坐，诚等以图形呈帝，并为之解说。②

洪若翰通过与张诚和白晋的通信，对他们教授康熙西学的情况也有所了解，并曾在信中向拉雪兹神父做过汇报：

这位君主看到他的整个帝国处在太平之中，决定学习欧

①〔法〕白晋著，赵晨译：《康熙皇帝》，哈尔滨：黑龙江人民出版社，1981年，第43页。
②〔法〕费赖之著，冯承钧译：《在华耶稣会士列传及书目》，北京：中华书局，1995年，第446-447页。

洲的科学，他的这一举动或是为了消遣，或是因为关心。他
自己选择了算术、欧几里得几何基础、实用几何学与哲学。
安多神父、张诚神父和白晋神父奉旨编写了若干这几方面的
著作。第一本是算术，其他两本是欧几里得几何基础和几何
学。他们用满文来做示范讲解，与曾教他们学习满文的老师
一起核对，如果有某些词含义不清或不够妥当，他们立即就
更换别的词。神父们给皇帝做讲解，皇帝很容易就听懂他们
给他上的课，他越来越欣赏我们科学的可靠，并以一种新的
热忱用功地学习。①

　　耶稣会士把康熙学习西学的原因归结为解决所有军事问题
后的乐趣使然，这是他们赞美君王一种习惯性的笔法。②这很容
易使人联想起法国国王路易十四。这位君王在统治一个强大国家
的同时，对舞蹈如痴如醉，甚至亲自表演过 21 部芭蕾舞剧。其实，
与路易十四不同，康熙学习西学并非只是出于兴趣，还有着更深
层次的原因——巩固他的统治。为了当科学问题的"最高法官"，
炫耀作为最高统治者"断人之是非"的神奇能力，成为康熙学习
西学的原始动力。他想把自己塑造成一位无所不知的君王，要向
他的皇子和官员们证明他能控制天地，所以就更有能力管理好他
们，因为支配自然与统治人在中国人眼里是紧密地联系在一起的，
正所谓"三才者，天地人"。

　　宗教和科学这两个如今看似相互对立的词汇在耶稣会士们
的眼里却可以完美融合——前者是对自然的解释，后者是对自然
的探究方法。1675 年，莱布尼茨写给柯尔伯的信中就曾这样讲道：

①〔法〕杜赫德编，郑德弟等译：《耶稣会士中国书简集》上卷 I，郑州：大象出版社，
2005 年，第 280 页。

② Catherine Jami. *The Emperor's New Mathematics: Western Learning and Imperial
Authority During the Kangxi Reign (1662-1722)*. Oxford: Oxford University Press, 2012: 140.

　　您作为倡导者的那些真实的发现是超越时空的。一位波斯国王将惊叹于望远镜的功能，而当一位中国的官员意识到几何学传教士的准确性时，将会因惊奇而心花怒放。当他们看到您让制造的精妙仪器能够真实地反映任何特定时段天空的状态时，这些人将会说些什么？我想他们将承认人的灵魂近乎一种神性，而这种神性尤其与基督教徒相交流。上天的奥秘，大地的伟大以及时间的衡量都属于这个自然。[①]

　　张诚和白晋专心于他们的帝师工作，正是希望通过法国先进的科学，促进两国之间的交流和两位君王之间的友谊，进而使天主教能在中国扎根并取得发展。白晋在 1691 年 10 月致李明的信中曾这样写道：

　　　　因为我们都相信，如果这两位伟大的君王彼此相识，哪怕只是通过在宇宙中这两个最繁荣的帝国间，两个王朝间，艺术和科学方面最新奇、最稀有的发明物的交流而实现的科学和文学的交流，都会使他们因对彼此美德的尊崇而产生建立紧密友谊的愿望，并且相互做出表示。如果上天恩典我们能完成这个目标，我们相信我们会为了基督教的利益做出重大的贡献。基督教在两个强有力的君王的资助和保护下，会在这个国家内取得巨大的进展。[②]

---

　　① Onno Klopp. *Die Werke von Leibniz gemäss seinem handschiftlichen Nachlasse der Köninglichen Bibliothek zu Hannover*, vol. 3. Hannover: Klindworth, 1864: 212-213.
　　② 罗马耶稣会档案馆，Jap. Sin. 165, ff. 100-102. 参见 Catherine Jami. L'empire maritime portugais, la diplomatie française et la transmission des sciences mathématiques européennes en Asie orientale aux XVIIe et XVIIIe siècles. In Dominique Tournès ed., *L'Océan Indien au carrefour des mathématiques arabes, chinoises, européennes et indiennes*. Saint-Denis: I.U.F.M. de la Réunion, 1998: 115.

与此同时，法国传教士们还希望通过帝师的身份更为便利地进行种种科学观测，以履行他们王家科学院通讯院士的职责。正像白晋在同一封信中所说："康熙帝对哲学非常着迷，并将哲学都文字记载，以传后世。在教授哲学的过程中，我们有充分的机会利用这里的一切资源来实现我们的计划，更好地完善科学与艺术。"①

二、康熙所学知识的法国特色

张诚和白晋教授康熙的西学具有明显的法国特色，这一方面是因为他们对法国王家科学院的这些新知比较熟悉，但更重要的原因是当时法国科学相比较欧洲其他国家的科学确实有一定的优势。

《几何原本》是古希腊数学家欧几里得把前人所证明的原理和自己的一些原创证明汇集在一起的数学著作，全书共 13 卷。这本著作自面世后便在西方广泛传播，出现了阿拉伯文、希腊文、拉丁文等多种译本。1607 年，利玛窦和徐光启的汉语版《几何原本》译自德国神父克里斯托弗·克拉维乌斯（Christophorus Clavius）在欧几里得著作的基础上，校订增补的拉丁文本《欧几里得原本》（共 15 卷）的前 6 卷平面几何部分。当白晋和张诚开始教授康熙几何学时，利玛窦和徐光启的《几何原本》已有满语译本，皇帝的内侍赵昌曾建议或指定他们使用此书作为教材：

赵老爷奏陈，利玛窦神甫译成汉文的几何原理前六卷，

---

① 罗马耶稣会档案馆，Jap. Sin.165, ff. 100-102. 参见 Catherine Jami. L'empire maritime portugais, la diplomatie française et la transmission des sciences mathématiques européennes en Asie orientale aux XVIIe et XVIIIe siècles. In Dominique Tournès ed., *L'Océan Indien au carrefour des mathématiques arabes, chinoises, européennes et indiennes*. Saint-Denis: I.U.F.M. de la Réunion, 1998: 114.

连同克劳威斯[①]的注解，已于前几年由陛下所指定的一个精于此道的人译成鞑靼文。这个鞑靼文本虽然不准确，也不易懂，可是对于我们讲解几何定律可能有用。尤其是如能把译者召来协助我们，并把我们所说的写下来，可以为陛下省许多事。皇上深以这一意见为然，下令把鞑靼文译本找来交给我们，并把译书的人立刻召来。[②]

由于当年南怀仁也是借助利、徐的译本撰写讲稿的，张诚和白晋很快便遵从命令，开始向康熙教授实际上是克拉维乌斯版本的《欧几里得原本》，然而刚讲至第二条定律就遇到了困难。张诚在 1690 年 3 月 9 日的日记中曾这样写道："我们奉召赴乾清宫讲解第二条定律。这比第一定律复杂难懂，皇上不太容易理解，因此推迟到第二天早上再听讲一遍，然后默写。"[③]据白晋记载，在 3 月 13 日第六堂课时，他们开始使用"巴蒂的《实用和理论几何学》中解释这些科学定律的方法，这种方法更现代、更容易、更简洁"[④]。到了 3 月 24 日，张诚和白晋在解释定律的时候，通过对比克拉维乌斯和巴蒂的证明方法，终于使康熙同意更换教材。对此，白晋记述道：

　　3 月 24 日，康熙皇帝来到养心殿，让我们解释接下来的五条欧几里得定理。他仔细阅读我们准备的满语讲稿，觉得清楚明白。我们用两种方式证明了第七条定律，他对我们采取的新方法尤为赞许。由于我们以前就向皇帝慢慢灌输了这

①　即克拉维乌斯。
②　〔法〕张诚著，陈霞飞译：《张诚日记》，北京：商务印书馆，1973 年，第 73 页。
③　同上。
④　巴黎国家图书馆，Ms. Fr. 17240, f. 266r. 参见 Isabelle Landry-Deron. *Les leçons de sciences occidentales de l'empereur de Chine Kangxi (1662-1722): textes des journaux des Pères Bouvet et Gerbillon*, vol. 2. Paris: E.H.E.S.S., 1995: 39-40.

种想法，再加之我们抓住这次机会向他再次提出建议，他同意我们用我们喜欢的方式来解释这些命题，允许我们自由使用巴蒂的几何学原理，我们曾向陛下建议这是最适合他的方法。①

张诚在 3 月 24 日的日记中也记载了更换教材一事：

> 为皇上讲解了四条欧几里得定律。皇上认为他已经完全理解，并殷切表示要在尽可能快的时间内知道几何原理的最必要的部分，以求弄懂实用几何学。我们向他指明，如果他愿意的话，我们将只讲最必需最有用的定理，而不依照汉文译本中的示例方法。这样我们就能把课程缩短，并提供更正确的示例。陛下同意这一建议。我们决计改用巴蒂氏的实用和理论几何学，因为他的图例比较易懂。②

张诚和白晋选用法国数学家巴蒂编写的《实用和理论几何学》，一方面是因为他们二人对这部著作非常熟悉，巴蒂于 1670 年至 1673 年间担任巴黎路易大帝学校数学系主任，其几何学论著在这期间出版，而张诚和白晋正是该校的学生。但更换教材最主要的原因是巴蒂的著作比克拉维乌斯的著作更加简单明了。巴蒂的《实用和理论几何学》是 17 世纪欧洲欧几里得《几何原本》的大量改写版本之一，1671 年出版后，几十年间都是欧洲数学教学中使用最广泛的教材。此后，该书不但多次再版，还被翻译成了拉丁语、德语、英语等多种语言。其特点是非常小巧，初版为十

---

① 巴黎国家图书馆，Ms. Fr. 17240, f. 266r. 参见 Isabelle Landry-Deron. *Les leçons de sciences occidentales de l'empereur de Chine Kangxi (1662-1722): textes des journaux des Pères Bouvet et Gerbillon*, vol. 2. Paris: E.H.E.S.S., 1995: 41.

② 〔法〕张诚著，陈霞飞译：《张诚日记》，北京：商务印书馆，1973 年，第 74 页。

二开本，120 页。这部著作的全名显示出了作者的研究方法：《实用和理论几何学：以简短而易懂的方法学习〈几何原本〉中关于欧几里得、阿基米德、阿波罗尼奥斯的必须了解的知识，以及古今几何学最美的发明》。这个题目显然有两层含义：一方面，该著作不包含欧几里得《几何原本》的全部内容，当然也不局限于此；另一方面，不同于经典的推理风格，即长篇的证明，巴蒂选择简短易懂的方法。这两个方面反映了巴蒂更加重视教学的实用性而非严谨性的特点。在该书的序言中，巴蒂进一步强调他的风格，猛烈批驳了欧几里得的模式，认为读者阅读欧几里得的困难和乏味在于其太过严格的精确性，即使不言自明的事项都要证明。[①]

在教授康熙哲学时，白晋和张诚显示出了更高的热情，因为他们认为哲学教学是传授基督教信仰的绝佳方式。白晋曾这样写道：

> 我们相信这项工作会比做其他任何工作，都将带来更大的效果。因为要教化中国人，尤其是儒士，使他们接受福音书的真理，最有效的方法，就是编写出优秀的哲学书籍。想到这些，我们不能不加倍努力去完成这件工作。在当时参阅的古今哲学书籍中，与我们的目的最吻合的是王室学者学会会员冬阿迈尔的《古今哲学》一书。的确，从这位优秀哲学家令人信服的精辟论述来看，再也没有比这本书更适合我们意图。所以，这本书是我们完成哲学进讲草稿时汲取资料的主要著作之一。[②]

---

① Catherine Jami. *The Emperor's New Mathematics: Western Learning and Imperial Authority During the Kangxi Reign (1662-1722)*. Oxford: Oxford University Press, 2012: 162.

②〔法〕白晋著，赵晨译：《康熙皇帝》，哈尔滨：黑龙江人民出版社，1981 年，第 39 页。

冬阿迈尔神父（Jean-Baptiste Du Hamel）是法国王家科学院的首任秘书。法国当时古今哲学之争非常激烈，他是崇今派，反对崇古派最强硬的人物之一。他曾将其著作《古今哲学》进行过多次修改，该书后被王家科学院采纳当作教科书。[1]1691 年，张诚和白晋在该书基础上编写的满语教材主要是用于讲授逻辑学。他们以最简单明了的方式谈论这个主题，根据现代风格去除了所有复杂的词汇和诡辩。这样一部全新风格的作品实际上与他们1691 年 1 月 20 日收到的康熙的谕令相符："皇帝告诉我们，他想让我们尽快向他解释哲学，并翻译成满语。因此，我们不必再专注于南怀仁曾经给他介绍的内容，而应该按我们的意愿选择和讲授知识。"[2]同年 10 月，白晋仍然认为康熙愿意学习并传播他们的哲学。在写给李明的信中，白晋提到他们继续为皇帝讲授哲学，但是采用的是与南怀仁十年前在他的《穷理学》中不同的方式来处理。南怀仁所提倡的推理方式就是白晋在编写满语讲稿时所抛弃的"纯粹的诡辩"。换句话说，亚里士多德的哲学及其对推理方式的强调对传教事业来说不再至关重要。南怀仁依赖的是不可辩驳的上帝科学真理说，这是 17 世纪上半叶耶稣会神学院中所教授的理论；相反，法国耶稣会士选择展示在路易十四的统治下科学进步的力量和荣耀。巴黎王家科学院的科学取代了耶稣会科学成为走向宗教的第一步，而太阳王的权力也取代了上帝的权力成为这种科学的保护者。这种改变反映了欧洲学院教学方法的发展以

---

① Catherine Jami. *The Emperor's New Mathematics: Western Learning and Imperial Authority During the Kangxi Reign (1662-1722)*. Oxford: Oxford University Press, 2012: 144-145.

② 巴黎国家图书馆, Ms. Fr. 17240, f. 288v. 参见 Catherine Jami. *The Emperor's New Mathematics: Western Learning and Imperial Authority During the Kangxi Reign (1662-1722)*. Oxford: Oxford University Press, 2012: 145.

及皇帝在影响耶稣会士在中国所教授的内容方面所起的作用。①

　　哲学课程因康熙生病而中断后，他的兴趣又转向解剖学，于是两位教士又开始了解剖学课程的进讲。白晋提到过他们引用的是倍尔尼（Joseph Guichard Duverney）等人的成果：

　　　　自古以来，中国就有许多名医，尽管如此，现在人们对解剖学只有一点模糊的知识。因此，首先必须起草详尽的解剖学讲稿，进讲整个人体的结构及其各个组成部分的一般知识。而皇上明确了各部分相互间的关系以后，一定希望进一步了解它们彼此协同动作的生理机能。我们把在本世纪最珍贵、最有价值的有关这门科学的发现全都写进解剖学讲稿里，并写了著名的倍尔尼和王室学者学会其他成员的发现。这些学者对于解剖学的研究和对于其他学科的研究一样，都走在各国学者前面。②

　　倍尔尼，法国王家科学院院士，路易十四儿子的老师。1687年，当法国耶稣会士到达中国，白晋被安排为王家科学院撰写有关中国自然科学和医学方面的文章时，他曾要求科学院寄给他一些倍尔尼的作品。此外，倍尔尼还就法国耶稣会士在暹罗进行的解剖鳄鱼的报告做了深度研究，并于1688年在巴黎发表了相关文章。在白晋和张诚看来，使用法国王太子老师的作品来教授康熙

---

　　① Catherine Jami. *The Emperor's New Mathematics: Western Learning and Imperial Authority During the Kangxi Reign (1662-1722)*. Oxford: Oxford University Press, 2012: 144-146.
　　②〔法〕白晋著，赵晨译：《康熙皇帝》，哈尔滨：黑龙江人民出版社，1981年，第40页。

这位伟大的帝王是尤为合适的。①

此外，两位神父在为康熙制药时，依据的是法国王家药师希雅拉（Moyse Charas）的作品。白晋曾写道："我们开始阅读王室实验室长官希雅拉的制药法。并在宫内皇上指定的房间，设置了类似实验室的设备。"②

可见，张诚和白晋无论在教学内容还是在教学方法上与南怀仁都有所不同：他们试图把巴黎王家科学院的法国科学引入中国，试图用现代派的简明、易懂的教学方式传授知识。以他们为媒介，西方大量最为先进的数学、哲学、医学等知识被传入中国，特别是他们为康熙授课所用的两份数学讲稿的汉语版，实际上便是1723 年出版的《数理精蕴》中的《几何原本》部分。《数理精蕴》这部中西方数学知识的汇总，在中国广泛传播，尤其为大臣们所用，对 18、19 世纪中国数学的发展影响很大。所以，"中国高度发展的古代数学在经历了明以后数百年的萎缩之后，于清代中期又出现高潮"③，对这一局面的形成，张诚和白晋是产生了积极影响的。但须指出的是，虽然他们的教学活动颇受康熙皇帝青睐，但他们以哲学为名义教授给康熙的神学知识，并没有真正被康熙所接纳，更不适合在中国出版以流传后世。所以，他们想通过为皇帝教学，使其改宗的希望最终还是破灭了。总之，他们的本意是为了移植宗教，结果却开出了中西文化交流之花。

---

① Catherine Jami. *The Emperor's New Mathematics: Western Learning and Imperial Authority During the Kangxi Reign (1662-1722)*. Oxford: Oxford University Press, 2012: 147-148.

② 〔法〕白晋著，赵晨译：《康熙皇帝》，哈尔滨：黑龙江人民出版社，1981 年，第 41-42 页。

③ 许明龙主编：《中西文化交流先驱》，北京：东方出版社，1993 年，第 212 页。

第二节　康熙的洋钦差

"国王数学家"不仅在宫廷为康熙服务，还曾多次作为洋钦差被派遣去执行外交使命。张诚于 1689 年参与了中俄尼布楚的谈判，并在谈判中发挥了重要作用。白晋和洪若翰分别于 1693 年和 1699 年被康熙派回法国，以招募更多的科学家传教士来华。此外，白晋的出使还促成了"安菲特里特号"商船两次往返于法、中之间，再次掀起了中西文化交流的高潮。

一、中俄外交谈判使臣

1689 年的《中俄尼布楚条约》是中国与外国签订的第一个边界条约，也是建立在互惠基础上的第一个平等条约。张诚和徐日昇两位教士受康熙指派加入了该谈判使团，并在谈判过程中发挥了至关重要的作用。他们二人在旅行中均著有日记，这两份日记互为补充，能够使我们更为客观地了解张诚在此次谈判中的活动与作用。

（一）尼布楚谈判的背景

从明清之交时起，俄国开始侵入我国黑龙江流域，强迫当地人效忠沙皇，并强征赋税。1658 年，俄军在黑龙江上游的石勒喀河河畔建造了尼布楚城，转年，又在更深入中国领土的地方建造了雅克萨城。一直以来，中俄两国在边界冲突不断，双方各有胜负。1685 年至 1688 年间，中国军队为收复领土雅克萨，对入侵的俄军所进行的两次围歼战都取得了胜利。当时俄国内部政权不稳，又忙于与土耳其的战事，无暇在东方开辟一个新的战场，于是想通过和清政府谈判来解决黑龙江地区的纠纷。而中国方面，虽然清政府已经平定三藩，收复台湾，并通过设将军驻守、设驿站和保障军需等措施对黑龙江上游地区建立了有效的统治，但是西北噶尔丹一直是康熙的心腹之患，于是康熙决定通过外交谈判的方式解决对俄问题，保证东北边疆的稳定，从而能集中武力来镇压噶尔丹的叛乱。1686 年，沙皇派特使来到中国，请求清政府撤雅克萨之围以使双方能和睦共处。于是，中俄双方约定于 1688 年在色楞格斯克举行会谈，共同商议解决之道。

　　此次谈判，康熙派出了以议政大臣索额图和内政大臣、国舅佟国纲为首的全权代表团。因为双方语言不通，徐日昇被任命为谈判翻译，使用拉丁语作为谈判语言。康熙曾说："朕鉴于所用西人，皆忠贞可靠，足资信赖，特令徐日升随尔前往俄国"①，可见他对徐氏的信赖。康熙还命徐日昇挑选另一位耶稣会士同行，徐氏最终选择了张诚。康熙在使团临行前对两位教士亲赐御衣，授三品官，命索额图和佟国纲与二人同桌就餐并凡事都要与他们共同商议。

　　1688 年 5 月 30 日，使团从北京启程。因当时清军两次击败了入侵的俄军，形势上占优，出发前，康熙对使团制订了以下谈判方针："朕以为尼布潮（楚）、雅克萨、黑龙江上下，及通此江之一河一溪，皆我所属之地，不可少弃之于鄂（俄）罗斯"，若俄国对此认同，"与之画定疆界，准其通使贸易；否则尔等即还，不便更与彼议和矣"②。使团经居庸关、张家口、归化向西北，后向正北行进。当抵达克鲁伦河附近时，恰逢喀尔喀部和厄鲁特部之间发生战争，道路被阻。7 月 20 日，康熙派来使臣通知使团返回北京，并将推迟谈判的消息告知俄方。经中俄双方协定，将于转年在尼布楚重开谈判。选择尼布楚作为谈判地点，主要是因为

---

① 参见〔葡〕约瑟夫·塞比斯著，王立人译：《耶稣会士徐日升关于中俄尼布楚谈判的日记》，北京：商务印书馆，1973 年，第 159 页。

② 《清圣祖实录》，卷 135。参见余三乐：《徐日升、张诚与中俄〈尼布楚条约〉的签订》，《北京行政学院学报》，2000 年第 5 期，第 65 页。

要到达此地，中方可取道蒙古东部，这里是清朝直接统治的地区，更为安全、顺畅。

鉴于此时北方形势有变，"厄鲁特对喀尔喀的入侵造成了一种新的情势，削弱了中国的有利地位。现在出现了厄鲁特人所追求的俄国和厄鲁特的联盟的危险。因此，对中国来说，至少在他们能够对付厄鲁特的威胁之前，就更需要取得和平的解决"[①]。所以在使团出发前，康熙授意索额图在边界的划定上可以做些让步，即"尔等初议时，仍当以尼布楚为界，彼使者若恳求尼布楚，可即以额尔古纳为界"[②]。1689 年 6 月 13 日，使团重新启程前往尼布楚，经长途跋涉，于 7 月 31 日抵达。以戈洛文（Golowin）为全权大使的俄方使团于 8 月 18 日到达该地。

（二）张诚在尼布楚谈判中的活动

张诚在尼布楚谈判中的活动大体上可以分为两部分。首先，他圆满地完成了翻译的工作。在 8 月 22 日、23 日及 9 月 7 日的三次会议期间，拉丁语是双方沟通所使用的语言，张诚是中方代表的同步口译人员。在休会期间，张诚还承担了大量的通信以及最终条约的翻译工作。对于每件文书，他都是字斟句酌，为此甚至常常彻夜不眠。如在 8 月 4 日的日记中，张诚就曾这样记载："俄国全权特使送来按照他们自己方式草拟的条文底稿，其中对所谈各事几乎全部同意了。我们费了一整夜功夫去翻译它。"[③]

不仅如此，张诚还是中俄谈判过程中双方之间的斡旋者，起到了谈判大使的作用，推动了整个谈判的进程。如在中俄双方第一次会议（8 月 22 日）的两日前，双方已经通过信使达成共识，

---

①〔葡〕约瑟夫·塞比斯著，王立人译：《耶稣会士徐日升关于中俄尼布楚谈判的日记》，北京：商务印书馆，1973 年，第 72 页。

②《平定罗刹方略》，载《中华边防舆地丛书》，1903 年上海版，第 28-29 页。参见〔葡〕约瑟夫·塞比斯著，王立人译：《耶稣会士徐日升关于中俄尼布楚谈判的日记》，北京：商务印书馆，1973 年，第 72 页。

③〔法〕张诚著，陈霞飞译：《张诚日记》，北京：商务印书馆，1973 年，第 42 页。

中方的钦差大臣将率领 800 名官兵过河，其中 500 名应排列在河岸上中方的木船前面。但谈判当日，俄国全权特使戈洛文却只肯同意这 500 名士兵留在船上。俄方的这一举动引起了中方的怀疑，他们害怕中了俄国人的圈套，迟迟不肯渡河。就在谈判即将落空之际，深谙国际法的张诚尽力劝说中方使团，"特命使节的性质可以使他的人身成为不可侵犯的，保障他即使面对最大的仇敌也不致受到欺侮"[①]。徐日昇也以性命为俄方担保，他说："先生们，你们必须认清，俄国人是有理智的人，而不是野兽；他们不是那样的险诈，以致要借缔结和约为名来伤害我们……我愿意在会议期间让俄国人的一杆枪顶在我的胸前。"[②]此外，两位教士还受命前去俄方驻地会见戈洛文，指出中方代表对国际法不甚了解，除非俄方愿在谈判尚未开始之前即告破裂，否则就有必要对于钦差大臣们的缺少经验做些让步。[③]经过他们二人的斡旋，俄方最终同意让中方士兵留在河岸上，这才使会议如期举行。

在 8 月 23 日的第二次会议上，双方出现了极大分歧。俄国人提出以萨哈连乌拉河道为两国疆界，北面归俄国，南面归中国。而中方要求俄方退到色楞格以上，此地以及尼布楚、雅克萨及附属地应归中国。双方都不肯退让，谈判不欢而散，"钦差大臣们为俄国人的嘲笑所激怒，派人去拆除他们的一些帐篷，仿佛不打算再与他们认为待人不善，并且难于圆满商谈的那些人们去打交道了"[④]。在此情况下，张诚和徐日昇向索额图主动请缨，前去俄国使团驻地会见戈洛文进行协商。他们向俄方表明钦差大臣已奉有皇帝旨意，若俄方不在雅克萨问题上做出让步，双方不可能达

---

① 〔法〕张诚著，陈霞飞译：《张诚日记》，北京：商务印书馆，1973 年，第 30 页。

② 〔葡〕约瑟夫·塞比斯著，王立人译：《耶稣会士徐日昇关于中俄尼布楚谈判的日记》，北京：商务印书馆，1973 年，第 178—179 页。

③ 〔法〕张诚著，陈霞飞译：《张诚日记》，北京：商务印书馆，1973 年，第 30 页。

④ 同上，第 33 页。

成和谈。张诚提出的在尼布楚和雅克萨之间划定边界的建议，戈洛文同意考虑，这让几乎决裂的谈判能够以来往信使的方式得以继续。

8月27日，张诚和徐日昇带着中方边界划定的最后方案来到俄方营地，俄方依然坚持占据雅克萨。张、徐二人愤然离席，并指出除非他们决心放弃雅克萨及其附近土地，否则继续谈判必将徒劳。①中方得此消息后，立即召开会议，决定封锁尼布楚，战争一触即发。俄方意识到事态的严重性，派出译员要求两位教士前往俄方驻地重开谈判，但钦差大臣们担心他们会被扣留在尼布楚城堡做人质。在两位神父的反复解释和劝说下，钦差大臣们最终决定派遣张诚独自前往。当时，张诚年纪较轻，来华也不过仅仅两年的时间，可以说在很多方面都比不上经验丰富、老谋深算的徐日昇。徐氏在他的日记中借佟国纲之口道出了选派张诚前往的原因。佟国纲曾对他说："你跟了皇上多年，你是一位知名的人物。皇上在公开的谕旨中把你这个人推荐给我，所以我对你是负有责任的。但是，对你的同伴，你负有责任，你既不怕俄国人会扣押你们为质，那么无论发生了什么事情，你应为他向皇上交代，正如我要为你向皇上交代一样。"②在俄方驻地，张诚就边界及相关事宜和戈洛文进行了全面谈判。他不辱使命，面对俄方始终不肯放弃雅克萨的局面，抓住了对方急切想和中国人做生意的心理，大谈和中国进行贸易会给俄国带来的丰厚利润。在张诚的反复劝说下，最终双方就边界问题和相关事宜达成共识。双方都各自做出了一定的让步，中方虽然放弃了贝加尔湖以东的一些领土，但使俄方放弃了雅克萨。

9月1日，就在签约前夕，中俄双方又对分界线诺兹山的位

①〔法〕张诚著，陈霞飞译：《张诚日记》，北京：商务印书馆，1973年，第36页。
②〔葡〕约瑟夫·塞比斯著，王立人译：《耶稣会士徐日昇关于中俄尼布楚谈判的日记》，北京：商务印书馆，1973年，第193-194页。

置产生了分歧。诺兹山在格尔必齐河的发源处形成两条高峻的山岭，俄方打算将向正东延伸的一条作为分界，中方打算将东北走向的一条作为分界，而两条山脉之间还有一大片土地。就这片土地的划分双方出现了争议，谈判又一次面临破裂。此次，又是张诚和徐日昇从中斡旋，使双方同意"有关两条山脉之间土地的一款应不做决定，以俟他们能各向本国皇帝禀报并恭请谕旨"①。

中俄双方最终于 1689 年 9 月 7 日正式签订了《尼布楚条约》，条约规定：

> 以流入黑龙江之绰尔纳河，即鞑靼语所称乌伦穆河附近之格尔必齐河为两国之界。格尔必齐河发源处为石大兴安岭，此岭直达于海，亦为两国之界：凡岭南一带土地及流入黑龙江大小诸川，应归中国管辖；其岭北一带土地及川流，应归俄国管辖。惟界于兴安岭与乌第河之间诸川流及土地应如何分划，今尚未决，此事须待两国使臣各归本国，详细查明之后，或遣专使，或用文牍，始能定之。又流入黑龙江之额尔古纳河亦为两国之界：河以南诸地尽属中国，河以北诸地尽属俄国。凡在额尔古纳河南岸之墨里勒克河口诸房舍，应悉迁移北岸。②

此外，该条约还就俄军撤出雅克萨后该城的处理、遣返俘虏和"逃人"、通商贸易等问题都做出了规定。张诚和徐日昇在签约前夕更为繁忙，张诚在签约当天的日记中写道："今天一整天没有吃东西，而过去八天内每天只能像偷窃一样匆忙地吃点睡点，简直没有功夫休息或进餐。因为我们日夜都须听候差遣，或奔走传

---

① 〔法〕张诚著，陈霞飞译：《张诚日记》，北京：商务印书馆，1973 年，第 42 页。
② 〔葡〕约瑟夫·塞比斯著，王立人译：《耶稣会士徐日昇关于中俄尼布楚谈判的日记》，北京：商务印书馆，1973 年，第 206 页。

话，或翻译两方使节所拟的文件，再不然就是和他们本人进行商谈。"①

（三）张诚在尼布楚谈判中的作用

关于《尼布楚条约》签订的过程，众多相关研究成果都进行过论述，但对于张诚和徐日昇在这次谈判中所起的作用以及他们的目的，历来众说纷纭。很多学者都把他们定位成"恩将仇报""帝国主义特务"形象，另外一些学者虽然肯定他们在尼布楚谈判中所起的某些积极作用，但也认为他们在某种程度上充当了沙俄奸细的角色，并对他们的动机有两种说法："贿赂说"和"开辟陆路说"。而这些完全属于空穴来风，主观推测。

首先，某些学者认为两位传教士接受了戈洛文的贿赂，所以愿为俄罗斯效劳。但我们纵观整个谈判进程，俄方是不可能有机会对两位教士行贿的。中俄双方共举行了三次正式会议，分别是在1689年8月22日、8月23日以及最后签约的9月7日。在这三次会议中，双方参与人数达到六百人，在这样的场合下，俄方是不可能和两位耶稣会士有私下交易的。从8月24日到9月7日，这两周进入会外谈判阶段。在此阶段，中方虽然委派两位教士单独或结伴多次前往俄方营地，但每次都派员跟随。究其原因，当然一方面是为了保护两位教士的安全，但另外一方面也是对他们的言行进行监督②。雅科夫列娃在《1689年第一个俄中条约》中证实了这点："在1689年8月14日至8月27日（俄国旧历，在17世纪它比公历晚十天）的整整两个星期间，两国使团一直没有会见，但是通过自己的译员进行了谈判，译员们一天中在两营地之间往返好几次。俄罗斯人方面是安德烈·别洛鲍茨基以及几名司书，清使方面是张诚和徐日升，但总有清方的军人跟随

---

① 〔法〕张诚著，陈霞飞译：《张诚日记》，北京：商务印书馆，1973年，第47页。
② 何桂春：《〈中俄尼布楚条约〉的签订与耶稣会士》，《福建师范大学学报》（哲学社会科学版），1989年第4期，第104页。

着。"①在这样的众目睽睽之下，俄方想要行贿或者张诚和徐日昇
想要受贿，显然都不可能。

　　据张诚和徐日昇在他们的日记中所写，他们确实接受过两次
俄方使臣赠送的皮毛。第一次是公开的，另一次是临别时互赠礼
物。②徐日昇记载，9月4日，"我们带了经过少许修改后的条款
再去俄国使臣处。我们回来后，他派了他的一些人来，提出了他
的一些条件。同日，俄国使臣送来一些皮子给我们作为礼物，附
有一封信，对我们在这件事上为共同利益所做的特别努力表示赞
扬和感谢"③。张诚记载，9月8日，"我们正要向俄国人告辞的
时候，他们的首席使节赠给我们一些貂皮，一些和他以前送过的
那些相同的粟龙鼠皮，以及一些银鼠皮，都没有什么价值。我赠
给他的欧洲古董，价值尽足与他的礼物相当"④。其实，即使是
这些公开赠予的皮货和双方临别时互赠的礼品，两位教士也是择
其最贵重的进献给了康熙。张诚曾记载，当他们返回宫中时，将
俄方赠予他们的四条黑狐皮进献康熙，康熙也欣然地收下，并赐
给他们两块鹿肉。⑤显然，张、徐二人并没有接受俄方任何贿赂，
如果这些皮子真是贿赂品，他们也不敢将之进献给康熙皇帝，这
种道理不辩自明。

　　此外，"开辟陆路说"其实也是无稽之谈。有些学者认为在
谈判中两位耶稣会士利用种种手段示恩于俄方，是希望借此换取
沙俄开放西伯利亚的通道，让更多的传教士从陆路进入中国。他

　　①〔苏〕普·季·雅科夫列娃著，贝璋衡译：《1689年第一个俄中条约》，第175页。
参见何桂春：《〈中俄尼布楚条约〉的签订与耶稣会士》，《福建师范大学学报》（哲学社会科
学版），1989年第4期，第104页。
　　② 何桂春：《〈中俄尼布楚条约〉的签订与耶稣会士》，《福建师范大学学报》（哲学社
会科学版），1989年第4期，第105页。
　　③〔葡〕约瑟夫·塞比斯著，王立人译：《耶稣会士徐日昇关于中俄尼布楚谈判的日记》，
北京：商务印书馆，1973年，第200页。
　　④〔法〕张诚著，陈霞飞译：《张诚日记》，北京：商务印书馆，1973年，第48页。
　　⑤ 同上，第61页。

们往往列举了南怀仁为打通此路所做的种种努力,并因为徐日昇和张诚是继南怀仁之后同样服务于皇帝的耶稣会士,就主观地认为这两位神父必然会为了开辟陆路,讨好沙俄,而不惜出卖中国。南怀仁确实曾有开辟一条陆路的想法,他于1687年10月曾致函拉雪兹神父,呼吁更多的同人来华,并提议以后的传教士经陆路前来。南怀仁这一提议主要出于两方面的考虑:一是海路与陆路相比,不仅行程更长,而且危险性更大。据柏应理估算,之前经海路前往中国的欧洲传教士共计600余人,而真正到达中国者只有100余人,绝大多数神父都因疾病和船只失事等原因葬身大海。二是传教士可以沿途建立新的传教区,使越来越多的东方民族皈依天主教。

　　但是与南怀仁同为耶稣会士的张诚和徐日昇,在中俄外交谈判过程中不可能出于这个目的而和沙俄相互勾结。要说明这个问题,还须回溯到1685年路易十四派出"国王数学家"之时。虽然葡萄牙在东方拥有保教权,但张诚等传教士当时从布雷斯特港起航直接前往东方,并未获得葡萄牙国王的批准,也未途经里斯本。所以,自"国王数学家"到达中国之始,在葡萄牙传教士的眼中,他们就是非法的入侵者。葡萄牙人处处给法国传教士制造麻烦,截留法国寄送来的物资,这使法国传教士们的生活非常拮据,苦不堪言。而作为葡萄牙传教团代言人的徐日昇更是将向葡萄牙国王效忠放在绝对优先的地位,对法国传教团并不友好,处处阻挠。"对中国传教区有过周详研究的布鲁克尔断定,徐日昇迫得张诚和白晋苦不堪言,致使两人极力寻找离京之机并摆脱其专制压迫。"①而张诚对这位非常严厉的上司也表示不满,甚至否认其具备修会会长所应有的品质。张诚认为徐日昇对数学几乎一无所知,

---

① 〔美〕魏若望著,吴莉苇译:《耶稣会士傅圣泽神甫传:索隐派思想在中国及欧洲》,郑州:大象出版社,2006年,第45页。

所以在等待闵明我从欧洲返华期间，徐氏根本不配和安多神父一起出任钦天监监副，他顶多能充当安多处理钦天监事务时的翻译。[①]其实在中俄外交谈判前，由于两人代表着不同的国家利益，相处时有摩擦，并不和睦。而开辟一条横穿西伯利亚路线的想法假如成真的话，其实就打破了葡萄牙的保教权，各国都可以不必经过里斯本，而通过更为安全和便捷的陆路方式直接派遣传教士前往东方，这是徐日昇最不想看到的。况且由于当时张诚来华时间不长，清廷以及耶稣会都赋予了徐日昇比他更多的权力，所以在此次谈判中，传教士们不可能向俄方出卖中国，以换取沙俄开放西伯利亚的通道。

对于一场和谈，谈判双方必须各自做出某些让步，求同存异，才能达到和平解决问题的目的。被某些学者所认为的"出卖我国人民的利益""与俄国使者暗中勾结"，其实是两位传教士为了达到和谈的最终目的而进行的斡旋。他们参与中俄外交谈判的动机其实就是希望通过为清廷服务，以换取康熙皇帝能厚遇天主教，而在这一点上，张诚与徐日昇有着相契合的共同使命。从尼布楚启程回京之前，张诚在给维利乌斯神父的一封信中，谈及了他们在谈判中的作用和他们的动机：

> 感谢天主，借着我们在两大帝国使节之间的尽力斡旋，和约才得以缔结；如果没有我们，这两大帝国很难达成一致。他们的习俗极不相同，而且因为这一条约是中国或鞑靼与外国缔结的第一个条约，所以中国人对如何进行此类谈判懵懵懂懂。我们的钦差大臣们自己也承认，这件事情的成功主要靠我们的尽力斡旋，他们将这些情况如实上奏皇帝，这会对

---

① 〔法〕伊夫斯·德·托玛斯·博西耶尔夫人著，辛岩译：《耶稣会士张诚：路易十四派往中国的五位数学家之一》，郑州：大象出版社，2009年，第25页。

我们的宗教产生最好的影响。①

　　张诚的表现确实得到了钦差大臣的肯定，樊国梁曾在《燕京开教略》中这样写道："大臣索额图尤重张诚之智勇，特于大众之前极口褒奖曰：'非张诚之谋，则和议不成，比至兵连祸结，而失其和好矣。'"②而张诚的会友对他也是极尽赞美之词，李明在致拉雪兹神父的信中指出："若不是张诚神父用他的聪明才智缓和了他们的怒气的话，他们各自的自豪感就往往会导致他们走向对双方都是致命的极端。他常常穿梭于两个营地之间传话、出谋划策、缓和他们的脾气和隐瞒那些必然会激怒他们的话语。最终他巧妙地照顾了双方的利益，使中国人和莫斯科人皆大欢喜地缔结了和平协议。"③洪若翰也对张诚给予了很高的评价："张诚神父尤其懂得利用这一点。由于他来自法国，那里，人们经常谈论君主的利益，持续不断的战争与和约使人们千百遍地思考其后果对民族是有利还是有弊。他有幸找到了使互不相让、随时准备中断和谈的中国人与莫斯科人和解的方法。"④

（四）国际法在中国的首次运用

　　张诚和徐日昇不仅促成了《尼布楚条约》的签订，他们在谈判中还使国际法首次被运用于中国事务。在他们二人的日记中，都多次提到国际法的原则，如：在谈判中平等和互惠的必要性、

---

　　① Anton Friedrich Busching. *Magazin für die neue Historie und Geographie,* vol. 14. Halle : verlegt von Johann Jacob Curt, 1780: 405-406. 参见〔法〕伊夫斯·德·托玛斯·博西耶尔夫人著，辛岩译：《耶稣会士张诚：路易十四派往中国的五位数学家之一》，郑州：大象出版社，2009 年，第 22 页。

　　② 樊国梁：《燕京开教略》中篇，北京：救世堂，1905 年，第 39 页。

　　③〔法〕李明著，郭强、龙云、李伟译：《中国近事报道（1687-1692）》，郑州：大象出版社，2004 年，第 302 页。

　　④〔法〕杜赫德编，郑德弟等译：《耶稣会士中国书简集》上卷 I，郑州：大象出版社，2005 年，第 278 页。

人们在国际事务中应具备的诚信、外交谈判中使节的地位和作用、正义和非正义战争的观念等。此外，整个谈判进行的方式、条约订立的过程，甚至包括签字、宣誓、对全权代表的称呼等细节都遵循了西方国际法的规则。而推动国际法能在此次谈判中得到应用，这两位传教士功不可没。

在西方世界，荷兰法学家雨果·格老秀斯（Hugo Grotius）被誉为国际法之父，其著作《威斯特伐利亚和约》（1648 年）被认为是近代国际法产生的标志。由于俄国在历史上与欧洲的渊源关系，到了 17 世纪 80 年代，俄国已经熟悉国家之间订立和约时应采取的原则和程序，并运用于实践当中。来参加尼布楚谈判的俄方代表始终是以国际法的思维进行判断和行事的。如 1689 年 8 月 10 日，还未抵达尼布楚的俄国全权特使在给中国钦差大臣的信中，就曾依据国际法义正词严地讲道，世界上所有地方的惯例，都不允许进入对方国家去商谈和平的人可以一直推进到对方的城堡之下，因此，他向中方示意，请撤离城堡远一点，以使他自己能在那里扎营。①

而中国与俄国情况不同。在尼布楚谈判之前，虽然基督教传入中国，也有不少西方传教士来华，但中国从未与西方国家签订过任何国际协定，甚至可以说中国从未把任何一个国家看作是与之平等的。徐日昇对中国人这种强烈的自负做了精辟的概括："中国自开天辟地以来，在它的帝国里从未接待过贡使以外的外国人。鞑靼人对于世界情况一无所知，又有着同中国人一样的自大感，把其他民族都看作像与他们相邻的民族一样的牧民。他们以为一切都是属于那个他们高傲地称为'天下'的中国的一部分，好像除中国之外什么都不存在。"②

---

① 〔法〕张诚著，陈霞飞译：《张诚日记》，北京：商务印书馆，1973 年，第 27 页。

② 〔葡〕约瑟夫·塞比斯著，王立人译：《耶稣会士徐日升关于中俄尼布楚谈判的日记》，北京：商务印书馆，1973 年，第 171 页。

　　其实，康熙皇帝对待夷务所一直采取的这种不可一世的态度，并不意味着他对国际法一无所知。二十多年来，康熙身边聚拢了多位饱学多能的耶稣会士，他们为康熙讲授西方科学和哲学等知识，为这位东方的帝王打开了一扇了解西方的窗口。虽无明确史料记载康熙对国际法有所了解，但国际法往往是谈及西方国家外交一个无法绕过的话题。此外，有一点是确定的，在北京传教的耶稣会士虽远离欧洲，但他们对国际法是熟知的。至少，他们对苏阿瑞兹（Francisco Suarez）的国际法著作是了解的，这些耶稣会士之中有些人曾在科因布拉大学学习，而苏阿瑞兹就在那里教书。不仅如此，在1648年左右，卫匡国神父还曾将苏阿瑞兹的著作《法律及神作为立法者》翻译成了中文。①

　　清政府在此次谈判中接受并主动贯彻实施国际法在很多环节中都能体现出来。首先，在谈判地点的选择上，为了尽快和俄国人签订条约，康熙情愿放弃中国传统的高傲态度，而把谈判地点选在境外。这看似只是国际法的惯例，其实对于康熙来说，这已经是为尽快达成和约而做出的让步。谈判不在国内进行，可以尽量避免引起公众的关注。此外，关于中俄尼布楚谈判的中文史料也是极其少见的，这也体现了清政府不愿意把谈判细节公之于众，毕竟迁就俄国人的一些要求，放弃处理夷务的传统做法，并不是一件光彩的事情。②徐日昇在他的日记中也写道："这位俄国使臣如果去到中国，就决不会有这样有利的地位，因为在中国他们将会迫使他如同他们迫使以前到中国来的那些人一样，要么服

　　①〔葡〕约瑟夫·塞比斯著，王立人译：《耶稣会士徐日升关于中俄尼布楚谈判的日记》，北京：商务印书馆，1973年，第114页。
　　② 曾涛：《〈中俄尼布楚条约〉：运用国际法的初例》，《中国社会科学院报》，2009年2月3日，第7版。

从中国的习俗，否则就缔结不了和约而回国。"①

其次，在宣誓问题上，康熙要求使臣签订和约后，叩首跪拜上帝，以上帝的名义宣誓。因为中方认为以上帝名义宣誓更能影响俄国人，使之能够坚定不移地信守和平。为此，他们还特意准备了一段誓词，并打算叩拜上帝后，将誓词焚化。但俄国人对这种中西合璧的方式难以接受，认为这种方法含有不少迷信的成分，回复中方说双方在宣誓时可以按各自的方式进行。最终中方的钦差大臣们放弃了原来的计划，而采用了与俄国人相同的方式宣读了誓词。

此外，谈判中的很多细节都体现了双方对国际法的遵循。根据张诚的记载，在进入会议地点时，"双方所带二百六十名兵士，除刀剑以外，不准携带任何其他武器，为了防备阴谋诡计，我方的人应搜查俄国人，俄国人应搜查我们，以防暗藏器械；我方布置十人守卫我们的木船，双方应在每一件事上平等；使节们应在他们的帐篷里会晤，帐篷应并列靠紧，就像是一座帐篷那样；他们在帐篷里的座位应两两相对，任何一方不尊于对方"②。谈判落座时，双方每个人都以最大限度的平等就座，双方都在同一时刻下马，就座，彼此施礼。③撰写条约时，"在我们的钦差大臣们的一份条约文本上，中国皇帝在俄国大公之前，我们的钦差大臣们在俄国全权特使们之前；而在俄方文本上则大公和全权特使列在前面"④。在签字用印时，"每一方各自在应交给对方的那两份文本上签字用印：我们的人手中的一份是鞑靼文本，另一份是拉丁文本；俄国人手中的一份是俄文，另一份是拉丁文。只有拉丁

---

① 〔葡〕约瑟夫·塞比斯著，王立人译：《耶稣会士徐日升关于中俄尼布楚谈判的日记》，北京：商务印书馆，1973年，第182页。

② 〔法〕张诚著，陈霞飞译：《张诚日记》，北京：商务印书馆，1973年，第29页。

③ 〔法〕同上，第31页。

④ 〔法〕同上，第43页。

文本盖有两个国家的印玺"①。在互换条约文本时,"俄方的首席
使节,把备齐的两份条约文本递交我方首席钦差大臣;同时,我
们的首席钦差大臣也把自己的两份递过去。换文既毕,他们彼此
拥抱"②。除此以外,在条约中加入法令,也是自《威斯特伐利
亚和约》以来惯常使用的方法。如在和约的第二款中明确指出:
"两帝国猎户不得在任何情况下越过上述边界。倘有一二宵小,私
自越界,无论行猎、偷窃或抢掠,均应立即查拿,交付派驻边界
之两国长官,于审明罪情以后,分别轻重治罪。倘有聚众十人或
十五人结伙执械往边界以外行猎、抢掠,或戕害对境臣民人命者,
应禀报两国皇帝知悉,并将犯罪之人即行正法。"③此外,条约的
正式文本采用拉丁文撰写,这也是双方尊重国际法的又一重要体
现。

需要指出的是,虽然清政府在此次谈判中放弃了传统的处理
夷务的做法,首次运用了国际法原则,但这并不意味着康熙真正
接纳了西方的外交模式,并将之作为以后处理外交事务的范例。
此次谈判只是康熙迫于国内外的严峻形势,为尽快和俄国达成共
识,对该法的一次策略性运用。然而,我们同时也应该看到,由
于张诚等人的努力,国际法已经开始在中国萌芽,这为许多年以
后该法在中国的广泛传播奠定了一定的基础,这是法国"国王数
学家"在中西文化交流史上做出的又一贡献。

二、洋钦差与"安菲特里特号"商船

除了张诚,白晋和洪若翰也曾作为洋钦差奉命出使,他们受
康熙之命返回法国,招募更多的科学家传教士来华。1693 年 6 月
8 日,白晋携带康熙赠予路易十四的大量珍贵礼物离开北京,踏

① 〔法〕张诚著,陈霞飞译:《张诚日记》,北京:商务印书馆,1973 年,第 45 页。
② 同上,第 46 页。
③ 同上,第 44 页。

上了返法的旅程。尤为值得一提的是，这些礼物中包括 49 册装帧精美的书籍。它们"被巴黎国家图书馆收藏，直到今天仍是该图书馆里中国藏书的核心部分"①。在北京前往广州的途中，白晋享受到了一个特使可以享受的所有特权。1694 年 1 月 10 日，他在澳门登上了一艘英国商船，途中历尽磨难，终于于 1697 年 3 月 1 日到达法国布雷斯特港。

白晋要求法国当局以中国钦差的身份接待他。但由于康熙颁发给他证明其钦差身份的证件在离开中国时已交给当地的官员，法国拒不承认他的钦差身份，而是把他当作一位归国的普通传教士接待。因为他们认为中国皇帝若是真正愿同法国建立联系，至少应让白晋带来一份正式的国书。尽管如此，白晋在法国宫廷还是引起了不小的轰动，来拜访他的人络绎不绝。人们前来向他询问有关中国的各种各样的问题，问题的种类和数量之多让他一时无法招架。

为了获得路易十四的支持，尽快招募到赴华传教士，也为了回答人们提出的各类问题，白晋写了一份呈递给法国国王的报告，这就是著名的《康熙皇帝》。在白晋的笔下，康熙外表俊朗、气质非凡。"他威风凛凛、仪表堂堂、举止不凡。五官端正，双目炯炯有神，鼻子略显鹰嘴形，鼻尖鼓起。虽然脸上有几颗痘痕，但丝毫无损于他的美好形象。"②白晋尤为赞美的是康熙强大的人格魅力，"他天赋极高、博闻强记、智力过人、明察秋毫。他有处理复杂纷繁事务的刚劲毅力，他有制定、指挥、实现宏伟规划的坚强意志。他的嗜好和兴趣高雅不俗，都很适于帝王的身份。"③自幼

---

① 〔德〕柯兰霓著，李岩译：《耶稣会士白晋的生平与著作》，郑州：大象出版社，2009年，第 26 页。

② 〔法〕白晋著，赵晨译：《康熙皇帝》，哈尔滨：黑龙江人民出版社，1981 年，第 3页。

③ 同上，第 4 页。

年时代起,"康熙皇帝专心致力于文武两道,尽量使自己统治下的
鞑靼人和汉人都对自己怀有好感"①。他精通武艺,无人匹敌;
他娴于强弓,胜过所有的王侯;他使用欧洲的火炮如同本国的弓
箭;他是天生的骑手,其技艺已达到炉火纯青的地步;他音乐天
赋极高,能演奏中国、鞑靼及西洋的乐器;他熟读儒家经典,堪
称天下文人的典范;他热爱西洋科学,虚心拜传教士为师;他朴
素节俭,从不追求奢华的生活。他不仅是一位君子,更是一位才
能卓著的帝王,"他具有迅速处理政务的才能,所以,庞杂的国务
对他来说,只不过是一种乐趣而已"②。他勤政爱民,选拔重臣
尤为谨慎,"吏部为了补充官吏,向康熙皇帝呈送候选人调查书,
但康熙皇帝并不只凭这种调查书任命官吏。而是委派自己信得过
的人进行秘密调查,并向他们了解情况。由于康熙皇帝擅于从根
本上评价每一个人,所以常常提拔那些吏部推荐以外的人担任要
职"③。面对战乱,他或以聪明才智和怀柔政策瓦解敌方,或依
靠忠勇的亲兵彻底征服叛军。无论是内政还是外交,康熙皇帝都
处理得游刃有余。整个帝国在他的统治下,呈现出前所未有的繁
荣和昌盛。总之,在白晋看来,除了康熙不信教这点瑕疵外,他
可堪称是完美至极的伟大君王。但白晋认为这一点也很快就会得
到弥补,因为康熙已经相信天主教与儒家思想是相互统一的,而
且一旦中国皇帝信教,那么整个中华帝国的人民都将归信天主教。

　　此份报告的最大特点是,白晋几乎全篇将康熙和路易十四进
行类比,通过相互映衬,从而突出两位帝王,特别是这位东方帝
王的伟大之处和无上光荣,如"这位皇帝正好与路易大王陛下十
分相似。陛下统治着崇信天主教的各国国王,而他几乎同样地控

---

① 〔法〕白晋著,赵晨译:《康熙皇帝》,哈尔滨:黑龙江人民出版社,1981年,第4
页。

② 同上,第6页。

③ 同上,第17页。

制着信仰偶像教的各国皇帝"①。"他和陛下一样，有高尚的人格、非凡的智慧，更具备与帝王相称的坦荡胸怀，他治民修身同样严谨，受到本国人民及邻国人们的崇敬。从其宏伟的业绩来看，他不仅威名显赫，而且是位实力雄厚、德高望重的帝王……简言之，这位皇帝具有作为英明君主的雄才大略。如果说，他治理国家的才能还不如陛下，那么，恐怕也可以说，他是自古以来，统治天下的帝王当中最为圣明的君主。"②"我们有理由推断这位皇帝以后很可能成为中国的偶像破坏者。果真如此，他将与陛下更加相似。"③白晋所采用的这种类比的方法，很容易引起路易十四对康熙的强烈兴趣，拉近两位帝王心中的距离，而路易十四甚至为能与这位东方的明主相比较而感到无限的自豪。

　　出于争取路易十四支持的目的，白晋的这份报告确有溢美之嫌，有夸大的成分，但它对于康熙的思想、性格和兴趣爱好的介绍大体上都是准确真实的。特别是其中对康熙生活细节的一些介绍，至今对我们研究清代这位伟大的帝王有一定的参考价值。在白晋对康熙的介绍中，我们可以感觉到他对整个欧洲思想的熟悉和了解。当时的欧洲正是一个民族国家形成的时期，像康熙这样英明的君主、伟大的帝王的形象不仅会得到像路易十四这样野心勃勃的帝王的喜欢，即使是对正在走向世俗社会的一般民众和读者来说，也是极具感染力的。④所以，白晋的这份报告出版后，在整个欧洲引起了巨大的反响，人们对这位东方的路易大帝充满了各种想象和猜测。

　　在法国国王的支持下，白晋很快就招募了八位传教士，他们

①〔法〕白晋著，赵晨译：《康熙皇帝》，哈尔滨：黑龙江人民出版社，1981年，第1页。
②同上，第1-2页。
③同上，第2页。
④张西平主编：《莱布尼茨思想中的中国元素》，郑州：大象出版社，2010年，序言一，第7页。

是：翟敬臣（Charles Dolzé）、南国光（Louis Pernon）、利圣学
（Jean-Charles-Etienne de Broissia）、马若瑟（Joseph-Henri de
Prémare）、雷孝思（Jean-Baptiste Régis）、巴多明、颜伯理（Philibert
Geneix）和卫嘉禄（Charles de Belleville）。路易十四还把一册装
订华丽的版画集交给白晋，命其转赠给康熙皇帝。

　　但此时，交通的问题仍未解决。占据澳门的葡萄牙人以其君
主拥有的保教权为名，对法国耶稣会士们封锁了这条通道。白晋
此次返欧花了近四年的时间，这也让他意识到法国传教士如果取
道澳门会浪费太多时间而且会冒很大风险。白晋首先想到的是希
望法国国王能派遣一艘御船，但路易十四的大臣们并不支持这一
计划。白晋又与经营远东贸易的法国东印度公司联系，试图让他
们相信与中国进行贸易可获得巨大的商业利润。但东印度公司也
没有被他说服，这一方面是因为该公司的活动从未超过印度以远
地区，另一方面是因为 17 世纪的经济形势不允许它在远东发起新
的商业攻势。恰在此时，一位法国玻璃制造商儒尔丹（Jourdan de
Groussy）致函国务秘书蓬查特兰（Pontchartrain），表示愿意出资
派船前往中国经商。但派遣船只前往中国还必须得到东印度公司
的准许，在蓬查特兰的协调下，儒尔丹与东印度公司最终达成了
一项共有 12 款的协议。东印度公司授权儒尔丹相继派两艘船直接
入华经商，但不允许它以东印度公司的名义连续第三次远航中
国。[①]当白晋得知船只的问题解决后，非常兴奋。由于他是以钦
差的身份被康熙派往法国的，所以他希望路易十四能赋予他国王
大使的身份，以表示对中国皇帝的敬重。但路易十四担心这样的
身份可能使中国皇帝认为白晋是被他派去进行朝贡的，会有损于
法国的威严，于是白晋又是以普通传教士的身份被再次派往中国。

---

① 耿昇：《从法国安菲特利特号船远航中国看 17-18 世纪的海上丝绸之路》，《西北第
二民族学院学报》（哲学社会科学版），2001 年第 2 期，第 5 页。

1698 年 3 月 6 日，白晋和新招募的教士们乘坐着一艘名为"安菲特里特号"的 500 吨级的轻型三桅船，从拉罗什尔港口扬帆起航了，船上运载了大量的玻璃、玻璃窗、呢绒以及画像等物赴华销售。该船一路乘风破浪，到达好望角时又载上孟正气（Jean Domenge）和卜纳爵（Ignace-Gabriel Baborier）两位神父。这两位神父之前和殷弘绪、傅圣泽、樊继训（Pierre Frapperie）搭乘安吉斯（des Angus）统帅的军队所乘坐的船只东行，抵达好望角时，留在了此地。10 月，船只抵达澳门，11 月到达广州，并受到了广州官府的热情接待；康熙皇帝获悉白晋返回后，特派苏霖（Joseph Suarez）和刘应前往迎接。马若瑟在寄给拉雪兹神父的信中谈到了他们所受到的优待："外国人从未在该国受到过这种荣誉接待。当然也从未有过外国船会像我们这艘船到达中国时受到的那种隆重接待。在距法国有 6000 多法里的地方，提到法国的名字，对她的尊严与体面没有任何伤害。"[①]

"安菲特里特号"是历史上从法国直接开往中国的第一艘船只。路易十四行事非常谨慎，在该船出发前，他特别明确这只是一艘普通商船，并不是一艘御船，以免对他将来向中国派遣官船造成消极影响。但路易十四不失时机地赋予了该船科学的使命，他明确要求船员们在中国港口停泊后，要观察那里的季风、潮汐、气候以及与航海有关的一切资料，调查中国是否有港口、抛锚地、海岸地图以及航海指南，调查中国与欧亚各国之间经商的方式，特别要调查中国的风俗习惯等，以利于法国政府将来方便时派船驶往那里。[②]

"安菲特里特号"商船首航中国，其最大的贡献莫过于为中国带来了一批科学家传教士。新来的传教士中有五人被康熙留在

① 耿昇：《从法国安菲特利特号船远航中国看 17-18 世纪的海上丝绸之路》，《西北第二民族学院学报》（哲学社会科学版），2001 年第 2 期，第 8 页。

② 同上，第 5 页。

宫中等候任用，其他人被准许可到各省传教。这些教士们是白晋
依照中国的实际需要精心挑选的。他们博学多才，来华后也对中
国历史文化展开了深入研究，并取得了丰硕的成果。如巴多明精
通满、汉文，但凡有欧洲人入朝，比如传教士、教廷专使、葡萄
牙或俄罗斯使臣，常常都是他作为翻译。他在宫中为满洲的幼童
开设拉丁语课程，试图为中国栽培自己的外交人员。此外，他还
用中文写过《德行谱》《济美篇》等著作，并付梓。马若瑟用拉丁
文所写的《中国语言志略》是西方人对我国语文的性质和构造进
行介绍的第一部专著。雷慕沙称赞它是"马若瑟著述中最为重要、
最值得关注的作品，也是欧洲人此类著述中最为出类拔萃的"[①]。
此外，马氏所翻译的元曲《赵氏孤儿》后被收录在杜赫德神父的
《中华帝国全志》中出版，在法国继而在欧洲引起了强烈反响。后
来，伏尔泰又将之改编为《中国孤儿》，在法、英等国多次上演，
遍布欧洲的"中国热"由此又被推向了一个新的高潮。

　　1699 年，洪若翰也被康熙作为洋钦差派往法国，以招募更多
的科学家传教士来华。1700 年 1 月 26 日，洪氏携带康熙赠予路
易十四的礼物，在广州登上了"安菲特里特号"商船。该船满载
着要回国销售的中国商品，其中包括红铜和黄铜器皿、布帛、漆
器、刺绣、绘画、屏风、挂毯、丝巾等物。[②]这些商品于 8 月一
到法国便立刻被抢购一空，这甚至引起了法国制造商们的阵阵惊
悸，以至于蓬查特兰在 1701 年 1 月 12 日致儒尔丹公司经理们的
信中这样写道："本人获悉，扇子、桌子、细木家具与陶瓷制造商
们，都在指控你们从中国运来了其行业的大批产品。他们认为你

---

① Jean-Pierre Abel-Rémusat. *Nouveaux mélanges asiatiques, ou Recueil de morceaux de critique et de mémoires, relatifs aux religions, aux sciences, aux coutumes, à l'histoire et la géographie des nations orientales*, tome 2. Paris: Schubart et Heideloff, 1829: 269.

② 耿昇：《从法国安菲特利特号船远航中国看 17-18 世纪的海上丝绸之路》，《西北第二民族学院学报》（哲学社会科学版），2001 年第 2 期，第 10 页。

们的贸易不应建立在这种有损于他们利益的基础上，你们只应运来更好和更便宜的此类商品，以满足那些从外国进口此类商品的人之好奇心，要避免将来会有人对你们的行为提出指责。"①

1700 年 8 月 11 日，洪若翰向法王呈交了康熙的御礼。随后，他成功地招募了八位优秀的传教士——杜德美（Pierre Jartoux）、汤尚贤（Pierre Vincent de Tartre）、龚当信、沙守信（Emeric Langlois de Chavagnac）、戈维理（Pierre de Goville）、顾铎泽（Etienne-Joseph Le Couteulx）、卜文气（Louis Porquet）及方全纪（Jérôme Franchi）。1701 年 3 月 7 日，他们共同乘坐"安菲特里特号"从圣路易港启程返回中国。"安菲特里特号"二航中国所运载的货物与第一次有所不同。由于中国人非常喜欢白银，所以儒尔丹公司此次运来大量的银锭、银条和银币，而商品的数量较少，主要有书籍、绘画、烛台、羽笔、蜡烛、刀具、珊瑚、望远镜、鼻烟壶、计算器、水晶等物。②船只抵达印度时，又有四位神父加入，他们是赫苍璧、聂若望（Jean-François Noelas）、隆盛（Guillaume Melon）和苏安当（Antoine Chomel）。

洪若翰等人的此次航行可谓是喜忧参半，汤尚贤在写给父亲的信中写道："我们这次航行有两件事是十分奇特的：一是从来也没有一艘船在如此短的时间里到达中国，因为我们不到五个月就到了距离中国国土一百五十法里的地方；二是从来也没有一艘船为进入中国遭到这么多的困难，因为四个月以来，我们竭尽人力所能，但无法到达我们船准备过冬的港口——广州。"③ 1701 年 9 月 9 日传教士们终于克服了困难，抵达广州，接着北上入京。

---

① 耿昇：《从法国安菲特利特号船远航中国看 17-18 世纪的海上丝绸之路》，《西北第二民族学院学报》（哲学社会科学版），2001 年第 2 期，第 10 页。

② 同上。

③〔法〕杜赫德编，郑德弟等译：《耶稣会士中国书简集》上卷 I，郑州：大象出版社，2005 年，第 168 页。

　　洪若翰所招募回的神父们同样饱学多能，贡献卓越。如杜德美"精于解析学、代数、力学与钟表方面的理论"①，著有《周经密率》和《求正弦正矢捷法》各一卷。汤尚贤研究过《易经》，雷孝思所译《易经》利用了汤氏的大量资料。②更为重要的是，杜、汤二人还参与了《皇舆全览图》的绘制工作，可见作为天文学家的洪若翰在挑选传教士的时候尤为注重他们在天文学和地理学方面的才华。据白晋的日记记载，"安菲特里特号"第二次返航时携带的商品主要有铜器、生丝、茶叶、药品、瓷器、屏风、茶具、灯笼、扇子、刺绣品和家具等，该船同时还运回了它首航中国时暂存在广州的商品。③

　　由于儒尔丹与东印度公司事先所签订的协议，"安菲特里特号"商船只被允许远航中国两次。但它的这两次远航却具有里程碑式的重要意义。它为两国之间商业和文化的交流开辟了一条直航的通道，促进了中、法两国人民之间的相互了解，拉近了两国之间的距离。而随该船而来的传教士们是白晋和洪若翰为在华传教事业精心挑选的继任者，他们也同当年的"国王数学家"们一样，通过他们卓越超群的智慧和坚持不懈的努力，为中西文化交流做出了不可磨灭的贡献。有了"安菲特里特号"商船的成功范例，从此以后，整个18世纪几乎每年都有船只往返于法、中两国之间，它们把欧洲的物品和文化带到中国的同时，也把中国介绍给了西方，这对18世纪遍布整个欧洲的"中国热"起到了巨大的促进作用。

---

　　① 〔法〕杜赫德编，郑德弟等译：《耶稣会士中国书简集》上卷 I，郑州：大象出版社，2005 年，第 309 页。

　　② 方豪：《中国天主教史人物传》，北京：宗教文化出版社，2007 年，第 435-436 页。

　　③ 耿昇：《从法国安菲特利特号船远航中国看 17-18 世纪的海上丝绸之路》，《西北第二民族学院学报》（哲学社会科学版），2001 年第 2 期，第 10 页。

第三节　康熙与白晋的《易经》研究

在康熙的安排下，白晋曾对《易经》展开过长达五年多的研究。关于康熙指导和督促白晋对《易经》进行研究的史料，主要有两部分。一部分是梵蒂冈图书馆所藏的汉文文献，在该图书馆的编号为 Borg.cin.439。方豪在《中国天主教史人物传》、阎宗临在《传教士与法国早期汉学》、张西平在《中西文化的一次对话：清初传教士与〈易经〉研究》等相关作品中都将之做了抄录。此外，中国历史档案馆所翻译出版的《康熙朝满文朱批奏折全译》中也有不少有关白晋研究《易经》的资料。吴伯娅在《耶稣会士白晋对〈易经〉的研究》一文中将之做了抄录。本节将结合之前学者，特别是张西平和吴伯娅的研究，对通过《易经》在康熙和白晋之间所展开的这场文化对话的进程做一梳理。

梵蒂冈图书馆所藏康熙安排白晋研究《易经》最早的文献是在康熙五十年（1711 年），记载如下：

> 四月初九日，李玉传旨与张常住：据白晋奏说，"江西有一个西洋人，曾读过中国的书，可以帮得我。"尔传于众西洋人，着带信去将此人叫来。再白晋画图用汉字的地方，着王道化帮着他略理。遂得几张，连图着和素报上，带去。如白晋或要钦天监的人，或要那里的人，着王道化传给。钦此。[①]

---

① 梵蒂冈图书馆 Borg. Cinese. 439 (b). 参见张西平：《中西文化的一次对话：清初传教士与〈易经〉研究》，《历史研究》，2006 年第 3 期，第 75 页。

　　从该份文献可以看出，康熙深知研究《易经》绝非白晋一人之力便可完成，于是询问是否有欧洲人可以协助他，于是白晋举荐了身在江西的傅圣泽。五月三日，江西巡抚郎廷极接到谕旨，立刻差人召见傅圣泽，由于此时傅氏大病初愈，不能乘骑，巡抚便安排船只，由水路护送他进京。五月十五日，傅圣泽登舟启行。①在某种意义上说，傅圣泽被传旨进京是在华传教士中独一无二的。因为他的同僚们都是因为具有科学、音乐或绘画等方面的才华被召入宫，而他只是因为想研究出《易经》的真正奥秘。②

　　傅圣泽六月二十三日到达北京后被安排在白晋的居所，康熙派武英殿总监造和素前去探望。和素问傅圣泽："如何学《易经》？"傅圣泽答道："我在江西无事，故学中国书。时通览《五经》，其中《易经》甚为奥秘，倍加勤习之，故今略知其大概。"和素又将白晋之文稿给傅圣泽看，询问其看法。傅圣泽回答较为谨慎："该《易经》意甚深奥，我一时难断是非。现在我泻肚，待病稍瘥，入内详阅后再告诉。"③

　　梵蒂冈图书馆的另一份文献表明傅圣泽入京后，曾禀奏康熙会尽快同白晋开展《易经》的研究工作：

　　　　臣傅圣泽在江西聆听圣旨，命臣进京相助臣白晋同草《易经》稿。臣自愧浅陋，感激无尽。因前病甚弱，不能陆

　　① 中国第一历史档案馆编：《康熙朝汉文朱批奏折汇编》，第3册，北京：档案出版社，1984年，第460页。参见吴伯娅：《耶稣会士白晋对〈易经〉的研究》，中国社会科学院历史研究所：《中西初识二编——明清之际中国和西方国家的文化交流之二》，2000年4月，第56页。
　　② 〔美〕魏若望著，吴莉苇译：《耶稣会士傅圣泽神甫传：索隐派思想在中国及欧洲》，郑州：大象出版社，2006年，第134页。
　　③ 中国第一历史档案馆编：《康熙朝满文朱批奏折全译》，北京：中国社会科学出版社，1996年，第736页。参见吴伯娅：《耶稣会士白晋对〈易经〉的研究》，中国社会科学院历史研究所：《中西初识二编——明清之际中国和西方国家的文化交流之二》，2000年4月，第59页。

路起程，抚院钦旨即备船只，诸凡供应，如陆路速行于六月二十三日抵京。臣心即欲趋赴行宫，恭请皇上万安，奈受暑气不得如愿，惟仰赖皇上洪福，望不日臣躯复旧，同臣白晋竭尽微力，草《易经》稿数篇，候圣驾回京，恭呈御览。[①]

在命傅圣泽来京的同时，康熙还曾同大臣们讨论过白晋研究《易经》的文稿。康熙五十年（1711 年）五月十一日，他在和素、王道化的奏折上批示："览博津[②]书，渐渐杂乱，彼只是自以为是，零星援引群书而已，竟无鸿儒早定之大义……将朕所写之言，尔二人知之便罢，勿得告知于博津。"[③]六月十六日，康熙又通过谕旨向和素询问："博津之《易经》看不懂，不知尔等懂否？"六月十九日，和素回奏道："奴才等留存博津所著《易经》数段，原以为其写得尚可以。奴才等读之，意不明白，甚为惊讶。皇上颁是旨，始知皇上度量宏大。奴才等虽无学习《易经》，虽遇一二难句，则对卦查注，仍可译其大概。再看博津所著《易经》及其图，竟不明白，且视其图，有仿鬼神者，亦有似花者。虽我不知其奥秘，视之甚可笑。再者，先后来文援引皆中国书，反称系西洋教。皇上洞鉴其可笑胡编，而奴才等尚不知。是以将博津所著《易经》，暂停隔报具奏，俟皇上入京，由博津亲奏。"康熙批示："是。"[④]

和素精通满、汉文，是著名的满文翻译家，曾翻译过《太古遗音》《菜根谭》《西厢记》和《金瓶梅》等众多作品。他能用满

---

① 梵蒂冈图书馆 Borg. Cinese. 439 (a). 参见张西平：《中西文化的一次对话：清初传教士与〈易经〉研究》，《历史研究》，2006 年第 3 期，第 75 页。

② 即白晋。

③ 中国第一历史档案馆编：《康熙朝满文朱批奏折全译》，北京：中国社会科学出版社，1996 年，第 722 页。参见吴伯娅：《耶稣会士白晋对〈易经〉的研究》，中国社会科学院历史研究所：《中西初识二编——明清之际中国和西方国家的文化交流之二》，2000 年 4 月，第 57 页。

④ 同上，第 58 页。

文将《易经》翻译个大概，但在看白晋的研究文稿时竟不明白，可见此份文稿确实内容庞杂，牵强附会，对儒学思想无真正了解。康熙对该文稿也有同感，但他仍然安排白晋继续进行研究，这一方面是源于和素所说的"皇上度量宏大"；另一方面也源于康熙对白晋能力的信任，他曾说过："在中国之众西洋人并无一人通中国文理者，惟白晋一人稍知中国书义，亦尚未通。"[①]

在白晋研究《易经》的过程中，康熙曾多次问及他的进展情况，如：

　　七月初五日，上问："白晋所释《易经》如何了？钦此。"王道化回奏："今现在解《算法统宗》之攒九图，聚六图等因具奏。"上谕："朕这几个月不曾讲《易经》，无有闲着；因查律吕根原，今将黄钟等阴阳十二律之尺寸积数，整音、半音，三分损益之理，俱已了然全明。即如箫笛、琵琶、弦子等类，虽是玩戏之小乐器，即损益之理也，查其根原，亦无不本于黄钟所出。白晋释《易经》，必将诸书俱看，方可以考验。若以为不同道则不看，自出己意敷衍，恐正书不能完，即如邵康节，乃深明易理者，其所有占验，乃门人所记，非康节本旨，若不即其数之精微以考查，则无所倚，何以为凭据？尔可对白晋说：必将古书细心校阅，不可因其不同道则不看，所释之书，何时能完？必当完了才是。钦此。"[②]

这份文献体现出了康熙对白晋《易经》研究的严格要求和悉心指导。他提醒白晋等人在研究时要端正态度，不可因其不同道

　　① 陈垣编：《康熙与罗马使节关系文书》（影印本），台北：文海出版社，1974年，第75页。
　　② 梵蒂冈图书馆 Borg. Cinese. 439 (a). 参见张西平：《中西文化的一次对话：清初传教士与〈易经〉研究》，《历史研究》，2006年第3期，第76页。

则不看，避免断章取义，必须对《易经》有一个全面且透彻的认识。

但对于一个外国人，要读懂《易经》已非易事，何况是要深入地研究。白晋在给康熙的奏书中，道出了其中的艰辛：

> 初六日，奉旨问白晋"尔所学《易经》如何了？钦此。""臣蒙旨问及，但臣系外国愚儒，不通中国文义。凡中国文章，理微深奥，难以洞彻，况《易经》又系中国书内更为深奥者。臣等来中国，因不通中国言语，学习汉字文义，欲知中国言语之意，今蒙圣上问及所学《易经》如何了，臣等愚昧无知，倘圣恩不弃鄙陋，假年月，容臣白晋同傅圣泽细加考究，倘有所得，再呈御览，求圣恩教导，谨此奏闻。"①

白晋和傅圣泽时常将他们的研究情况向康熙汇报，梵蒂冈图书馆的一份文献证明了这点：

> 有旨问，臣白晋你的《易经》如何？臣叩首谨奏。臣先所备《易稿》粗疏浅陋，冒渎皇上御览，蒙圣心宏仁宽容，臣感激无极。臣固日久专于《易经》之数管见，若得其头绪尽列之于数图，若止臣一人愚见，如此未敢轻信。傅圣泽虽与臣所见同，然非我皇上天纵聪明，唯一实握大易正学之权，亲加考证，臣所得易数之头绪不敢当，以为皇上若不弃鄙陋，教训引导，宽假日期，则臣二人同专心预备，敬呈御览。②

白晋的《易经》研究可谓是障碍重重，一方面《易经》本身

---

① 梵蒂冈图书馆 Borg. Cinese. 439 (a). 参见张西平：《中西文化的一次对话：清初传教士与〈易经〉研究》，《历史研究》，2006 年第 3 期，第 76 页。

② 同上。

深奥难懂,另一方面他的研究几乎成为众矢之的——不但外方传教会等修会反对他对中国文化的看法,甚至耶稣会的会友们也与他产生了意见的分歧。白晋曾向康熙奏报:

> 臣白晋前进呈御览《易学总旨》。即《易经》之内意与天教大有相同,故臣前奉旨初作《易经稿》,内有与天教相关之语。后臣傅圣泽一至,即与臣同修前稿,又增几端。臣等会长得知,五月内有旨意,令在京众西洋人同敬谨商议《易稿》所引之经书。因寄字与臣二人云:"尔等所备御览书内,凡有关天教处,未进呈之先,当请旨求皇上谕允其先查详悉。"臣二人日久专究《易》等书奥意,与西土秘学古传相考,故将己所见,以作《易稿》,无不合与天教,然不得不遵会长命,俯伏祈请圣旨。①

白晋所提到的在修会内部遇到的这些障碍和阻挠,其实是源于 1710 年在华法国传教区会长殷弘绪宣布的一系列禁令。殷弘绪要求白晋在和康熙谈及《易经》时,只能论及其中关于数学和物理的部分,不得谈及汉语古籍中的宗教成分。因为在他看来,如果康熙接受了白晋的观点,认为在汉语古籍中早就存在基督教真谛的话,就会导致否认上帝启示的恶果。殷弘绪还规定,白晋呈递给康熙的所有文章,必须先经过法国住院会长龚当信的审核,以确保其中没有直接或间接涉及宗教的成分。②这些禁令使白晋的研究举步维艰,雪上加霜的是,此时他与傅圣泽的观点发生了分歧,合作很难进行下去。于是,康熙安排傅圣泽去研究数学和

---

① 梵蒂冈图书馆 Borg. Cinese. 439 (a). 参见张西平:《中西文化的一次对话:清初传教士与〈易经〉研究》,《历史研究》,2006 年第 3 期,第 77 页。

② 〔德〕柯兰霓著,李岩译:《耶稣会士白晋的生平与著作》,郑州:大象出版社,2009年,第 67-68 页。

天文学。傅圣泽在给康熙的一份奏书中曾说：

> 臣傅圣泽系外国愚儒，不通中国文义，蒙我皇上洪恩，
> 命臣纂修历法之根。去岁带至热河，躬亲教导，实开茅塞。
> 《日躔》已完，今岁若再随驾，必大获益，奈自去口外之后，
> 病体愈弱，前病复发。其头晕头痛，迷若不知，即无精力。
> 去岁犹有止时，今春更甚，几无宁息，不可以见风日。若再
> 至口外，恐病体难堪，抑且误事。惟仰赖我皇上洪恩，留臣
> 在京，静养病躯。臣尝试过，在京病发之时少，而且轻，离
> 京则病发之时多，而且重，今求在京，望渐得愈，再尽微力，
> 即速作历法之书，可以速完。草成《月离》，候驾回京，恭
> 呈御览，再求皇上教导。谨此奏闻。[1]

从时间上看，傅圣泽这道奏折写于康熙五十二年（1713 年），
距其来京最多不过两年。此时，白晋不仅失去了他的助手，甚至
渐渐地连康熙对他的研究也失去了兴趣。1716 年，康熙在上谕中
说道：

> 五十五年闰三月初二日，为纪理安，苏霖，巴多明，杜
> 德美，杨秉义，孔禄食，麦大成，穆敬远，汤尚贤面奏折，
> 上将原奏折亲交与纪理安等。谕赵昌，王大化，张常住，李
> 国屏，佟毓秀，伊都立尔公同传于白晋，纪理安等所奏甚是。
> 白晋他做的《易经》，作亦可，不作亦可。他若要作，着他
> 自己作，不必用一个别人，亦不必忙，俟他作全完时，再奏
> 闻。钦此。[2]

---

① 梵蒂冈图书馆 Borg. Cinese. 439 (a). 参见张西平：《中西文化的一次对话：清初传
教士与〈易经〉研究》，《历史研究》，2006 年第 3 期，第 77 页。

② 同上，第 78 页。

　　"作亦可，不作亦可"显然有别于康熙之前提出的不可因其不同道则不看的态度。关于康熙态度转变的原因至少有两方面：一是法国传教区会长要求白晋所有上交给康熙的文稿都要经过审查，这种做法实际上是教权对皇权的一种挑战，无疑会使康熙感到极为反感。①二是白晋的研究偏离了中国正统的儒家思想，始终没有取得康熙所希望的突破性进展。

　　关于康熙让白晋研究《易经》的目的，张西平先生将其总结为三点：首先，这是康熙对数学的兴趣使然；其次，康熙想通过白晋的《易经》研究来证实"西学中源说"；再次，这是康熙在"礼仪之争"中，争取入华传教士按其规定的路线在中国生活、传教的重要政治举措。②从康熙的这三个目的来看，我们便很容易地理解他选择白晋的原因。因为不管是要探寻《易经》中的数学奥秘还是要验证"西学中源说"，一位西方的数学家会比一位中国的数学家有更多的知识储备，更易取得成果。而要在"礼仪之争"中找到应对罗马教廷及其追随者的方法，一位外国传教士要比一位中国人更加得心应手，且更具有说服力。

　　总之，康熙安排和指导白晋对《易经》展开多年的研究，这是康熙个人兴趣、统治策略与政治背景相互交织的结果，是中西文化交流史上的一个重要事件。

第四节　康熙在南京观星台

　　洪若翰由于在华时间短，且大部分时间都在外省传教，所以中文史料对他鲜有记载。但是《熙朝定案》中曾多次提及他的名

---

　　① 张西平：《中西文化的一次对话：清初传教士与〈易经〉研究》，《历史研究》，2006年第3期，第77页。
　　② 同上，第78-84页。

字,记载的是 1689 年康熙第二次南巡时与身在南京的洪若翰之间的几次接触。如:在康熙还在杭州之时,就曾向前来接驾的殷铎泽问过洪若翰的情况;在康熙抵达南京的前一天,洪若翰和毕嘉(Giandomenico Gabiani)曾出郊外迎接;康熙到达南京之时,两位神父曾去皇帝行宫请安,康熙赐予了他们银两,他们也敬献了方物;康熙离开南京之时,他们二人又恭送圣驾,与皇帝畅谈等。但本节所要关注的是"此次,圣祖在南京,与教士之间,另发生一件天文学上佳话,是圣祖利用西洋天文学常识驳斥李光地,使李光地媚上不成,反讨一场没趣"①的事件。这里所说的教士指的是洪若翰和毕嘉,所说的西洋天文学常识指的是关于老人星隐现的知识。

1689 年 3 月 18 日,康熙在南京观星台上就天文学知识和李光地有过一番问答。他们先后谈到了 28 星宿,觜、参在天空位置的先后,岁差,五星连珠,荧惑退舍等问题。最后当谈到老人星时,康熙对李光地的回答进行了驳斥,对此多份中文史料均有记载。《康熙实录》卷 139 曰:

> 乙丑……上幸观星台……上又披小星图,按方位,指南方近地大星谕诸臣曰:"此老人星也。"李光地奏曰:"据史传谓老人星见,天下仁寿之征。"上曰:"以北极度推之,江宁合见是星,此岂有隐见也?"②

《康熙起居注》中记载如下:

> 酉刻,上幸观星台……上又披小星图,案方位,指南方

---

① 方豪:《中国天主教史人物传》,北京:宗教文化出版社,2007 年,第 414 页。
②《康熙实录》卷 139。参见方豪:《中国天主教史人物传》,北京:宗教文化出版社,2007 年,第 414 页。

近地大星，谕诸臣曰："此老人星也。"光地奏曰："据史传谓，老人星见，天下仁寿之征。"上曰："以北极度推之，江宁合见是星。此岂有隐现耶？"谕毕，回行宫。是日，上驻跸江宁府。①

李光地在他的《本朝时事》中对此也有记载：

　　……上又曰："那是老人星？"予说："据书本上说，老人星见，天下太平。"上云："甚么相干，都是胡说，老人星在南，北京自然看不见，到这里自然看得见，若再到你们闽广，连南极星也看见，老人星那一日不在天上，如何说见则太平。"上怒犹未平，急传一钦天监。彼人在寓饮酒已醉，又传得急，放马归来，到山上跌下来死了……②

　　这几份史料对该事件的记载基本雷同，李光地奏称"老人星见，天下太平"，想借此讨好康熙，而结果适得其反，遭到了皇帝的驳斥。只是李光地的叙述更透露出了康熙对他的指责和恼怒，可见此事对他的打击之甚。据这几份史料所记，康熙本身知道老人星在天空中的位置，以他的博学将李光地驳斥得体无完肤。其实，这只是片面之词。《熙朝定案》记载了康熙在前往观星台之前，曾派满族侍卫赵昌向洪若翰询问老人星一事，此事"益见《熙朝定案》之真实可靠"③。

　　①《康熙起居注》。韩琦：《君主和布衣之间：李光地在康熙时代的活动及其对科学的影响》，（台湾）《清华学报》，1996年4期。参见 http://www1.ihns.ac.cn/members/hanqi/ligdi.htm。
　　② 李光地：《榕村语录榕村续语录》卷十四，《本朝时事》，北京：中华书局，1995年，第742页。
　　③ 方豪：《中国天主教史人物传》，北京：宗教文化出版社，2007年，第414页。

未几,侍卫赵又奉旨来堂:"问南极老人星江宁可能见否?出广东地平几度?江宁几度?"等语。毕、洪一一讲述。侍卫赵即飞马复旨矣。后毕、洪匆遽回答,恐难以详悉,至晚戌初时分,观看天象,验老人星出入地平度数,详察明白,另具一册,于二十八早送入行宫。三月初一日黎明,皇上临行,又差赵、邬二大人赍送食物三盘、木箱一枱到堂。毕、洪即摆香案迎出门外,俯叩先问上安,次随二大人到天主台前摆设御赐。侍卫赵云:"这是万岁爷特差我们来赐你们的品物,不是平常,乃蒙古王进贡的,远方所来,极是难得。"毕、洪云:"我辈远人蒙皇上恩隆,格外感戴难言,今朝廷所赐,不拘何物,皆为至宝。"侍卫赵又云奉旨:"不必往行宫谢恩,就在天主台前谢恩罢了。" 毕、洪随谢恩叩领。[①]

洪若翰于 14 年后(1703 年)在写给拉雪兹神父的信中对此事也有记载:

> 在皇帝停留在南京时,我们每日前往行宫,他也每日派遣一到两名侍卫来看我们。他让人问我们,在南京是否看到过老人星,这是一颗漂亮的位于南方的星,中国人称其为老金星(老人,或活得很长的人的星);对此,我答道,该星出现于夜幕初降之际。一天,皇帝专程前往称为"观星台"的古老的天文台观看此星。[②]

通过这两份史料,我们发现两位耶稣会士与赵昌的谈话就发

---

① 韩琦著,吴旻校注:《熙朝崇正集熙朝定案(外三种)》,北京:中华书局,2006 年,第 176 页。
② 〔法〕杜赫德编,郑德弟等译:《耶稣会士中国书简集》上卷 I,郑州:大象出版社,2005 年,第 276 页。

生在康熙参观观星台的当天。至于他们二人的作用，应该是在中国生活了几十年的毕嘉作为翻译，而洪若翰负责专业性的解释。[①]因为毕嘉不懂天文学，而洪若翰此时刚刚来华一年多，汉语还不流畅。赵昌应该是把洪若翰的口头回复禀告了康熙，因为洪氏关于此星的详细奏章，第二天才被送入行宫。得到耶稣会士的口头答复后，康熙当晚就去了观星台。通过观测，他确认了洪若翰所提供的信息，并利用刚刚获取的知识驳斥了李光地，树立了自己的威望。

李光地贵为帝国最高学术机构——翰林院的掌院学士，也曾担任过帝师。而此次康熙通过洪若翰提供给他的信息反倒给李光地上了一堂天文学课，这不仅体现了西学使康熙对中国传统星相学的合理性产生了质疑，而且反映出了康熙热衷于西学的目的除了个人爱好之外，更重要的是用之来巩固和加强其统治。江南地区曾抵制满族入侵，并难以接受清朝统治，同时该地区又有众多知名学者，其中不少忠于明朝。康熙南巡的目的是通过体察民情，表达他对人事的关心；通过视察水域，表达他对地理的关心；此番观星台上与李光地论天文又体现了他对天文的了如指掌。康熙就是想通过他对天地人三才的掌控，来昭示他对中国大地，特别是长江下游地区统治的合理性。

韩琦在他的文章中从天文学的角度解释了在南京见得到老人星，在北京却见不到的原因：老人星即船底 αCar，亮度为-0.86等，也可说是负一等星，据推算，1689 年其赤纬为-52°33′57″，因南京的地理纬度为 32°，故当时老人星出地平最高为 5°26′ 03 ″，可以见到老人星；而北京的地理纬度约为 40°，故老人星始终位于北京的地平线之下，不能观测到。韩琦还认为康熙说在闽广一

---

① Catherine Jami. *The Emperor's New Mathematics: Western Learning and Imperial Authority During the Kangxi Reign (1662-1722)*. Oxford: Oxford University Press, 2012: 133.

带连南极星也能见到，这反映了其天文常识仍不够深入。①显然，通过《熙朝定案》和洪若翰信件的记载可以看出，赵昌并没有询问过洪若翰在闽广一带是否能看得到南极星，这个推论是康熙个人的看法。

康熙后来还写了一篇名为"老人星"的文章，收录在他的《几暇格物编》中。该篇文章内容如下：

老人星

偶阅《辽史·穆宗纪》，应历十二年春二月萧思温奏：老人星见，乞行赦宥。夫星辰虽随天运行，而其隐见，却有方隅。老人星在今扬州地方，于二三月时每每见之；若北方则不能见。惟于天球上可指而知耳。故名南极老人，言是星之属乎南也。《史记·天官书》张守节注云，老人一星在弧南，常以秋分之曙见于丙，春分之夕见于丁。丙、丁皆南方，此明证也。辽都临潢府，地处最东北，安有老人星见之理乎？②

该文谈的其实还是老人星隐现的问题。康熙通过所掌握的知识得出在辽都临潢（热河境内）不可能见到老人星和《辽史·穆宗纪》中对此的记载不可靠的结论。值得注意的是，康熙引用了《史记·天官书》张守节的注来论证自己的观点，即"老人一星在弧南，常以秋分之曙见于丙，春分之夕见于丁"，但却只字不提《史记·天官书》中所说的：老人见，治安；不见，兵起。康熙是一位很巧妙的作家，他只选用《史记》中对自己观点有利的部分，而排除了老人星为祥和之兆的言论。可见，康熙有关老人星的知

① 韩琦：《君主和布衣之间：李光地在康熙时代的活动及其对科学的影响》，（台湾）《清华学报》，1996年4期。参见 http://www1.ihns.ac.cn/members/hanqi/ligdi.htm。

② 爱新觉罗·玄烨著，李迪译注：《康熙几暇格物编译注》，上海：上海古籍出版社，2007年，第90页。

识并不真正来自对《史记》的钻研，而是来自洪若翰呈递给他的有关老人星的奏折以及在南京观星台上的实际观测。①但在此篇文章中，康熙故意抹去了洪若翰在观星台之行中的重要作用，从而更加突出了自己是天地人合一的帝王形象。

　　1689 年，康熙南巡时和洪若翰的接触与交流使双方都颇为受益。康熙通过从洪若翰那里获得的天文知识，向他的臣民们展示了一位天子的禀赋和无可撼动的地位。而另一方面，洪若翰和毕嘉在康熙此次南巡中受到的恩宠和礼遇，必然会得到皇帝陪同官员们的效仿，会促进天主教在华的发展。而从科学社会史的角度来看，南京观星台事件是清代"西学东传"一个非常具有代表性的事例。此外应该指出的是，法国王家科学院对老人星的兴趣绝不逊于中国皇帝。1688 年，托马斯·古耶（Thomas Goüye）编撰出版的著作中发表了安多 1682 年 1 月在暹罗对老人星的观测报告，此次观测就发生在康熙参观南京观星台的一年之前。②

第五节　　康熙、传教士与《皇舆全览图》

　　康熙年间，中西文化交流史上的一件盛事便是《皇舆全览图》的绘制。这一巨作凝结了康熙和传教士们共同的智慧和辛劳，张诚和白晋就是这些传教士中非常重要的两位。

　　康熙在平定三藩和统一台湾的过程中，对所使用的地图深感不满，强烈意识到若没有详细而准确的地舆图志将非常不便于日后的治理。于是康熙二十五年（1686 年）五月初七日，他曾下令纂修《大清一统志》，"务求采搜闳博，体例精详，厄塞山川，风

---

①　Catherine Jami. *The Emperor's New Mathematics: Western Learning and Imperial Authority During the Kangxi Reign (1662-1722)*. Oxford: Oxford University Press, 2012: 135.

②　Ibid., 132.

土人物，指掌可治，画成地图。万几之暇，朕将亲览。且俾奕世子孙披碟而慎维屏之寄；式版而念，小人之依，以永我国家无疆之历"[1]。1689 年，为中俄尼布楚谈判之需，康熙命进有关地图呈览。张诚趁机奉上早已绘制的亚洲地图，并指出中国东北地区因地理知识缺乏无法绘制，建议宫廷组织一次全国规模的测绘活动。1698 年，巴多明来华，他沿途详察各省地图，发现府县城镇的位置与实地不符甚多，建议重新测绘全国地图。这一系列事件终使康熙决定开展全国范围内的测绘工作。为确保此项工作能最终取得成功，1707 年，康熙先命张诚对北京及邻近地区进行试测。张诚绘制到张家口附近时，突发疾病，生命垂危，甚至写下了遗书，后幸被出使蒙古的一位官员所救。试测工作完毕后，康熙亲自加以校验，认为新图比旧图的精确度要高出许多。1708 年，康熙又命白晋、雷孝思和杜德美试制长城地图。测绘刚开始两个月，白晋便因过度劳累而病倒，病情稍愈，他又投入繁忙的工作中。一年后，白晋等人完成了测绘工作，绘制了一幅长城及其附近河道图，此份地图也是相当精致。有了之前两个成功案例，康熙便决定增派传教士，让他们合力绘制一幅全国地图。

由于康熙亲自主持此次测绘工作，还命各地督抚积极配合，招待和保护好传教士们，所以工作进展得较为顺利。从 1709 年到 1717 年，白晋等 10 余位西方传教士历尽艰难，测绘范围超过了1000 万平方千米，共绘制了 15 幅分省地图，1 幅朝鲜图，12 幅中国所属鞑靼地区图，9 幅西藏图，也就是说东从朝鲜、乌苏里、黄海，直到西部阿尔泰山、突厥斯坦和西藏；北从色楞格河和西伯利亚，南到东京，通通包括在内了。[2]最后各部分地图再由白

---

[1]《康熙御制文集》二集、卷四。参见秦国经：《18 世纪西洋人在测绘清朝舆图中的活动与贡献》，《清史研究》，1997 年 01 期，第 38 页。
[2] 阎宗临著，阎守诚编：《传教士与法国早期汉学》，郑州：大象出版社，2003 年，第 41 页。

晋统一汇集成为《皇舆全览图》。传教士们所测绘的时间及不同区域如下表所示：①

年份	区域	测绘者姓名
1709	蒙古	费隐 白晋 雷孝思 杜德美
1709	直隶	费隐 杜德美 雷孝思
1710	黑龙江	费隐 杜德美 雷孝思
1711	山东	雷孝思 麦大成
1711	山西、陕西、甘肃	费隐 杜德美 汤尚贤 潘如
1712	河南、江南、浙江、福建	雷孝思 冯秉正 德玛诺
1713	江西、广东、广西	麦大成 汤尚贤
1713	四川	费隐 潘如
1714	云南、贵州、湖南、湖北	雷孝思 费隐
1715	中国全图	白晋

　　绘制中国地图这样一项庞大的工程最后能够取得成功，除了传教士们的聪明才智和坚忍不拔的精神，还有赖于他们在测绘过程中采用的正确方法。对此，宋君荣（Antony Gaubil）是这样介绍的："他们（耶稣会士们）有几个大罗盘，一些其他仪器，一个水平仪和其他一些与执行皇帝旨意有关的物件。用一些标着精确尺码的绳子，准确地测量着从北京出来的路程……在路上，他们观测和记录太阳子午时的高度，随时观测罗盘经纬方位，并精心地观察罗盘针的变化与倾斜。"②宋君荣所介绍的就是耶稣会士们所使用的基于天文观察的三角测量法。首先，传教士们用天文观

---

　　① 阎宗临著，阎守诚编：《传教士与法国早期汉学》，郑州：大象出版社，2003 年，第 41 页。
　　② 布鲁凯尔：《18 世纪传教士绘制中国地图书简集》，1889 年巴黎第三届地理科学国际会议，第 388-389 页。参见阎宗临著，阎守诚编：《传教士与法国早期汉学》，郑州：大象出版社，2003 年，第 41-42 页。

察的方法测出一部分点的经度。接着，他们以天文观测的点为基本点，采用三角测量法推算出其他点的经纬度。所谓三角测量法，是在地面上按一定条件选定一系列点，构成许多相互连接的三角形，然后在已知点观察各方向间的水平角，并精确地测定其始边长，以此边长为基准线，推算其他各点的经纬度坐标。传教士在绘制地图时，还采用了桑逊投影法以及边疆与内地的地名采用满、汉文分别记注的方法，这些都是比较先进的制图方法。[①]

在地图的绘制过程中，康熙发挥了非常重要的作用。除了在政策和物资方面给予大力支持外，他所提出的"经度一度合二百里"的规定为测绘全国地图制定了统一的标准，为最后测绘工作的成功打下了良好的基础。1704 年，康熙谕大学士等："天之一度即地之二百里，但各省地里有以大尺量者，有以八寸小尺量者，画地理图稍有不合者，职此故也。"[②] 1716 年，康熙又谕曰："天之度数俱与地之宽大吻合，以周时之尺算之，天上一度即有地下二百五十里。以今时之尺算之，天上一度即有地下二百里。自古以来，绘画舆图者俱不依照天上之度数以推算地里之远近，故差误者多。"[③]康熙所制定的这个标准可称得上是一项创举，它是世界上最早把长度单位与地球经线每度的弧长联系起来的方法。1790 年，法国规定以通过巴黎的地球子午线的四分之一为基准，将之千分之一的长度定名为"米"，1875 年，"米"被采纳为国际通用的长度单位。法国米制的确立比康熙的"经度一度合二百里"的规定晚了将近一个世纪，所以康熙在世界测绘学史上也做出过一定的贡献。

---

① 秦国经：《18 世纪西洋人在测绘清朝舆图中的活动与贡献》，《清史研究》，1997 年 01 期，第 42-43 页。

②《康熙圣训》卷五三弘制度。参见冯宝琳：《康熙〈皇舆全览图〉的测绘考略》，《故宫博物院院刊》，1985 年第 1 期，第 28 页。

③ 同上。

　　《皇舆全览图》集康熙和传教士们之力最终完成，康熙对该图感到极为满意。汤尚贤曾说过："康熙皇帝在多个省份巡查他亲自标示的地方，他多次说道：画得一点都不错。"[①] 1719 年，康熙向内阁学士蒋廷锡谕道："此朕费三十余年之心力，始得告成。山脉水道，俱与《禹贡》合。尔以此与九卿详阅，如有不合处，九卿有知者，举出奏明。"稍后九卿回奏："从来舆图地记，往往前后相沿；虽有成书，终难考信……此图诚开辟方圆之至宝，混一区夏之钜观。"[②]

　　《皇舆全览图》的问世是世界地理学史和中西文化交流史上有标志性意义的一件大事。李约瑟（Joseph Needham）在《中国科学技术史》中称赞这部地图"不仅是亚洲当时所有地图中最好的一种，而且比当时所有欧洲地图更好、更精确"[③]。方豪评价该图时说："十七、十八世纪时，欧洲各国之全国性测量，或尚未开始，或未完成。而中国有此大业，亦中西学术合作之一大纪念也。"[④]意大利传教士马国贤（Matteo Ripa）返欧时将一幅该图的复制品带到法国，由法国著名制图家唐维尔（D'Anville）制成铜版，印刷成精美的地图。该图于 1735 年被收录在杜赫德神父的《中华帝国全志》中出版，从此，欧洲人对中国地理有了比较完整和准确的认识。在国内，雍正、乾隆两朝继《皇舆全览图》之后也绘制了精密详细的全国地图。从清代中叶一直到民国初年，我国编制的全国地图都是以康熙、乾隆时期所绘制的地图为依据的，

① Jean-Baptiste Du Halde. *Description géographique, historique, chronologique, politique et physique de l'empire de la Chine et de la Tartarie chinoise*, vol. 4. The Hague: H. Scheuleer, 1736: préface 42.

② 秦国经：《18 世纪西洋人在测绘清朝舆图中的活动与贡献》，《清史研究》，1997 年 01 期，第 40 页。

③〔英〕李约瑟著，《中国科学技术史》翻译小组译：《中国科学技术史》第五卷，北京：科学出版社，1976 年，第 235 页。

④ 方豪：《中西交通史》下册，长沙：岳麓书社，1987 年，第 868 页。

可见《皇舆全览图》对于后世地图学的影响是极为深远的。

本章结语

"国王数学家"和康熙皇帝之间的交流是 17 世纪末到 18 世纪初中西文化交流中非常集中的体现。传教士们除了为康熙提供政治和生活方面的各种服务，甚至对康熙有救命之恩。

1692 年末，康熙患上疟疾，高烧不退，此时他想起了张诚和白晋从法国带来的一种药粉。尽管康熙曾亲见过这种药粉的神奇疗效，但太医们却认为他不宜服用，采用别的方法为他治疗。在病情日趋恶化的情况下，康熙力排众议，服用了一半剂量的药物，当晚便体温下降，病情好转。但康熙寒热虽退，仍有余邪，洪若翰和刘应两位神父正是此时应召入宫的。他们带来了一斤欧洲寄来的金鸡纳霜献给康熙，并详细解释这种药的来源和疗效。在多位病人试吃转危为安、多位大臣试吃安然无恙的情况下，康熙服用了此药，病情一天天地好转起来。康熙康复以后，曾公开宣布张诚与白晋的药粉救了他的命，洪若翰和刘应带给他的金鸡纳霜让他退了烧。[①]对于这次生病，康熙曾亲笔记载如下："朕自初八日始患汗病，十三日始疟疾，隔一日来一次，甚重，二十七日疟疾痊愈。"[②]相比较康熙的言简意赅，白晋在《康熙皇帝》以及洪若翰在写给拉雪兹神父的信中均有较为详细的记载。[③]此后，金

---

① 〔法〕杜赫德编，郑德弟等译：《耶稣会士中国书简集》上卷Ⅰ，郑州：大象出版社，2005 年，第 290 页。

② 中国第一历史档案馆编：《康熙朝满文朱批奏折全译》，北京：中国社会科学出版社，1996 年，第 43 页。

③ 参见〔法〕白晋著，赵晨译：《康熙皇帝》，哈尔滨：黑龙江人民出版社，1981 年，第 42 页以及〔法〕杜赫德编，郑德弟等译：《耶稣会士中国书简集》上卷Ⅰ，郑州：大象出版社，2005 年，第 288-290 页。

鸡纳霜被康熙作为"圣药"赏赐给他的亲信和重臣（如曹雪芹的祖父江宁织造曹寅），并屡屡见效。金鸡纳霜是最早传入我国的西药，法国传教士对此功不可没。从18世纪中叶开始，此药在我国开始广泛使用，直至今日，仍是治疗疟疾的良方。

康熙对法国传教士们的服务感到非常满意，不断给予各种恩赐。1692年，在康熙本人的授意下，加上索额图的极力劝说，内阁及礼部大臣请旨：

> 礼部等衙门尚书降一级臣顾八代等谨题为钦奉上谕事。该臣等会议得，查得西洋人仰慕圣化，由万里航海而来。现今治理历法，用兵之际，力造军器火炮；差往阿罗素，诚心效力，克成其事，劳绩甚多。各省居住西洋人，并无为恶乱行之处。又并非左道惑众，异端生事。喇嘛僧道等寺庙尚容人烧香行走，西洋人并无违法之事，反行禁止，似属不宜。相应将各处天主堂俱照旧存留，凡进香供奉之人，仍许照常行走，不必禁止。俟命下之日，通行直隶各省可也。臣等未敢擅便。谨题请旨。[①]

康熙立即批准了这道议奏，这表明了著名的康熙三十一年（1692年）"容教令"正式出台。"容教令"允许天主教在华自由传播，从此传教士们迎来了他们的黄金时代。1693年，康熙在内城赐予法国传教士一所宅院。1699年，康熙又赐法国耶稣会士土地兴建天主教堂，为此还拨给银两、材料若干，命工部帮助建造。在白晋和张诚神父的关注下，加之路易十四的慷慨资助，四年后一座壮观宏伟的法国教堂拔地而起，这就是著名的北堂。康熙年

---

①《熙朝定案》，载吴相湘编：《天主教东传文献续编》，台北：学生书局，1966年，第3册，第1789-1790页。

间，基督教在华得到迅速的传播，以至尽管雍正皇帝严厉禁教，但在他执政十年之后，据广东政府的报告，仅广州一城就有八座教堂，信徒达一万之众。要达到这样的数字，可以想象耶稣会士们和康熙之间的关系达到了一种何等友好和牢固的程度。[①]

　　总之，虽然"国王数学家"为康熙服务的目的是希望天主教的在华事业能够得到他的庇护，希望这位帝王乃至整个中华帝国改宗，但是他们之间的互动在客观上起到了促进中西文化交流的作用。以康熙为媒介，"国王数学家"把西方的数学、天文学、地理学、医学等科学知识介绍到了中国，同时也促进了西方人对中国的认识。此外，他们架构起的这座沟通中西的桥梁，还为之后来华传教士们的活动提供了便利。

---

　　① 阎宗临著，阎守诚编：《传教士与法国早期汉学》，郑州：大象出版社，2003 年，第 25 页。

第三章 "国王数学家"对中国的研究

"国王数学家"肩负有传教与科学的双重使命，所以他们在传教的同时对中国展开了深入的研究，并取得了丰硕的成果。张诚的《对大鞑靼的历史考察概述》《张诚日记》、李明的《中国近事报道》、刘应的《大鞑靼史》等是17、18世纪西方传教士有关中国著作中最具代表性的作品，也是18世纪欧洲启蒙思想家和学者们的案头必备之作。五位法国传教士通过他们的研究，成为东学西传中最为热心的宣传者，对18世纪那场席卷欧洲的"中国热"起到了铺垫与促进的作用。

第一节 张诚之中国研究

张诚的中国研究主要集中在对鞑靼地区的研究方面。在中国的不同历史时期，"鞑靼"这一名称所指代的范围和内涵有所不同，这种变化与其势力的兴衰有着直接的联系。张诚对他所介绍的鞑靼是这样定义的："大鞑靼这个名称，我指的是亚洲位于日本北部的东洋、冰海（Frozen sea）、俄罗斯、里海、波斯、蒙兀儿（Mogol）、孟加拉附近的阿拉干（Arracan）王国、阿瓦（Ava）王国、中华帝国，与高丽王国之间的整个地区。所以大鞑靼西部以俄罗斯、里海和波斯的一隅为界；南部仍以波斯的那一部分、蒙兀儿、阿拉干和阿瓦两个王国、中国和高丽为界；东部以东洋为界；北部则以冰海为界。"①所以，张诚所指的大鞑靼，大体相当于亚洲北部的广大地区，西到今日的俄罗斯、哈萨克斯坦、里海、土库曼斯坦、伊朗；东到太平洋；南到朝鲜、中国、阿富汗；北到北冰洋。1688年至1698年间，张诚曾先后八次前往鞑靼地区。他有关鞑靼地区的著作主要有两部：《对大鞑靼的历史考察概述》和《张诚日记》。前者介绍了鞑靼地区满、蒙、回和通古斯族的历史、风俗、宗教等情况，尤为详细地讲述了蒙古的厄鲁特部和喀尔喀部以及他们之间的战争。后者以日记的形式记载了他八次旅行中对鞑靼地区地理景观、风土人情和政治时局的认识。

一、张诚的八次鞑靼之行

张诚曾八次前往鞑靼地区，其前往次数之多，足迹遍布之广，在鸦片战争前来华的外国人之中可谓无出其右者。他八次鞑靼之行的目的有所不同：1688年和1689年（前两次），张诚作为中俄谈判使团成员，分别前往色楞格斯克和尼布楚进行边界谈判。1691年（第三次），他随康熙参加了多伦会盟，接见了喀尔喀蒙古的三位可汗。1692年（第四次），他随康熙狩猎，并巡视蒙古。1696年（第五次），张诚随康熙出征鞑靼，击溃入侵喀尔喀的厄鲁特汗，收复喀尔喀蒙古。1696年至1697年（第六次），他随康熙视察蒙古西南部，了解噶尔丹情况，并予以部署。1697年（第七次），他陪同康熙征讨噶尔丹部。1698年（第八次），张诚随多位大臣前往喀尔喀蒙古会盟，他此次的主要任务是绘制喀尔喀地图。所以，张诚的八次旅行大体上可以分为两类，一类是随同大臣的公务之旅（第一、二、八次），另一类是随同康熙的巡查及军事活动（第三至七次）。

---

① 〔法〕张诚著，陈增辉译：《对大鞑靼的历史考察概述》，杜文凯编：《清代西人见闻录》，北京：中国人民大学出版社，1985年，第86页。

　　由于张诚陪同的对象不同，所以他在旅途中所感受到的辛苦程度也有所不同。随同康熙出巡期间，由于口外五路驿站和北路驿站的设立，一路畅通，物资补给非常充足，而且皇帝出行，扈从齐备，诸事便宜，五次旅行非常顺利。[①]随同大臣的公务之行，相比较就艰难得多，特别是前两次的中俄边界谈判之行可称得上是异常艰苦。每到一个地方，他们必须凿井才能使人和牲畜喝到水。最好的美食就是用面粉和苦涩难闻的水做成的食品。特别是生肉让张诚觉得无法忍受，他在日记中写道："没有任何东西比这种肉更恶心了，它足以使人们倒胃口而宁愿饿死。"[②]在他看来，1688年4个月的经历比当年从法国来中国的旅要艰苦得多。

　　这八次旅行所走的路线也有所不同：第一次，他们从居庸关，走张家口、归化（今呼和浩特）向西北，然后向北，经昆都勒平原进入喀尔喀蒙古，向色楞格斯克方向前进。由于厄鲁特人对喀尔喀蒙古的入侵使得道路受阻，使团7月24日受命返回，并于9月27日抵达北京。第二次，使团所走路线为密云、古北口、滦河（承德附近）、库尔奇勒河、卡伦（长春附近）、卓诺河、达尔湖、克鲁伦河、额尔古纳河、尼布楚。使团于1689年7月31日到达尼布楚，9月7日签订《尼布楚条约》，9日返回，10月22日抵京。第三次，张诚随康熙于1691年5月9日出发，经北古口、上都河（滦河）等地，于27日到达多伦诺尔。6月3日返回，14日抵京。第四次，张诚随康熙于1692年9月8日从北京出发，后到达北古口。因此次旅行主要以狩猎为主，所以也是八次旅行中旅程最短的一次。之后张诚等人于10月7日返回，21日抵京。第五次，张诚、安多、徐日昇陪同康熙及六位皇子于1696年4

---

　　① 李晓标：《耶稣会士张诚眼中的蒙古地区》，《内蒙古社会科学》（汉文版），2013年第4期，第63页。

　　②〔法〕张诚著，张宝剑等译：《张诚日记》，《清史资料》第五辑，北京：中华书局，1984年，第111页。

月 1 日从北京出发,经榆林(今怀来:北京与张家口之间)、独石口(今张家口赤城县,张家口东北)、苏勒图、克鲁伦河。6 月 9 日厄鲁特部退至克鲁伦河源头 200 里后,14 日噶尔丹败退。张诚随康熙于 18 日返回,7 月 7 日抵京。第六次,张诚和安多陪同康熙、皇三子和八子于 1696 年 10 月 14 日从北京出发,他们经昌平、宣化(张家口)于 11 月 8 日到达归化,后又经托克托到达鄂尔多斯。他们于 12 月 17 日返回,25 日在黄河西岸接见了费扬古将军。后又经大同、宣化、怀来,于 1697 年 1 月 12 日抵京。第七次,张诚随康熙于 1697 年 2 月 26 日从北京出发,经怀来、大同、朔州,于 3 月 26 日到达神木。在此,哈密首领押解噶尔丹王子觐见了康熙皇帝。4 月 17 日,他们到达银川,方获知达赖喇嘛 16 年前逝世,5 月 1 日噶尔丹之侄丹济拉准备投降。5 日,他们启程返回,15 日青海诸位台吉表示愿意臣服,6 月 6 日获知噶尔丹服毒自尽,噶尔丹之侄投降,战争结束。之后他们又经黑城(托克托)、宣化、怀来、昌平,于 7 月 4 日抵京。第八次,张诚等人于 1698 年 5 月 24 日出发,经通州、蓟县、清东陵、滦河,后又经克鲁伦河,于 13 日到达土剌河进行会盟,之后启程返京。遗憾的是,在此期间由于张诚生病,他的日记中断了一段时间。后他们又经乌兰额吉、归化,于 10 月 13 日抵京。

总体来看,张诚的八次鞑靼之行所走路线均不同,但基本上是朝着三个方向,沿着三条线路行进的。第一次和第五次是沿着中线,途经了鞑靼的中南部。第二次至第四次沿着东线,途经鞑靼的东部。第六次和第七次是沿着西线,途经鞑靼蒙古的南部。最后一次是先走东线,到达呼伦湖后,向西进入鞑靼中部,一直到达土剌河与鄂尔浑河之间,然后走中线返回。综合这八次鞑靼之行,张诚东北方向最远到达尼布楚,西北方向到达土剌河与鄂尔浑河之间,西南方向到达银川,东南方向到达喜峰口外喀喇沁蒙古,其旅行空间可谓是相当广阔。

二、张诚眼中的鞑靼地区

《对大鞑靼的历史考察概述》和《张诚日记》这两部作品对鞑靼地区进行了整体而深入的介绍,翔实地记录了张诚旅行过程中所经地区的自然景观,准确地还原了大鞑靼地区的民族组成和分布,以及每个民族独特的风俗习惯、语言和宗教信仰,并以一位西方人的视角介绍了他所亲历的鞑靼地区政治时局的变迁。

(一)鞑靼地区的民族构成及地理景观

张诚介绍整个大鞑靼地区共有四个不同民族,从地理分布上自东向西分别是:满族鞑靼、蒙古鞑靼、回部鞑靼以及北部的通古斯人。他对各民族地区的地理分布和风土人情进行了介绍,特别是对蒙古鞑靼地区的介绍尤为详细。

1. 满族鞑靼地区

满族为清朝皇帝所在民族,分布于我国东北部,位于整个大鞑靼地区最东部。张诚曾两次深入满族地区(第二次和第八次),经历了固都河、库尔奇勒河、乌喇、卡伦、卓诺河、达尔湖、克鲁伦河、额尔古纳河等地。

有关地理分布,张诚介绍大鞑靼满族地区位于辽东之北,是中国最东部的省份;从南到北即由北纬四十一度到五十三度;从西到东约从东经一〇四度到东洋。北以黑龙江为界,南以辽东省和高丽为界,东临大洋;西以蒙古为界,其幅员东西极其辽阔①。从其描述中可以看出,张诚不是仅仅给出了满族地区大体的方位,而是通过测量,详细记录了满族地区经纬度的分布,为当时欧洲人准确认识满族地区提供了十分重要的科学依据。

有关风土人情,张诚介绍满族地区人口稀少,基本过着原始

---

① 〔法〕张诚著,陈增辉译:《对大鞑靼的历史考察概述》,杜文凯编:《清代西人见闻录》,北京:中国人民大学出版社,1985年,第89页。

部落的生活。整个满族地区主要有满族人、达呼尔人、费雅喀人
（赫哲族）、鄂伦春人。满族人分布于松花江流域上，主要聚集地
为宁古塔；达呼尔人分布于黑龙江上，主要聚集地为瑷珲；费雅
喀人居住在黑龙江下游一带和库页岛；鄂伦春人分布于精奇里江
两岸，黑龙江以北，雅克萨之下。满族人大半住在河边，他们筑
茅屋而居，过着渔猎的生活，因为该地富有鱼虾和禽兽，不必寻
求其他维持生活的东西。由于中国辽东地区冬天十分寒冷，山河
众多，具有丰富的森林资源，因此生活于此间的满族人冬季去黑
龙江两岸的大森林里猎取黑貂，将之作为应纳之税向皇帝进贡，
夏天回到他们自己的聚居地度夏。达呼尔人以狩猎为生，长于弓
箭，性格极其粗暴野蛮。费雅喀人不知农业为何物，以渔业为主，
使用树皮或树干制作小船，全部食物为鱼类，衣服以鱼皮为料，
以"鱼皮鞑子"见称。费雅喀人性格极其彪悍，过着原始的部落
生活。鄂伦春人以狩猎为生，其栖息地具有大量如黑貂、灰银鼠
和黑狐等野兽，并将麋鹿驯服，用以负重，拉雪橇，背行装[1]。

　　张诚描述该地区宗教信仰大部分为萨满教。这里的人们没有
庙宇、偶像，也不真正地崇拜任何东西，而只拜他们所称的天帝，
向天帝供祭品，但他们崇拜祖先，夹杂着迷信色彩。有些人也崇
拜佛教和帝国中的其他偶像。但总的来说，他们更为崇奉自己的
旧宗教，认为旧宗教是他们帝国的基础，是他们一切昌盛之本。[2]

　　2. 蒙古鞑靼地区

　　张诚八次鞑靼之行从东线、中线以及西线分别深入了蒙古地
区。特别是第八次旅行，他基本穿越了整个喀尔喀蒙古的全境，
对蒙古地区进行了翔实的记录和考察，并进行了全面和立体的分
析。张诚最北边到过蒙古民族的发源地克鲁伦河、土剌河、鄂尔

---

①〔法〕张诚著，陈增辉译：《对大鞑靼的历史考察概述》，杜文凯编：《清代西人见闻
录》，北京：中国人民大学出版社，1985年，第90-93页。
②同上，第89页。

浑河、呼伦湖、贝尔湖，最南部到过归化、鄂尔多斯，西南方向到达银川，东南方向到达喜峰口外喀喇沁蒙古。他对于蒙古地区各个部落分布组成以及人文地理环境进行了详细的描写。

有关地理分布及统治状况，张诚介绍蒙古族是鞑靼地区最大的民族，地域广阔，最东部与辽东满族地区接壤，即在东经二度到三度，最西一直延伸至里海，最南部到达中国长城，最北到北纬五十度[①]。张诚记载蒙古鞑靼地区主要包括三个较大的部族，由东向西分别是喀尔喀人（即漠北蒙古）、厄鲁特人（即漠西蒙古）以及南部的蒙古人（即漠南蒙古，现在的内蒙古部分）。

喀尔喀人主要分布于色楞格河、土剌河、鄂尔浑河以及克鲁伦河流域，即现在的蒙古国的大部分土地上。他们的领地西至阿尔泰山，东至索伦省，南至长城以外的大沙漠的南端，北至北纬五十至五十一度。该地区从东向西分别被三个汗统治着：最东部的车臣汗，他统治的地区分布于整个克鲁伦河流域，从源头一直延伸至河流注入的呼伦湖，与满族鞑靼的索伦省接壤；中部的土谢图汗，他统治的地区主要从色楞格河、鄂尔坤河、土剌河延伸到肯特山；最西部的札萨克图汗，他统治的地区东部与土谢图汗接壤于色楞格河、鄂尔坤河和土剌河，西部通过全鞑靼最大的山——阿尔泰山与厄鲁特人分开。[②]

厄鲁特人地域广泛，最东部与札萨克图汗依阿尔泰山相邻，最西直达里海，北部与俄罗斯接壤，南部到达西藏，与乌兹别克鞑靼人相邻。厄鲁特人也由三个部族组成：最东部的一支，主要分布于阿尔泰山与高加索山脉延长段之间的鄂毕河和额尔齐斯河流域上，聚集于额尔齐斯河发源地，其人口众多，首领为噶尔丹博硕克图汗；最西部的一支为厄鲁特爱乌基人，欧洲人称之为卡

---

①〔法〕张诚著，陈增辉译：《对大鞑靼的历史考察概述》，杜文凯编：《清代西人见闻录》，北京：中国人民大学出版社，1985 年，第 92 页。

② 同上，第 103-104 页。

尔梅克人，其人数最多，分布于撒马尔罕、喀什噶尔以及乌兹别克之间，聚集于阿斯特拉罕的里海附近；第三支厄鲁特人分布于陕西、四川、青海和西藏之间，一部分集中于西藏的布达拉附近，由达赖汗统治，一部分集中于南至西藏、北至长城、东至西宁这片区域内，由若干所谓"青海台吉"统治。[①]

漠南蒙古，即忽必烈的长支，主要集中于东至辽东满族、西至陕西省，中国长城与蒙古沙漠之间的狭长地带，共分为四十九旗，是最早归顺清朝的蒙古部落，与满族通婚进而结成同盟。张诚介绍"这些蒙古人的势力沿着长城从辽东延伸到陕西，北边有喀尔喀人。再往西是厄鲁特王国，往西南则是西藏"[②]。有关漠南蒙古的统治状况，张诚也进行了多番考察，他在日记中写道：

> 我从理藩院侍郎那里了解到，在中国皇帝管辖之下的所有西鞑靼人受二十五个王爷的领导，从辽东直至陕西中部的中国北部的所有鞑靼地区都归属他们。但是，他们的地域向长城以外延伸得并不远，因为从胡胡河屯一侧的长城的最后一道关口直到喀尔喀王国的边境这一带，从长城直接往北到我们回归时通过的边境，只有五十到六十里格远。所有这里的蒙古人都被划归为四十九个旗，按照这个编制，皇帝可以在他认为需要的时候，强令这些旗人集中，正如他在厄鲁特汗和喀尔喀汗之间爆发战争时所做的那样。[③]

有关蒙古鞑靼地区的风土人情，张诚介绍蒙古人也过着游牧

---

① 〔法〕张诚著，陈增辉译：《对大鞑靼的历史考察概述》，杜文凯编：《清代西人见闻录》，北京：中国人民大学出版社，1985年，第94-99页。

② 〔法〕张诚著，张宝剑等译：《张诚日记》，《清史资料》第五辑，北京：中华书局，1984年，第112页。

③ 同上，第144-145页。

的生活，他们在自己部落的区域内可以随心所欲地寻找最适合于
自己和牲口的地方搭棚。无论身份高低贵贱都住在帐篷里，肮脏
龌龊，不修边幅，举止粗鲁，生活在牲口的恶臭中。因为他们住
的地区没有木材，把牲口的粪便当柴烧，所以他们身上经常有一
股气味。夏天，他们一般选择临近江河或湖泊的露天地方搭起帐
篷，如果找不到江湖，就选择有水井的地方。但是一到冬天，他
们就退到山坡丘陵上去，或者至少也得到高地背风面去，此时雪
是供他们饮用的水。他们善于骑马和打猎，不论步行或是在马背
上都能拉弓。他们日常的饮料是茶，但是用的是全中国最粗又最
差的茶叶。他们常制造一些烈性酒，喝得酩酊大醉是他们的主要
乐事，他们还大量抽烟。他们性情和好，待人正直，但生活极其
悲惨。他们很轻视劳动，宁可宰杀牲口维持生活也不从事农业活
动。①

　　喀尔喀蒙古仅有土剌河、克鲁伦河等流域水草丰美，土地肥
沃，其他绝大部分地区十分贫瘠，特别是西部。这里荒凉的景象
留给张诚的印象尤为深刻，"穿过一块几乎连绵不绝的平地。它由
几块一望无际的大平原组成，但同样是光秃和未开垦的荒地，见
不到一丛灌木。土壤是沙质的，这里或那里长着草，但要放牧畜
牲就简直不够"②。"土地依然很荒芜和没有开垦，它全部是沙地，
但不松软。约有一半的路程是在山岭中间，通过了崎岖难行的小
路。此后我们进入了一块平原，那里同样除沙外一无所有。"③"土
壤是由坚硬的沙子组成，有几块地方混有少许泥土。这片土地变

---

　　①〔法〕张诚著，陈增辉译：《对大鞑靼的历史考察概述》，杜文凯编：《清代西人见闻
录》，北京：中国人民大学出版社，1985年，第93页。
　　②〔法〕张诚著，张宝剑等译：《张诚日记》，《清史资料》第五辑，北京：中华书局，
1984年，第114页。
　　③同上，第115页。

得越来越多沙和荒芜，根本长不出饲养牲畜的好牧草。"①"整个大平原上的各处有许多小土丘，土地也越来越多沙，越来越荒凉，几乎全部是灼热的沙子，沙子有的地方坚硬，有的地方松软。这里无树，无水，也无牧草。"②

喀尔喀人的生活非常贫困。首先，在穿着方面，平民们衣着简陋，"他们的孩子一丝不挂，父母穿的则是内衬羊毛的破布衣服。许多人除披一件羊皮外，没有其他衣服"③，"他们的孩子和他们一些人中的妻子还在赤脚走路"④。"妇女们的衣着很朴素，穿的长袍从颈脖一直拖到脚上。她们的头饰令人可笑，戴着无边帽，很像男人的。"⑤不仅是平民，即便是喀尔喀上层统治阶层也同样衣着破旧。在见过喀尔喀汗的儿子后，张诚写道："除了好望角的卡菲尔人以外，我还从未见过比这些鞑靼人更脏的人。"⑥张诚还曾描写过一位喀尔喀的王爷，"他身着一件旧的肮脏上衣，边上镶着普通的皮革。他的帽子衬着貂皮，但已经破旧了"⑦。其次，在居住环境方面，喀尔喀平民住在"再也想象不出有什么东西比这些帐篷更坏的"⑧帐篷里，即便是喀尔喀汗的儿子，"他自己的帐篷也不太象样，尽管比起他的侍从的帐篷稍大一些"⑨。再次，在饮食方面，喀尔喀蒙古南部靠近沙漠，水资源缺乏，即使一些深坑里有水，水质也很差。张诚在其日记中反复记录下这一地区水质之差让人无法下咽，"水带咸味……因为这个凹地充满了盐

---

① 〔法〕张诚著，张宝剑等译：《张诚日记》，《清史资料》第五辑，北京：中华书局，1984年，第116页。

② 同上，第117页。

③ 同上，第119页。

④ 同上，第120页。

⑤ 同上，第121页。

⑥ 同上，第123页。

⑦ 同上，第124页。

⑧ 同上，第119页。

⑨ 同上，第123页。

硝，但二三里远处，他们找到一些水还能凑合喝"。[①]"我们在一个大平原的中央发现了两个相当深的坑，里面的水很凉，但混浊而带白色，我喝了很不舒服。"[②]张诚还通过一位服侍国舅亲戚的喀尔喀人了解到"他们夏季以喝奶和中国茶为生，喝的奶各种各样，包括马奶、骆驼奶、牛奶以及羊奶。在冬天，当牲畜产奶不够喝时，他们就吃肉为生，在干牲畜粪的火上烤得半熟而食"[③]。

　　由于张诚仅到过厄鲁特蒙古边界，即其所称的分布于陕西、四川、青海和西藏之间的"第三支厄鲁特人"地区[④]，因此他对厄鲁特蒙古的介绍较为简略。西藏气候温和，人口分散，以种田为生，"当你进入西藏，你往下走气候就温和多了"[⑤]。与之不同，青海地区气候较冷，山多且高，水系发达。张诚主要介绍了黄河的发源地星宿海，"中国人叫星宿海的地方，那是一个湖，或者更确切地说，是三个紧连着的，但看上去却似乎只是一个湖。此地就是中国人叫做黄河的发源地，黄河在这个地区不过是一条清澈的小溪，它直接穿过这群山南流，容纳下山上注进来的水流，到青海地区汇合许多小溪小河在河州附近流入中国"[⑥]。同时，张诚还介绍了金沙江以及金沙江的淘金，"这地方的鞑靼人整个夏天从事淘金，它是青海的王爷们的主要税收之一……江里的水很浅……金的质量很好"[⑦]。

　　漠南蒙古通过沙漠与中国接壤，张诚对这片沙漠尤为熟悉，

　　① 〔法〕张诚著，张宝剑等译：《张诚日记》，《清史资料》第五辑，北京：中华书局，1984 年，第 118 页。

　　② 同上，第 125-126 页。

　　③ 同上，第 123-124 页。

　　④ 〔法〕张诚著，陈增辉译：《对大鞑靼的历史考察概述》，杜文凯编：《清代西人见闻录》，北京：中国人民大学出版社，1985 年，第 98 页。

　　⑤ 同上，第 102 页。

　　⑥ 同上，第 101 页。

　　⑦ 同上，第 101-102 页。

他"曾旅行过大部分沙漠，在四次不同的时间和几乎都在不同的方向上跨越过它"①。漠南蒙古的生活条件较喀尔喀蒙古优越。在南部靠近长城一线，主要是平原和丘陵地带，土地肥沃，适宜耕种。张诚在其日记中的多处记载都反映出了漠南蒙古优越的自然条件，如"水清而味甜，池底是粘土，池中生产鲜肥美味的鱼"②；"河为沙底，水清澈可饮。河旁草地盛产上好的牧草"③；"这儿土地很好，到处是好牧草。涓涓小溪的流水浇灌了这片土地。除辛勤耕作地之外，这片土地不再需要什么了……那四面环山，到处长满丰美的牧草"④；"我们在附近找到足够的水和饲草，不远处还有一眼好泉"⑤，等等。此外，由于漠南蒙古较早地融入了中原文化，因此其文明程度较高。张诚在第一次旅行中接触了漠南蒙古的贵族，认为"他比这一带的其他蒙古人要文明些，住所固定，建有房舍，这在鞑靼人中间是少见的"⑥。

张诚还注意到蒙古人对藏传佛教深信不疑。蒙古人相信轮回之说，对喇嘛具有深厚崇敬之忱，不但对其盲目服从，而且把所有最好的东西都拿去供奉他们。如"他们对那种虚假的宗教崇拜异常虔诚，几乎每个人的脖子都挂着一串念珠，数着念珠反复祷告"⑦；"一个蒙古王爷在他的疆域内可以连一座房子都没有，却很少没有石塔"⑧；"国王们还自愿奉行喇嘛的意见，尊敬地听取

---

① 〔法〕张诚著，陈增辉译：《对大鞑靼的历史考察概述》，杜文凯编：《清代西人见闻录》，北京：中国人民大学出版社，1985年，第102页。

② 〔法〕张诚著，陈霞飞译：《张诚日记》，北京：商务印书馆，1973年，第4页。

③ 同上，第6页。

④ 〔法〕张诚著，张宝剑等译：《张诚日记》，《清史资料》第五辑，北京：中华书局，1984年，第94页。

⑤ 〔法〕张诚著，陈霞飞译：《张诚日记》，北京：商务印书馆，1973年，第9页。

⑥ 同上，第3页。

⑦ 〔法〕张诚著，陈增辉译：《对大鞑靼的历史考察概述》，杜文凯编：《清代西人见闻录》，北京：中国人民大学出版社，1985年，第93页。

⑧ 同上，第94页。

他们的劝告，甚至在一切公共场合中都占优势。"①蒙古人"内部
经常发生分歧。这种分歧一经喇嘛干预便很容易解决，他们完全
接受他的统治，特别是对西藏的大喇嘛，他们更是盲目地服从"②。
甚至"尊敬达赖喇嘛如世上之神的蒙古人，认为藏巴并没有给予
达赖喇嘛以应有的尊敬，并认为替达赖喇嘛报仇雪耻是他们义不
容辞的责任……在一次对阵中推翻了藏王并加以处决，之后他就
把西藏王国给予大喇嘛，自己甚至以称臣为荣"③。

3. 回部鞑靼地区

张诚八次鞑靼之行并未经过回部鞑靼地区，仅仅在第七次旅
行中到达过回部鞑靼地区最东部边境附近的银川，并于1697年3
月26日返京途中在神木遇到了押解噶尔丹王子觐见康熙皇帝的
哈密首领。张诚关于回部鞑靼的信息均是从哈密王派到中国的几
位领主那里听来的④。

有关回部鞑靼的地理分布，张诚介绍它位于整个中亚，其中
以乌兹别克人占大多数。他们的领土从最西边波斯和里海到最东
部的叶尔羌、吐鲁番和哈密，其北部与厄鲁特蒙古毗邻，南部直
到中国新疆地区，西部与波斯接壤。从中国到哈密约二十天旅程，
从哈密到吐鲁番约一百里格，需要七天。从吐鲁番到乌苏约二十
三天旅程，从那里到叶尔羌则需十天，以后大约一个月的旅程就
到达布哈拉。穿过位于哈密西北那片广阔的阿拉布坦王的领土，
从布哈拉取道可直抵土耳其斯坦。⑤

有关风土人情，回部鞑靼信奉伊斯兰教，人口分布于广大中
亚地区，主要以游牧为主。位于河西走廊的丝绸之路上的回部鞑

① 〔法〕张诚著，陈增辉译：《对大鞑靼的历史考察概述》，杜文凯编：《清代西人见闻录》，北京：中国人民大学出版社，1985年，第93页。
② 同上，第103页。
③ 同上，第99页。
④ 同上，第114页。
⑤ 同上，第113-114页。

鞑人以经商为主,他们到中国做过大批生意,每年都有众多的商队到那里去。回部鞑靼人的语言与乌兹别克人的一样,但与蒙古语不同。不过由于这两个民族之间有大量商业的往来,一般人都懂蒙古语。回部鞑靼原来大部分处于厄鲁特人统治下,噶尔丹战败后,最靠近中国的哈密人归顺中国。吐鲁番和叶尔羌人也准备归顺中国,但是策妄阿拉布坦阻止了他们的计划,将其置于自己的统治之下,叶尔羌人与其邻居乌兹别克诸王结了盟。此外,回部鞑靼夏季很热,盛产水果,特别是西瓜和葡萄。到处是石块、戈壁,几乎没有水也没有饲料。[①]

4. 通古斯鞑靼地区

张诚八次鞑靼之行中有三次到达过通古斯鞑靼地区的最东部,有关该地区其余部分的记述是从几个俄罗斯人和鞑靼人那里听到的,他们曾经在那个国家居住,并且到处旅行。[②]

有关地理分布,通古斯鞑靼地区处于俄罗斯人的统治之下。它的疆域从东向西延伸,即从莫斯科到东洋,从北到南,即从冰海到北纬五十度向西部分和五十五度向东部分。人们主要集中于西伯利亚,其他地方几乎全无人烟。[③]

有关风土人情,张诚介绍该地区人民主要依江而居。由于该地区十分寒冷且遍布泥塘、积水和沼泽,冬天便于乘雪橇出行,而夏天几乎无法通行,因此大量商业只能在冬天进行。张诚详细记录了分布于此区域的少数民族情况,主要有集中于托博尔克城(西伯利亚的首府)附近和额尔齐斯河及鄂毕河之间的回回西伯利亚人(其中居住于鄂毕河附近的被俄罗斯称作奥斯基雅克人,而另外居住于叶尼塞河附近的被俄罗斯称作通古斯人);分布于贝加

---

① 〔法〕张诚著,陈增辉译:《对大鞑靼的历史考察概述》,杜文凯编:《清代西人见闻录》,北京:中国人民大学出版社,1985年,第114页。

② 同上,第115页。

③ 同上。

尔湖附近的鄂伦春人(俄罗斯称其也作通古斯人);居住于色楞格河的喀尔喀人;索斯瓦河附近的沃古尔人以及勒拿河附近雅库次克城的雅库人。张诚介绍通古斯鞑靼地区气候十分寒冷,像加拿大一样人口稀少,湖泊森林密布。通古斯鞑靼人以渔猎为生,十分穷苦。他们在俄罗斯的统治下,对俄罗斯人望而生畏。[①]

(二)鞑靼地区的政治时局

张诚八次鞑靼之行时处康熙平定中国北部边界,清朝创立初期确立其西北部疆土的这一重要历史时期。张诚在他的旅行中亲身经历并深入参与了这一历史时期的多个重要事件,并通过他的日记还原了康熙收复蒙古的整个演变历程,将其中纷繁复杂的历史清晰地呈现给了读者。

1. 噶尔丹入侵喀尔喀蒙古

元末明初,蒙古被中原政权赶回了草原,政权内部分裂,各个部落间冲突不断,其势力日渐衰退。17世纪末,俄国人领土扩张至西伯利亚,南下中原趋势明显。蒙古各部出于自身利益,对中原政权的态度出现了明显的分化:漠南蒙古与满族通婚进而结成同盟,成为最早归顺清朝的蒙古部落;喀尔喀蒙古虽表面上臣服于清政府,但却和俄国维持着一种松散而暧昧的政治和商业联系;厄鲁特蒙古,特别是噶尔丹部,联合俄国觊觎中原,试图借助俄国力量恢复昔日辉煌,它日益成为清政府统治的最严重威胁。为实现其目标,厄鲁特蒙古借口替达赖喇嘛讨伐叛徒发动了对喀尔喀蒙古的战争,并侵吞了喀尔喀蒙古的土地。张诚在他的日记中道出了厄鲁特蒙古入侵喀尔喀蒙古的真实意图,即与6万俄国士兵联手击败满洲军队并占领北京,平分大清江山[②]。

---

①〔法〕张诚著,陈增辉译:《对大鞑靼的历史考察概述》,杜文凯编:《清代西人见闻录》,北京:中国人民大学出版社,1985年,第116-118页。

②〔法〕伊夫斯·德·托玛斯·博西耶尔夫人著,辛岩译:《耶稣会士张诚:路易十四派往中国的五位数学家之一》,郑州:大象出版社,2009年,第45页。

张诚受命赶赴色楞格斯克与俄国进行谈判途中，由于厄鲁特蒙古对喀尔喀蒙古的入侵，道路受阻。他目睹了喀尔喀蒙古溃败的惨状，"路上又遇到很多喀尔喀鞑靼人携带家眷和牲畜逃难。厄鲁特的入侵使他们非常惊慌，以致他们只知道汗和他的兄弟喇嘛已经逃走，除此就讲不出他们的情况了"[①]。此外，张诚在日记中还记载了厄鲁特汗在入侵喀尔喀蒙古后突然返回其领地以及其中的原因。"奉皇上之旨前去厄鲁特汗那里的朝廷官员所派遣的一位信使经过我们的营地，他带来了厄鲁特汗已经急忙返回他自己领地的消息。因为这位国王得到消息说，他的近邻的穆斯林鞑靼人侵犯并蹂躏了他的疆土，与他在喀尔喀王国的行径一样。"[②]

2. 多伦会盟（喀尔喀蒙古归顺清朝）

厄鲁特蒙古入侵喀尔喀蒙古后，喀尔喀国王退入中国皇帝的疆界，并向清政府寻求保护。康熙借承诺帮助喀尔喀蒙古收复失地的机会，换取了喀尔喀蒙古统治阶层的归顺。张诚在其第三次鞑靼之行中近距离目睹了喀尔喀蒙古归顺清朝的这一盛大仪式。

张诚介绍康熙皇帝在多伦摆出了宏大的排场，所有军队都按其预定的位置列阵，军威严整，军旗猎猎。康熙身着绣有金龙的黄缎披风，面朝东坐在垫子上，两位皇子站立其后，诸王公和蒙古亲王环列左右。喀尔喀部的三位可汗和军队"排列整齐之后，礼部官员用鞑靼语高声喊：'下跪'，人们立即跪下。又继续喊：'叩首'，此时众人以前额触地三次，每次都在口号下进行。此动作完毕后，他喊'起立'；过了一会，又喊：'下跪'。他们又跪下，和前次一样，用头触地三次。第三次和以前一样，这就是给皇帝行的三跪九叩首的礼节"[③]。三跪九叩之礼，标志着喀尔喀蒙古

---

① 〔法〕张诚著，张宝剑等译：《张诚日记》，《清史资料》第五辑，北京：中华书局，1984 年，第 125 页。

② 同上，第 146 页。

③ 同上，第 182-183 页。

对于清朝的归顺。随后又举行了盛大的宴会，每个人都按照官阶次序入座，200 多桌宴席使用的都是从北京带来的银餐具，甚至有两桌使用的是金餐具。张诚在日记中用了大量笔墨来描写宴会的进程。作为一个西方人，他对这些等级森严、礼节繁缛的仪式充满了好奇，试图能记录下整个宴会的每一个细节。次日，康熙赐喀尔喀部人礼物，喀尔喀部人举行了谢恩仪式。翌日，康熙检阅了喀尔喀蒙古的军队，并让张诚紧随其后，以使他能更好地观看仪式的举行。喀尔喀军队"包括四千名骑射手、约两千名龙骑兵、一营有七至八百人的步兵和炮手四至五百人"①。康熙身边簇拥着大量的侍从，"看得出他确实想以这种宏大的场面给他的臣属留下深刻印象，并借此炫耀北京的声威"②。

3. 康熙平叛厄鲁特蒙古

多伦会盟之后，康熙积极展开平叛噶尔丹的准备工作。首先，康熙通过与噶尔丹的交锋，收复了喀尔喀蒙古的疆域。然后，他通过第二次西征，彻底剿灭了噶尔丹。

张诚在其第五次旅行中详细记录了康熙第一次平叛厄鲁特蒙古的事先部署以及战争指挥的全过程。1696 年 4 月 1 日，张诚随同康熙开赴喀尔喀蒙古准备去向噶尔丹宣战。出发时，康熙带着部分官员和亲兵，并将其他部队兵分两路，准备于鞑靼平原汇合，这样做以便于他们在山中露营。5 月 12 日，大军行至僧色，两位哨探护军奏报康熙，厄鲁特人正沿着克鲁伦河前进，似乎要向这里开来。康熙立即召开御前会议，派出快差，紧急通知行进于西边的另外两个军的统帅，命令他们一个军从后路压向敌军，另一军封锁敌军一切逃路。5 月 17 日，康熙整编军队，以 3000

---

① 〔法〕张诚著，张宝剑等译：《张诚日记》，《清史资料》第五辑，北京：中华书局，1984 年，第 188 页。

② 〔法〕伊夫斯·德·托玛斯·博西耶尔夫人著，辛岩译：《耶稣会士张诚：路易十四派往中国的五位数学家之一》，郑州：大象出版社，2009 年，第 33-34 页。

步兵、2000 火枪手、800 骑兵和 800 匹马为前锋，他和三位皇子亲率军队主力居中前进，诸王公和另两位皇子率队殿后。26 日，清军通过俘虏获悉噶尔丹军队情况，厄鲁特汗在克鲁伦河和土喇河之间扎营，有 1 万士兵和 1 万武装起来的家奴，厄鲁特汗的一个封臣也带着其全副武装的 7000 人马加入厄鲁特军队。6 月 2 日，康熙派特使劝说噶尔丹前来会盟议和，否则将用武力剿灭他们。7 日，康熙进军至克鲁伦河畔，准备与厄鲁特蒙古决战。他命令军队按战斗序列行进，打着龙旗的骑兵居前，其后是炮兵，第三列为汉族步兵和精骑兵，随后是车马辎重。噶尔丹自知无法抗衡，沿克鲁伦河后撤两三百里，康熙获知消息后命令大军极速前进追赶噶尔丹。13 日，康熙收到费扬古将军信使奏报，其大军 4 日已到达土喇河，并占领了所有通往土喇河的通道，阻断了噶尔丹的退路。17 日，费扬古将军差人送来捷报，清军与噶尔丹厮杀 3 小时，噶尔丹亲率大军出击，伤亡惨重，与其台吉逃出，清军大获全胜。康熙阅读费扬古将军来信时，张诚随侍在侧。回京后，张诚经常与费扬古将军交谈，并获知费扬古到达土喇河时已经到了山穷水尽的地步，缺少给养，且无法和 50 法里外皇帝所率的军队汇合。如果噶尔丹不主动进攻，他们的军队将坐以待毙。但战场上他们经过血战，最终大获全胜。[①]

收复喀尔喀蒙古失地后，张诚在第六次鞑靼之行中，又陪同康熙对西部进行了巡视，为最终消灭噶尔丹进行准备。期间噶尔丹遣使准备与清朝媾和，康熙复信称，"如果噶尔丹 80 日内亲自来降，他将受到优厚的礼遇，清军也不会继续向前推进；如果过了这一期限，皇帝将率军征讨"[②]。

---

① 〔法〕张诚著，张宝剑译：《张诚日记》（续），《清史资料》第六辑，北京：中华书局，1985 年，第 179-212 页。

② 〔法〕伊夫斯·德·托马斯·博西耶尔夫人著，辛岩译：《耶稣会士张诚：路易十四派往中国的五位数学家之一》，郑州：大象出版社，2009 年，第 55 页。

1697年2月，张诚的第七次鞑靼之行详细记述了康熙亲征噶尔丹的整个过程。2月26日大军开拔，3月10日在大同兵分两路，一路延长城直奔宁夏，另一路由皇帝带队在内地巡行。3月26日到达神木，哈密首领押解噶尔丹长子觐见。4月17日抵达银川，康熙派人招降噶尔丹，噶尔丹借口投降争取时间。为了不使噶尔丹逃遁，康熙决定派2000骑兵对其进行追击。5月15日，青海诸台吉愿意臣服，康熙收复青海。6月6日在河朔，康熙获悉噶尔丹于5月3日自尽，其侄子丹济拉携噶尔丹家人及附从前来归顺朝廷，战争自此结束。[①]从而，康熙实现了对整个蒙古的统治。

4. 康熙对蒙古统治的加强

平定噶尔丹后，为了巩固清朝对蒙古，特别是对喀尔喀蒙古的统治，1698年康熙派出张诚、安多随户部尚书马齐、都统吴达禅、理藩院侍郎满丕前往喀尔喀蒙古会盟。两位传教士的任务主要是负责绘制大清新臣属喀尔喀的地图。1698年7月3日，喀尔喀部的首领于乌兰布拉克跪领皇帝圣旨。康熙通过该份圣旨建立了对喀尔喀蒙古的治理架构：保留喀尔喀三部首领汗的称号，取消其世袭制度；按满洲贵族的封号，各赐以亲王、郡王、贝勒、贝子、镇国公、辅国公的爵位；实行札萨克制，建立10个旗。同时还规定"鉴于当时喀尔喀诸部落均已在康熙的统治之下重新统一起来，他们应该联合为一体，也没有必要再派军队驻于各自领地的边界进行警戒"[②]。康熙通过此举加强和巩固了清廷对喀尔喀各部的管辖，至此康熙最终完成了其统一大业。

三、张诚对鞑靼地区研究的意义

作为清代深入鞑靼地区的第一位西方人，张诚对该地区的研

---

① 〔法〕伊夫斯·德·托玛斯·博西耶尔夫人著，辛岩译：《耶稣会士张诚：路易十四派往中国的五位数学家之一》，郑州：大象出版社，2009年，第57-65页。

② 同上，第73页。

究有着多方面的重要意义。

首先，张诚从一位科学家的视角，对鞑靼地区进行了经纬度的测量和地图的绘制。如在卡伦，张诚"测量太阳在子午线上的高度，得 65°30′或 66°"[1]；在卓契·克布尔，他用两个象限仪测得太阳在子午线上的高度，"用直径一呎的大仪器，测得 65°15′，用小的测得 65°30′"[2]；在克鲁伦河，他"取太阳测正午的子午线，用大的象限仪量得此处为 63°15′，用小的测量则为 63°30′"[3]；在尼布楚，他"在日中的时候测量太阳高度，用了较大的象限仪和梅恩公爵式半圆仪，发现此处是 55°约 15′"[4]，他"又使用同样的仪器，极其从容，极其仔细地测量太阳的中天高度，量得它是15°约 15′，三件仪器在只有几秒差距之内获得一致……就这次观测来看，尼布楚的纬度是 51°49′"[5]，等等。张诚的科学观测结果以及他所绘制的地图使西方人首次对鞑靼地区有了地理学上的准确认识。当时，卫匡国的《中国新图志》是欧洲有关中国最新的地图资料，但它不仅所载的数据有较大的误差，而且对长城以外的地区语焉不详。而张诚所绘制的鞑靼地区图填补了欧洲对该地区地理认识上的空白。《皇舆全览图》于 1735 年在法国出版，而在"1732 年，巴黎出现了《中国鞑靼地区全览图》，就是以张诚在旅行途中所收集的数据为依据的。因此，耶稣会士继而是欧洲对大清帝国地图的了解就是从皇帝们祖先的疆土开始，即位于中国传统区域之外的土地"[6]。

---

① 〔法〕张诚著，陈霞飞译：《张诚日记》，北京：商务印书馆，1973 年，第 9 页。

② 同上，第 11 页。

③ 同上，第 13 页。

④ 同上，第 26 页。

⑤ 同上。

⑥ Catherine Jami. Pékin au début de la dynastie Qing: capitale des savoirs impériaux et relais de l'Académie royale des sciences de Paris. *Revue d'histoire moderne et contemporaine*, 2008, 55-2: 66.

其次，张诚从一位西方人的视角，对鞑靼地区的风土人情、政治时局等做了非常详尽的介绍。正如费赖之所说："此种行记关于塞外之地势、人民之风俗、喇嘛之风习、土产、植物、长城、皇帝之行猎等事，皆包含有宝贵的说明……亚洲之野驴首见欧人著录者，即是编也。"[①]张诚的研究突破了早期汉学只研究中原地区和文化的传统，使西方关注到中国边疆地区和民族。诚然，由于张诚的自身经历和宗教立场，他对鞑靼的认识存在一定的局限性。如他不能理解鞑靼地区的游牧文化，鞑靼人给他的印象往往是龌龊、肮脏和难看的。他更无法忍受民众对喇嘛教的痴迷和崇拜，认为喇嘛们都是骗子。但是从整体上看，张诚笔下所呈现的鞑靼地区形象是较为准确、全面而真实的，它使欧洲对该地区的认知由想象进入现实，由模糊变为清晰，由传闻变成科学。张诚开启了近代西方对中国边疆地区的兴趣与认识。可以说，在欧洲对这些地区的关注和研究的历史中，张诚起到了承上启下的作用。[②]

再次，张诚的作品是我国清史研究资料的有益补充，对我们如今了解这一时期的边境形势、民族关系以及清政府为维护国家统一所做出的努力都具有重要的参考价值。

张诚《对大鞑靼的历史考察概述》和《张诚日记》这两部作品于 1735 年被收录在杜赫德的《中华帝国全志》中出版。《中华帝国全志》在欧洲读者广泛，这也就是为什么在五位路易十四派往中国的耶稣会士中，是张诚而不是洪若翰留在了法国人的集体记忆中。1867 年，巴黎的一条街道以张诚命名。

---

① 〔法〕费赖之著，冯承钧译：《在华耶稣会士列传及书目》，北京：中华书局，1995年，第 451 页。

② 李晓标：《耶稣会士张诚眼中的蒙古地区》，《内蒙古社会科学》（汉文版），2013 年第 4 期，第 66 页。

第二节 白晋之中国研究

白晋来华不久就开始对中国古代典籍，特别是《易经》展开了研究。1697 年，当他奉康熙之命回国招募新的传教士时，在巴黎的一次演讲中，他讲道："中国哲学是合理的，至少同柏拉图或亚里士多德的哲学同样完美。……《易经》这本书蕴含了中国君主政体的第一个创造者和中国的第一位哲学家伏羲的（哲学）原理。"白晋还指出他研究《易经》的目的在于更好地传播天主教，因为"除了使中国人了解我们的宗教同他们那古代的合理的哲学是多么地一致外（因为我承认其现代哲学不是完美的），我不相信在这个世界还有什么方法更能促使中国人的思想及心灵去理解我们神圣的宗教"[①]。从此份演讲中便可看出，白晋已经逐渐形成了其索隐派思想。自此，为了实现使整个中华帝国改宗的理想，他在索隐式研究的道路上越走越远，直到生命的终结。在上一章中，我们梳理了康熙指导和督促白晋进行《易经》研究的进程。接下来，我们将从白晋的角度，来探讨他索隐派思想产生的原因、他的主要观点以及他对欧洲学者特别是莱布尼茨的影响。

一、白晋的索隐派思想

索隐派，是指以白晋为代表的力图从中国经典中发现《旧约》事迹和人物的一些耶稣会士的总称。索隐主义是一种对中国古书的解释体系，其基本立场是基于《圣经》的世界观和人类历史观，即世界上所有现存人类都是大洪水之后诞生的诺亚的子孙。以此

[①] 参见林金水：《〈易经〉传入西方考略》，《文史》（第 29 辑），北京：中华书局，1988年，第 367 页。

为标准，索隐派认为中国人是诺亚之子闪的后代，中国人长期以来保存着族长们的老传统，他们还将中国历史上古代的皇帝和英雄们同耶稣基督救赎人类的"形象"和寓言相对应，甚至相信中国人的神话中还可找到撒旦和亚当的模型。[①]

（一）白晋索隐派思想产生的原因

白晋索隐派思想产生的原因至少有两方面。首先，该思想是基督教的神秘主义传统发展的结果，也就是说索隐派（或称形象学派、旧约象征派）的观点自古有之，其实并非白晋首创。

《大拉鲁斯百科词典》在 Figurisme（索隐派）这一条目下，对该词是这样解释的："索隐派思想是天主教对《旧约》的一种索隐式的注释方法，此方法研究的是《圣经·旧约》中记录的具体事件所蕴含的象征意义，并以此揭示其中所隐藏的未来信仰秘密的发展和教会发展的情况。"[②]索隐方式产生的最初原因是为了回应犹太教徒和异教徒对于基督教的责难，他们认为基督教是一种全新的没有历史的宗教。而索隐派试图将基督教与其他宗教或者哲学建立联系，特别是证明《旧约》是对《新约》的预表，即《新约》中所阐释的救恩史、受难史，以及信仰奥秘和教会的发展都曾在《旧约》中出现过。在索隐派看来，如果证明了《新约》是对《旧约》的推进和发展，便是证明了基督教并不是一种新的没有历史的宗教，它只是迄今为止尚未被认识和理解的古老信仰。索隐派认为要洞悉《旧约》和《新约》之间的联系和奥秘，必须树立这样的意识：

（1）《旧约》的内在意义就在于它为《新约》做了准备，并且指示了《新约》中的内容，但是这些准备工作和指示的内容并

[①] 张国刚：《从中西初识到礼仪之争——明清传教士与中西文化交流》，北京：人民出版社，2003 年，第 532 页。

[②] *Grande Larousse Encyclopédie*. Paris, 1961: 1009. 参见〔德〕柯兰霓著，李岩译：《耶稣会士白晋的生平与著作》，郑州：大象出版社，2009 年，绪论第 1 页。

不是通过文字的表面含义表达出来的，而是隐藏在字母文字之后的。

（2）在《新约》《旧约》中，有一个共同的上主，而这位上主就是先知们所预言的上主。

（3）《旧约》中一些艰涩甚至是充满矛盾的段落之后所隐藏的真正含义只有借助圣灵的帮助才能够被理解。

（4）对《旧约》的正确的阐释必然会将人引导到耶稣基督那里。[①]

索隐派诠释《圣经》有三种途径：（1）类型学解读（Typological exegesis），目的是在《旧约》中寻找揭秘《新约》的隐含意义和诸种神迹；（2）古代神学（Ancient Theology），即设想在犹太—基督教文本之外的"教外圣贤"身上可以发现神圣的上帝启示；（3）犹太—基督教的神秘教义（Kabbala），它作为对犹太理性教派和塔木德宗（Talmudism）的一种反叛，其目的在于揭示《圣经》的隐含意蕴。[②]

如索隐派认为《旧约》中的默基瑟德（Melchisedek）国王就是耶稣的前身，他们的根据是：

（1）默基瑟德这个名字的意思是"公正之王"。

（2）默基瑟德曾是一位国王。

（3）默基瑟德是撒冷的国王，即"和平之王"。

（4）默基瑟德是国王，同时也是司祭。

（5）默基瑟德将酒和圣饼供奉给上主。

相对应的是：

---

① 〔德〕柯兰霓著，李岩译：《耶稣会士白晋的生平与著作》，郑州：大象出版社，2009年，绪论第2页。

② Claudia von Collani. In Standaert ed., *Handbook of Christianity in China*, vol. 1. Leiden, Boston, Koln: Brill, 2001: 668-679. 参见杨平：《耶稣会传教士〈易经〉的索隐法诠释》，《周易研究》，2013年第4期，第40页。

（1）耶稣被称为是“公正的人”。

（2）耶稣说：“我是王。”

（3）耶稣也是“和平之王”。

（4）耶稣是最高的君主和司祭。

（5）耶稣说酒是他的鲜血，圣饼是他的肉身，耶稣每天都将自己供奉给上主。[①]

虽然索隐法在西方早已有之，但是将此法用于解释中国古代文献，还主要源自白晋等人。他们研究的方法就是在中国古籍特别是《易经》当中找到基督教和《圣经》的遗迹。白晋对中国古籍的研究方法正是欧洲索隐派理论的一种新的尝试，其实这也是历史上当一种宗教在传播过程中遇到更大敌手时，为自己辩护而惯用的方法。正如法国汉学家戴密微所说：

　　在汉文经典的注释方面，白晋神父是一名被称为旧约象征论者，也就是说他企图在中国上古时代的文献中找到圣经教理的痕迹，而圣经又是由希伯来主教们传入中国的。甚至就在基督教内部，大家也用“旧约象征论”（形象派）来指那种意在于旧约中，也就是在世俗的古代作家中找到以“偶像的”或象征的形式出现在新约中教理的预示。这是一种与世界同样古老的作法，当一种宗教希望能在另一种宗教面前自我辩护时，它便以声称于其中找到了自己教理的方法而吞并之。中国宗教史上最典型的明显例证就是所谓“化胡”的理论。据这种理论认为，道教把佛教说成是由老子在西方传授的一种道教形式，这种理论又以一种变态形式从西方返回了中国。在我们这里的古代末期也如此，当基督教必须与异

----

①〔德〕柯兰霓著，李岩译：《耶稣会士白晋的生平与著作》，郑州：大象出版社，2009年，绪论第 2-3 页。

教交锋时，便宣称一些诸如柏拉图、斯多葛派的世俗哲学家们都曾是摩西弟子并从圣经传说中汲取了其理论。所以，白晋与其"旧约象征论"的教友们便声称在古代中国的最高神上帝一名中发现了犹太——基督一神论中的造物主之名字。据他们认为，这种观念甚至在儒教发祥之前就已经传到中国，后遭孔夫子本人，尤其是遭佛教和道教的外部因素的歪曲。例如，《春秋》仅为一部古代预言书《伊诺克》（*Enoch*）的代言物，但遭到了孔夫子的篡改。[①]

此外，白晋索隐派思想也是对以利玛窦为代表的耶稣会士在中国所长期奉行的"适应政策"的发展。

从利玛窦开始，耶稣会士们就意识到了中国对一切外来事物所抱有的高傲和不可一世的态度。利玛窦曾在日记中这样写道："中国人不想从外来的书中学习什么，因为他们认为，自己已经掌握了整个世界的全部知识，而其他民族都是无知和荒蛮的。"[②]面对着这样一个以儒家学说为统治思想的东方古国，传教士们意识到叩开其大门只有一条途径，即先利用西方先进的科学技术、工艺美术品吸引士大夫阶层甚至是皇帝的注意和尊重，然后采取"合儒""补儒"的方式，寻找天主教与儒家思想之间的共同点，以中国人可接受的方式进行传教，争取中国皇帝对该事业的支持，最终使得整个中华帝国皈依天主教。于是他们穿儒服、说汉话，顺应中国习俗，研究中国语言和经籍，以"西儒"的形象出现在中国社会中。

除了个人的改变和适应，传教士们还设法使中国人了解福音

---

① 安田朴、谢和耐：《明清间入华耶稣会士和中西文化交流》，成都：巴蜀书社，1993年，第171页。

② Matthieu Ricci. *Histoire de l'expédition chrétienne au royaume de la Chine, 1582-1610*. Paris/Montréal: Desclée de Brouwer/Bellarmin, 1978: 156-157.

书的内容。但这一点却要困难得多，因为"原罪""替别人解脱"的概念对中国人来说是完全陌生的，甚至是可笑的。正如马若瑟所说："当我们去告诉他们（中国人）什么是降生成人的时候，他们就会像犹太人一样惊呼'这太不可思议了'！他们会说'不信'，也就是我们的不相信的意思，并且对我们敬而远之。"①在这样的情况下，传教士们意识到要使中国人接受一种完全陌生的，甚至是与他们传统学说相互矛盾的宗教，首要的问题是要驳斥天主教是异教的指责。执着的耶稣会士们决定从潜心研究中国儒家经典入手，努力从中找到证据，使中国人消除对天主教的陌生感，而利玛窦就是他们之中的先行者。利玛窦在研究过程中，用中国典籍中的"上帝"和"天"的概念来比附基督教中的"上主"。他的代表性著作《天主实义》便是摘录了《易经》《中庸》等儒家经典中的内容，用以说明上主的存在、灵魂不死等观点。此后来华的耶稣会士们大都遵从利玛窦路线，熟读并研究中国儒家经典，因为他们也渐渐意识到古代典籍对中国人的影响至深至远。

　　耶稣会士们不仅熟读中国典籍，还开始了对儒家经典的翻译。16 世纪末，利玛窦将《四书》译成拉丁文，寄回意大利。17 世纪初，金尼阁（Nicolas Trigaul）又将《五经》译成拉丁文，并在杭州刊印。此后殷铎泽还翻译了《中庸》，并和郭纳爵（Ignace da Costa）一起将《大学》和《论语》译成拉丁文。1681 年，柏应理返回巴黎之际，刊印了《中国哲学家孔子》。此后，卫方济（Franciscus Noel）以拉丁文翻译了《四书》及《孝经》《幼学》等。在翻译的同时，耶稣会士们还著书立说，尽力糅和基督教教义和儒家学说。除了利玛窦的《天主实义》，艾儒略（Giulio Aleni）的《三山论学记》及汤若望的《主制群征》等作品都以基督教经院哲

---

① Paul Rule. *K'ung-tzu or Confucius? The Jesuit Interpretation of Confucianism*. Canberra: Australian National University, 1972: 464. 参见〔德〕柯兰霓著，李岩译：《耶稣会士白晋的生平与著作》，郑州：大象出版社，2009 年，第 105 页。

学穿凿附会的方法，来诠释中国的经典，试图找出天主教中创世、灵魂不灭、天堂和地狱存在的依据。如他们以《诗经》中有"皇上帝"，《易经》中有"帝出乎震"，《中庸》中有"上天之载无声无具"等语句为证据，来证明"天主道理，宇宙之内必有一自由无形无像造天地万物之主宰"，并进而推导出"天主即经言上帝""历观古书而知上帝与天主特异以名也"等结论。[①]

所以，以白晋为代表的"索隐派"并不是完全的颠覆者或者创新者，他们的理论既是基督教神秘主义传统发展的结果，也受到了利玛窦以来在华耶稣会士们所奉行的传教策略的影响和启发。而"白晋本人更愿意将自己看成是利玛窦思想的继承人，他认为，索隐派思想其实就是利玛窦适应策略的扩充和发展，而并非新创"[②]。

（二）白晋的索隐派观点及阐释方法

白晋以他渊博的学识为基础，采用索隐的方式对《诗经》《书经》《礼记》《论语》等中国古籍，特别是《易经》展开研究，努力去发现这些典籍和《圣经》之间的相似之处。他认为只有这样，才能返回正道，理解神启。他所持有的索隐派的主要观点及阐释方法如下：

第一，对于中国历史问题，白晋认为中国典籍中所记载的洪水与《圣经》中所记载的大洪水是同一事件，中国人就是诺亚的长子闪的后裔。而中国历史所记载的发生在大洪水之前的事件要么是虚构的，要么记载的就是《圣经》中发生在先祖时代的事件，也就是说中国古代的统治者和英雄们就是《圣经》中的先祖们。如白晋认为尧和诺亚其实是同一个人，证据是这两个人在先祖列表上都排在第十位。他还采用了汉字字形分析法，通过拆解中国

---

① 许明龙主编：《中西文化交流先驱》，北京：东方出版社，1993年，第182页。

② 〔德〕柯兰霓著，李岩译：《耶稣会士白晋的生平与著作》，郑州：大象出版社，2009年，第126页。

汉字，利用象形和会意法来对汉字进行寓意性解读，从而把中国历史融入《圣经》的历史当中。如白晋将"船"字做了拆解，认为其中"舟"即代表船的意思，"几"代表八，"口"代表人口，结合在一起表示八个人乘坐一条船。他认为这和《圣经》中所讲的诺亚和其妻子、儿子、儿媳等八人乘坐方舟一事正好吻合。此外，在西方不同的《旧约》译本中，大洪水出现的日期也有很大的差异。白晋主张在中国传教时使用在西方不常使用的《圣经七十士译本》，因为该版本中关于大洪水的记载和中国的历史年代较为一致，[①]他认为这样能使中国人更容易接受《圣经》中所讲述的历史和他们的历史是相互统一的观点。

第二，白晋认为基督教的整个体系都包含在中国古籍中，中国古籍和由赫诺克传给他后代的典籍其实是同一些书，他们由诺亚的子孙带到中国，并保存于名为"天府"之地的一所庙宇中。为了使人类重新获取这些真知，上帝挑选了一些智慧之人来担当传播福音的重任。而儒家的学者将这些真知记录并世代相传，《易经》描述的就是"圣人中的圣人"；《春秋》是圣人们的至理名言；《书经》和《礼记》讲的则是世人对上主的祭祀礼仪；《诗经》是对圣人思想和行为的记述；已经失传了的《乐经》描绘的是各种道德行为的和谐之声。[②]白晋还通过对儒家经典中的人物与《圣经》中的人物进行类比的方式，得出圣子降生、救世主的生与死及其圣行等主要秘密，都以预言方式保存在这些珍贵的典籍中的结论。所以，他认为天主教在中国并不是一种全新的宗教，相反是一种非常古老的宗教，中国人早在远古时代就掌握了天主教的真知，并将它们写在书籍中。

如白晋用《诗经·大雅·生民之什三之二》的开篇来解释圣

---

① 〔德〕柯兰霓著，李岩译：《耶稣会士白晋的生平与著作》，郑州：大象出版社，2009年，第122-123页。

② 同上，第135页。

子的降生。其原文是这样的：

> 厥初生民，
> 时维姜嫄。
> 生民如何？
> 克禋克祀。
> 以弗无子，
> 履帝武敏歆。
> 攸介攸止，
> 载震载夙，
> 载生载育，
> 时维后稷。

白晋对这一节做了如下的解释：当她（指姜嫄）鼓足勇气献上牺牲时，内心充满了崇高的爱的意愿，这种爱来自意欲拯救众生的天上的丈夫，她缓步踏着至亲至爱的人的足迹前行，全神贯注地等待他的神圣的意愿和决定。她内心纯真的祭献之情在上帝眼前散发一股沁人心肺的气味，神灵的美德瞬时便进入她的体内，她那处女的腹中突然感到一阵骚动，其子后稷就这样孕育在姜嫄腹中了。白晋就是通过《诗经》中这段文字，加之他以上的解释，从而得出结论：姜嫄其实就是圣母玛利亚，因为她们有着共同的特点，都是处女，都是由圣灵感孕。[①]

需要指出的是，白晋在研究中国古籍时，并不只为《圣经》中的一个人物寻找一个对应形象，而往往是多个。如他认为中国古书中很多神奇的人物其实就是耶稣的化身，除了后稷，文王也是上天之子的象征。因为根据《书经》记载，文王总是坐在上帝

---

① 许明龙主编：《中西文化交流先驱》，北京：东方出版社，1993年，第183-184页。

身旁，就像耶稣总是靠着他的父亲一样，正因为他具有美好的德行，所以被挑选出来成为人类的王。成汤也是代表在十字架上受难的耶稣的一个形象，因为根据《书经》《诗经》和《春秋》的记载，他的诞生也是超自然的，他的母亲借助了神的力量才得到他。成年后，为了把人类从七年的旱灾中拯救出来，他受天之命伐夏。此外，大禹也是耶稣的另外一个象征形象，因为据《书经》记载，他将洪水引入了大海，从而将人类从鲧造成的灾难中拯救出来，等等。[1]

随着时间的推移，白晋在索隐式的道路上越走越远。他甚至认为中国古籍中存在一些连基督教徒都不曾了解的真知，比如天使的诞生、天使的罪恶以及天使的罪恶正是人类罪恶的源泉等。[2]这位笃信上帝的耶稣会士甚至认为，上帝在中国人的典籍当中为传教士们指明了一种传播福音的极佳方式，这正是上帝的恩宠所在。他会迎着上帝的荣光，沿着这条路坚定地走下去，直到整个中华帝国归信天主教。

第三，白晋根据基督教信仰无处不在的特点得出结论，除了亚伯拉罕及其后人，一定还有其他的异教徒曾经认识和信奉过上主，其中就包括中国人，中国人早已知晓基督教的全部真理。白晋常常采用解读汉字的方式进行分析，如"太一"（大同一）这种表达方式在他看来和"上帝"这个称谓是相一致的，这两个词都表示的是天主教中的上主。"大"表示"伟大"，"、"表示"统治者"，"一"表示"独一"或"同一"，合起来的意思就是"独一无二的伟大的统治者"。如"天"字表示的同样是"上帝"的意思，因为它由表示伟大的"大"和表示同一的"一"组成，这也证明了中文中的"天"字代表的不是物质的，而是精神的天。又如"主

---

① 〔德〕柯兰霓著，李岩译：《耶稣会士白晋的生平与著作》，郑州：大象出版社，2009年，第167-168页。

② 同上，第136页。

宰"在汉语中表示统治者,其中"主"由表示帝王的"王"和"、"组成。"宰"字由表示被天覆盖的"宀"和表示10的"十"以及表示建立的"立"组成,这个词合起来的意思就是"天与地的创立者"。[①]白晋还将《易经》卦象与上帝的神启结合起来,认为伏羲八卦是基督教真理的数字化体现,并暗示着"阴阳""善恶""有无"等二元观念。他认为挂图阳爻"—"等同于"完善",而阴爻"– –"等同于"不完善",所以八卦图的变化莫测与《创世记》中关于创世后人类存在善以致福、恶以致祸的多变命运相符合,伏羲以这种方式来宣扬上帝的原初律法,也是适应当时人类认识能力之举。[②]

白晋认为中国古人不仅对独一神,而且对三一神即三位一体也有着准确的认识。例如他用拆字的方式来解释"王"字,他认为,"'王'字由代表统一的一竖贯穿三横而组成,三横代表三位一体。如果这种法则不是三重的,那么它就不会是统一的,也就无法拥有统治和最高的引导能力,如果这种法则是统一的,但不是三位一体的,那么它也无法拥有统治和最高的引导能力。只有当该法则既是统一的又是三重的时候,它才真正拥有最高的统治能力,才是真正的君主和统治者"[③]。白晋还认为他在《道德经》中也发现了三位一体的证据,他认为"道生一,一生二,二生三,三生万物"正是对此的完美诠释。这些数字代表的就是圣父、圣子和圣灵,万物的创造正是三者共同的杰作。

此外,白晋甚至认为中国古人对基督教发展的三个阶段也非常清楚。他在1712年的《易经释义》中提出《易经》将世界历史

① 〔德〕柯兰霓著,李岩译:《耶稣会士白晋的生平与著作》,郑州:大象出版社,2009年,第147页。

② 卓新平:《基督宗教论》,北京:社会科学文献出版社,2000年,第300页。

③ 〔德〕柯兰霓著,李岩译:《耶稣会士白晋的生平与著作》,郑州:大象出版社,2009年,第154页。

划分为三个阶段。第一阶段是天道时期，此时世间充满光明，人和天使没有罪过，这种状态叫作"易简"。第二阶段是地道时期，此时大地为黑暗所笼罩，人的意志被蒙蔽，这种状态叫作"易变"。第三阶段是人道时期，此时叛离上帝的人重新与上帝进行和解，这种状态叫作"不易"。白晋认为《易经》对世界历史阶段的阐述与欧洲人所认为的基督教史的三个时期是完全吻合的，即第一阶段自然法则时代，从创世到摩西；第二阶段成文法典时代，从摩西到耶稣；第三阶段恩宠之法的时代，从基督到现在。[①]

　　总之，白晋认为中国人曾经对基督教的全部真理有着非常准确和清晰的认识，只是后来这些真知都被遗忘了。他们渐渐地步入了歧途，白晋认为这其中的原因主要包括以下几个方面：

　　（1）于公元 1 世纪从印度而来的佛教在中国得到了传播。

　　（2）公元前 213 年秦始皇（前 221—前 209 年）的焚书坑儒。

　　（3）中国长年的战乱。

　　（4）腐败的道教。

　　（5）汉代历史学家司马迁（前 145—前 86 年）的影响。[②]

　　白晋指责司马迁把只能寓意去理解的传统和世俗的历史混淆了，认为后世的史学家们都以他为范例，从而曲解了中国的历史。白晋还引用古代学者的观点，认为中国公元 5 世纪之前的历史记载并不真实可信，不能把远古的那些统治者和英雄们看作都是真正存在过的，只能把他们看作是一种象征性的形象。白晋这样的观点显然是在为他索隐式方法无法解释的问题寻找一条出口。如他通过《诗经·大雅·生民之什三之二》的开篇分析得出结论帝喾指的是上帝，那么中国古籍中记载的帝喾之前的统治者们便无法解释了，所以他就提出这之前的那些统治者和英雄们只

---

　　① 〔德〕柯兰霓著，李岩译：《耶稣会士白晋的生平与著作》，郑州：大象出版社，2009年，第 154-156 页。

　　② 同上，第 133 页。

是为后面要出现的救世主所做的铺垫，从而为自己的索隐派理论找到一个较为合理的解释。

第四，白晋认为虽然中国人逐渐淡忘了上主给予的恩惠并误入歧途，但却可能拥有一种与基督信仰同样神圣的道德文明。传教士们应利用在归化犹太人时同样的方法，即利用其本身的传统和信仰来解释天主教深刻的教义。要在充分了解所在国家的风俗习惯和传统信仰的基础上，区分良莠，排除与圣教不符之处，充分利用与圣教相通之处，使天主教更容易地被接受、被信仰。

从白晋的上述观点中可以看出，"索隐派"正是采用利玛窦等传教士的方法，继续探索天主教和儒家思想的一致性，只是他比他的前辈们走得更远。利玛窦等人想证明基督教与儒家思想没有矛盾，而且基督教是上古纯正的儒教传统的完美体现，因此可以起到"补儒"的作用。而白晋认为二者之间不仅完全吻合，而且中国的儒家经典本身就是基督教的最古老的文字记载。从这些记载中，不仅可以悟出基督教的教义，而且可以找到后来记载在《圣经》中的故事和人物。为论证他的看法，白晋提出了一套自己独特的理论：中国古籍包含两层意义——表层意义和深层意义。表层意义即中国人所理解的字面意义；深层含义直到如今中国人并未参透，只有深刻理解基督教教义，并对《圣经》了如指掌的教徒才能发现和理解。白晋就是以这一理论为指导，从而对中国古籍进行解读和研究的。①

（三）白晋的索隐派著作

白晋一生写过许多有关索隐派思想的著作，但索隐派思想本身就受到了耶稣会长上们的反对和监督，所以他的作品大都没有付梓，而是以书稿的形式散落在欧洲的各大图书馆中。

早在 1699 年之前，他就写了一本名为《天学本义》的书，

---

① 许明龙主编：《中西文化交流先驱》，北京：东方出版社，1993 年，第 182-183 页。

其内容主要是他摘录于四书五经中的一些句子、圣贤的一些话语以及他收集到的一些民谚。白晋编辑该书的目的便是向中国人以及耶稣会长上证明，中国人的"天"和"上帝"这两个称呼指的都是基督教里真正的上主。这部手稿曾呈递给康熙皇帝过目，康熙认为其晦涩难懂，有很多模糊之处。1703 年，该书经过修订，由翰林院的翰台韩菼作序并将之付梓。韩菼在序中说道：

> 予观西洋诸君所辑《天学本义》一书，见圣朝声教之隆，渐被海外，远人亦知慕义响风，服膺古训，为可嘉焉。夫经之言天者详矣，尊之以照临，假之以视听，征之以祸福，煦妪发育，包含遍复，上而皇极之大，小而品物之细，无一不本之于天。……圣朝继天立极，则阳敷治，而天之用益显。故世之善言天，必有验于人，而敬天敬君，其义一也。此书荟萃经传，下及于方言俗语，然其旨一本于敬天，亦可垂教远裔，使夙夜祇畏，承上天之明威，而修身以事之，亦愈以信中国之有圣人，一统无外，而风俗大同之盛也。[①]

在《天学本义》得到翰林院的认可之后，白晋将其寄给了对耶稣会十分友好的奥古斯丁会的白万乐神父（Alvaro de Benavente），期望借此能得到教会的认可。1705 年 4 月 8 日，当教皇特使铎罗到达广州时，白万乐主教还将此书的手稿赠予其作为礼物。但铎罗却以翰林院翰台对这本书的审核是对教会审核权的僭越为由对其横加指责，并于 1705 年 7 月 17 日命令在京主教查抄所有已经印好的《天学本义》。作为对铎罗禁书的回应，康熙命令马若瑟和赫苍璧将该书翻译成拉丁语译本，直接递送给铎罗。而且当时白晋已经将该书进行了修订，并以《古今敬天鉴》为名

---

① 徐宗泽：《明清间耶稣会士译著提要》，北京：中华书局，1946 年，第 132-133 页。

重新进行了刊印。

　　此后，白晋陆续写了一些有关索隐派思想的著作，如《中国古籍中出现的三位一体的奥迹》和《象形文字之智慧》等。1712年，白晋写了另一部重要著作《易经释义》。写作此书的原因是，1712年4月25日视察员骆宝禄（Gianpaolo Gozani）向白晋提出了一系列问题要求其回答，以便对其学说进行审查。于是白晋用拉丁文以杂文的形式写了这本书，并于1712年11月将它的一份抄本寄给了耶稣会总会长坦布里尼（Tamburini），希望能获得长上们对索隐派思想的认可和支持。在这部书的开头部分，白晋首先阐述了他的理论根基，即世界的三种状态：完满、堕落和拯救。接着，白晋逐个回答了骆宝禄提出的五个问题。前三个问题都是涉及对《易经》内部意义和外部意义的区分。白晋认为，《易经》所有的概念代表的是一种象形和象征寓意的哲学思想。有两种象形符号，一种是自然的，反映造物主荣耀的，在《易经》里被称为是"万象"的；另一种是科学的、数学的，是上帝创造世界的数字化表现。据此，他把《易经》的教义分成内部意义和外部意义两个部分。内在意义是导向上帝的真理，外在意义是掩盖这些真理的象数。骆宝禄的第四个问题涉及的是白晋研究的目的。在回答中，白晋引用了于埃（Pierre Daniel Huet）的作品《福音证道》，因为于埃在该书中提出了向世俗者宣讲基督教福音时，应借助从他们自身传统中提取论证的观点。骆宝禄的第五个问题是关于《易经》中到底隐藏着哪些宗教秘密。白晋回答说，这些秘密是有关于创世和救世、三位一体的神性，以及耶稣如何降生又如何为人类赎罪而献身的。在回答完以上五个问题后，白晋针对骆宝禄对他提出的批评，为自己进行了辩护。他说康熙不仅对他刚完成的一部著作非常赞同，而且还和翰林院的翰林们进行探讨。一位70

多岁的阁老①对他的观点印象深刻，认为他的方法对于重新揭示隐藏在中国古代神话中的真理非常必要，甚至还要将其纳入自己的研究当中去。②

　　同年，白晋还完成了另一部作品，名为《易钥》。在该书中，他指出《易经》这部伟大的著作蕴含了深刻的思想，只有中西方的学者共同合作才能挖掘出其真正的含义，这正是因为中国同西方拥有共同的先祖和信仰。《易钥》的正文分为两部分：一是阐述天主教的教义，以三位一体为开端，以耶稣的生活为结束；二是用对《易经》的注释来作为对第一部分的证明。③

　　1715 年上半年，白晋还写过一部辩护类的作品，名为《对于一位无名监察员的反驳，致法国的长上们》，并于同年 12 月 2 日呈递给了骆宝禄。这部作品是针对一位监察员提出的所谓十大命题或十大控诉给予的回应。白晋在书中再一次明确表示汉语古籍中确实能够找到对《圣经》进行说明和补充的章节。④

　　1716 年 11 月 25 日，白晋致信耶稣会总会长坦布里尼，信中除了谈到不少索隐派的论据外，还提到他正在撰写的一部名为 Specimen 的书。他认为这部书足以使欧洲学者们信服，而且传教士们借助于索隐派的理论可以战胜他们在中国传教过程中遇到的一切困难。但白晋提到的这本名为 Specimen 的书具体为哪一本还未有定论，因为在罗马的耶稣会档案馆至少有两本名为 Specimen 的书。一本为《象形文字智慧的范例或中国古代象征神学》（*Specimen sapientiae Hieroglyphicae seu Theologiae symbolicae priscorum Sinarum*），另一本为《中国古代文献中先祖们的象形文

① 即李光地。
② 〔德〕柯兰霓著，李岩译：《耶稣会士白晋的生平与著作》，郑州：大象出版社，2009年，第 70-73 页。
③ 同上，第 75 页。
④ 同上，第 88 页。

字智慧的范例》(*Specimen Sapientiae Hieroglyphicae priscorum patriaricharum, reconditae in vetustis Sinarum monumentis*)。①

(四)白晋的索隐派研究的影响和意义

白晋的索隐派研究在开始阶段由于康熙的关注,进展得较为顺利,他先后收了傅圣泽、马若瑟、郭中传(Jean-Alexis de Gollet)等弟子,他甚至曾有过在中国建立"传教学院"的想法,即要招募六位具有杰出才能的传教士共同对中国古籍展开索隐式研究。他计划这样做,一方面是为归化中国人提供有力的工具,另一方面是为欧洲人对中国展开研究提供资料。而这正是他作为传教士与科学家所肩负的双重使命。

白晋对索隐主义投入了极大的热情,并报以无限的期望。然而他的观点不但遭到了其他修会的谴责,即使是在耶稣会内部也遭到了强烈的反对,以至于他的长上们对他的著作、信件都要进行严格的审查。这是因为他的理论存在着两大致命缺陷:其一,大多数耶稣会士认为中国人或是无神论者,或是迷信者,这也是传教士们不远万里来到这片土地上,宣传基督教教义的原因。如果按照白晋的说法,中国的祖先反倒成了最早的,信仰最为纯真的基督徒,那么传教士们的事业就没有任何意义了。其二,如果白晋的说法成立,中国人对于基督教的认知是在耶稣基督降生之前,那么《圣经》就成了一部伪书。②这就动摇了基督教的根基。

虽然白晋和他的弟子们写了众多与索隐派思想有关的著作和文章,但这些理论并没有被真正投入传教的实践当中去,其原因主要有以下几个方面:第一,白晋的这一理论并没有形成完整的体系,而只是相当零散地出现在他的很多著作当中。所以对其持反对意见的人很容易就能够提出异议或举出反例,这在很大程

---

① 〔德〕柯兰霓著,李岩译:《耶稣会士白晋的生平与著作》,郑州:大象出版社,2009年,第90页。

② 许明龙主编:《中西文化交流先驱》,北京:东方出版社,1993年,第185页。

度上削弱了该理论的可信度。第二，在华传教士始终没有形成统一的传教策略，传教方式问题引起的争吵、对抗、不和在一定程度上也使中国人对白晋的理论产生了怀疑和反感。第三，罗马方面在中国礼仪问题上的强硬态度使得康熙越来越严格地限制在华传教士的活动，而之后的雍正皇帝则采取了禁教的措施，在这样的环境下，白晋的理论要进一步完善和发展便是障碍重重了。[1]

此外，耶稣会士们的索隐式研究对 18 世纪的欧洲大众也没有什么影响，因为他们的著作几乎都未被发表，他们的思想只是为和他们通信的欧洲学者所了解。对于白晋研究的学术意义和理论价值，后世的学者也持有不同的看法。维吉尔·毕诺在《中国对法国哲学思想形成的影响》一书中，分析了耶稣会士索隐式研究的动机，并提出了索隐派不注重历史，毫无科学性的观点。而另外一些学者则持反对意见，如德国学者柯兰霓认为以白晋为首的索隐派在《易经》的研究中采取的神学对比的方法，开创了中国典籍诠释的一条崭新途径。尽管索隐的途径对卦象的解读显得有些荒诞不经，但是对如何理解中国和中国人开辟了一个新的视域，也对神学的走向提供了新的参考。通过比较东西神话，索隐派们开启了一种欧洲文化以外的思考方式，也重新审视人类对超验的理解的方法。[2]美国学者史景迁（Jonathan D. Spence）对白晋研究的影响也给予了积极的评价。他认为白晋等耶稣会士试图把《易经》确证为早期基督教经典的思考似乎是毫无根据的，但是索隐主义的思想体系导致了欧洲对中国编年史的研究，激发了一大批欧洲作家的想象力，促使他们以一种全新的方式来研究中国，

---

① 〔德〕柯兰霓著，李岩译：《耶稣会士白晋的生平与著作》，郑州：大象出版社，2009年，第 213-214 页。

② Claudis von Collani. The First Encounter of the West with the Yijing. *Monumenta Serica*, 2007, 55: 257-258. 参见杨平：《耶稣会传教士〈易经〉的索隐法诠释》，《周易研究》，2013年第 4 期，第 46 页。

带来了"早期"汉学的发展，并为 18 世纪晚期的第一批态度认真的、严谨治学的汉学家们奠定了基础。[①]

总之，不可否认的是白晋的索隐派思想明显是源于其狭隘的基督教中心主义，他研究的理论和方法也是牵强附会和充满偏见的，其研究目的不是探究人类真正的历史，而是为基督教在华的传播寻找一条更为有效的途径。但是白晋所指出的中国古代文化和基督教信仰中的一些类似因子，可以说明一种普遍的心理状态和人类文明的某些共性特征。他试图从中国典籍中找出基督教启示的做法，本身已经显现出他对其他宗教和文化的尊重与宽容，这种尊重和宽容已经超出了宗教本身的意义，在中西方文化相互碰撞和沟通之时显得弥足珍贵。白晋对《易经》的索隐式诠释方法看似荒谬、可笑，"但是这种解经途径是《易经》诠释学以至文化传播学的一种富有创意和成效的方法，古今中外的易学家们和典籍传播者们都在直接或间接地利用类似的方法来诠释和传播不同民族、不同文化的经典作品"[②]。所以，白晋的索隐式研究对当今中国文学和文化如何走出去，对东西文明之间的相互理解和沟通都有一定的借鉴意义。

二、白晋与西方学者的通信

白晋在华期间，和欧洲众多学者保持通信往来。从这些信件中，我们也可以窥探到他对中国的了解与研究。在他的所有通信者当中，莱布尼茨是最重要的一位。

莱布尼茨是 17 世纪中叶到 18 世纪 20 年代德国著名的哲学家、数学家、数理逻辑创始人。他所生活的年代，正好是大批西

---

①〔美〕史景迁著，廖世奇、彭小樵译：《文化类同与文化利用》，北京：北京大学出版社，1997 年，第 32-34 页。

② 杨平：《耶稣会传教士〈易经〉的索隐法诠释》，《周易研究》，2013 年第 4 期，第 46 页。

方传教士来到中国，并源源不断地寄回有关中国著述的时代。"当
莱布尼茨慢慢地进入当时的精神世界时，中国已成为欧洲的日常
话题。"[1] 1697 年，莱布尼茨有关中国的第一部也是最重要的一
部著作《中国近事》出版。由于他从未到过中国，所以这部作品
主要依据的是斯比塞尔（Theophil Spizelius）的《中国文史评析》，
基歇尔（Athanase Kircher）的《中国图志》，耶稣会士殷铎泽
（Intorcetta）、恩理格（Herdtrich）、鲁日满（Rougemont）和柏应
理的《中国人的哲学家孔子》，以及柏林修道院院长穆勒（Andreas
Müller）当时计划出版的《中国钥匙》等作品。[2]此外，他还利用
一切机会和在华传教士以及和在华教士有联系的耶稣会士进行接
触，以获取更多的有关中国的信息。据史料记载，莱布尼茨直接
接触的第一位在华教士是闵明我。1689 年，莱布尼茨在罗马遇到
了正要返回中国的闵明我，闵氏关于中国皇帝和中华帝国的讲述
引起了他极大的兴趣。莱布尼茨在 1689 年致闵明我的一封信的末
尾列出了他向闵氏请教的有关中国文化的三十个问题。从这些问
题可以看出他对中国文化各领域的广泛兴趣以及了解的粗浅程
度。[3]但随后，莱布尼茨逐渐和越来越多的在华耶稣会士进行联
系，相互通信，最终他成为一位有关中国的百科全书式的人物。
而在这些通信者中，给他影响最大的就是白晋。

　　1697 年，白晋奉旨返回法国招募新的传教士，同年，莱布尼
茨的《中国近事》出版。在这部书的序言中，作者对比了中西方

---

① D. E. Mungello. Curious Land. Jesuit Accomodation and the Origins of Sinology. *Studia
Leibnitiana Supplementa*, vol. 25. Wiesbaden, 1985. 参见张西平：《简论莱布尼茨〈中国近事〉
的文化意义》，《世界哲学》，2008 年第 1 期，第 106 页。

② Ottao Franke. Leibniz and China. *Zeitschrift der Deutschen Morgenländischen
Gesellschaft.* 1928: 160. 参见〔德〕柯兰霓著，李岩译：《耶稣会士白晋的生平与著作》，郑
州：大象出版社，2009 年，第 35 页。

③ 李存山：《莱布尼茨的二进制与〈易经〉》，《中国文化研究》，2000 年第 3 期，第 140
页。

文化，认为西方在思辨科学方面要略胜一筹，而在伦理以及治国学说方面便显得相形见绌；他还对中国皇帝大加赞赏，认为康熙是一位空前伟大的君主，沟通了东方与西方。①莱布尼茨曾寄了几本《中国近事》给维利乌斯，后者将其中的一本转赠给了白晋。白晋读完此书后，非常感动，因为莱布尼茨在此书中，将康熙于1692年颁布的"容教令"翻译成了拉丁文。白晋于1697年10月18日第一次给莱布尼茨写信，除对他的著作表示赞赏外，还告诉莱氏他此次返回欧洲时带来了300多卷中文图书，已经赠送给了王家图书馆。他还向莱布尼茨许诺，要把其中一部分书的内容写成提要，以满足莱氏想了解中国的渴望。随此信，白晋还将《康熙皇帝》的一份抄本寄给了对方，并写道："您热心地了解并宣传在中国传播福音取得的进展，希望在中国皇帝的支持下让整个帝国归化基督教，为答谢您这一片好意，请接受一本我不久前刚出版的有关中国那位伟大君主的小书，我想这本书您应该会喜欢。"②

　　同年12月2日，莱布尼茨从汉诺威给白晋回了一封长信。他希望白晋返回中国后，能更多地了解中国数学和物理方面的状况，他还对中国的语言和历史表现出了浓厚的兴趣，并强调了建立中国历史纪年学的重要性。莱布尼茨认为中国虽然在思辨科学方面落后于西方，但是在天文观测方面却更胜一筹。他还请求白晋能够同意他将《康熙皇帝》翻译成拉丁文在《中国近事》的第二版中发表。他这样写道："您说要寄给我您已出版的有关中国皇帝的作品，能在我的书里增加这样一段中国皇帝的小传，真是太完美了。我也十分期待您关于中国皇帝颁布容教令并允许自由传

　　① 〔德〕夏瑞春编，陈爱政等译：《德国思想家论中国》，南京：江苏人民出版社，1995年，第5-6页。

　　② Heraugegeben von Rita Widmaier. *Leibniz Korrespondiert mit China*. Frankfurt am main, 1990: 6. 参见张西平主编：《莱布尼茨思想中的中国元素》，郑州：大象出版社，2010年，序言一，第5页。

教前因后果的新作。我对您给予我的恩惠深表感谢，唯愿自己不致辱没您对我的好意。希望您的大作不仅用法语，也用拉丁语出版，让更多的民众都能拜读、受益。"①对于莱布尼茨的请求，白晋在回信中欣然表示同意，于是后来《康熙皇帝》被收录在1699年版的《中国近况》中出版。

1698年1月，莱布尼茨再次致信白晋，向他请教了一些有关中国汉字的问题。2月28日，白晋在返回中国前夕给莱布尼茨回了一封信。在信中，白晋首次向他谈到了《易经》以及"伏羲先天卦序图"。他认为伏羲的八卦实际上是中国语言和文化最初的文字符号，"伏羲的卦……以一种简单和自然的方式体现了所有科学的原理，更确切地说，这本书是一个完满的形而上学的体系。但是孔子出现以前，中国人看起来已经丢失了这些知识，必须重新发现这些古代中国人的真正的哲学原理，并且把中国人带回到对真正的上主的正确认知那里"。此外，白晋还认为中国的汉字和古埃及的象形文字间存在一定的联系，他"一点都不怀疑，总有一天会对汉字做出完整的分析，并将它追溯到古埃及人的象形文字那里。并且可以证明，这两种文字中的一种就是先哲们在大洪水之前所使用的"②。

回到北京后，白晋于1699年9月9日再次给莱布尼茨写信，进一步介绍了《易经》和伏羲八卦图。白晋在该信中盛赞《易经》是中国一切科学和哲学的源头，与毕达戈拉斯、柏拉图和希伯来哲学中的数字体系有着内在的一致性，都是造物主的启示。他认为中国古人与《圣经》中的先知们一样都有对上主的认识，只是

① Heraugegeben von Rita Widmaier. *Leibniz Korrespondiert mit China*. Frankfurt am main, 1990: 68. 参见张西平主编：《莱布尼茨思想中的中国元素》，郑州：大象出版社，2010年，序言一，第6页。

② Ottao Franke. Leibniz and China. *Zeitschrift der Deutschen Morgenländischen Gesellschaft*. Wiesbaden: Harrassowitz Verlag, 1928: 163. 参见〔德〕柯兰霓著，李岩译：《耶稣会士白晋的生平与著作》，郑州：大象出版社，2009年，第36页。

后来受到迷信思想的影响，这种认识渐渐模糊甚至丢失了。他认为传教士们应当对中国的古代经典展开深入研究，利用中国人崇拜古代的习惯去克服当时对经典的误读，这是促成中国人回归上主的一条有效途径。这封信直到 1700 年年底才交到莱布尼茨手中，当时莱氏正要着手写一篇关于二进制实用性的文章。因为不久之前，他刚刚在十进制的基础上创建了二进制，即用 0 和 1 来表示数字的方法。虽然莱布尼茨确信二进制对于科学理论研究非常重要，但也一时找不到其真正的实用价值。当他把一篇有关二进制的文章提交给巴黎王家科学院时，专家们也对其可用性提出了质疑，要求他提交一份有关二进制实用性的说明。

1701 年 2 月 15 日，莱布尼茨在给白晋的回信中介绍了他所创建的二进制，谈到了二进制的价值以及创建的目的。他这样写道：

> 我发现的这种新的记数方法，它并不为一般意义上的科学实践，而是为科学理论所用，因为它为新的理论开辟了广阔的前景。尤其是可以用这种记数方法来演示世界是如何产生的……我的主要目的就是……用二进制来解释上主造物的过程，并以此来强化基督教，我认为二进制对中国人，尤其是对中国的皇帝来说是非常重要的，因为中国皇帝如此热爱数字的学问并且对此进行了深入的研究。简单来说，所有的数字都是由 1 和 0 构成的，0 经过细微的转变就成了 1，这看起来和上主造物一样可信，上主在造物之初并没有任何的原始材料可用，他就是从无当中创造了万物，遵循的规则就是：上主和无，上主是圆满，而无则是不圆满……[①]

---

① Henri Bernard. Comment Leibniz découvrit le Livre des Mutations. *BUA*, 1944 (série 3, 5, no.2): 436. 参见〔德〕柯兰霓著，李岩译：《耶稣会士白晋的生平与著作》，郑州：大象出版社，2009 年，第 38 页。

当白晋收到这封信的时候,他立刻就意识到了二进制和他正致力于研究的伏羲 64 卦之间存在的密切关系,二进制中的 0 和 1 与《易经》中的阴和阳在本质上是相同的。他认为在欧洲这位伟大数学家的帮助下,他终于找到了有力的证据说明《易经》并不像他的耶稣会同僚们认为的那样是一本迷信的书,他甚至认为自己解开了中国人几千年一直执着探索的《易经》的真谛。1701 年 11 月 4 日,白晋激动地给莱布尼茨写信,告诉了他自己的这个发现,并随信寄去了一张伏羲八卦图。他说莱氏二进制所依据的原理与中国古代数学所依据的原理有相通之处,八卦中的阳爻"—"便是二进制中的 1,阴爻"- -"便是二进制中的 0。这个证据说明伏羲出现在诺亚之前,并掌握着对创世的准确的认识,因此才会把创世六天所发生的事情用卦相中的线条表示得如此清晰。1702 年 11 月 8 日,白晋再次给莱布尼茨写信,对二进制与易卦相同的宗教意义做了进一步的阐述。他认为《易经》包含了古老而纯粹的先祖哲学,但中国人两千多年来抛弃了古代经书的智慧。他希望能借助对经书真正意义的解释,引导中国人去认识造物主,去认识耶稣基督和天主教的教义。他再次强调伏羲 64 卦与二进制是相通的,并希望获知莱布尼茨对此问题的看法。

当这两封信同时到达莱布尼茨手中时,他还在柏林忙于写那篇要交给王家科学院的有关二进制实用性的文章。白晋的来信使他如获至宝,他终于有了充分的证据说明二进制的可用性。1703 年 4 月 2 日(或 3 日),他给白晋回信,表示同意白晋关于伏羲的观点,认为伏羲的八卦图和他所发现的二进制是统一的。他这样写道:

> 在我看来,中国人尊奉为万物演变之根基的八卦,或者说是那种种由整线和断线组成的集合图形可以使人相信,伏羲甚至亲见了创世的过程,他使世间的万物从 1 和 0 中产生

出来。因为 0 代表空无所有，天和地正是从虚无中而来，接下来就是造物的七天，而在每一天开始的时候都有新的事物产生或出现。在第一天开始的时候出现了 1，也就是上主。在第二天开始的时候出现了天和地。在第七天的时候所有的一切都存在了，因此这一天是最完满的一天，或者叫作安息日，因为所有要做和要创造的都已经完成了，所以 7 在二进制中用 111 表示，没有一个 0 出现其中。正是通过 111 和 0 的不存在这两个特征来表示第七天的完满性和神圣性，尤其值得注意的是，7 的特点还暗示了三位一体。①

　　1703 年 5 月 5 日，莱布尼茨将他的《关于二进制算术的说明，并附其应用以及据此解释古代中国伏羲图的探讨》一文呈交给了法国王家科学院。他希望以此来代替 1701 年他曾提交的那篇文章，因为在这篇文章中，他阐明了二进制的实用性。他认为中国古代伏羲早已发明并使用了这种体系，他只不过是对此的重新发现而已。"这篇文章以简略地介绍他的二进制算术（他称之为二倍的几何级数）开始，接着介绍他的二进制与有着四千年历史的伏羲的卦之间的某些共同之处。莱布尼茨的材料几乎全部取自白晋的信，特别是 1701 年 11 月 4 日的信……除此之外，他准确地介绍了白晋的思想。"②

　　呈交完论文后，莱布尼茨于 5 月 18 日又给白晋写了一封信，进一步探讨了二进制与《易经》的相吻合性，并谈到了他们之间的交流对彼此的启发和帮助。他写道：

---

　　① Hans J. Zacher. *Die Hauptschriften zur Dyadik von G. W. Leibniz.* Frankfurt: Klostermann, 1973: 165. 参见〔德〕柯兰霓著，李岩译：《耶稣会士白晋的生平与著作》，郑州：大象出版社，2009 年，第 42 页。
　　②〔美〕孟德卫著，张学智译：《莱布尼茨和儒学》，南京：江苏人民出版社，1998 年，第 56-57 页。

　　这张图乃是现今世界上最古老的科学丰碑之一，似乎已有四千年之久，还可能已有几千年时间不为人们所理解。它与我的二进制算术如此吻合，并正当您要解释这些线段时我恰好向您谈到我的二进制算术，这的确令人吃惊……如果未曾建立我的二进制算术的话，对伏羲图哪怕研读良久也未必能够理解。早在 20 年前我脑中就已有这种 0 和 1 的算术的想法，从中我看到了将数的科学推向完善所能得到的最好的结果。这些结果超过了所有前人所拥有的。但我保留着我的发现，除非我能同时证明它的巨大用处……正是这个时候，您为它找到了像用于解释这座中国的科学丰碑的用处，真使我万分高兴。①

　　此后，法国王家科学院发表了莱布尼茨的这篇论文，他的发现与白晋的思想被公布于众，从而引起了欧洲学者们的关注。文章发表后，莱布尼茨又写了《致德雷蒙先生的信：论中国哲学》一书。在其中的一节中，莱氏再次提到了白晋和他共同发现的二进制与《易经》之间的关系。他在书中这样写道：

　　我和尊敬的白晋神父发现了这个帝国的奠基人伏羲的符号的显然是最正确的意义，这些符号是由一些整线和断线组合而成的……是最简单的，一共有 64 个图形，包含在名为《易经》的书中。《易经》，也就是变易之书。在伏羲的许多世纪以后，文王和他的儿子周公以及在文王和周公五个世纪以后的著名的孔子，都曾在 64 个图形中寻找过哲学的秘密……这恰恰是二进制算术。这种算术是伟大的创造者所掌

---

① 参见孙小礼：《关于莱布尼茨的一个误传与他对中国易图的解释和猜想》，《自然辩证法通讯》，1999 年第 2 期，第 55-56 页。

握而在几千年之后由我发现的。在这个算术中，只有两个符
号：0 和 1。用这两个符号可以写出一切数字。当我把这个
算术告诉尊敬的白晋神父时，他一下子就认出来伏羲的符
号，因为二者恰恰相符：阴爻——就是 0，阳爻——就是 1。[①]

1703 年之后，莱布尼茨给白晋至少还写了 6 封信，但却没有
收到白晋的任何回信。一方面原因可能是，白晋在宫中担任多项
工作，特别是又开始承担了绘制全国地图的任务，无暇回信。但
更重要的原因是耶稣会的长上们对白晋的信件实行了严格的审
查。在"礼仪之争"逐步升级的过程中，耶稣会的长上们要求教
士们谨言慎行，以免给传教事业带来负面影响。而且莱布尼茨是
一位新教徒，在他们看来，这样的通信会给他们的对手以更多的
攻击他们的素材。维利乌斯就曾于 1705 年 9 月 12 日写信责备莱
布尼茨，并告诉他耶稣会士在华的目的是为了传教，而不是为了
进行科学研究。虽然这封信没有使莱布尼茨感到泄气，但渐渐地
他还是不得不中断了和在华传教士们的通信。[②]

除了莱布尼茨，白晋还和欧洲许多宗教界、学术界的名流保
持通信往来，如拉雪兹神父、卢瓦侯爵等，可惜这些信件大部分
都遗失了。柯兰霓在《耶稣会士白晋的生平与著作》中谈及了白
晋与让·保罗·比尼翁（Jean-Paul Bignon）的一封信。比尼翁，
1693 年当选为法兰西学院院士，1699 年成为法国科学院荣誉院
士，受命负责改革，并此后多次被选为科学院院长。1701 年，他
成为法兰西铭文与美文学术院成员，并于 1706 年至 1742 年间担

① 清华大学思想文化研究所编：《世界名人论中国文化》，武汉：湖北人民出版社，1991
年，第 151-152 页。
② Ottao Franke. Leibniz and China. *Zeitschrift der Deutschen Morgenländischen
Gesellschaft*. Wiesbaden: Harrassowitz Verlag, 1928: 169. 参见〔德〕柯兰霓著，李岩译：《耶
稣会士白晋的生平与著作》，郑州：大象出版社，2009 年，第 44 页。

任秘书工作。1702 年，他担任《学者杂志》的出版人，1718 年成为法国王家图书馆（如今的法国国家图书馆）的负责人。

据柯兰霓讲，目前保存下来的白晋给比尼翁的信有三封，其中最重要的一封写于 1704 年 9 月 15 日。在该封信中，白晋略做寒暄后，谈及了他们在华的传教情况。他认为中国当代的学者对中国经籍的了解并不深入，也没有真正理解古籍中的符号及图像的真正含义。只有借助于天主教的教义才能解开其中所隐含的奥秘。他推断说，中国古代人是具有杰出智慧的，并保留了早期基督教先祖们的真知。他把《易经》看作是古老世界象形文字科学的经典著作，并指出伏羲其实与赫诺克是一致的。白晋认为中国人从诺亚家族获得了他们的法典，因此中国人的风俗、语言、文字和经书已经有四千多年的历史。为了便于天主教在这个国家的传播，应当有一本新的字典来注释中国古代典籍和经书，这样的话，欧洲学者们便能对他的观点是否正确做出判断。而且，这样的字典也便于传教士掌握必要的汉语知识和研究古老中国的学问。最后，白晋还表达了希望加强在华传教士与王家科学院合作的愿望。[①]

总之，白晋与欧洲的许多学者都保持着通信往来，除了回答对方提出的问题，他主要谈及的其实还是他的索隐派研究。在白晋的众多通信者中，莱布尼茨是最重要的一位。一个身在德国的新教徒和一个身在中国的法国天主教士，因为中国被紧紧地联系在了一起。美国学者孟德卫认为：莱布尼茨和白晋的联系出于双方的策略，由双方共生：一方面，白晋需要莱布尼茨的名声和聪明才智；另一方面，莱布尼茨也需要白晋的汉文知识和他与康熙皇帝的接触。白晋需要欧洲支持他的传教事业，比如，他需要四

---

① 〔德〕柯兰霓著，李岩译：《耶稣会士白晋的生平与著作》，郑州：大象出版社，2009年，第48-49页。

五个传教士伙伴为中国经书编写新注释;为欧洲人编一本新汉文辞典。他希望莱布尼茨靠他在欧洲的地位影响路易十四的忏悔神父拉雪兹和秘书维利乌斯,以寻求法文资料方面的援助。反之,莱布尼茨需要基督教全球事业中耶稣会士的合作。[①]但无论如何,通过和莱布尼茨的沟通,白晋的观点不再是一个虚无的妄想,而已经成为科学探讨的组成部分。两百多年以后,二进制成为电子计算机技术的科学基础,成为改变整个人类生活方式的重要理论,而回溯历史,白晋曾为其在欧洲的接受和推广起到了重要的作用。

第三节　洪若翰之中国研究

洪若翰来华前已是一位在巴黎享有盛誉的天文学家,他也是当时该传教团中唯一通晓天文学的传教士。在来华途中,他向他的会友们普及天文学知识,带领他们做了多项具有重大科学价值的天文观测,如校正了好望角的经度、在暹罗观测月全食等。抵达宁波后,五位耶稣会士进行了科学工作的分工,洪若翰单独负责中国天文地理的观测和研究。所以,洪氏在华传教之余,对中国的研究主要集中在此领域。此外,笔者还发现了他与莱布尼茨之间的一些通信,从中可看出洪若翰对中国的语言、边疆等方面的情况也有一定程度的了解。

一、洪若翰对中国天文地理的研究

1688 年 3 月 31 日,洪若翰、李明和刘应离开了北京,这使

---

① 〔美〕孟德卫著,张学智译:《莱布尼茨和儒学》,南京:江苏人民出版社,1998 年,第 39-40 页。

他们更容易完成法国王家科学院所赋予他们的科学使命。其原因有两个方面：一方面，关于天文和地理的观测显然在旅行中更便于进行。另一方面，他们可以摆脱徐日昇对他们的控制。在旅途中，洪若翰带领他的两位会友充分利用他们的仪器，在中国多个城市进行了观测，并把观测报告寄给了法国王家科学院。洪若翰最大的心愿是将传教与科学工作结合起来。他打算在南京定居，并建立一个天文台，与北京和巴黎的天文台保持联系。因为对于天文学研究来说，往往必须根据在不同地点进行观测的结果才能得出最后科学的结论。他的三方联系计划，意味着他希望白晋和张诚可以进入钦天监。但事情并没有如他所愿，洪若翰的计划并没有得到耶稣会观察员方济各（Francesco Saviero Filippucci）的同意。方济各命令他、李明和刘应去人员短缺的各省传教，禁止他们从事科学观测工作。①

　　1686 年，塔查尔已经出版了他的《暹罗纪行》，书中记载了法国耶稣会传教团在前往暹罗途中以及在暹罗所做的科学观测。然而，这只是一个旅行者对旅程的概述而已，适合普通大众阅读，与法国王家科学院所期待的学术型研究相去甚远。1688 年，路易大帝学校的数学老师托马斯·古耶，根据暹罗同事寄给他的资料，编辑了《耶稣会士在自然史、天文与地理方面的研究成果（物理学和数学）》（以下简称《研究成果》），在征得王家科学院同意后将其出版。该书开篇是描述三条鳄鱼的解剖图，但整部书主要都是关于天文学的研究报告。书中发表的大部分观测都是由安多进行的，而非法国耶稣会士。1692 年，古耶又以同样的开本出版了《研究成果》的第二卷，其中便包括了法国耶稣会士们在中国所进

---

① Catherine Jami. *The Emperor's New Mathematics: Western Learning and Imperial Authority During the Kangxi Reign (1662-1722)*. Oxford: Oxford University Press, 2012: 116-117.

行的观测。^①在这份《研究成果》中，发表了多份洪若翰于 1689
至 1690 年间所写的天文观测报告。在这些报告中，他详细记载了
观测过程、观测结果，并对前人不精确的数据做出了纠正。这些
报告的内容概括如下：

报告一：此份报告记载了洪若翰于 1689 年 4 月至 12 月期间，
为确定陕西省西安府的纬度而进行的大量天文观测活动，并最终
得出结论："根据关于太阳子午线高度的 9 次测量，取中间值，可
以得出西安府的纬度为 34°16′26″。根据关于北极星高度的 8 次测
量，取中间值，可以得出西安府的纬度为 34°16′33″。所以我认为
西安府的纬度可以确定为 34°16′30″。而卫匡国神父的测量结果为
35°50′0″。"^②

报告二：此份报告记载了洪氏为测定西安府的经度，于 1689
年 7 月 13 日、10 月 23 日及 11 月 15 日对木星第一卫星的观测情
况，并得出以下结论："通过 1689 年 7 月 13 日对木星第一卫星出
现的观测，以及计算出的巴黎子午线处同一现象的时间，得出巴
黎与西安府的时差为 7 时 5 分 55 秒。通过同年 10 月 23 日，对木
星第一卫星出现的观测，以及计算出的巴黎子午线处同一现象的
时间，得出巴黎与西安府的时差为 7 时 5 分 6 秒。通过同年 11
月 15 日对木星第一卫星出现的观测，以及计算出的巴黎子午线处
同一现象的时间，得出巴黎与西安府的时差为 7 时 5 分 10 秒。平
均时差为 7 时 5 分 35 秒，相当于 106°23′45″。巴黎经度为 22°30′0″，
则西安府经度为 128°53′45″。而卫匡国神父的测量结果为

① Catherine Jami. *The Emperor's New Mathematics: Western Learning and Imperial Authority During the Kangxi Reign (1662-1722).* Oxford: Oxford University Press, 2012: 117-118.

② Thomas Goüye. *Observations physiques et mathématiques, pour servir à l'histoire naturelle et à la perfection de l'astronomie et de la géographie.* Paris: Imprimerie Royale, 1692: postface 1-5.

136°42′0″。"①

报告三：此份报告记载了洪氏 1690 年为测定广州的纬度而进行的多次观测活动及观测数据。其结论如下："从太阳子午线高度得出的平均纬度为 23°7′26″。从北极星高度得出的平均纬度为 23°7′36″。因为这些观测比之前所有观测更加精确，更因地制宜，所以我认为可以确定广州的纬度为 23°7′30″。而魏方济（Francois Noël）神父之前的观测结果为 23°15′0″。"②

报告四：此份报告记载了洪氏 1690 年为测定广州的经度，于 9 月 10 日、10 月 12 日对木星第一卫星的观测情况。其结论如下："通过 1690 年 9 月 10 日对木星第一卫星出现的观测，得出巴黎与广州的时差为 7 时 22 分 2 秒。通过同年 10 月 12 日对木星第一卫星出现的观测，得出巴黎与广州的时差为 7 时 23 分 34 秒。则平均时差为 7 时 22 分 48 秒，相当于 110°42′0″。巴黎经度为 22°30′0″，则广州经度为 133°12′0″。我根据魏方济神父观测所做的笔记，得出澳门的经度为 133°56′15″。魏方济神父已经推算出广东要比澳门偏西 15′，且假设广州的纬度是 23°15′，而我们通过精确观测得出其纬度为 23°7′30″，这就使得经度差增加，意味着两地之间的距离也增加。"③

报告五：此份报告记载了洪若翰 1690 年 9 月 18 日在广州对月食的观测。由于云层遮挡，他未能看到起始，但精确地记录了结束时间为 10 时 9 分 45 秒。洪若翰得出的结论是：因理查德（Richaud）神父在本地治里观测到该月食的结束时间为 8 时 0 分 0 秒，所以本地治里与广州的时差为 2 时 9 分 45 秒，巴黎与本地

---

① Thomas Goüye. *Observations physiques et mathématiques, pour servir à l'histoire naturelle et à la perfection de l'astronomie et de la géographie.* Paris: Imprimerie Royale, 1692: postface 5-11.

② Ibid., 12-14.

③ Ibid., 15-18.

治里的时差为 5 时 12 分 0 秒，巴黎与广州的时差为 7 时 21 分 45 秒。[①]

报告六：此份报告记载了洪氏 1690 年 10 月 13 日在广州对磁偏角的观测以及 11 月 10 日对水星的观测。卡西尼核实了这次关于水星的观测，并将从中得出的重要结果写入了 1693 年 5 月 15 日巴黎王家科学院备忘录。[②]

通过洪若翰的这几份报告可以看出，他对纬度的测量采用两种方法：观测太阳的子午线高度法和北极星高度法。通过测定太阳的子午线高度，再根据当日太阳直射纬度即可算出当地的纬度；此外，通过在午夜测得北极星出地高度与地平面行程的夹角即可得到当地的纬度；最后再将两种方法所获得的测量结果平均，即可得到较为精确的纬度值。洪氏对经度的测量主要采用的是月食观测法及木星卫星观测法。即依据月食及木星卫星的活动，在此天文事件发生时，位于不同两地的观测者分别记录下天文事件发生的当地时间，通过两地时间差即可算出经度差。由于当时通讯不便利，在测量某地的经度时，洪若翰是把天文事件在当地出现的时间与计算出的该事件在巴黎出现的时间相比较，从而得出两地的经度差。这只是个暂时得出的数据，因为法国王家科学院的院士们可以把他们自己的观测结果与洪若翰寄回的报告相结合，从而得到更为精确的经度测量结果。

一份 18 世纪法国王家科学院的手稿目录显示，洪若翰在 1688 至 1691 年间所做的观测远超过同一时期在山西绛州传教的刘应

---

① Thomas Goüye. *Observations physiques et mathématiques, pour servir à l'histoire naturelle et à la perfection de l'astronomie et de la géographie.* Paris: Imprimerie Royale, 1692: postface 18-19.

② Ibid., 19-20.

和李明，以及在北京的白晋和张诚。[①]笔者除了《研究成果》第二卷中洪若翰的上述报告，没有见到他在华的有关天文和地理学的其他研究成果。但从洪氏的信中可以推断，他的科学活动始终没有间断过。他在 1701 年 9 月 15 日于广州写给莱布尼茨的一封信中曾这样写道："我们将致力于救赎灵魂，但一有机会，我们就会从事科学工作。我们现在已经有不少人从事这项工作，这是国王的意愿，他给我们提供仪器以及为此我们所需要的一切。"[②]

"耶稣会的出版物趋向于抹掉洪若翰作为法国耶稣会士在中国科学项目中的关键人角色。但是他同科学院院士们的友谊是非常关键的，正因为此，他们才获得了诸如卡西尼的木星卫星表。这个表当时还处于手稿修改阶段，直到 1693 年才最终出版。而卡西尼在他对耶稣会士观测的评论中，也倾向于将洪若翰作为他的同事以及对话者。"[③]洪若翰所承担的天文学观测工作是法国耶稣会士许诺王家科学院任务中最显耀、也是技术层面最复杂的工作。正如拉伊尔指出："正是因为赴华传教团的耶稣会士们采用的是巴黎天文台的专家们所采用的观测方法，路易十四才决定将这些耶稣会士纳入王家科学院。"[④]所以，对于法国王家科学院而言，洪若翰不仅是赴华科学考察团的团长，更是其中能力最为出众、角色最为重要的科学家。

洪若翰对天文学贡献卓著，这不仅体现在他自己所做的大量科学观测中，而且体现在他的会友们通过他所教授的天文学知识，对中国的天文和地理也展开了一定程度的研究，对西方人了解中

---

① Florence C. Hsia. Some observations on the Observations: the decline of the French Jesuit scientific mission in China. *Revue de synthèse*, 1999, 120 (2-3): 314.

② Gottfried Wilhelm Leibniz. *Der Briefwechsel mit den Jesuiten in China (1689-1714)*. Hamburg: Felix Meiner Verlag, 2006: 327-328.

③ Florence C. Hsia. Some observations on the Observations: the decline of the French Jesuit scientific mission in China. *Revue de synthèse*, 1999, 120 (2-3): 314.

④ Ibid., 316.

国地理起到了促进的作用。如李明在《中国近事报道》的最后一封信中，记述了耶稣会士们对日食、月食和彗星的多次观测情况；张诚在《张诚日记》中记载了他八次鞑靼之行中对所经之处的经纬度测量，等等。甚至可以说，虽然洪若翰并没有直接参与《皇舆全览图》的绘制，但他也可称得上是这幅巨作的幕后英雄之一。

二、洪若翰与莱布尼茨的通信

白晋和莱布尼茨的通信是众所周知的，而洪若翰与这位伟大哲学家、数学家的通信却鲜为人知。诚然，其中最为重要的原因是洪若翰并不像白晋那样给了莱布尼茨如此大的启发和影响。我们在这里介绍他们之间的通信，一方面是因为通过这些信件，我们可以获知洪若翰对中国其他领域的了解情况；另一方面也便于学者展开相关领域的研究，因为这些资料对于国内学者来说应当是崭新的。

洪若翰与莱布尼茨的结识其实也源于白晋。洪若翰 1701 年第一次返欧时，替白晋转寄了一封信给莱布尼茨。他们二人之间的第一封通信是 1701 年 2 月 14 日莱布尼茨于布伦瑞克写给洪若翰的。莱布尼茨首先表达了他对洪若翰的真诚谢意，肯定了传教团在促进基督教发展和中西文化交流方面所起的作用，并承诺如果有需要，他会为传教团寄去书籍、药品、仪器等物。在信件的备注部分，莱布尼茨请求洪若翰在以下两方面给予帮助。

备注一：著名的开普勒（Kepler）曾借耶稣会士邓玉函（Terentius）神父从中国写来书信的机会发表了一篇小论文。我确信您可以在你们巴黎的图书馆找到，并会仔细地阅读。我想劳驾您跟我分享一下。我将无法估量我所学到的东西，欧洲和中国有幸拥有你们，你们是耶稣会法国传教团获得巨大成功的伟大而辉煌的事业带头人，因此能够吸引你们极大兴趣的问题，我认为将对公众大有益处。

　　备注二：我亲爱的神父，您带着宗教和科学双重使命完成了伟大的旅行，所以我请求您寄来你们关于磁偏角、风、洋流以及您加入古耶神父著作中的观测成果。此外还有您获得的古代中国的天文学观测成果；您对于威特森（Witsen）先生在关于莫斯科人的论著中绘制的东鞑靼地区地图的看法；您对中国汉字的了解，是否有词根字，它们是否会根据一定的规则组成或派生出其他的字；他们以前是否了解毕达哥拉斯定理或其他类似的定理，他们是否知道推理演绎法；您对他们古老的历法的正确率的看法；医学方面他们是否有重要的秘方或操作方法；他们的矿藏是否与我们不同，是否有我们不知道的金属矿石；痛风和结石是否像欧洲一样普遍，梅毒和坏血病是否也由来已久；他们两千年前远古时代是否就有历史学家；是否有中国亲王学习欧洲语言；最后是否可以带几个中国人来欧洲做翻译，等等。[①]

　　1701 年 9 月 15 日，洪若翰于广东给莱布尼茨回信。他首先表示了自己能与像莱氏这样睿智而品德高尚的人通信而深感荣幸，接着他告知对方在法国完成中国皇帝所指派的任务后，他已急忙返回了中国。在救赎灵魂的同时，他们一有机会就会遵照国王的旨意进行科学工作。接着，他详细讲到了康熙 1700 年 11 月 30 日的谕旨：

　　　　在我离开期间，皇帝采取了一项举措，可能对宗教产生重大影响。他宣布"天"（这个字在中国书中经常使用，也

---

① Gottfried Wilhelm Leibniz. *Der Briefwechsel mit den Jesuiten in China (1689-1714).* Hamburg: Felix Meiner Verlag, 2006: 288-292.

在传教士中备受争议）在中国的贤者和古人看来，指的是明智而神圣的上帝，一个天地的主宰者，而不是物质的天。他这样宣布以便全中国都能接受这个原则，没有人敢否认古人和他们的祖先就知道天地的造物主，并曾祈求他的保佑。此外，他还宣布人们对孔子和祖先的推崇只是出于感激之情，圣人和古人的思想不是上天的旨意，人们不能要求他们做什么，也不会对他们有所期待。皇帝宣布这条谕旨之后，他的大臣和哲人们也表达了同样的看法。这个消息应该已经传到巴黎了，您可以立即获知，就不需要我再多说什么了。上天愿福音的光辉启发他的臣民，他们可以从皇帝的旨意中听出这个意思，这有利于我们的传教事业。

洪若翰并没有一一回复莱布尼茨提出的众多问题，但他随后讲道：

> 我留给巴黎郭弼恩（Charles Le Gobien）神父许多关于鞑靼的论著，它们可以回答您所有想知道的问题。如果上帝愿意的话，我们还有其他的机会交流，我向您表达我对您的尊重和钦佩之情。[1]

1703 年 5 月 18 日，莱布尼茨于柏林给洪若翰写了第二封信。他首先祝贺白晋在他二进制算法的帮助下解开了八卦之谜，并认为这个发现对中国人至关重要。他担心当中国人汲取了西方的科学精华之后，就不会再支持和尊重欧洲人，所以期望西方人趁现在还有机会，要学习更多的中国科学为己所用。莱布尼茨还希望

---

[1] Gottfried Wilhelm Leibniz. *Der Briefwechsel mit den Jesuiten in China (1689-1714)*. Hamburg: Felix Meiner Verlag, 2006: 326-328.

传教士们建议康熙派人加入他们的艺术研究中，并提到这样做的三方面意义：获取完善艺术的保障；使鞑靼人了解中国人的一切；有利于皇帝下旨编纂的字典的完善，因为可以加入有关艺术的词条。接着，莱布尼茨就洪若翰提到的康熙所下谕旨一事做出了回应：

> 无论是在新教徒中还是在法国，很多人都对我同您的使团交往感到不满。教皇很明智，他没有对中国古今的宗教做任何评论，我们不应该指责我们不了解的人。但无论中国人的观点如何，重要的是皇帝站在了真理一边。

莱布尼茨还提到有人对他说，自从厄鲁特汗失败后，现在可以从波斯或者蒙古进入中国。但是他认为如果能像洪氏那样经海路顺畅到达的话，这还将是最佳的路线。[①]最后，莱布尼茨还向洪若翰询问了有关他对二进制的看法以及他对北方鞑靼民族语言的了解等问题。

1704 年 6 月 13 日，洪若翰第二次返回法国后于巴黎给莱布尼茨回信。他首先讲到了北京的情况以及他再次返法的经过：

> 1701 年 3 月 7 日，我从法国启程返回中国。8 月才到达，您也许听说了我们在途中的遭遇，我们在港口在望的时候四次都险些丧命。我们和船只最终脱险都归因于上帝的保佑，但这些不幸导致我未能在 1702 年初回到北京。皇帝是一位伟大的君王，他一方面管理国家，另一方面也十分照顾我们，热情地接待了我。我发现在我不在的期间，法国神父们已经

---

① Gottfried Wilhelm Leibniz. *Der Briefwechsel mit den Jesuiten in China (1689-1714)*. Hamburg: Felix Meiner Verlag, 2006: 436-438.

在皇宫内建起了一座华丽的教堂。皇帝慷慨捐资，白晋神父带入宫的意大利画家年画师（Gherardini）负责绘画。几个月后，使团需要派人到欧洲去，而我被选中了。先生，您可以想到我有很多困难，但是一想到是为改宗如此大的一个帝国开辟道路，又有什么不能克服呢？四个月后，11 月 4 日，我获得了皇帝的许可，6 日一大早我就启程了。我在宁波找到了直接返回英国的船只，最终于 1703 年 3 月 1 日出发。因为要等待来自各个地方的护卫舰，以保证在战争期间不受敌船的侵袭，所以同年 12 月 24 日我才到达伦敦。

在讲述完旅途中英国人对他的热情款待后，洪若翰回答了莱布尼茨信中提出的几个问题：

我很欣赏您的二进制算法的新理论，但是如果认为中国人与您所见略同，真是有些抬举他们了。您总是脚踏实地，但是我认为他们不是，尤其在思辨和科学方面。我说的是今人，因为古人，既然他们能留下如此精妙的政府管理原则，那么他们有可能通过您提及的这些符号更好地理解一些事情，而这些事情的秘密自他们之后便无人知晓了。白晋神父不仅与您有同感，甚至走得更远。我为您带去他的一封信。

我只知道中国北面邻近地区的两种语言，一种即现在的统治民族，东鞑靼人（满族）的语言，另一种是西鞑靼人的语言，通常叫作蒙古语。南怀仁神父曾编著了一本有关满语的语法书，已在巴黎出版，可能您已看过。我们对蒙古语不甚了解，因为传教士同讲这种语言的西鞑靼人没有接触，这一地区延伸到很远的地方，直至西藏和里海。上次回到法国时，我留下了张诚神父绘制的几幅鞑靼地图，以及他跟随皇帝的七八次旅行的记述，以便人们整理出版。我不知道为什么没有人做，但只要我有时间我就愿意负责这项事情。我们中只有刘应神父能够回答您关于中国历史的问题，他十分能干。斯隆（Sloane）先生今年将和他通信，我将信件都留在了伦敦以帮助他们取得联系。荷兰报纸刊登消息说中国发生了新的迫害事件，这一消息是假的。在我启程之前还能收到北京的来信，一切正常。因为战争，我没有办法支援我的团队，我被迫必须待在这里一段时间。我愿意随时为您服务，并向您致以我真诚的敬意。①

1704 年 7 月 28 日，莱布尼茨于汉诺威给洪若翰回信。该封信内容不长，在祝愿对方在法国和中国一切顺利后，莱氏言简意赅地谈到了多方面内容：

是否有迹象表明中国皇帝有兴趣建立一些无论鞑靼人、汉人还是欧洲人都可以加入的学校或科学院，在那里用欧洲的方式发展科学和理论呢？法国国王的例子可以当作典范。

斯隆先生是我的朋友，很高兴他能同刘应神父通信。

毫无疑问，伏羲是经过深思熟虑才创立了八卦图，这些线条图形同我的二进制算法不谋而合。上帝保佑，我们可以很好地理解他们这些看似普通的图形所蕴含的真实含义，很明显这些意义已经被曲解了。

我知道中国不同省有各自独特的语言，朝鲜半岛也有当地的语言，如果有一些统一的语言就好了。

您要求我们尽快出版张诚神父在鞑靼地区的旅行图，因此我向您推荐巴黎的地理学家德利斯勒（de l'Isle）先生，他

① Gottfried Wilhelm Leibniz. *Der Briefwechsel mit den Jesuiten in China (1689-1714)*. Hamburg: Felix Meiner Verlag, 2006: 446-450.

十分聪明而且勤奋。英国沃斯利（Worsley）先生曾专门去过阿拉伯追寻摩西的足迹，他对我说当他经过当地时将他的地图交给了德利斯勒先生，他绘制的是红海岬角，与我们现在所有的地图大不相同。

得知荷兰报纸报道的中国迫害事件是假的，我松了一口气。

您和白晋神父已经带来了而且将继续带来好的消息。我请您和白晋神父通知您的朋友们告诉我你们的消息，尽管维利乌斯神父似乎准备要帮我，但是我不知道他能否守诺。你们或许可以提供给我更多的消息。

当罗马要将中国古人的理论或者今人的一些习俗打入死角时，我希望有人立即赶到罗马。在判处人死刑前应当听他们解释。我好久没听到李明神父的消息了，我不知道他在哪儿。

白晋神父曾写信告诉我中国皇帝正下旨编著一本规模浩大的汉满字典。传教士们应该同时将其译成欧洲的几种语言，以便在巴黎出版。因为满语比较容易解释。这可能将是传教团工作的一大重点，特别是如果要加入用拉丁字母表示的汉语和鞑靼语的发音的话。

白晋神父想要我提到的开普勒的论文，是其借邓玉函神父写给欧洲的一封信之机完成的，在巴黎应该可以找到，不是很长，容易复制。①

1705 年 8 月 15 日，莱布尼茨于汉诺威再次给洪若翰写信。除了向对方表达衷心的祝愿外，莱布尼茨首先提到他并没有获悉

---

① Gottfried Wilhelm Leibniz. *Der Briefwechsel mit den Jesuiten in China (1689-1714)*.
Hamburg: Felix Meiner Verlag, 2006: 452-454.

洪若翰或白晋带回欧洲的地理学方面的资料，不知道是不便公开还是被忽略掉了。接着莱布尼茨又询问和请教了一些关于中国的情况，并提及了自己的某些看法：

> 我想知道中国是否了解日本之外的海域、黑龙江河口之外的东部海域以及除黑龙江以外其他大河的河口地区。
>
> 但我最感兴趣的是了解一下各民族的语言，因为中国不同省的语言是不同的。这些语言之间是否有联系，是否与满语或汉语有关联，是否与鞑靼周边地区的语言（如日语和东京语）有关系。尤其是朝鲜语是什么样的，与日语有什么关系。鞑靼地区内是否有比攻占中国的鞑靼人的语言更靠东方的语言；蒙古人和卡尔莫克人的语言是否相似；藏族喇嘛的语言和蒙古人的语言是否一样，其书写字体是否与东鞑靼人的一致；如果能有这些语言的文章就太好了，特别是把天主经、十诫、信经和一系列宗教词汇翻译成这些语言的文章。
>
> 自从皇帝征服了厄鲁特蒙古后，现在（我认为）是西鞑靼地区的一个省，乌兹别克斯坦和中国之间的贸易应该更加顺畅了吧？因为就我看来，是厄鲁特汗切断了贸易之路，这也导致了闵明我神父尽管打算，但最终没能经由乌兹别克斯坦进入中国。
>
> 虽然你们身处东鞑靼地区，但是我相信你们有时可以在北京遇到西鞑靼人，不时地会有中国邻国的大使或者商人前来，你们可以趁此机会获得有关他们语言的一些情况。
>
> 尽管您认为现在的中国人不脚踏实地的观点很有道理，但是依我看来，伏羲的八卦图表明他们的祖先很有深度。即使普通的图形也能代表发明者的深入思索。而且有关图形的构成方式和产生方式都值得仔细地研究。我希望从欧洲派到中国的这些睿智之人不仅为中国人带去我们的科学艺术，而

且能为我们带回他们的研究成果，将两者之间进行比较，然后发现我们的不足。亲爱的神父，我请求您对此事的必要性多加考虑，否则当中国人不再需要我们的时候，他们将嘲笑我们。

我们在伏羲的符号理论中发现了二进制算法，这表明了中国古代哲学的成就，这同另一些人的观点相符，即就像摩西法典诞生之前就有约伯或者其他人存在，只是不为人所知一样，中国很早以前就有完善的自然理论和道德体系。①

1705年9月10日，为了回答莱布尼茨提出的众多问题，洪若翰于巴黎给他写了一封长信。洪氏首先谈及了他仍滞留巴黎的原因：

中国距离欧洲太遥远了，每年传教士的补贴寄过去很难，因此我待在巴黎努力寻求解决之道。现在传教士越来越多了，所以这是一个必须重视的问题。

接着洪氏就莱布尼茨提出的问题，做了如下回答：

公众能否了解到我们所知道的东至东海、北至北冰洋的鞑靼地区的有关信息并不取决于我。四年前，我将一份地图和张诚神父的记述带回了法国，他去鞑靼地区旅行过11次，对所有这些地方都十分了解。这些资料包括这封信都交到了一个人手中，但是他很忙，我们不愿意催促他，因为我们信任和尊重他。

---

① Gottfried Wilhelm Leibniz. *Der Briefwechsel mit den Jesuiten in China (1689-1714)*. Hamburg: Felix Meiner Verlag, 2006: 462-466.

　　作为统治者的中国人，即东鞑靼人，他们了解日本以北所有的海域，一直到北纬70°。而且在皇帝的命令下，他们到达这些海域，胡乱勾勒出了地图，我们看到过这些地图。我之所以说胡乱勾勒，是因为他们并没有记下距离等信息，在查询这些地图的时候，我们才知道。他们多该把距离标明呀！

　　莫斯科人已经走遍了北冰洋沿岸地区，并且在南北走向，同北京位于同一经度的列那山俄罗斯境内有居民点。

　　鞑靼人沿东海向北探索，而莫斯科人沿北冰洋向东行进，但他们都在一块位于北纬70°突出在海面上的土地前止步了。鞑靼人无法靠近此地，因为这里是无法跨越的山脉，被称为诺兹山。亚洲和美洲的连接点就位于此。张诚神父在地图中将此山标在北纬65°，比北京更靠东。

　　鞑靼人把阿穆尔河称为"Sagalienoule"，即黑龙江。根据他们的估算，其自西向东长约700法里，位于北纬52°。黑龙江美丽宽阔，水很深，但是在河口处无法通航，因为长满了菖蒲，在其北面57°和63°还有另外两条河，都注入东海。莫斯科人狩猎西伯利亚黑貂会到达此地，现在已有几处居民点了。

　　中国有通用的一种语言，但不同省有不同的方言，然而彼此之间理解没有问题，除了厦门周边的福建省，他们的方言是一种变化了的汉语，我们听不懂。但是所有人都懂得普通话，这不是一种多样而且典雅的语言，但却是一种纯洁的汉语，没有特别的方言。东京话和日语与汉语不同。在东京和日本，人们都认识中国汉字，但都是以他们自己的方式来发音。

　　在整个鞑靼地区，我们只知道有两种语言。一种是攻占中国的东鞑靼人的语言，即满语；另一种是西鞑靼人的蒙古语，他们起源于北京以北地区，后来向西延伸至大喇嘛地区。
这两种语言完全不同。东鞑靼人比较野蛮落后，在攻占中国
之前并没有自己的文字，只是借用西鞑靼人的文字，有点像
古叙利亚语。我不知道大喇嘛地区的鞑靼人是否有自己的文
字。但后来我相信他们没有，而是使用蒙古语，因为遍布于
整个西鞑靼地区的喇嘛们每年都要去觐见大喇嘛，然后再返
回。西鞑靼人也会去朝圣。中国皇帝有时也会派懂蒙古语的
人去那里，而班禅也会来北京，他们也只说蒙古语。

　　厄鲁特汗只拥有大约 1 万臣民，他们不是被杀，就是在
逃亡过程中悲惨死去，或者是投降。中国皇帝把投降的人分
成几个部落，为其任命首领，安置在长城附近地区。从北京
前往里海的路途一般经由哈密和吐鲁番，而厄鲁特汗占领的
地区比较靠北，故这条道路原本很通畅。而噶尔丹占领了哈
密城，切断了这条道路，并俘虏了叶尔羌可汗，实现了他多
年的夙愿。而叶尔羌的国民并不想臣服于噶尔丹。现在中国
皇帝成为哈密的主人，我们在北京见过被噶尔丹战败后来京
的叶尔羌可汗。皇帝对他体恤有加，目的是使其归顺。他当
时也做出了承诺，但回到自己的地区对自己的臣民解释时，
则换了另一种腔调。

　　我不知道是否是因这种情形，皇帝把所有的神父都召集
起来，问我们谁愿意通过陆路去欧洲，他负责把我们送到哈
密、吐鲁番等地。张诚神父和一些法国神父们表示愿意完成
皇帝的意愿，我当时在场见证了这次谈话。我们十分愿意探
索这条道路，而另一方面，维利乌斯神父也派人试着探寻。
因此，我们对皇帝说即使我们对中国到波斯的陆路一无所
知，但是他可以把我们送到那里，然后我们负责接下来的行
程。但是几天后，行程取消了，我想大概是因为乌兹别克人，
他对他们不了解，而且他们之间战争不断，导致我们无法从

一个国家进入另一个国家。据我所知，乌兹别克人还未来过
中国。北部的西鞑靼人和中国西部如准噶尔地区的西鞑靼
人，都经常来北京。

　　先生，我们的目的总是研究中国的艺术然后做出汇报。
但是首先我们要学语言，要在此立足。最初来中国的人忙于
最重要的传教任务。在宫廷里的神父则忙于为皇帝服务。上
帝保佑，我们将尽我们所能寄去我们的研究成果。先生，我
可以确信，您给他们写信最能激发他们的热情。我也以您的
名义催促他们。我很荣幸向您表达我的尊重和深深的敬意。①

1706 年 2 月 19 日，莱布尼茨于汉诺威给洪若翰写了一封回
信，内容如下：

　　很高兴收到您的回复，尤其是关于地理方面的信息。您
使我学到了不少东西，特别是中国鞑靼人已经探索到了北纬
70°的东海地区，而不是我们一直认为的，在瓦尔蒙
（Vallemont）主教的《地理学》第 178 页上所写的，鞑靼人
并没有深入北方地区。你们的研究表明他所说的站不住脚。

　　位于北纬 70°的这块土地就是荷兰人称作"YsCaep"，
冰之角的地方。鞑靼人将其称作诺兹山，很明显是从俄罗斯
人或莫斯科人那里学来的，因为"Noss"在后者的语言里是
岬角的意思，与 nasus（诞生）有关，即意指它突出于海平面
上。

　　我希望能详细了解一下中俄之间条约的具体内容，因为
有人确定地对我说莫斯科人有权在黑龙江到东海之间的地

---

① Gottfried Wilhelm Leibniz. *Der Briefwechsel mit den Jesuiten in China (1689-1714)*. Hamburg: Felix Meiner Verlag, 2006: 506-514.

区追猎西伯利亚黑貂。

　　我还希望您能够敦促一下负责出版你们的地理学成果的人，否则会使公众失望的，而且很有可能别人会先出版相关信息。

　　我特别希望能有几个思维敏捷的中国人来欧洲，否则我们无法了解他们的语言以及其他的一些成果。我觉得这件事对皇帝来说并不困难。此外，在邻国甚至在巴达维亚都有很多中国人。

　　大约一年前或更久之前，白晋神父给我寄了几本中国出版的书，现在欧洲也有了，但是我是最近才收到的。我不知道为何本应一同寄来的信我却没有收到，因此我不知道这些书是什么，它们对我来说还是未开启的宝藏。所以我请求您，亲爱的神父，为我解释一下这些书的题目以及内容。

　　我认为教皇派到中国的主教将需要很长时间才能弄清事情的来龙去脉，然后才能正确地解释其原因并做出明智的判断。①

　　以上是笔者所见到的洪若翰和莱布尼茨之间的所有通信。也许是工作繁忙，洪若翰1706年之后再没有给莱布尼茨回过信。莱氏作为当时整个欧洲的文化名流和中国专家，他有关中国的信息，包括他的代表性著作《中国近事》的资料都来源于入华传教士，所以能与作为法国传教团团长的洪若翰通信令他非常兴奋并抱有很高的期望。从他们之间的通信，我们可以发现两个特点：

　　首先，两位通信者的关注点不尽相同。莱布尼茨是作为一个哲学家、科学家而不是神学家来从事中国研究的，他向洪氏提出

---

　　① Gottfried Wilhelm Leibniz. *Der Briefwechsel mit den Jesuiten in China (1689-1714)*. Hamburg: Felix Meiner Verlag, 2006: 520-522.

的问题涉及众多科学领域，但唯独没询问过中国的宗教或基督教在华的发展情况。洪若翰在给莱氏的回信中，除了回复对方的某些问题之外，还主动详细地讲述了康熙 1700 年 11 月 30 日的谕旨，皇城内新建的法国教堂，他奉康熙之命出使欧洲，康熙曾打算开辟前往欧洲的陆路通道等情况。洪氏的关注点是和他的身份相符的，他是一位科学家，但他在华最根本的身份还是一位传教士。莱布尼茨在信中对天主教并不是只字未提，他认为教皇不该对中国古今的宗教做任何评论，认为当罗马要对中国的礼仪问题做出判决之时，耶稣会士们应前往罗马进行辩护，还认为教皇派到中国的主教将需要很长时间才能弄清"礼仪之争"的前因后果并做出正确的判断。他这样讲一方面是作为对洪氏信件中所谈及的宗教问题的回应，但更重要的是，他要表明和耶稣会士相同的立场，他要取悦这些在华传教士以便于继续得到他们的帮助。

此外，这些通信的另一个特点是问答数量的不对等。莱布尼茨提出的问题数量众多，涉及了天文、地理、语言、历史、数学、医学及矿产等多方面内容，体现了他宽阔的文化视野和求真的科学精神。但洪若翰所回答的问题数量比较有限。这从一个侧面也体现出了他严谨的科学态度——对自己不了解的内容不做随意的阐释。对于莱氏提出的中国历史问题，他直言传教士中只有刘应能够回答。对于中国各地语言的问题，他依据自己掌握的情况做了概括性的介绍。对有关鞑靼的问题，他依据自己的了解以及张诚手稿所提供的信息进行了部分回复。虽然他有关鞑靼问题的回答远非全面和细致，但鉴于此方面知识在欧洲的稀少，足以引起莱布尼茨的极大兴趣。从洪若翰的信件中可知，他将张诚有关鞑靼的手稿留给了身在巴黎的郭弼恩神父。郭弼恩是《耶稣会士书简集》的第一任主编，杜赫德便是他的继任者。显然杜赫德是从郭弼恩那里获取了张诚的手稿，并最终把它们收录在《中华帝国全志》中出版。莱布尼茨虽然不断向洪若翰表达希望该份手稿能尽快出版的愿望，但这最终还是成了他一个未了的心愿。因为张诚的手稿是于 1735 年才收录在杜赫德的著作中面世的，而莱氏早已于 1716 年 11 月去世。

洪若翰和莱布尼茨的通信数量不多，篇幅也不长。除了他们两人都事务繁忙的原因外，另一个很重要的原因是他们之间并未找到很多的共鸣。莱氏曾多次询问洪氏对他与白晋发现的二进制与八卦图之间关系的看法，洪氏虽未反对，但也并未表示出太多钦佩和欣赏之意，显然，他并不太赞同"索隐派"的观点。

第四节　李明之中国研究

李明离京后，先是和刘应一同被派往山西绛州，数月后，他独自前往陕西省的西安，在那里传教两年。而此时，法葡之间的纷争却逐渐从北京宫廷的权势争夺战蔓延为整个耶稣会士中国传教团的阋墙之争，[①]葡萄牙人不断截留法国寄来的资金和物品，这使北京之外的法国传教士们的生活变得异常窘迫。洪若翰于 1691 年底派遣李明返回欧洲向上级汇报传教区情况。1692 年，李明回到法国后，转赴罗马报告中国教务。1696 年，他在巴黎出版了两卷本的《中国近事报道》。该书虽是为在华耶稣会士在"礼仪之争"中的"适应政策"辩护而著，但实际上也是一部全方面介绍中国的百科全书。该书成为 18 世纪欧洲人，特别是启蒙思想家们了解中国的重要参考书之一，在西方产生了很大的影响。

① 张国刚：《从中西初识到礼仪之争——明清传教士与中西文化交流》，北京：人民出版社，2003 年，第 232 页。

一、《中国近事报道》的基本构架

《中国近事报道》整部作品以书信体形式写成，共包括 14 封信：

第一封信，致蓬查特兰大臣暨国务秘书，介绍了传教团来华的背景、过程以及中国的地理概况及清军入关的情况。

第二封信，致德内穆尔公爵夫人，介绍了传教团拜见康熙皇帝的始末，并对皇宫以及南怀仁神父的葬礼进行了描述。

第三封信，致富尔斯登堡主教大人，介绍了中国的城市（如北京、南京、杭州、苏州、澳门、广州、宁波、厦门等）、建筑物以及中国最巨大浩繁的工程——长城。

第四封信，致克莱西伯爵，介绍了中国的气候、土地、运河、河流和水果等。

第五封信，致外交国务秘书德·托尔西侯爵先生，介绍了中华民族的特点，其悠久、杰出之处及优缺点。

第六封信，致德布永公爵夫人，介绍了中国人生活的清洁卫生和雅致奢华，具体包括中国人的住房、待客、出行、节日等。

第七封信，致法国第一重臣、大主教兰斯公爵大人，介绍了中国的语言、文字、书籍和道德。

第八封信，致国务秘书德菲利波，介绍了中国人思想的特点以及中国的科学、医学、茶、艺术等。

第九封信，致红衣主教德斯泰，介绍了中国的政治及政府。

第十封信，致红衣主教布荣，介绍了中国古今的宗教，涉及了中国人的宗教精神以及对佛教、道教的批判等。

第十一封信，致国务参事德胡耶，介绍了基督教在中国的扎根以及发展。

第十二封信，致国王的忏悔神父拉雪兹，介绍了传教士在中国宣讲基督教义的方式以及新基督徒们的虔诚。

　　第十三封信，致让松红衣主教，介绍了基督教新近在中华帝国全境得到皇帝诏书首肯的始末。

　　第十四封信，致比尼翁院长，介绍了传教团在印度和中国所做的科学观测。

　　综合以上十四封信，我们不难发现，这些信件分别介绍中国的某一或某几方面，内容互不重复且相互补充，这显然是作者用心剪裁，精心设计的结果。而李明写信的对象都非一般人物，而是法国政治、宗教和知识界的名流。李明给他们写信的目的是呼吁这些显贵对"适应政策"的支持，对耶稣会士的保护，进而影响罗马和法国的态度。如在致红衣主教布荣的信中他写道："皇帝的皈依需要更多的神迹，越是如此才更加彰显出天主的能力和善意，只有做出伟大的事业才能显示出自己的伟大。大人，只要欧洲一如既往地往中国派遣满怀热情的传教士，我们可以相信，上帝最终会利用他们的宗教热情，来完成这项伟大的事业。"①在致拉雪兹神父的信，他写道："我期望您今后的保护比以前还要更加有效和牢固，比我费心竭力要获得成功的所有活动还要更加推动我们的事业向前进。"②而在致富尔斯登堡主教的信中，他讲得更为直白："我们依然需要保护（那尘世上简朴的真理，无饰的清白，曾在何处获得过辉煌的成就吗？），那就是在您的身上，大人，我们期望找到一位热情而公正的保护者。您的思想、您的洞察力以及您的正直为人，在整个欧洲无人不知，无人不晓。有您这样伟大的教会之尊做见证，是唯一能挫败谎言，使进谗言的小人哑口无言的保证。当人们获知您在某种程度上参与了有关我们的事情，您对我们的苦行抱有同情，您确信我们的善良意图，您为我们的建树做过贡献，谁还敢诋毁来华的使团？谁还敢指责我们在

---

　　① 〔法〕李明著，郭强、龙云、李伟译：《中国近事报道（1687—1692）》，郑州：大象出版社，2004年，第274-275页。

　　② 同上，第302页。

中国的行为举止？"[①]

　　《中国近事报道》1696 年首次出版时分上下两卷，虽然每卷都超过 500 页，但因为是八开本，且用的都是大字体，所以整个篇幅并不太长。此外，李明朴实的文笔和有趣的插画使该书具有很明显的通俗的特点，很适合大众的口味。该部著作从出版到1700 年遭索邦神学院审查的四年时间里，至少刊印了十版，被翻译成英语、德语和意大利语等多种语言，备受西方公众的喜爱和追捧。

二、《中国近事报道》中的中国形象

　　《中国近事报道》堪称是一部有关中国的百科式全书。李明在这部著作里对中国的历史、地理、物产、城市、建筑、科学、艺术、政治、政府、宗教等情况都做了介绍，从而呈现了一个较为全面的中国形象。

（一）中国的地理概况和物产

　　李明由于足迹遍布大江南北，所以对中国的地域之辽阔有明显的感受。他曾这样写道：

> 　　由于中国地域辽阔，土地性质因地理位置而异，即根据其距离南方的远近而有所区别。但我仍能向您确切地说，这里计有十五个行省，其中最小的省也是土地肥沃，人口众多。仅一省之辽阔，则足以形成一个相当可观的国家……[②]

　　李明注意到了中国是一个农耕大国，平原地带比别国更加平坦，并认为其原因在于中国人从王国建立之初，就致力于平整土

---

　　① 〔法〕李明著，郭强、龙云、李伟译：《中国近事报道（1687—1692）》，郑州：大象出版社，2004 年，第 97 页。

　　② 同上，第 99 页。

地。李明对中国的梯田尤为欣赏,一方面,他认识到了梯田设计的巧妙:将土地置于不同的水平面是使土地平均受水的最好方法,这样水既能各处均匀分布,也不致带走种子和泥土。另一方面,他深深地被梯田的美景所折服:

> 他们像是强迫大自然在其原本已形成的山脉之处,人工造就一些平原;望着绵延不断的、被层层叠叠的越来越窄小的无数梯田环抱,又像是被梯田做成的花环装饰着的丘陵,实在是一件赏心悦目的事,而且这里的土地和耕作最好的平原同样肥沃。①

李明认为中国的山脉不像西方的山脉那样多石,各省山脉也不相同,尤其是陕西、湖南、广东和福建的山脉。这些省的山脉遍布各种高大树木,适用于建筑用料和建造船只,还有一些山脉盛产金、银、铜、铁、锡和水银等矿物。尤为使李明着迷的是遍布各处的桥梁和运河,它们互相映衬,美妙绝伦。面对这样的美景,李明不禁感叹道:

> 我为看到如此恢弘的景色感到意外,也惊诧不已。站在欧洲人的立场上,我有时暗地里对中国抱有忌妒之意。欧洲应真诚地承认,在这方面她没有什么可以与中国相媲美的。法国曾常常以其巧妙地建立辉煌的宫殿、美丽的园林美化了她最蛮荒之地而自豪。如果此项技巧曾被用在大自然丝毫没有吝惜她的恩赐的中国富饶的田野,那将是何等景象?②

---

① 〔法〕李明著,郭强、龙云、李伟译:《中国近事报道(1687—1692)》,郑州:大象出版社,2004年,第99页。

② 同上,第108页。

　　对于中国的河流，李明主要谈及了最为著名的长江和黄河。关于长江，李明首先介绍了它又名扬子江的原因，"扬"是中国南部该河流域的一个省份名。长江发源于云南①，流经四川、湖广、南京等省，并于崇明岛对面流入大海。李明详细介绍了事故频发的河道和河心岛，并对中国的俗语"海无边，江无底"谈了自己的看法，他认为是中国人的探测手段比较笨拙，才把水深做了夸大。关于黄河，李明首先也是介绍了其名称的来源，该河是因河水中夹杂的泥沙使它变成了黄色而得名。它发源于四川省西部边界山脉的顶端②，流经众多省份，最终汇入东海。李明还着重介绍了历史上黄河泛滥给周边居民带来的灾祸和损失。

　　对于中国物产的介绍是《中国近事报道》的一大重点和亮点。李明以一个西方人的视角，发现他旅途中的新奇事物，并把它们详细记述下来。他主要关注于中国一些特有的或是与西方不同的物种，布料如缎子、纱、绸子、苧麻布和葛布等；树木如梧桐、草乌果树等；水产如金鱼、螃蟹等；水果如荔枝、龙眼、柿子、柑橙、柚子等；蔬菜如胡椒、葱头、荸荠等。值得一提的是，李明还对中国传统的"荸荠化铜"的说法进行了科学的验证。他在第四封信中这样记载道："荸荠榨出的汁清凉甘美，并不具有任何可腐蚀金属的特性，这就使可以软化铜的说法令人感到诧异。杭州盛产荸荠，所以一到那里，我们就好奇地急于做软化铜的实验。"③试验的结果证明了荸荠其实并没有这一功效，但这一细节再一次印证了李明在传教的同时所肩负的科学使命，他始终是在以科学的眼光来观察中国。此外，从他对中国瓷器的描述上也可以发现这一特点。他在第六封信中对瓷器做了极为详尽的介绍，

---

①　长江实际发源于青海省境内的可可西里山。
②　黄河实际发源于青海省境内的巴颜喀拉山脉。
③　〔法〕李明著，郭强、龙云、李伟译：《中国近事报道（1687—1692）》，郑州：大象出版社，2004年，第106-107页。

包括瓷器的颜色、光泽、图案、鉴别方法、制作过程等，但选取何种原料来制瓷，是他一直探寻无果的问题。最后，他不得不遗憾地说：

> 夫人，您看，这就是欧洲长期以来一直寻求的瓷器的奥秘。天意和宗教的恩赐让我走遍中国大部分国土，却未能把我带往出产制造瓷器原料的江西，因而我自己了解的情况不足以描述瓷土的性质及其特殊的性能；或许它和法国几个省份所产的某些软石并无多大区别。如果好奇的人想要实验一下，并认真对待，如我所述，在软石中加入不同的水，成功也并非是不可能的。①

李明所介绍的中国地理概况和物产情况是西方民众所最为感兴趣的话题。难能可贵的是，李明是以他的亲身经历为基础，以一个西方人的眼光，从科学的角度出发，将他的所见所闻形象而生动地记载下来的，其内容非常适合对中国充满好奇的欧洲人的口味和期待。如果说中国的政治、宗教和文化给予了西方启蒙思想家以无限的灵感，那么正是中国的地形、地貌、物产等激发了普通民众的想象和对中国这个遥远国度的渴望。

（二）中国的城市及建筑

李明对他途经的一些重要城市进行了较为详细的介绍。他认为中国有两座京城，即北方的京城——北京和南方的京城——南京。而建都北京的原因，他认为是"由于不安于现状的好斗的鞑靼人的不断入侵中原，迫使朝廷迁都到北方的省份，以便皇帝能

---

① 〔法〕李明著，郭强、龙云、李伟译：《中国近事报道（1687—1692）》，郑州：大象出版社，2004年，第149-150页。

够随时亲率最庞大的一支御林军抵御外侵"①。关于北京的地理
位置，李明介绍道："北京高于水平面 40 度，位于距离长城不远
的一个富饶的平原上，濒临东海。贯通南北的大运河使之与几个
美丽的省份相沟通。"②关于北京的形状和面积，李明做了非常形
象和精准的描写：

> 北京城呈正方形，过去周边长 4 古法里。但是，自从鞑
> 靼人在此建都以后，迫使中国人迁往城墙以外。不久，就在
> 城外建起一座新的城镇。由于新城是一个细长形状，使北京
> 城形成一个不规则形。所以北京城是由两个城组成的：一个
> 称之为鞑靼城；另一个名为汉人城，与鞑靼城面积一样大，
> 但人口要多得多。两城加起来，周边长达 6 古法里，各边长
> 3600 步。这些尺寸是准确的，因为这是皇上专门命人用绳子
> 丈量出来的。③

　　李明还将北京和巴黎的面积、住房等情况做了比较，使西方
人对此有了更加明晰的认识。他认为，巴黎比鞑靼城的一半还小，
巴黎的面积最多相当于北京城的四分之一；北京面积虽大，但容
纳的住宅不会多于巴黎，甚至稍少于巴黎。他还从北京的住房情
况来推断北京的人口：

> 巴黎的住房比北京多。因此，当同样大的空间，我们给
> 十个人住，这里就必须容纳二十至二十五人是实情的话（因
> 为他们住得比我们拥挤得多），就只能得出结论：北京人口

---

　　①〔法〕李明著，郭强、龙云、李伟译：《中国近事报道（1687—1692）》，郑州：大象
出版社，2004 年，第 64 页。
　　② 同上。
　　③ 同上。

只有巴黎人口的两倍左右。这样，我认为可以说北京人口是
二百万，而丝毫不必担心与真实数字相去甚远。①

　　据韩光辉统计，1681 年北京城人口为 766900，州县人口
876800，合计 1643700。②李明在不掌握官方数据的情况下，仅就
巴黎和北京的住房比较便得出他在华期间（1688—1691 年）北京
的人口约为两百万的精确结论，这不得不使我们对这位传教士的
科学素养感到由衷地钦佩。
　　李明对北京建筑的评价总体不高。他谈到北京街道旁的平房
时，认为"街道与两侧建造得不好且低矮的房屋不成比例"③。
谈到京城内的官邸时，他认为"如果称那些大人物的房子是宫殿
的话，那简直就是我们词汇的堕落、降级。这不过是些很一般的
房子，一些平房"④。他甚至对那些褒扬中国建筑的传教士们讥
讽道："他们大约在欧洲没见过更美好的建筑；或者是由于长期客
居中国，已是习以为常了。因为，如果不在意，开始令人反感的
东西，习惯成自然，假以时日，也就渐渐变得可以忍受了。"⑤李
明认为唯一值得一提的建筑就是皇宫：

　　　　连通院子的门是大理石的，上面均建有哥特式建筑风格
　　的大亭子，屋顶尖端的亭子的构架成为相当奇特的装饰。这

---

　　①〔法〕李明著，郭强、龙云、李伟译：《中国近事报道（1687—1692）》，郑州：大象
出版社，2004 年，第 66 页。
　　② 韩光辉：《北京历史人口地理》，北京大学出版社，1996 年，第 120 页。参见欧阳
哲生：《十七世纪西方耶稣会士眼中的北京——以利玛窦、安文思、李明为中心的讨论》，
《历史研究》，2011 年第 3 期，第 42 页。
　　③〔法〕李明著，郭强、龙云、李伟译：《中国近事报道（1687—1692）》，郑州：大象
出版社，2004 年，第 67 页。
　　④ 同上，第 70 页。
　　⑤ 同上，第 68 页。

是用很多块木头叠砌而成的，向外突出，呈挑檐状，从远处望去，产生相当美的效果。

院子的侧面都是封闭的，或建有一排排的小住所，或修些长廊。皇帝的府邸更不一般，粗柱支撑的牌楼，通往前厅的白大理石的台阶，覆盖着光彩夺目的琉璃瓦的屋顶，雕刻的装饰，清漆金饰，墙饰，几乎一色大理石或陶瓷铺设的路面，尤其是组成这一切的数量极大，所有的东西都具有一种华丽庄严的气势，显示出伟大皇宫的宫殿的气派。[①]

但即使对皇宫，李明也不无微词。他认为："套房之间缺乏浑然一体的联系，互相没有呼应，装饰也无规律可循，没有我们宫殿那种既华丽又舒适的相辅相成的美感。再有，随处可见一些无以名状的玩意，恕我冒昧地说，那是一些欧洲人不喜欢的、会使对真正建筑术稍有品味的人反感的东西。"[②]

李明对北京观星台着墨颇多，在等待皇帝召见期间，他和会友们一起参观过这里。他先引用了巴蒂在《几何原本》前言中对北京观星台的描述：

在欧洲，不论就地点的华丽，还是铜铸仪器的尺寸，我们都见不到任何可以与之媲美的观象台。这些仪器是七个世纪前铸就的，几世纪来就曝露在观象台的平台上，至今依然完整无缺、清晰光亮，就好像刚从炉中取出来的。刻度非常准确，布局很适合观察，整个制造非常精美。总之，似乎中国可以高高在上，蔑视其他所有国家。好像这些国家以他们全部的科学知识、全部的财富，也制造不出任何类似的东西

---

① 〔法〕李明著，郭强、龙云、李伟译：《中国近事报道（1687—1692）》，郑州：大象出版社，2004 年，第 68 页。

· ② 同上。

来。①

　　接着，李明对巴蒂的评价进行了强烈反驳。他写道："事实上，如果中国以它的观象台的宏伟华丽，从六千里外蔑视我们，它是有道理的，因为，靠近了，它会为与我们相比而感到羞耻。"②李明不但对观星台的老仪器不屑一顾，即使对南怀仁 1669 年至 1674 年配备的新仪器也评价不高：

> 　　新仪器又大，铸造又好，上面到处有龙纹装饰，布置得很方便实用。刻度的精确与机器的其他部分相适应……但是，无论神父怎样细心教他们准确地划分度盘，中国工人，或是太粗心，或是没能忠实依照已经做上的记号，这样，我使用巴黎优秀工人的方法在辐线可能是 1.5 法尺的 1/4 圆周上计算，结果比塔楼上的辐线 6 法尺的还多。③

　　李明除了对南怀仁配备的六件仪器的尺寸、装饰及形状做了详细的叙述，还亲手绘制了插图，李约瑟称这六幅图的画工是最好的。④这六台仪器分别是黄道浑仪、二分仪、地平经度仪、大象限仪、六分仪和天体仪。在参观这些仪器时，精通天文学的洪若翰应该向其会友们谈及过这些仪器的缺点，因为洪氏在 1703 年写给拉雪兹神父的信中，对它们有着类似的评价：

> 　　我们也去看了天文台和里面所有的青铜仪器，这些青铜

---

　　①〔法〕李明著，郭强、龙云、李伟译：《中国近事报道（1687—1692）》，郑州：大象出版社，2004 年，第 71 页。

　　② 同上，第 72 页。

　　③ 同上，第 73 页。

　　④〔美〕孟德卫著，陈怡译：《奇异的国度：耶稣会适应政策及汉学的起源》，郑州：大象出版社，2010 年，第 365 页。

仪器颇为美观，具有皇家气派。但我不知道这些仪器是否能用来精确地观察天象。因为它们都钉在觇板上，肉眼一看，其分隔显得不甚均匀，而其贯线有好几处都不能吻合。①

南怀仁在设计这些天文仪器时，依照的是丹麦天文学家第谷·布拉赫（Tycho Brahe）于 1598 年出版的《天文学的仪器装置》。南怀仁 1656 年从欧洲启程到法国耶稣会士 1685 年从法国出发，时隔三十年。在这期间，欧洲天文仪器的尺寸和精确度都发生了巨大的变化，因此南怀仁的仪器无法满足法国王家科学院的要求便不足为奇了。所以在洪若翰看来，这些仪器可能无法精确地观测天象。但与李明的观点不同，他并没有把责任都归咎于中国的工匠。②

李明最为赞赏的就是北京的城门和城墙了，他认为"城门和城墙均极宏伟，与皇城匹配得当。城门并不像中国其他公共建筑的门那样装饰有图像或浮雕。所有的美都在一个'高'字中，它们出奇地高，高形成了世界上无可比拟的美的效果"③。李明还将巴黎的城门与北京的城门相比较，他虽然认为巴黎的城门更美，但也承认北京城门具有巴黎城门的装饰所不能与之相匹敌的威严气势。李明还对长城做了介绍，认为它是个劳民伤财、毫无用途的工程。"这一工程是前所未有的，最伟大的，同时也是最荒诞的工程之一……如果人们确信鞑靼人有足够的决心要使全军登上山顶，怎么能认为如此不坚固，如此低矮的墙能阻挡住他们。"④

---

① 〔法〕杜赫德编，郑德弟等译：《耶稣会士中国书简集》上卷 I，郑州：大象出版社，2005 年，第 270 页。

② Catherine Jami. *The Emperor's New Mathematics: Western Learning and Imperial Authority During the Kangxi Reign (1662-1722)*. Oxford: Oxford University Press, 2012: 115.

③ 〔法〕李明著，郭强、龙云、李伟译：《中国近事报道（1687—1692）》，郑州：大象出版社，2004 年，第 83-84 页。

④ 同上，第 86 页。

　　李明接着介绍了南京，他认为南京比北京更胜一筹。"它的位置、港口、周边土地的肥沃、便利商业发展的运河，这一切曾为它的繁华发挥过作用。"①虽然南京现在大不如以前作为都城时的光景，但其人口依然高过北京，其面积可称得上是极其巨大。南京的繁华给李明留下了深刻的印象，如可购买到其他省份所有最珍稀的商品；有名的学士和卸任的官员多在这里安家；图书馆众多，书籍一流；工人灵巧，语调悦耳等。他甚至推断皇帝若不是为了亲临边疆抵御外敌，南京是最适合他居住和生活的长住之地。李明还介绍了南京的一些知名建筑，如皇家观星台、琉璃塔以及南京的大钟，其中对琉璃塔和大钟的介绍较为详细。李明认为琉璃塔是东方最匀称、最坚固、最宏伟的建筑物，但对其风格不甚欣赏，"这森林般的梁架、系梁、山墙、搁栅到处伸展着，具有某种难以名状的奇特和惊人的东西，因为人们想象得出这样的工程要花费多少人力和财力。尽管归根结底，这么繁琐只不过源于工人的无知，他们还没有找寻到我们建筑物的美丽简洁，相形之下我们的建筑物显得牢固和美观"②。他还通过计算认为南京的大钟从体积和重量方面超过欧洲的大钟，比基歇尔神父所说的世界上最大的钟——爱尔福特大钟要重一倍，但却认为其音色远不如欧洲的优美。他甚至对曾赞美过南京钟声悦耳响亮的杨若瑟（Gabriel Magalhaens）神父评价道，"可能是我们的作者从未听见过更美的声音"。③

　　随后，李明还介绍了中国的一些其他重要城市和港口。西安环城 3 古法里，城墙宽且高，城门与北京城门类似，非常宏伟。这里的居民勤劳勇敢，而且身材高大壮实，但工人不如南方的灵

　　① 〔法〕李明著，郭强、龙云、李伟译：《中国近事报道（1687—1692）》，郑州：大象出版社，2004 年，第 87 页。
　　② 同上，第 88 页。
　　③ 同上，第 89-90 页。

巧。杭州是中国最富有和最庞大的城市之一，城周有4古法里，人口及船只数量众多。李明认为由于惊人的人口、四通八达的运河以及丝绸贸易，杭州是整个帝国最美妙的地方之一。但他对西湖旁的建筑印象不佳，他这样写道：

> 游记的记载把这个湖描写成一个迷人的地方。我读到说整个岸边都是华美的建筑物和宏伟的宫殿。这可能已成往事，但如果所写果真如实，人们则必须把这一切从记忆中消除，因为，如今已找不到任何昔日繁华景物的遗迹。如果只是因为人们把那些中国常见的木房子、柴泥房子也划在宫殿之列，那么，用不着必要的年头去摧毁，这些房子自己也会坍塌的。①

此外，李明描述苏州商业繁华，运河上来往的船只不计其数，海关人员忙于收缴关税，竟无一时闲暇。离苏州不远的镇江人口稠密，镇江对岸的瓜洲是一个纯商业大城，从瓜洲便又可望见中国另一个重要城市——扬州。李明还将中、法两国规模相当的城市进行了对比，他这样写道：

> 比巴黎大或至少一样大的城市，我在这里见过七八个，还不算我未曾去过、而中国地图标明的同样大小的城市。像里昂、波尔多那样的第一类城市有八十多座。在第二类二百六十座城市中，有一百多座像奥尔良那么大的城市。而在一千多座第三类城市中，有五六百座和拉罗歇尔或昂古莱姆规模相当。不计其数的村镇尚且未计在内，它们不论从面积大

---

① 〔法〕李明著，郭强、龙云、李伟译：《中国近事报道（1687—1692）》，郑州：大象出版社，2004年，第92页。

小，还是居民数量都超过我们的马莱那和圣让德吕兹。①

李明还认为中国的港口在国家繁荣方面起了不小的作用，并介绍了其中最重要的港口澳门、南投、厦门、宁波和南京港等。

李明对中国城市和建筑的介绍也都是建立在自身经历的基础之上。他不是通过详细的数据，而是通过中法城市的比较，使西方人对中国有了更加感性的认识，使他们意识到在遥远的东方还存在一个比法国大十几倍的国家。但李明对中国建筑颇有微词。如果他批评的只是中国普通的民房或是某个不知名的建筑，或许他的评价容易被人们所接受。但他谈及的还有皇宫、官邸、长城、著名的琉璃塔以及美丽的西湖时，人们不得不对他的眼光抱有怀疑。其实，李明的评论反映出中西建筑风格的差异在中西文明初遇时就已经表现了出来。这种差异主要表现在：一，在房屋高低上，中式房屋大都为平房，西式房屋大多为多层建筑，西人以高为荣。二，在建筑材料方面，中式房屋多为木质结构，而西式建筑多以石头建造，西人以坚固为傲。②三，在风格方面，当时法国流行以富丽的装饰和雕刻以及强烈的色彩为特点的巴洛克风格，而中国建筑那种追求自然的风格，不被李明这位传统的西方人所接受。

但李明的观点并不能代表所有法国人或者西方人的观点。乾隆年间曾参与圆明园西洋楼和法式园林设计的王致诚（Jean Denis Attiret）对中国的建筑就尤为欣赏。他在 1743 年 11 月 1 日寄给达索（d'Assant）先生的一封信中极为详尽地描述和赞美了北京皇宫及其别墅园林。在谈到园林中建筑的外观时，他这样写道：

---

① 〔法〕李明著，郭强、龙云、李伟译：《中国近事报道（1687—1692）》，郑州：大象出版社，2004 年，第 91-93 页。

② 欧阳哲生：《十七世纪西方耶稣会士眼中的北京——以利玛窦、安文思、李明为中心的讨论》，《历史研究》，2011 年第 3 期，第 43 页。

　　　　所有的门面都会有廊柱和窗户，被镀金、绘画和涂漆装饰得雕梁画栋，灰砖砌成的墙经过精心磨制非常光滑；屋顶上覆盖着琉璃瓦，分别呈天蓝色、金黄色、翠绿色和淡紫色，它们的混合与搭配形成了一种赏心悦目的风格与千变万化的图案。这些楼堂几乎只有一层。它们离地面分别有 2 法尺、4 法尺、6 法尺或 8 法尺。其中有一些也有两层，人们不是通过艺术性地建造的石阶攀登而上，而是踩着岩石块而上，就如同完全是由大自然造成的阶梯一样。再没有比这一切更像是仙女们的神话宫殿了，人们会认为它们位于一片沙漠的中央，矗立在一片山崖上，其道路坎坷不平，逶迤延伸。[①]

　　对于中国建筑的风格，王致诚显然与李明所持观点不同，他以一个艺术家的敏感，体会到了中国建筑的美学原则——师法自然。1749 年，他的这封信收录在《耶稣会士书简集》中出版，在法国乃至欧洲引起了巨大反响。在王致诚等人的介绍和推动下，中国的建筑对 18 世纪法国流行的洛可可风格建筑艺术产生了非常大的影响。法国逐渐摒弃了巴洛克那种雄伟的宫殿气质，转而追求一种细腻柔美、轻快精致的风格，追求一种自然之美。可见，李明对于中国建筑的评价过于主观，他的认识还只是停留在个人视觉的观感上，还未真正体会到它深厚的文化内涵。

（三）中国人的历史、特点、思想和语言

　　李明认为中国人是世界上一个十分古老的民族，中国在四千多年前就有了自己的国王，并代代相传至今，从未间断过。并非总是同一家族在王位上，前后共有 22 个不同家族，236 个皇帝。李明认为中国古老的编年史是真实可信的，原因有三个方面：第

　　①〔法〕杜赫德编，朱静、耿昇译：《耶稣会士中国书简集》，中卷 IV，郑州：大象出版社，2005 年，第 290 页。

一，中国的编年史从未因有外国人插手而变质；第二，编年史写得毫不矫揉造作，文笔简练朴实，具有说服人的真实感；第三，备受尊重的孔子从未怀疑过这部历史，甚至在耶稣基督诞生前550年，根据它建立了他的全部理论。[①]

为了调和中国史和基督教史，李明认为诺亚子孙的足迹曾踏上亚洲的土地，并最终进入中国的最西部，即陕西和山西这片地方。最初他们生活在大家庭里，国王由父亲担当，而伏羲就是君主国的奠基人，"从个人生活到国家官吏，以至宗教，一切均由他掌管，使国家在很短的期间就变得繁荣昌盛；他的臣民最初居住于河南省境内，几年后，他们开垦了一直延伸至东海边的全部土地"[②]。

李明认为中国人在处世之道上温文尔雅；处理事务上通情达理，有条不紊，热心公益，思维敏锐；在道德方面正直、可靠，始终保持理性。但李明认为中国人的性格也有很多缺点，如狂妄自大，"他们自视为杰出的民族，上天使之诞生于宇宙的中心并且发号施令的民族，是唯一有能力管理所有民族教化并使之文雅的民族。他们把其他人看成是庸才，是小魔鬼，是作为大自然的渣滓和废料被抛弃在地球边缘的；而中国人处于世界的中央，唯有他们从上帝那里得到了适当的外形和真正的高大身材。他们古时候的地图上画满了能使人产生对人类鄙视的图形和许多标记"[③]。李明还认为中国人盲目崇古，不像西方人那样喜欢变化，比如"古董，即使损坏了，对他们来说，依然具有至美至善的新东西所不能稍减的魅力，而欧洲人在这方面则大不一样，他们只对新鲜事

---

① 〔法〕李明著，郭强、龙云、李伟译：《中国近事报道（1687—1692）》，郑州：大象出版社，2004年，第119-120页。

② 同上，第120页。

③ 同上，第121页。

物感兴趣"①。此外，中国人特别是中国商人擅于欺骗的特点给李明留下了深刻的印象，"不公和欺诈在中国是如此的寻常，以至于极少有人能放弃此道而通过其他途径致富。商人总是尽可能按最贵的价钱出售商品，只有卖掉了坏商品后他才把好商品拿出来。这个民族特有的机智灵活似乎给他们以伪造任何东西的权利"②。

在李明看来，中国人的审美标准与西方人也有所不同。他认为在法国，一个帅气的男人应当有修长的身材、活泼的神情和高雅的举止；而在中国，一个神情庄重，身体丰腴，从而具有肥胖和宽阔的形象的男人才被认为是英俊的。他还对女人们的体貌、着装等进行了细致的刻画：

> 她们全都是小眼睛，短鼻子；除此以外她们毫不比欧洲妇女逊色。但成为她们天性的谦逊无限地突出了她们的优雅风度：连接上衣的白色锦缎小领，紧束并完全遮住她们的玉颈，而小手则总是掩藏在又长又宽的袖子里，走起路来轻柔徐缓，眼下垂，头微倾，看见她们的样子，人们会说她们是修女或沉思的一心崇敬上帝的职业的虔诚教徒。③

李明还特别注意到了中国女人特有的小脚。他不仅介绍了小脚形成的方法、鞋子的样式、中国女人对小脚的态度，也谈及了自己对此的看法：

> 最使她们与世界上所有女人不同的，使她们几乎成为特殊女人的，是她们的小脚，而这正是她们具有魅力的根本所

---

① 〔法〕李明著，郭强、龙云、李伟译：《中国近事报道（1687—1692）》，郑州：大象出版社，2004 年，第 81 页。

② 同上，第 317 页。

③ 同上，第 123 页。

在。这一点令人吃惊而又无法理解。这种不自然的做法有时甚至达到过分的程度,如果不是一个稀奇古怪的、总是对最自然的想法占上风的古老习俗迫使她们,并使她们适应当地的习惯的话,她们真可能被视作发疯。①

此外,李明还对中国的儒家思想及其代表人物孔子做了介绍。他首先谈及了介绍孔子的原因:

> 孔子是中国文学的主要光辉所在,如果不就他做专门的介绍,那么,我对您所做的介绍就不可能具有一定的深度和广度。因为这正是他们理论最清纯的源泉,他们的哲学,他们的立法者,他们的权威人物。尽管孔子从未当过皇帝,却可以说他一生中曾经统治了中国大部分疆土,而死后,以他生前宣扬的箴言,以及他所做出的光辉榜样,他在治理国家中所占的位置谁也无法胜过他,他依然是君子中的典范。②

接着,李明详细地介绍了孔子的生平和事迹。他认为孔子出生于敬王第三十七年,耶稣诞生的 483 年前③,生于山东。少年时的孔子就表现出比同龄人要早熟,他神情庄重而严肃,孝敬父母,努力在各方面效仿祖先。他拜在著名的学者陈氏门下,刻苦学习古代知识。年纪稍长后,孔子便把古人的格言编辑成册,并身体力行,启迪百姓。他周游列国,启发人们要轻视财富和淫逸,尊崇公正、克制和其他美德。起初,孔子受到重用,在他的辅佐下,鲁国国力日益强盛。但在齐国的美人计下,鲁王开始贪图享

---

① 〔法〕李明著,郭强、龙云、李伟译:《中国近事报道(1687—1692)》,郑州:大象出版社,2004 年,第 124 页。

② 同上,第 177 页。

③ 同上。这里有关孔子的出生年份有误,他的生卒年份是公元前 551 年—前 479 年。

逸，荒废朝纲，不理民间疾苦。后来孔子离开鲁国前往其他王国游说，虽处处碰壁，但一直没有动摇他的初衷。孔子一生诲人不倦，他的很多弟子也极为优秀。他孜孜不倦的敬业热情和他纯洁高尚的道德情操已经达到极致。孔子逝世之后，他被全国上下敬为圣人。国君们在各地为他建立庙宇，学者定期前去致以敬意。中国人尊称他为大师、第一学者、圣人、皇帝和国君之师，但从来没有把他造成一座神。为了更好地介绍孔子的学说，李明还翻译和解释了孔子的十四条语录。[①]

李明还对中国的文字和语言做了介绍。他认识到汉字为象形文字，为了写一个鸟字，就画一个鸟的形象；为了表示树林，就画上很多树木；画一个圆圈表示太阳；画一个蛾眉形表示月亮。为了表达声音、气味、感情和激情等抽象的概念，中国人也创造了很多不是以图形为基础的汉字。但李明对汉语的体会主要还是复杂难懂，正如他在第七封信中所写：

> 在这种语言中，一切都是那么神秘。大人，当您得知，尽管必须经数载学习才能会说中国话，却可以仅需两小时就可掌握其全部的词，您定会感到吃惊；您可以会读所有的书，并完全理解这些书，但当另一人高声朗读同一本书，您却可能坠五里雾中，什么也听不懂。一位大学士极尽高雅之作，其本人却不能用一般的谈吐给予恰如其分的解释；一个识字的哑巴能用自己手指，无须写字而表达思想，其速度自如而不致使他的听众厌烦；最后，同样的字经常表现相反的事物，而且出自两人之口的同样的字句，这人说出是恭维话，那人说出来就变成令人难以忍受的辱骂的话。[②]

---

① 〔法〕李明著，郭强、龙云、李伟译：《中国近事报道（1687—1692）》，郑州：大象出版社，2004年，第177-191页。

② 同上，第165页。

综上所述，李明把中国的历史，中国人的特点、思想和语言等情况都向西方读者做了介绍。仔细研读，我们会发现他对中国历史和孔子思想的介绍有正确的成分。如他承认中国有着四五千年的悠久历史，意识到了儒家思想的精华所在及其在中国历史上的重要地位。但是基督教的立场使他的认识不免存在一些错误之处。如为了把中国纳入基督教史中，他认为诺亚子孙的足迹曾踏上中国的土地，中国人也是诺亚的后代。李明还总是有意地将孔子塑造成一位受到上帝启示的人的形象。如他介绍孔子经常教导他的弟子们：

> 人的本性来自极其纯净，极其完美的上天；然后，无知、欲望和坏榜样腐蚀了它，使之堕落；我们所做的一切努力都旨在使它恢复它最初的光彩；而为了变得完美，我们必须回到我们开始下降的起点。遵从天意，一切按照主宰的命令行事。爱人如爱己，永不容许把你们的感觉作为你们行为的准则，而是一切听从理性的指引：它会教会你们正确思考，说话谨慎，行为圣洁。[1]

又如在谈到孔子时，李明直言道：

> 他轻视世上的一切财富，随时检点自己的行为，还有我们古代的贤人们所没有的品德，谦恭和虚心使人认为这不是一位简单的主张理性的哲学家，而是一位受到上帝启示创造新世界的人。[2]

① 〔法〕李明著，郭强、龙云、李伟译：《中国近事报道（1687—1692）》，郑州：大象出版社，2004年，第180-181页。
② 同上，第181页。

李明甚至声称孔子预言了耶稣的诞生。他认为孔子曾说过："真正的圣人在西方"，正是孔子的预言深深印在人们的脑海里，才使东汉明帝刘庄在耶稣诞生后夜梦金人，并遣使向西求法。而此时正是耶稣的门徒圣托马在印度群岛传播基督教义之时，如果不是他们害怕海上风险而滞留在他们遇到的第一个岛上，明帝的使节们就会找到真正的福音，而不是误把佛教当成了真知，在整个帝国散播偶像崇拜和无神论了。[①]

李明极力拉近孔子和基督教之间的关系，他所持的这种态度其实就是从利玛窦开始，耶稣会士们一直所奉行的"合儒"政策。他们不攻击儒学，相反努力找寻天主教同儒学之间的共通之处，把儒学作为反对释、道的同盟。他们这样做一方面是避免树敌过多，正如利玛窦所说，"如果我们不得不同所有三个教派作战的话，我们要做的事情会多得多"，[②]另一方面是因为他们意识到儒家思想在中国有几千年的历史，其地位在中国人心目中难以撼动。所以，他们认为"合儒"政策是基督教在华传播的一条捷径。

李明对中国人外貌和性格的描写大体上是准确和客观的。需要指出的是，他对中国商人善于欺骗特点的突出，不是为了故意丑化中国人，而是因为对上帝的敬畏使基督徒早已把诚信融入他们的血脉之中，这些欺诈的手法确实令他们非常震惊和印象深刻。此外，李明对中国文字的理解还很肤浅。他所体会到的只是汉字的困难，却不懂得欣赏汉字的优点，体会不到汉字完善的形体结构和深厚的文化意蕴。他对汉字还未从抱怨和厌恶过渡到欣赏和喜欢的阶段，他认为"被迫用一生时间（一般说，学中国字，一

---

① 〔法〕李明著，郭强、龙云、李伟译：《中国近事报道（1687—1692）》，郑州：大象出版社，2004年，第181页。

② 汾屠立：《利玛窦神父历史著作》，第2卷，Macerate: Opere Storiche del P. Matteo Ricci, 1910年，第313页。参见杨剑龙：《冲突与接受：基督教文化与中国家族观念》，《厦门大学学报（哲学社会科学版）》，2008年第2期，第32页。

生也不算太长）往自己头脑里不停地装这数不尽的丑陋的图形，并总是忙于辨认那些东西和意义几乎毫无相似之处的并不完善的象形字，简直是个沉重的十字架"①。他甚至主观地推断"这数量众多的中国字是中国人无知的根源所在，因为把一生都用于识字，他们几乎没有时间研究其他的科学，当他们知书识字后，自以为已是相当有学问了"②。

（四）中国的科学和艺术

在谈到中国的科学时，李明显露出一个西方人在此方面特有的自信。他首先觉得在中国存在一个怪象：

> 看看他们的图书馆、大学，他们学者的令人吃惊的数量，天文台和他们认真的观测，可以得出结论说这个民族不仅机智，而且在科学的各个门类方面都受过良好的教育；这个民族具有洞察力、创造力和各个方面的天赋。然而，虽然四千多年来，人们建议奖励科学家，而且无数人的财富也取决于他们的才干，但是，尚未有一人在任何思辨科学上有非常的建树，哪怕只是一般的深入研究也没有。③

对于为何会有这一现象，李明认为这是上帝的有意安排，"在上天分别分配给世上各个民族的优点中，中国人并未得到那些努力认识自然的人所必需的洞察力和敏锐性"④。接着，李明按照学科的分类，对中国的科学情况做了大致的介绍。

在天文学方面，他认为世界上没有哪一个民族像中国这样致

---

① 〔法〕李明著，郭强、龙云、李伟译：《中国近事报道（1687—1692）》，郑州：大象出版社，2004年，第170页。

② 同上。

③ 同上，第193页。

④ 同上。

力于天文学研究，因为他们持有关于日月食、彗星及月球的四百
多次观测记录，但中国的天文学却远远落后于西方。他解释这其
中的原因在于中国人的观测记录并未注意细节的叙述，而正是细
节才使得伟大的工作得以继续。但与此同时，李明也没有对中国
天文学进行全盘的否定，他认为中国人的观测记录既印证了他们
自身的年表，也完善了西方的编年学。

　　在医学方面，李明认为由于物理学和解剖学是中国人的缺
项，所以他们在医学上从未取得很大的进展。但他肯定中国人对
脉搏的独特认识，并认为这一科学是整个中医的基础。李明详细
介绍了诊脉的方法、机理和过程，但同时也提醒人们有的医生会
在诊病前利用各种手段探听病人的病情，甚至编造出某种疾病。
他还注意到中国人"几乎全都确信大部分疾病都是由钻进人的肌
肤里，对身体的各部分产生坏影响的恶风、邪风引起"[1]，他们
常用的祛风法是在身体的不同部位使用针灸或拔罐。

　　在药物方面，李明认为中国对滋补药尤为重视。但对这些药
物的效果，他持比较审慎的态度，"他们的草药数量很多；如果该
国人的话可信，这些草药都有特殊可靠的疗效"[2]。李明详细介
绍了茶叶和人参两种药物。谈及茶叶的功效，他的态度比较折中，
他一方面肯定茶叶有助于消化，有带走附着于血管壁上的一切杂
物，促进停滞和腐坏的体液的流动的作用，但另一方面他也指出
茶并不是包治百病，甚至经常由于某些原因变得毫无用途。接着
他还介绍了茶的不同种类、茶叶的采摘和制作过程、茶树的栽种
以及茶花和茶种等。李明对人参的介绍也颇为详细，涉及了人参
名称的由来，人参的大小、形状及颜色，叶子的形状，花和梗的
特点，人参的产地，用法及用量等。比起茶叶，李明更相信人参

---

　　①〔法〕李明著，郭强、龙云、李伟译：《中国近事报道（1687—1692）》，郑州：大象
出版社，2004年，第197页。

　　②同上，第198页。

的药用功效,"人参味甘讨人喜欢,虽然有一点苦味,但药效神奇。可清血、健胃,给脉弱增加动力,调动人体自身的热,并同时驱除体内的湿"①。

此外,李明还认为中国人的算术不是很差,运算时使用算盘既迅速又准确,但中国人不会用零来运算,而零其实在运算中作用很大。中国人的几何学很肤浅,仅限于不多的命题和某些代数题,也不会使用定律解题。在音乐方面,中国人自诩是乐谱的创造者,但至今所使用的乐谱极不完善,甚至都称不上是乐谱,等等。

李明虽然评价中国人在科学方面表现平平,但对他们在艺术方面的成就给予了一定程度上的肯定。他认为"工匠们极其勤奋,尽管他们还不像我们那样轻松地创新,他们还是可以不费力气地模仿出我们发明的东西,并仿造得相当好。目前,在王国的好几个地方都在生产玻璃制品、钟表、手枪、炮弹,以及许多其他多亏我们他们才造出来的产品"②。李明还将中西的船只和航海术进行了对比。他详细介绍了中国船只的外形和构造,并认为中国船只的样式不够美观,帆也较为笨重。关于航海技能,李明认为虽然中国人的航行技术远不如西洋人,但在内河及运河的航运上,中国人具有一种西方人不具备的特殊的技巧,特别是在激流中所表现出的机智和灵巧是令人难以置信的。

整体看来,李明对中国科学和艺术的评价较为中肯。他对西方的算术、几何学、天文学等学科的水平非常自信,但他也承认中国历来就有火药、印刷术,并使用指南针。这些在欧洲是新技术,是欧洲人应该感激中国人的发明。③他注意到了中国医学方

---

① 〔法〕李明著,郭强、龙云、李伟译:《中国近事报道(1687—1692)》,郑州:大象出版社,2004年,第202-203页。

② 同上,第204页。

③ 同上。

面的滞后,但也肯定中国人对脉搏的独特认识在世界上享有盛誉。他认为中国人在艺术制造方面缺乏创新,但也承认他们具有很强的模仿能力。他看到了中国航海技术相对落后,但也发现了中国人的灵巧和勇气在某种程度上弥补了一些不足。所有这些恰如其分的评价都显示出了李明具有相当高的科学素养。

(五)中国的政治及政府

李明对中国的政治和政府尤为欣赏,他认为"在古代形成的各种政府思想中,可能没有比中国的君主制更完美无瑕的了"[①]。"中国人虽然远离了共和政府,但更反对暴政,说暴政的根源在于君主犯下的天理王法所不允许的出规逾矩行为,而不在于绝对权力本身,因为君主并不能过分地为所欲为。"[②]

李明着重介绍了中国的政治机制。他首先列举了中国皇帝所拥有的六项至高无上的权力:首先,皇帝掌握着举国官员的升迁任免,可以自己做主给宠幸者封官授爵。其次,尽管每个人掌握着一定财物,可以安享自己的土地,但如果皇帝觉得国家急需,便可以增派贡赋。第三,皇帝可以自由宣战、停战,或在保持帝国尊荣的前提下按自己属意的条件缔约。第四,皇帝有从皇室成员或臣民中选择继位人的权力。第五,历代皇帝的绝对权力并不仅仅限于现世,他可以像对待生者一样给死者以追封和贬谪,从而褒扬或惩治他们的后人或家庭。第六,他可以废除旧文字,创立新文字;可以变更行省、府道和家族的称谓;可以下令在谈话、作文、著书时避哪些讳,用什么词。[③]同时,李明认为虽然法律赋予了皇帝至高无上的权力,但要求他在行使权力过程中要温和

---

① 〔法〕李明著,郭强、龙云、李伟译:《中国近事报道(1687—1692)》,郑州:大象出版社,2004年,第217页。

② 同上,第218页。

③ 同上,第219-223页。

适度,"这是长此以来支撑中国君主制广厦的两大支柱"①。而且,中国人还有自己独特的方式来限制皇权:首先,古代的立法者从君主制建立伊始就确立了仁治的原则:好的统治者应该是子民的衣食父母,而不应当是高踞宝座受奴仆供养的主子。其次,每一位大臣都可以指陈皇上的过失,但必须言行谨慎,举止谦恭。第三,如果皇上贪图功名,撰写实录就是唯一可以约束他们的办法。最后,当一个皇帝残暴无道,喜怒无常,不问政事,长期放纵不拘时,中国人可以揭竿而起。②可见,李明对中国的君主制并不否定,他是抱着理解甚至是赞同的态度来看待中国的政治制度的。

李明接着介绍了中央权力机构的组成,认为它是由亲王组成的议政大臣会议,由朝廷大臣组成的普通内阁,以及分工各异的六部(户部、礼部、兵部、刑部、吏部和工部)所构成。为了防止六部的权力过大而削弱了皇权,皇帝对它们进行了分权,彼此之间相互约束,相互制衡。另一有效的防范措施是,皇帝委派一名官员到各部监督日常事务。此外,为了使地方官吏恪尽职守,朝廷采取了两种预防措施:一是总督和巡抚权限分工明确,相互制约;二是督抚们必须不定期地向朝廷上奏折,检讨自己在工作中的失误。

此外,李明还提到了中国人所奉行的三条道德准则。第一,教导子女们要爱护、孝敬、尊重父母。第二,要求人们习惯于将官员们看作皇帝的代理人。第三,教化民众要谨守礼仪,为人谦逊,彬彬有礼,要让人觉得和善可亲。他还介绍了中国人奉行的十条基本的政治准则:第一,决不让官员在本省做官。第二,管辖各省的督抚等达官显宦必须将子弟送到宫中,借口是让他们接受良好的教育,实际上是充为人质。第三,皇帝所任命的钦差有

---

① 〔法〕李明著,郭强、龙云、李伟译:《中国近事报道(1687—1692)》,郑州:大象出版社,2004年,第218页。

② 同上,第223-225页。

权审理任何一个人，官高位显者亦不能除外。第四，不卖官鬻爵，而是按功行赏，对于那些生活检点、孜孜以求学习法律礼仪的人以嘉奖。第五，丝毫不能容忍外国人在他们帝国的领土上居留。第六，不承认世袭贵族和因升官而获得的世袭爵位。第七，和平时期和战争时期都要养一支庞大的军队，以使邻邦臣服，镇压国内起义。第八，实行九品官阶的奖惩制度。第九，禁止女人抛头露面做生意，女人的主要工作是相夫教子。第十，全国上下普遍重视商业。最后李明指出中国的政治准则为数众多，但他认为这十条最能反映出中国的政治贤明。①

　　李明在华传教过程中了解中国政治制度的机会并不多。他主要是借鉴了之前耶稣会士如利玛窦、曾德昭、安文思等人在此方面的研究成果，并加之自己的一些体会而整理完成的。由于缺乏亲身的经历，李明忽略了理想中的完美制度在遭遇冰冷的现实时会发生的扭曲和变异。所以，他所呈现的中国政治制度并不全面，也远非真实。他赞美中国的开明君主制，只是他有幸生活在康熙大帝的时代，纵观中国历史，昏庸无能的帝王比比皆是，而明君的数量屈指可数。他评价中国的官员大都清廉、慈爱，而中国历史上徇私枉法、卖官鬻爵之风从未消弭。他称赞中国古代的监察制度完备，但殊不知其实际功用与理想相差甚远，那些敢于冒死直谏的臣子大都由于其悲壮的结局才能在历史上留下痕迹。但是，我们并不能因此就说李明对中国政治制度的介绍是虚假的、臆造的。他所提及的这些印在中国人文本上的制度正是中国古人在政治方面的理想，甚至体现了全人类在某些方面共同追求的价值观。

（六）中国古今的宗教

　　由于传教士的身份，李明对中国古今的宗教尤为重视，并按

---

　　① 〔法〕李明著，郭强、龙云、李伟译：《中国近事报道（1687—1692）》，郑州：大象出版社，2004年，第229-244页。

照时间的顺序进行了详细的介绍。他认为中国人是诺亚的后代，
"诺亚的儿女散布到了东亚大地，很可能建立了这个王国；大洪水
时期，他们领教了造物主的威力，从而也认识了造物主，连其子
子孙孙都对他有莫名的畏惧"[①]。接着，他列举了古代多位帝王
来进一步说明古代中国人对上帝的敬畏之心。如伏羲又被称为"庖
牺"（即牺牲的意思），这是《圣经》里那些圣人们乐于接受的名
号，而且只有为圣人和罪人牺牲的人才能享有的名号。黄帝曾为
上帝修建了一座庙，"如果说犹太人更胜一筹，把供奉救世主的
祀庙建得更加富丽堂皇，甚至也很庄严神圣，中国人却在举世最
古老的祀庙里祭祀造物主，这不能不说是一个小小的荣誉"[②]。
颛顼任命神职人员到各省主持祭祀仪式，并要求活动必须虔诚。
帝喾对宗教同样热心，所以当他向上帝求子后，不久便如愿以偿。
尧、舜两位帝王治国有方，他们统治下的宗教事业似乎更加繁荣。
随后的三个王朝夏、商、周依旧尊崇上帝。武王的兄弟以自己为
祭品，祈求上帝能治愈武王，不久便遂愿。成王在弥留之际教育
自己的儿子要恪守天意，牢记有关上天和子民的祖训。总之，李
明认为从中国古代一直到周幽王时期，即公元前八百年左右，偶
像崇拜还没有影响到中国人的精神境界，中国连续两千年都保持
了对上帝的膜拜和景仰，是基督徒的表率。[③]

　　谈到这一时期之后中国人的宗教信仰时，李明认为自耶稣降
生以来，中国和印度始终都淹没在偶像崇拜的迷雾之中，而希腊、
部分非洲国家和整个欧洲却笼罩在基督信仰的光环之下。然而两
千多年以来，中国一直保持着真正的上帝信仰，谨守着最纯洁的

　　[①]〔法〕李明著，郭强、龙云、李伟译：《中国近事报道（1687—1692）》，郑州：大象
出版社，2004 年，第 256 页。

　　[②] 同上。这一说法遭到了索邦神学院的谴责。

　　[③] 同上，第 258 页。

道德准则；相对而言，欧洲和其他地方却谬误百出，思想堕落。[①]
对此，李明解释为，上帝的恩惠就像太阳一样周而复始，他传播
到人间的信仰之光对所有的人民进行了一番分配，只是时间不同，
方式各异。他认为中国人是上帝偏爱的一个民族，"尽管上帝对地
球上芸芸众生进行了巧妙的分配，但中国人却没有理由抱怨，因
为还有哪个民族比他们更受恩眷呢？"[②]

　　接着李明介绍了中国流行的各宗教的现状，并认为正是这些
歪理邪说占据了人们的心灵，人们才对上帝失去了正确的判断。
第一种是道教，他的创始人老子是一个怪胎，是国家的不幸，以
其歪理邪说而名扬天下。他教导人们上帝是有形的，统治着其他
神灵。他酷爱炼丹术，以期能够长生不老。宣传道教的天师们装
神弄鬼，以骗人的法术迎合了一批乌合之众。宋徽宗痴迷道教，
为一位名声远扬的天师[③]授予了上帝的封号，这给古老的宗教信
仰以致命的打击，因为之前中国人始终将上帝与其他神灵区别开
来。而宋徽宗也因他对上帝的不敬而导致了他的江山很快易主。

　　李明介绍的第二种宗教是佛教。他认为佛教比道教更有影响
力，所以更具危险性。"中国庞大的躯体本已被道教的鬼怪神灵和
亵渎行为弄得千疮百孔，偶像崇拜又火上加油，这样中国就成了
一个地道的、恐怖的罪恶渊薮。"[④]李明介绍了佛教的创始人释迦
牟尼的生平，他本是位太子，于公元前两千余年出生在印度一个
靠近边境的王国。母亲从右肋生下他，自己却难产而死。这个怪
物来到世上便会走路和讲话。他十七岁结婚后，有了一个儿子却

　　①〔法〕李明著，郭强、龙云、李伟译：《中国近事报道（1687—1692）》，郑州：大象
出版社，2004年，第260页。这一说法遭到了索邦神学院的谴责。
　　② 同上。这一说法遭到了索邦神学院的谴责。
　　③ 李明这里所说的天师，指的是道教诸神中地位最高的神——玉皇大帝。政和六年
（1116年），宋徽宗为其授予了"太上开天执符御历含真体道昊天玉皇上帝"的封号。
　　④〔法〕李明著，郭强、龙云、李伟译：《中国近事报道（1687—1692）》，郑州：大象
出版社，2004年，第262页。

又将儿子遗弃，出家过苦修的生活。三十岁，他大彻大悟，悟道成佛，开始叫佛陀。他门徒众多，所以印度深受这种害人教义的影响。他生前建立了偶像崇拜，临死时却又极力宣扬无神论，他对弟子们说："空能生万物，万物复归空，这是修行的终极"，其亵渎行为达到了无以复加的程度。正因为他的遗言，僧侣中形成了一个无神宗派。①接着，李明还列举了多个事例来说明和尚是怎样利欲熏心、装腔作势和愚弄百姓的。此外，他还注意到了藏传佛教的存在，发现这些被称为喇嘛的和尚只是服装和个别的宗教活动有异于汉族和尚，在本质上别无二致，都信奉佛陀。

接着李明介绍了第三种宗教——儒教，即新儒学。他认为其产生的原因是 1400 年，皇帝为了鼓励臣民致力于古代知识的学习，命人将古典经籍进行注释，而受命的官员由于受当时流行于中国的偶像崇拜的影响，并没有遵循先圣思想的精髓，而是进行了歪曲和捏造。李明猛烈抨击新儒家，认为他们"利用一些精美绝伦的字眼，表面上好像并没有抛弃古人的东西，实际上建立了一种全新的教义。不知道他们是从哪个麻木不仁的家伙那儿听来的教导，认为这种道散布在物质里面，制造了各种变化。公正无私、无所不能、一统阴界、审判苍生的上天不复存在了，其著作里面只是地地道道的无神论，与任何宗教信仰都风马牛不相及"②。在李明看来，正是因为有了道教、佛教和新儒学，古代那些原本充满智慧灵感、敬畏上帝的人民最终堕入了迷信、神怪和异教之中，进而走向无神论，每况愈下，与自己长期遵循的理性南辕北辙。③

最后，李明谈到了康熙皇帝对中国不同宗教的态度。他认为

① 〔法〕李明著，郭强、龙云、李伟译：《中国近事报道（1687—1692）》，郑州：大象出版社，2004 年，第 262-263 页。

② 同上，第 271 页。

③ 同上，第 272 页。

皇帝允许或者说容忍迷信，是因为他是一位有政治头脑，爱民如子的明君。他不想招致文武百官的批评，更不想激怒百姓，以免对自己的统治形成威胁。其实康熙对这些宗教的欺骗性和荒谬性心知肚明，甚至在多个场合将它们斥为无稽之谈。李明认为康熙定期去天坛祭天，是因为他相信和敬畏上帝，可是"与耶稣基督大相径庭的宗教情绪和政治原因根本不允许他放眼看到福音的真谛"[①]。但李明并没有灰心，他一直期待着康熙能够归化的奇迹，特别是皇帝曾向南怀仁说的一番话使他对此坚信不疑。康熙曾说过，"你们的教理很严格，但是我必须克制自己，如果我真的信仰，就会时时刻刻奉行不悖，我敢说，出不了三年，全国人民都会效仿我，因为我是人主嘛！"[②]

　　通过李明对中国古今宗教的介绍可以看出，基于基督教的立场，他对道教和佛教的态度是全盘否定的。他没有给这两种宗教以公允的评价，没有意识到它们学说的可取之处，没有看到它们在中国文明史中，特别是艺术和文学史上所起的重要作用。此外，李明把新儒学也看作是自己的劲敌，这是因为新儒学的思想和基督教神学出现了本质上的矛盾。基督教认为上帝是世界的真正本原，是唯一的创造者；而新儒学则认为，太极乃世界的最初动力，阴阳的律动和动静的和谐是世界生成的根本机制。新儒学无神论思想与基督教思想之间出现了激烈的碰撞，它自然也就成为传教士们批判的对象。相反，对于中国古代的宗教，李明给予了极力褒扬，这是和绝大多数在华耶稣会士们的态度相互一致的。为了能更容易使中国人归化，传教士们往往把中国人纳入上帝子民的行列，并从古典经籍中寻求证据。李明也是其中一位，但他显得更大胆或者说更鲁莽，他把祭祀造物主最古老神坛的荣誉给了中

①〔法〕李明著，郭强、龙云、李伟译：《中国近事报道（1687—1692）》，郑州：大象出版社，2004年，第274页。

②同上。

国人,他把两千多年以来坚守上帝信仰,具有最纯洁道德的荣誉给了中国人,他把上帝最恩眷民族的荣誉也给了中国人。那么在这样一个异教徒国家面前,基督教的优越性就根本无从体现了,他的这番言论随着这本书在欧洲的畅销,必将会引起一场史无前例的大论战。

综上所述,《中国近事报道》确是一本作者精心构思的关于中国的百科式全书,它的内容比之前欧洲出版的绝大多数作品都更加成熟。但通过分析,我们发现究其实质,它还只是一本通俗性著作,或者说是一部游记,其实并未对中国文化做出深入的探讨。该书是为"礼仪之争"中耶稣会士的适应政策辩护而作,但在李明看来,适应政策只是一种传教策略,而不是两种异质文化相碰撞的基本构架。他在思想上缺乏对中国的理解和共鸣,他对利玛窦等真正能为适应政策做出辩护的人缺乏了解。李明认为中国历史悠久,而中国悠久的历史是通过中国的史书记载的,李明根本没有阅读这些史书的能力。李明赞扬中国在古代是备受上帝偏爱的民族,不是因为他理解和欣赏古代的中国,而是他确信适应政策是正确的。[1]从《中国近事报道》所介绍的内容来看,他对中国的了解仅限于地理、服饰、习俗等方面,但对于中国深层次的领域缺乏真正的理解,而"礼仪之争"需要的就是对中国文化进行深入的探讨。"礼仪之争在 17 世纪最大的讽刺就是:一个既不完全欣赏也不完全理解文化适应计划的耶稣会士成为这项计划在欧洲的代言人。"[2]这也就注定了《中国近事报道》最后遭贬斥的命运,注定了李明无法承担起耶稣会士适应政策代言人的角色。

---

① 〔美〕孟德卫著,陈怡译:《奇异的国度:耶稣会适应政策及汉学的起源》,郑州:大象出版社,2010 年,第 379 页。

② 同上,第 380 页。

三、《中国近事报道》对西方的影响

《中国近事报道》出版后，在西方产生了重大的影响。它不但受到了普通民众的追捧，更是给了欧洲启蒙思想家以无限的灵感和素材，从而成为传教士有关中国作品中的代表性著作之一。但究竟哪些思想家受到这部著作的启发和影响，都受到了哪些影响，其实很难去考究，因为疏于引证资料来源在整个 17 世纪里是欧洲学术界的流行病[1]。虽然在很多作家的笔下都好似有《中国近事报道》的影子，但谨慎起见，我们这里探讨的范围只限于直言引用了李明作品的学者，如伏尔泰、魁奈和莱布尼茨等。

18 世纪创造了一个理想化的中国，伏尔泰就是创造这个杰作的最积极、最富特色的一位艺术家。[2]伏尔泰一生虽从未到过中国，却在近八十部作品、二百多封书信中提及过中国。他显然是《中国近事报道》的忠实读者，因为他在多部作品中曾提及过李明，如在《路易十四时代》中，他写道：

> 学识渊博的耶稣会教士勒孔德[3]曾在其所著《中国纪事》[4]一书中写道："这个民族将近两千多年来，始终保持对真神的认识。他们在世界最古老的寺庙中祭祀造物主。中国遵循最纯洁的道德教训时，欧洲正陷于谬误和腐化堕落之中。"
>
> 前面已经谈到，中国这个民族，以它真实可靠的历史，以它所经历的、根据推算相继出现过三十六次日食这样漫长

---

① 吴莉苇：《当诺亚方舟遭遇伏羲神农》，北京：中国人民大学出版社，2005 年，第 88 页。

② 阎宗临著，阎守诚编：《传教士与法国早期汉学》，郑州：大象出版社，2003 年，第 85-86 页。

③ 即李明，其法文名为 Louis Lecomte，译者在此处音译为勒孔德。

④ 即《中国近事报道》。

的岁月，其根源可以上溯到我们通常认为发生过普世洪水的
时代以前。中国的读书人，除了崇拜某一至高无上的上帝以
外，从来别无其他宗教信仰。他们尊崇正义公道。他们无法
了解上帝授予亚伯拉罕和摩西的一系列律法，以及长期以来
西欧和北欧民族闻所未闻的弥赛亚的完善的法典。以下这一
点是确切无疑的：当高卢、日耳曼、英吉利以及整个北欧沉
沦于最野蛮的偶像崇拜之中时，庞大的中华帝国的政府各部
正培养良俗美德，制订法律，只承认一个上帝，对这个上帝
的朴素的信仰始终不渝。这些明显的事实应能证明勒孔特[①]
教士的看法正确无误。然而在这些观点中，因有某些与约定
俗成的固有观念相抵触之处，所以在索邦学院受到攻击。[②]

又如在《风俗论》中，伏尔泰写道：

> 孔子的家族现仍存在。在一个除现职贵族外没有其他贵
> 族的国家，这个家族因孔子之尊而有别于其他家族，备享殊
> 荣。至于孔子本人，他享有一切荣誉——不是神的荣誉（神
> 的荣誉谁也无法享有），而是一个人由于在神明的问题上，
> 提出了人类理性所能形成的最圣洁的看法而受之无愧的荣
> 誉。因此李明神甫和一些别的传教士曾写道："当其他民族
> 还在崇拜偶像时，中国人便认识了真正的上帝，并在世界上
> 最古老的天坛祭祀上帝。"[③]

单从这几段，我们便可看出《中国近事报道》至少对伏尔泰

---

① 即李明，译者在此处音译为勒孔特。
② 〔法〕伏尔泰著，吴模信等译：《路易十四时代》，北京：商务印书馆，1997年，第
597-598页。
③ 〔法〕伏尔泰著，梁守锵译：《风俗论》，北京：商务印书馆，1995年，第219页。

关于中国历史、宗教、法律等问题的认识产生了重要影响。首先，伏尔泰同意李明的观点，认为中国历史悠久，其根源可以上溯到大洪水之前，而且中国的历史是无可争议的，是唯一建立在天象观察的基础之上的。他认为"中国人把天上的历史同地上的历史结合起来了。在所有民族中，只有他们始终以日食月食、行星会合来标志年代；我们的天文学家核对了他们的计算，惊奇地发现这些计算差不多都准确无误。其他民族虚构寓意神话，而中国人则手中拿着毛笔和测天仪撰写他们的历史，其朴实无华，在亚洲其他地方尚无先例"①。

其次，受李明的影响，伏尔泰非常欣赏中国的法律，认为其是以道德为基础的。他所说的中国人遵循的"最纯洁的道德教训"，那就是后辈对长辈的尊敬，而这是使人类"最合乎自然又最神圣的法则"②。他认为整个中国的法律就是建立在这种孝道基础上的，"儿女孝敬父亲是国家的基础……一省一县的文官被称为父母官，而帝王则是一国的君父。这种思想在人们心中根深蒂固，把这个幅员广大的国家组成一个大家庭"③。因此，伏尔泰还曾感叹道："当我们还是一小群并在阿登森林中踯躅流浪之时，中国人的幅员辽阔、人口众多的帝国已经治理得像一个家庭，国君是这个家庭的父亲。"④

再次，伏尔泰赞同李明的中国宗教和基督教同出一源的观点，认为这个民族除了崇拜某一至高无上的上帝以外，从来别无

---

① 〔法〕伏尔泰著，梁守锵译：《风俗论》，北京：商务印书馆，1995年，第74页。

② 〔法〕伏尔泰著，吴模信等译：《路易十四时代》，北京：商务印书馆，1997年，第595页。

③ 〔法〕伏尔泰著，梁守锵译：《风俗论》，北京：商务印书馆，1995年，第216页。

④ 同上，第76页。

其他宗教信仰。但是作为一位自然神论①者，伏尔泰把中国宗教
看作是一种没有教条、没有神秘性的自然宗教，而孔子的学说正
符合了这种自然神论。伏尔泰认为："他们的孔夫子不创新说，不
立新礼；他不做受神启者，也不做先知。他是传授古代法律的贤
明官吏。我们有时不恰当地（把他的学说）称为儒教，其实他并
没有宗教，他的宗教就是所有皇帝和大臣的宗教，就是先贤的宗
教。孔子只是以道德谆谆告诫人，而不宣扬什么奥义。"②伏尔泰
从自然神论的角度把儒家思想解释为一种宗教，但把它与他所认
为是迷信的佛教和道教做了严格的区分。他认为中国容忍佛教和
道教以供平民百姓之用，就像给他们一些粗糙的食物来养活他们
一样，而与平民隔绝的官员士绅则享用精细的食品，似乎平民百
姓不配有一种合乎理性的宗教似的。③相反，他认为"文人之宗
教，是值得再次赞赏的。它没有迷信，没有荒诞传说，没有亵渎
理性和自然的教条"④。

　　伏尔泰大量信函及著作的字里行间都透露出和《中国近事报
道》中类似的内容。可见，他把李明所介绍的中国深深地嵌入了
他的脑海中，并从中汲取他所需要的素材和灵感。他通过他所创
造的这部中国传奇，展现他对昏庸的法国君主的憎恨，对开明君
主的期待；表达他对理想国的呼唤，对法国封建制度的批判；倾
诉他对知识分子治国的渴望，对哲学家王国的幻想和向往。而李
明就是对伏尔泰中国形象的构建产生了重要影响的人物之一。

　　同伏尔泰一样，魁奈也从李明的著作中汲取了不少有关中国

---

①　自然神论是17到18世纪的英国和18世纪的法国出现的一个哲学观点，主要是回
应牛顿力学对传统神学世界观的冲击。这个思想认为虽然上帝创造了宇宙和它存在的规
则，但是在此之后上帝并不再对这个世界的发展产生影响。

②　〔法〕伏尔泰著，梁守锵译：《风俗论》，北京：商务印书馆，1995年，第77页。

③　同上，第222页。

④　《伏尔泰全集》第18卷《哲学辞典》，巴黎：卡尔尼，1878年，第158页。参见阎
宗临著，阎守诚编：《传教士与法国早期汉学》，郑州：大象出版社，2003年，第85页。

的素材。魁奈是法国重农学派的创始人和代表人物，是西方古典政治经济学的重要奠基人之一。他在《中华帝国的专制制度》一书中多次提到李明和其作品中的内容。如在导论部分"中华帝国的疆域和繁荣"这一节中，作者引用了李明对中国省份和城市的介绍：

> 中国划分为 15 个省；最小的省份如<u>勒孔特</u>神父的记载所述，也是这样富饶和人口稠密，足以形成一个相当大的国家，这位作者说："一个省的统治者就是当地的家长，毫无疑问拥有足够的财富和足够的臣民来实现任何有理智的抱负"……
>
> 　　对于中国城市数目之众多与规模之宏伟，只需引用<u>勒孔特</u>神父的叙述，即可获得一个大体印象。
>
> 　　他说："我曾游览过七八个城市，都比巴黎大，这还没有把其他一些我未到过、而据中国地理志记载都是具有相同规模的城市计算在内。一等城市有 80 多个，可与里昂、鲁昂或波尔多相比。在 200 个二等城市中，有 100 多个与奥尔良城相当，而在大约 1200 个三等城市中，可以找出 500 到 600 个象第戎或拉罗舍尔一样大的城市，这还没有计算许许多多在规模和人口方面都超过马雷纳（Marennes）和圣让—德吕兹（St. Jean-de-Lus）一类城市的村镇。这里没有一点夸张；也不是转引其他人的记述；我本人就游历了中国的大部分地区，而我所走过的 2000 里格路程，足以证明我的陈述是有根据的。"①

---

① 〔法〕弗朗斯瓦·魁奈著，谈敏译：《中华帝国的专制制度》，北京：商务印书馆，1992 年，第 40 页。

在"公民的等级"一节中，魁奈当讲到中国水手的航行技术时，也援引了李明的叙述：

> 但是必须承认，他们在江河和运河的航行方面，具有一种我们所缺乏的技术；他们用很少的水手来驾驭象我们的海船一样大的驳船。在南方各省，有许多水手；他们中间的 9999人一直是为皇帝和国家服役。勒孔特神父说，他们航行于急流险滩的技艺，有些是令人惊异和难以置信的；他们几乎是在向自然力量挑战，勇敢地航行于会使其他民族望而却步的航道上。①

在第二章"中国的基本法"的第一节 "自然法"中，魁奈援引了《中国近事报道》中桑林祈雨的故事：

> 勒孔特神父引用一个显著例证，来说明一位中国皇帝笃信宗教的态度。他说那是引自中国史籍，而我们认为值得将这个例证转述如下。
> 连续 7 年的可怕旱灾使得百姓一筹莫展：祈祷、斋戒、忏悔，所有办法都用过了却无济于事；这位皇帝不知道用什么办法来结束公众的痛苦和平息宇宙万物的统治者的愤怒。他对人民的热爱，使他想到奉献自身来作为祭品。他召集帝国的所有高层人士，宣布了这个慷慨捐身的计划；他脱去了帝王的服饰，穿上草制的蓑衣；然后赤着脚、光着头，率领全体朝臣走到远离都市的一座高山。在那里，他先跪俯在地上行了九次叩礼，接着向天地诉说了这样一番话：

---

① 〔法〕弗朗斯瓦·魁奈著，谈敏译：《中华帝国的专制制度》，北京：商务印书馆，1992 年，第 47-48 页。

　　"天帝，您不会不知道我们所遭受的苦难，这是我的罪
孽而灾难却降临在我的臣民身上，我来这里以天地为证，虔
诚地向您表示痛悔之意。至上的万物之主，请允许我恳求您
的指点，那将使我能更好地警戒自己，请告诉我在对待自己
的臣民方面，是什么使您如此动怒，是我的皇宫过于华丽
吗？我将认真地改变这一状况。或许是我餐桌上的丰盛食物
和美味佳肴造成了今天的这场贫困吗？那末从今以后，在我
的餐桌上将只会看到俭朴和清淡的饭菜。如果所有这些还不
足以平息您应有的愤怒，如果您坚持要供奉祭品，那就看中
我吧，天帝！我愿以身相祭，死而无憾，以此换得您对这些
善良臣民的宽恕。让天降甘露来湿润土壤以解脱他们的贫
困，让我身遭雷电轰顶以实现您的公正审判。"

　　我们的传教士说，这位统治者的虔诚感动了苍天。天空
出现了阴云，并且普降雨水，后来帝国获得了普遍的丰收。①

　　此外，在该书第三章"实在法"第二节"皇帝的绝对权力受
到制约"中，魁奈讲述了皇帝在官吏的劝诫下将一位宠臣革职流
放的故事后，写道："另外在勒孔特神父的著作中，也能看到同样
值得注意的例证。"②

　　从以上直接援引了李明名字的段落中可以看出，魁奈有关中
国地理、城市及风俗的很多知识均来自《中国近事报道》。此外，
魁奈在该部著作中还大量地直接或间接地引用了《中国近事报道》
中关于中国政治制度的介绍，并以此为基础提出了自己的观点。
面对许多历史学家对中国是专制主义的指责，魁奈巧妙地进行了
辩护。他认为存在两种类型的专制主义：一种是合法的，另外一

---

①〔法〕弗朗斯瓦·魁奈著，谈敏译：《中华帝国的专制制度》，北京：商务印书馆，
1992年，第51-52页。
②同上，第76页。

种是随心所欲的。中国可能是专制主义的，但它是合乎法律的而
不是任意的。这种合法性首先表现为皇权受限制。正如他在书中
写道："中国皇帝是专制君主，但这个名词适用于哪种含意呢？在
我看来，好象我们欧洲人常对中国政府怀有一种不好的印象；但
是我从有关中国的报告中得出结论，中国的制度系建立于明智和
确定不移的法律之上，皇帝执行这些法律，而他自己也审慎地遵
守这些法律。"①他在李明著作中所发现的"同样值得注意的例
证"，正是皇帝的绝对权力受到制约的例子。此外，魁奈认为这种
合法性也表现为各级官吏的权力受限，以及司法审判的程序。在
论述这些方面时，他虽然没有直接提及李明的名字，但他所讲的
关于康熙亲巡途中断案、审判机构、刑罚等和《中国近事报道》
中的相关内容如出一辙，显然是间接地引用了李明作品中的内容。

　　此外，魁奈对中国宗教信仰的认识也在很大程度上受到了
《中国近事报道》的影响。他认为中国人的宗教主要关心的就是至
高无上的上帝，他们崇奉上帝为万物的本源。而皇帝们始终把尊
奉古代礼仪和举行这些宗教仪式看作是自己的主要职责之一。只
有朝拜上帝这件事情，能让君主屈尊走下王位，能让他在上帝面
前卑躬屈膝，能让他由此获得上天对其臣民的赐福。魁奈不惜笔
墨地援引了《中国近事报道》中桑林祈雨的例子，并不是为了探
讨它是否合乎自然规律，只是想要证明中国皇帝们的宗教信仰的
内在含义，以及他们对臣民的热爱。魁奈由此例证得出结论：中
国崇尚和祭祀天地延续达许多世纪，却未受到偶像崇拜的任何影
响，历代皇帝都同样热心于崇奉和祭祀天帝。在长达 2000 多年的
时间内，中国始终是在上帝的名义下，尊崇和敬奉一个至高无上
的生命体或宇宙万物的主宰，其中看不到一点偶像崇拜的痕迹。

---

　　① 〔法〕弗朗斯瓦·魁奈著，谈敏译：《中华帝国的专制制度》，北京：商务印书馆，
1992 年，第 24 页。

直到孔子以后的某些世纪里,才从印度传入了佛(如来佛)的塑像,而偶像崇拜者也开始侵蚀这个帝国。但是学者们坚信他们祖先的学说神圣不可侵犯,从未受到蔓延着的偶像崇拜的腐蚀。[①]

　　另外,作为重农学派的代表性人物,魁奈非常重视对自然法则的倡导与遵循。自然法则是以天为最高立法者,它要求人们十分珍视完美无缺的自然秩序。魁奈认为传统中国正是一个自然法则高度完美的国度,统治者们所倡导的重农政策是宇宙自然秩序与人类自然法则高度统一的体现。他对中国的农业给予如此高的评价,正是因为他在李明等传教士们的笔下看到了许多对中国这个农业大国的描写,那些如诗如画的美景激发了他无尽的想象。

　　同伏尔泰一样,魁奈对中国如此倾心是因为中国给他提供了一个批判法国体制,表达自己政治经济理念的良好素材。法国1692年的法令庄严宣布,国王的至高而全面的财产是天下的所有土地。在魁奈看来,这就是随心所欲的专制制度,他要以中国合法的专制制度为样板,对其进行深刻的批判。而当时财政大臣科尔伯所奉行的牺牲农业的重商主义政策,使法国出现了财政危机等众多社会问题,魁奈同样要借中国这个例证来阐释他重农主义的原则和主张。所以,"让魁奈对中国感兴趣的不是中国本身,而是为他自己的经济理论找依据。大国天朝的历史、风俗、体制给了魁奈意想不到的启迪。从此,他的理论原则建立在无可争论的事实基础之上"[②]。

　　莱布尼茨也曾阅读过李明的《中国近事报道》,他在1697年2月1日写给英国布奈特的信中讲到他已经收到了从巴黎寄来的

---

　　① 〔法〕弗朗斯瓦·魁奈著,谈敏译:《中华帝国的专制制度》,北京:商务印书馆,1992年,第52-54页。

　　② 阎宗临著,阎守诚编:《传教士与法国早期汉学》,郑州:大象出版社,2003年,第92-93页。

李明的著作。①同年，他就出版了《中国近事》一书。该部著作除了莱布尼茨所撰写的著名的"致读者"外，还收集了当时耶稣会士所写的有关"中国近事"的五封信，其中包括苏霖关于 1692年"容教令"的报告。

在"致读者"部分，莱布尼茨就建议读者将苏霖关于 1692年"容教令"的报告与李明《中国近事报道》的第十三封名为"致让松红衣主教大人——基督教新近在中华帝国全境得到皇帝诏书首肯"的信进行比较，以便对这一历史性事件有一个全面而深刻的认识：

> 当这份由葡萄牙神父、北京学院院长苏霖从北京发出的报告，由尊贵的明斯特主教顾问科亨海姆先生转到我手，并且用来与李明神父在他的用法文写成关于中国情势的描述中提到的情况做比较，是有益于基督教的事业的。……但愿这些材料能够更多地激起虔诚欧洲的热情，去完成这一巨大的使命。肯定无疑的是，中华帝国之大，本身便决定了他的重要性；作为东方最聪明的民族，中华帝国的声望是卓越的，其影响被其他民族视为表率。基于几点，我们可以说，似乎从使徒时代以来，基督信仰从未从事过比此更伟大的事业。②

莱布尼茨一直对康熙这位伟大的君王抱有浓厚的兴趣，他在"致读者"中，还引用了李明笔下的康熙形象：

> 就像最近从中国返回的传教士李明在一份有关中国的报告中描述的那样，这位君主甚至亲自为他的皇子们编写了

---

　　①〔德〕莱布尼茨著，梅谦立、杨保筠译：《中国近事——为了照亮我们这个时代的历史》，郑州：大象出版社，2005年，第184页。

　　②同上，第13页。

几本几何学课本，以便能够把一个如此重要的学科的基本知识和重要的真理亲自传授给他们，能够使他为自己的帝国开启的智慧在他的家族中代代相传。这样，他便为自己的臣民在他驾崩后的幸福做了准备。我看不出，在人生中还有比此更卓越的计划与设想。[①]

除了其代表性著作《中国近事》之外，莱布尼茨一生中有200多封与哲学家、科学家或在华耶稣会士的通信是专门谈及中国的。正是由于这位知名学者的推动，中国的情况在欧洲变得更加众所周知。而在为莱布尼茨筑造中国大厦提供第一手资料的耶稣会士中，李明是不可忽视的一位。

其实，除了伏尔泰、魁奈和莱布尼茨，18世纪许多的欧洲启蒙思想家都或多或少的受到了李明《中国近事报道》的影响，如孟德斯鸠（Montesquieu）、卢梭（Rousseau）[②]等。这些思想家们有的赞美中国，有的贬斥中国，但在实质上，都是以中国作为他们攻击其不满对象的利器，进而论证和巩固自己的理论体系。无论这些思想家的立场如何，他们都在客观上推动了欧洲人对中国历史、地理、政治、思想、宗教和文化领域的关注及研究，在18世纪中西文化交流这场大潮中起到了先锋者的作用。

第五节　刘应之中国研究

离开北京后，刘应先前往山西绛州传教，两年后因生活拮据，

---

① 〔德〕莱布尼茨著，梅谦立、杨保筠译：《中国近事——为了照亮我们这个时代的历史》，郑州：大象出版社，2005年，第5页。

② 孟德斯鸠和卢梭等人的作品明显有《中国近事报道》的痕迹，但因这些思想家没有直言是受到李明作品的启发，故不纳入本书的分析之列。

前往南京，一度去过广州，再回到北京，1709 年最终离开中国前
往印度。刘应在华生活 20 余年，深谙中国古籍，对中亚、东亚历
史研究颇为深入，但至今中西方学界对他的研究都极其有限。笔
者分析其原因主要集中在以下两个方面：首先，刘应在"礼仪之
争"中站在了耶稣会士们的对立面，他强烈谴责中国的礼仪问题，
往往被认为是中西文化交流中的阻碍力量。此外，刘应有关中国
的作品虽多，但真正出版的却只有《大鞑靼史》一部。这部著作
介绍了中国西北部众多游牧民族漫长而复杂的变迁史，对于弥补
欧洲人对中国历史史料的缺乏与散乱有着创造性贡献。但该作内
容庞杂，深奥难懂，要对其进行深入的研究与分析，非深谙法语
的民族学兼东方学家无法胜任，这也让很多国内外学者望而却步。
而笔者才疏学浅，只希望通过对刘应在文学、史学和宗教领域研
究及影响的梳理和初步探讨，抛砖引玉，进而引起学界对这位汉
学家及其著作的兴趣以及更为深入的研究。

一、刘应对中国文学的研究

在奔波于各地传教的同时，刘应利用余暇潜心钻研中国的语
言和文字。他的治学态度非常严谨，由于法语和葡萄牙语的字母
发音不同，所以他极力反对一些法国教士按照葡萄牙人的方式来
拼写中国的专有名词，而主张依照中文的读音，按法语字母的发
音规则拼写出来。他曾在写给友人的一封信中谈及了他的担忧：
如果将一些不合规则的东西引入汉语，那么法语可能会冒着被当
作是一种含糊不清，变幻无常的语言的风险。同时，与另一些法
国教士不同，他不提倡葡萄牙人按照法语的拼写改变其中文词汇
的拼写方式，因为他认为那些写作葡萄牙语书籍的人对汉语的理
解很深入，他们曾经身处口头汉语最好的地方，并获得了诸如徐

光启等贤明大臣的帮助。①

刘应对中国语言的了解使他能够相当深入地分析中国古代文学。关于刘应对中国古籍的钻研到了何种程度，可以从他同皇太子胤礽的一次谈话中窥得一斑。1693 年 2 月，康熙下诏命洪若翰和李明回京讨论新建教堂（即后来的北堂）的命名。因李明返回欧洲汇报传教团情况，刘应代其前往。同年 6 月，当洪若翰和刘应到达北京时，恰逢皇帝身患重病。太子胤礽召见了他们，并对刘应在汉语学习方面所取得的成就表示了赞赏。

白晋在《康熙皇帝》中对此事这样记载：

> 洪若翰和刘应两位神甫抵达北京时，康熙皇帝正卧病在床，因此不能象往常那样在御前召见他们。皇太子听说这两位神甫聪明练达，就召见他们，并进行了相当诚恳的谈话。皇太子对于中国古籍和汉学造诣颇深，他听说刘应神甫在这方面很有研究，想要亲自验证一下。因此，他翻开书籍，挑选那些中国古籍中极为难懂的章节询问刘应。刘应神甫令人惊讶地清楚而流畅地做了回答。皇太子看到这位神甫和大学士一样通晓中国古籍，感到异常高兴。另外，当皇太子问到孔子和中国古代圣贤的学说与天主教的关系时，他禀复说孔子及中国古代圣贤的学说和天主教不仅不相违背，而且相当类似。对此，皇太子显出了更加满意的神情。实际上，可以认为这位皇太子已经通晓天主教的主要原理，所以与其父皇康熙皇帝一样，相信儒教和天主教是相似的。②

---

① 巴黎国家图书馆, Mrss. fr. 25057, f. 733. 参见 John W. Witek. Claude Visdelou and the Chinese Paradox. In Edward Malatesta and Yves Raguin, eds., *Images de la Chine: Le contexte occidental de la sinologie naissante*. Taipei and Paris: Institut Ricci, 1995: 375.

② 〔法〕白晋著，赵晨译：《康熙皇帝》，哈尔滨：黑龙江人民出版社，1981 年，第 56 页。

　　洪若翰在他写给拉雪兹神父的信中对这一事件的记载更为翔实：

　　　　当我们到达时，皇帝已病了；张诚神父和徐日升神父根据他的谕令在宫中陪夜。这位伟大的君主仍还想到我们，他派了一个内侍和其他神父们一起到离城好几法里的地方迎接我们。这位内侍以皇帝的名义对我们说，如果皇帝知道我们的来京路线的话，他会派他们到更远的地方去迎候我们。我们直接去了皇宫。我们在这一天的其余时间一直呆在皇帝寝宫隔壁的房间。他的长子召见了我们，对我们极为客气。皇太子是皇帝的第二个儿子，他也来了。由于他熟谙中国的经书，故对以熟悉中国经书著称的刘应神父表现出特别的好感。在谈了一阵之后，皇太子命人取来古书，把它们拿给刘应神父看。打开书后，刘应神父简洁明了地做了解释，这使皇太子深为惊讶，一再对陪伴他的人说道："大懂。"（他完完全全地理解了其内容）皇太子随后问刘应神父，他对这些中国典籍怎么看，它们是否和基督教的教理相一致。刘应神父在谦逊地请求原谅之后回答说，基督教教理和人们在这些典籍中发现的东西能够一致，但是和别人写的对这些书的注释不相一致。"应该承认"，皇太子接口道，"新的注释并非总能很好地符合古代作者的原意"。这次谈话以后，皇太子特别尊敬刘应神父，他甚至对此毫无掩饰。我们希望我们的教会能够从中大大地受益。皇太子跟我们谈到了利玛窦神父的书，对我们极力赞扬这位中国传教会的创始人的精神与博学，并说，最能干的中国人将保持对他的敬意。①

---

　　①〔法〕杜赫德编，郑德弟等译：《耶稣会士中国书简集》上卷I，郑州：大象出版社，2005年，第287-288页。

刘应在 1728 年 1 月 20 日于本地治理写给传信部的一封信中也曾讲述过这个事件：

> 请允许我讲述一个和我有关，也和这本书①有关的事件。当我在中国的第五年，也是我开始认真研读中国书籍的第四年，康熙皇帝命我和一个会友从广东前往北京。我们被直接带到了皇宫。皇帝病得很重，故我们不能拜见他。代理朝政的太子得知有一位用四年时间通读了中国古典经籍的欧洲人来了，就很快出现在门口，并问道："那个外国人在哪？"我应答后，按照这个国家的方式进行了跪拜。太子立刻命人拿来一本史书——《书经》。他随意翻开一页，让我站起来朗读。我照做了，并且在众多陪伴太子的人在场的情况下对那段文字进行了解释。因为中国人对自己和自己的作品有着很高的评价，所以太子对我能够理解得如此透彻感到非常钦佩，并说了两个字"大懂"，意思是说你理解得很好。我又重新跪拜，此时他又问我对《易经》这本书有何看法，我开始时不敢回答。他明白我的沉默，为了鼓励我，他允许我可以畅所欲言。我回答道："这部书对王朝和风俗进行了很好的介绍，但它的不好之处在于它是一部咒语集。"太子并没有被我的大胆所激怒，而是用中国式的方法（通过精彩的解释来软化他们不同意的观点）来为这部书辩解。他说："也许古人头脑中没有咒语的存在。"
>
> 当时有一些神父在场，其中一位神父居然在出版物中说我对太子说，那本书同基督教的基本教义相吻合，我从未这样想过。要么是他并没有听清楚，要么是他把我对风俗的看

---

① 即《易经》。

法用于了宗教。①

通过白晋、洪若翰和刘应三位事件亲历者的讲述，我们确实可以看出刘应对中国古籍了解程度之深在传教士中几乎是无人能及。但是值得注意的是，三位神父的记述也有所出入，正是从这一细节，我们可以看出他们的不同观点和立场。

据白晋记载，刘应曾说孔子及中国古代圣贤的学说和天主教不仅不相违背，而且相当类似。白晋之所以强调这一点，因为这正是他的索隐派思想的根基所在。连最精通中国古籍的刘应也持有这种观点的话，这无疑更增加了索隐派思想的信服力。相反，刘应在他的信中指责一位神父竟然说他曾对太子说过《易经》同基督教的基本教义相吻合，而他自己却从未这样想过。刘应这里所提到的这位神父指的正是当年推荐自己加入赴华传教团的好友白晋。刘应在该封信中极力为自己澄清，是因为这封信是写给传信部的主教们的。他要向罗马表明自己在"礼仪之争"中的态度不同于其他耶稣会士，他是站在罗马一边的。

在这样的情况下，洪若翰的记载应该会显得更加公允。遗憾的是，在天文学领域颇具才华的洪若翰在汉语知识方面远不及白晋和刘应。他并不熟悉中国古籍，甚至可能分不清这一事件中出现的两部书——《书经》和《易经》，所以在10年后讲述这一事件的时候并没有明确反映出刘应当时对《易经》的真实看法。但是洪若翰记得刘应曾回答太子说，基督教教理和人们在这些典籍中发现的东西能够一致，但是和别人写的对这些书的注释不相一致。刘应这样说想表达的意思是他并不反对儒学，但是反对新儒

---

① Claude de visdelou. Lettre de M. Visdelou aux cardinaux de la congrégation de propaganda fide. *Le Chou-king: un des livres sacrés des Chinois, qui renferme les fondements de leur ancienne histoire, les principes de leur gouvernement & de leur morale.* Paris: N. M. Tilliard, 1770: 405.

学。这种观点正是从利玛窦开始耶稣会士们采用的传统策略，因为新儒家思想不容纳像基督教中上帝那样的人格化的神。但从刘应的措辞来看（如"能够"），他当时并不像白晋那样坚定地认为儒家思想和基督教教义是兼容互补的，当然也远未发展成后来的认为儒家思想充斥着迷信的观点。就笔者看来，三位亲历者对这一事件的讲述各不相同，其实并不是有人在撒谎。只是多年之后，每位传教士的思想都有不同方向的发展，当他们再重新回忆当初这一事件时，他们的阐述就都各有侧重罢了。

二、刘应对中国史学的研究

刘应以其深厚的文学知识为基础进而研究中国史学。他最具代表性的著作是刊于 1777—1779 年版《东方丛集》中的《大鞑靼史》。这部于 18 世纪初撰写，直到 1779 年才面世的作品，被刘应赋予了一个很长的名字：《鞑靼史，包括两千多年以来出现在这片广袤土地上的民族的起源，他们的习惯、风俗、战争、朝代更替及帝王世袭表和年表。前后并附有对〈东方丛集〉中一些条目的考证。》

刘应使用的"鞑靼"所表示的地理概念非常宽泛，他在开篇是这样定义的："沿着蓬奥辛[①]和里海的北岸画条线，然后沿着里海的东部向南，一直画到印度地区，更确切地说到呼罗珊。从这里继续向东沿着印度地区，印度地区和中国之间的国家，中国，高丽画到东海[②]，这就是鞑靼南面的边界。东面沿着东海；北面沿着北极海洋；最后西面沿着一条从蓬奥辛西端直到汇入北极海洋的鄂毕河河口的线来画。这就是最为广义概念上的鞑靼地区。如果我们想把范围缩小一些，就应当把最后这条线从伏尔加河口

---

① 指的是黑海。
② 指的是日本海。

向北画至北极海洋。如果再缩小一些，我们就应当把它从呼罗珊北部一直向北，沿着里海的东岸一直画到北极海洋。这个再次缩小了的鞑靼，就是我们主要要讲的地区。"①可见，刘应所要讲述的鞑靼地区范围很广，大致是指现今的中亚和西伯利亚地区。

（一）《大鞑靼史》内容概述

刘应以中国史料为基础，在《大鞑靼史》一书中撰写了匈奴、鲜卑、乌桓、柔然、突厥、回鹘、契丹、蒙古、满族等民族的起源、发展和衰落的历史。该部著作对中国古代北方民族历史变迁过程的介绍，历时之长，范围之广，远远超过了前人。以下，我们将按照刘应撰写的顺序，对他所谈及的各民族政权情况做一介绍。

1. 匈奴帝国

刘应开篇先介绍了东胡、匈奴与月氏三大势力的起源：东胡（或称东鞑靼）的祖先是帝喾之子厌越；匈奴（或称西鞑靼）的祖先是夏后氏之苗裔淳维；而东胡民族的一支西迁，便形成了月氏。他还翻译了司马迁《史记·匈奴列传》中的部分内容，具体介绍了头曼单于的逐渐兴起、冒顿单于的传奇经历以及刘邦被匈奴围困的"白登之围"。

接着，为了完整地呈现匈奴的发展史，刘应制作了一个历代单于列表，并对应此表主要介绍了以下内容：匈奴是夏桀之子淳维（又名熏育）北逃后所建，从淳维到头曼的千余年间，这个民族在商朝时被称为熏育，周朝时被称为猃狁，秦朝时被称为匈奴。冒顿单于时期的匈奴到达全盛时期。伊稚斜单于时期，匈奴被汉军打击，国力由盛转衰。汉武帝时期，汉朝国力大增，派张骞出使西域，联络大月氏，与乌孙和亲，不断压缩匈奴的空间，并对

---

① Barthélemy d'Herbelot de Molainville, C. Visdelou, A. Galand. *Bibliothèque orientale ou dictionnaire universel*, vol. 4. La Haye: J. Neaulme & N. van Daalen, 1779: 46-47.

其发动了数次战争，削弱了匈奴的势力。之后匈奴五单于争立，呼韩邪单于南下投靠汉朝。他去世后，其后裔遵从其遗愿与汉朝保持友好达 30 多年。东汉时期，匈奴分裂为南北二部，南匈奴归附汉朝，北匈奴被东汉击败，撤退到中亚草原，刘应推断他们可能就是 4 世纪入侵欧洲的蛮族。216 年，曹操拘留南匈奴末代单于呼厨泉，并将南匈奴分成五部。西晋时，南匈奴单于刘渊趁机独立，建立王朝，开启北部五胡十六国时期。

刘应接着制作了一个五胡十六国时期各国的建立者、起止年份、历经帝王数以及替代者的列表。对照这份列表，他主要介绍了前赵、后赵和前秦三国。刘渊于公元 308 年称帝，建立了前赵。他立刘和为太子，但其弟刘聪弑兄登基。刘聪继位后，出兵进攻洛阳，俘虏晋怀帝，将之移送平阳，并火烧其宫殿庙宇，大杀其官员与宗室。刘粲继位后沉迷酒色，听信靳姓外戚谗言，杀害忠良并任命靳准为大将军。靳准早有谋逆之心，他认为时机已到，便发动叛乱杀死刘粲，并将其同族不分男女老少斩于市场。靳准于 318 年称帝，但后被其部下所杀。曾为刘聪大将军的刘曜趁机登基，迁都长安，封石勒为大将军。但石勒觊觎皇位，发动叛乱杀死刘曜、刘曜之子刘熙及其将军、公卿三千余人，前赵从此灭亡。

前赵灭亡后，石勒建立后赵。他在位期间治理有方，国家富强。石勒死后，其子石弘继位，但同年被石虎所杀。石虎治国 15 年，卓有成绩，之后其子石世继位。但石世只在位 33 天，便被其兄石遵所杀。石遵任命石闵为大将军，并许诺立其为太子，但后来违背了诺言。石闵大怒，杀害石遵及太子石衍，后赵由此灭亡。

前秦的开国皇帝苻洪是氐族人。他死后，其三子苻健继位，但只在位四年。随后继位的苻生生性残暴，在位仅两年便被其堂兄苻坚杀害。苻坚生性勇敢，有雄才伟略，进一步统一了北方。他自恃有众多民族归顺，实力强大，于 383 年八月南下进军，试图征服南方政权，但在淝水与晋军对战中惨败。苻坚返回长安，下令军队操练并监督农务，抚顺孤老及阵亡士兵的家属，试图重振国力。但淝水之战后，前秦元气大伤，部族开始反抗，其中最强大的是姚苌和慕容垂两部。姚苌于385年杀死了苻坚。接着刘应对苻坚进行了评价，他认为苻坚本可以是一位伟大的皇帝，但是他野心过于庞大，并且轻信敌人，所以最终难逃失败的命运，然而他重用汉人王猛，是他尤为成功的一点。最后，刘应又介绍了苻坚之子苻丕于385年登基，但是两年后被杀。苻坚的侄子苻登为前秦最后一位君主，在位九年，最终被姚兴所杀，前秦从此灭亡。①

2. 北魏帝国

关于北魏，刘应介绍它是由拓跋鲜卑部建立的王朝，他们的祖先是黄帝最小的儿子昌意，因其长期处于大鲜卑山地区，故称鲜卑族。他们以"拓跋"为姓，是因为他们一直盘踞北方平原地区，黄帝以土德之瑞称王，而北土之人谓"土"为"拓"，谓"后"为"跋"，故称"拓跋"，意为黄帝土德后代。

接着刘应制作了北魏历代统治者的列表，并讲述了北魏从兴起到衰败的过程。他先讲述了早期拓跋部从原居住地南迁的活动，拓跋诘汾率部南移遇神兽引路以及其子拓跋力微为天女所生的神话。他随后对拓跋沙漠汗进行了较为详细的介绍：拓跋力微在位期间，亲近曹魏，并将自己的儿子沙漠汗送到曹魏做人质。西晋建立后，拓跋力微与西晋的关系良好，公元277年，西晋送沙漠汗回拓跋部，但大臣们认为他学习了中原人的技艺，感染了中原人的风俗，若日后继承大统定会改变传统，于是在拓跋力微的默许下，杀害了拓跋沙漠汗。接着，刘应介绍了在拓跋禄官统领时

---

① Barthélemy d'Herbelot de Molainville, C. Visdelou, A. Galand. *Bibliothèque orientale ou dictionnaire universel*, vol. 4. La Haye: J. Neaulme & N. van Daalen, 1779: 18-28.

期国土的三分统治：拓跋禄官统治东部，封为昭帝；拓跋猗迤统治中部，封为桓帝；拓跋猗卢统治西部，封为穆帝。猗卢善于用兵，向西打败匈奴、乌桓，在猗迤、禄官相继去世后，开始完全统领拓跋鲜卑部。拓跋郁律317年继位，其妻惟氏对于郁律之强大及人心归附颇为忌惮，恐怕对自己的儿子不利，于是杀郁律，而立其子拓跋贺傉继位。之后的继位者都没有大的作为，且在位时间也很短。直到公元338年，拓跋什翼犍建立代政权。他宽仁大度，喜怒不形于色，善于征战，征服了北方和东方的多个少数民族部落。之后其孙拓跋珪继位，并于公元386年定国号为"魏"，自称魏王，北魏由此正式建立。

　　拓跋珪在位期间励精图治，击败了大部分强邻，占据了中原土地。他倾慕汉文化，仿汉制，完善职官制度，但到晚年被其子拓跋绍毒害。拓跋嗣为了复仇，杀死拓跋绍，并于409年继位。他曾亲征刘宋，最后积劳成疾而终。之后世祖拓跋焘继位，他雄才大略，统一北方。他继位之初曾接受佛教，但446年下诏灭佛，使佛教遭受了毁灭性的打击。文成帝拓跋浚在位期间，北魏恢复了佛教。高祖拓跋宏迁都洛阳。世宗元恪非常信仰佛教，北魏各地庙宇僧徒不计其数。肃宗元诩因对其母后专权不满，被其母后毒死。尔朱荣趁北魏兵乱四起发展自己的势力，他控制了北魏的洛阳朝廷，并拥立元诩的族叔元子攸当傀儡皇帝。元子攸设计杀害尔朱荣，于是尔朱荣党羽公开造反，杀害元子攸并立元晔为帝。高欢出兵打败尔朱家族，作为大丞相掌控北魏朝政。534年，他逼走孝武帝元修，另立孝静帝元善见并挟其迁都邺城，从此北魏分裂为东魏和西魏。高欢之子高洋灭掉西魏，建立北齐，后又被北周取代。公元581年，杨坚废周称帝，改国号为隋。[①]

---

① Barthélemy d'Herbelot de Molainville, C. Visdelou, A. Galand. *Bibliothèque orientale ou dictionnaire universel*, vol. 4. La Haye: J. Neaulme & N. van Daalen, 1779: 28-35.

3. 鲜卑、乌桓

有关鲜卑和乌桓，刘应首先介绍了这两个民族的起源：东胡被匈奴冒顿单于打败后分为两部，分别退到鲜卑山和乌桓山，故由此得名。接着刘应介绍了这两个民族的发展历程。乌桓发展壮大后，趁匈奴内乱向其发起攻击，将之驱逐出原领地。它虽归顺汉朝，但与之的关系亦敌亦友，在汉末年间曾被汉军打败。之后，曹操远征乌桓，将其纳入麾下。公元 54 年，鲜卑首领於仇贲率部归顺东汉，并与之合力击败了匈奴。

随后，刘应介绍了鲜卑族的发展及其著名首领。檀石槐自幼表现出惊人的胆识和才能，他统一鲜卑，尽夺匈奴故地，并且不断侵扰汉朝边境。其子和连继位，他的才能远逊色于其父，故没能使庞大的部落得以巩固。和连死后，其子骞曼年少，由魁头继任。骞曼长大后，与魁头争国，于是部族内部纷争不断。魁头死后，其弟步度根继任。224 年，步度根开始向魏国进贡，233 年，他被轲比能所杀。在轲比能时期，部众变得强盛，但轲比能最后死于刺客之手。自从他去世后，鲜卑种落离散，互相侵伐。

刘应还介绍了鲜卑族的一大传奇家族——慕容家族的发展。慕容焉的孙子慕容涉归被西晋武帝封为鲜卑单于，并开始接受汉化。慕容涉归之子慕容廆于 307 年自称鲜卑大单于，后表忠于晋。之后慕容皝建立前燕政权，慕容儁、慕容暐陆续继位。慕容暐在位时期，前燕被前秦所灭。慕容皝幼子慕容德随后建立南燕，传位给慕容超，但慕容超被东晋刘裕率军俘斩，南燕从此灭亡。慕容忠于 385 年建立西燕，数月后被将军刁云所杀。之后慕容凯、慕容瑶、慕容忠相继继位，但都短短数月后就被害。随后慕容永继位，但被慕容垂所杀，由此西燕灭亡。慕容垂是前燕慕容皝的第五子，淝水之战后他乘时而起，于 384 年在中山建立后燕。之后慕容宝继位，但在南征时被兰汗所杀。慕容宝长子慕容盛被兰汗封作侍中，后引兵将兰汗乱刀砍死并继位。但之后慕容盛遭手下叛乱，被刺身亡。随后慕容熙继位，他淫乱残忍，遭到慕容宝养子慕容云反叛杀害。至此，后燕灭亡。慕容云杀害慕容熙后，恢复原姓为高云，被冯跋拥护为"天王"。409 年，高云为近臣所杀，冯跋平定叛乱自立为王，史称北燕，但北燕只经历两代帝王便最终灭亡。[①]

4. 柔然帝国

刘应介绍柔然继承了匈奴的广阔领土，也有着鲜卑族的强大实力。但关于该民族的起源说法不一，有人认为他们是东胡之后裔，也有人认为是匈奴之后裔。

接着，刘应采信前一种说法，简述了柔然这一民族的发展历程。始祖木骨闾曾是北魏拓跋鲜卑的奴隶，后成为骑兵。木骨闾后因犯罪逃至山谷，在那里召集了逃犯百余人，并投靠鲜卑纥突邻部。他的继任者车鹿会统治时期，部落独立于北魏。之后吐奴傀、跋提和地粟袁分别继位。地粟袁死后，部落分为东、西两部。地粟袁长子匹候跋继位于东部，次子缊纥提统率西部。缊纥提统治时期与北魏对抗，拓跋珪派兵征讨，大败柔然，俘虏其一半将领。缊纥提逃跑后被拓跋珪追上，但拓跋珪以礼待之。

公元 325 年，曷多汗和社仑率部弃父缊纥提向西逃跑。长孙肥抓捕曷多汗并将其斩首，而社仑投奔匹候跋，匹候跋对其有戒心，派人监视他，但社仑趁其不备将其杀害。之后，社仑进攻高车和匈奴，将柔然势力发展到顶峰，并且在军队中建立法令，严整军纪。公元 402 年，他自封丘豆伐可汗，并仿照汉制。之后的继位者分别为斛律、步鹿真和大檀。大檀在位期间与北魏发生冲突，被北魏打败，率兵西逃，因此被高车乘虚而入，损失惨重。这一役大挫大檀，使他抑郁而终。吴提（号为敕连可汗）继位，

① Barthélemy d'Herbelot de Molainville, C. Visdelou, A. Galand. *Bibliothèque orientale ou dictionnaire universel*, vol. 4. La Haye: J. Neaulme & N. van Daalen, 1779: 35-38.

此时柔然臣服于北魏，并且每年向北魏进贡。吴提和北魏西海公主联姻，但这也没能维持柔然和北魏的和平。其后继位者吐贺真（号为处可汗）在位期间两次受到拓跋焘进攻。之后于成（号为受罗部真可汗）继位，并再次与北魏联姻。豆仑（号伏名敦可汗）继位后，改元太平。他出兵征讨叛军但遭失败，于是众人废豆仑，立其叔那盖为主，号为候其伏代库者可汗，改年号太安。之后伏图、丑奴分别继位。丑奴在位期间继续向北魏进贡，西征高车，将柔然的实力大大提升。其后的继位者阿那瓌被其兄示发所败，于是投靠北魏。婆罗门打败示发，被封为可汗，但之后婆罗门被高车所逐。族人请阿那瓌回来掌权，但阿那瓌最终被突厥首领土门杀害。从此，柔然一步一步走向衰败，最后被突厥所灭。[①]

5. 突厥帝国

刘应首先介绍了有关突厥起源的三种说法。随后他着重介绍了突厥，特别是东突厥的发展历程。随着突厥的不断壮大，北魏时期的首领土门接连攻克高车和柔然后，于552年自封为伊利可汗。他去世后，其弟乙息记可汗、木杆可汗陆续继位。木杆可汗消灭了柔然，他死后其弟佗钵可汗继位。佗钵以摄图为尔伏可汗，让他统领东部，并任命其弟褥但可汗之子为步离可汗，率领西部。佗钵可汗之后，沙钵略可汗继位，他任命木杆可汗之子大逻便为阿波可汗，掌管西部。但沙钵略后因惧怕阿波可汗势力过于强大，向其发起进攻，并将其彻底打败。阿波可汗投奔沙钵略可汗的叔叔达头。至此，突厥分裂为两部，东突厥为沙钵略可汗领导，西突厥为达头领导。公元584年，沙钵略可汗与隋朝作战屡次失败，向隋朝请求和亲，双方休战。在此，刘应还将求和信的内容翻译了出来。

---

① Barthélemy d'Herbelot de Molainville, C. Visdelou, A. Galand. *Bibliothèque orientale ou dictionnaire universel*, vol. 4. La Haye: J. Neaulme & N. van Daalen, 1779: 38-40.

　　刘应接着介绍沙钵略可汗的继任者为叶护可汗，他写信请求隋朝援助，并成功生擒阿波可汗。叶护可汗后来在西征时中箭身亡，沙钵略可汗之子都蓝可汗雍虞闾立和突利可汗染干统治北方。公元 599 年，都蓝可汗出兵攻打突利可汗。突利可汗大败，归顺隋朝，隋文帝封他为启民可汗。而都蓝可汗之后被隋朝多次打败，并被其部下所杀。达头因此自立为步迦可汗，后同泥利可汗一起被高车族打败。达头逃入吐谷浑，故整个突厥被启民可汗所统治。启民可汗去世后，其子始毕可汗继位，他叛乱隋朝，举兵进犯，并逐渐强大起来。

　　唐朝统治时期，东突厥面临着灭亡。初期，李渊先向始毕可汗称臣，而在统一了中原之后，与始毕可汗对峙。颉利可汗继位后，曾多次进攻中原，但被李世民打败。公元 629 年，李世民兵分六路出兵剿杀突厥。公元 630 年，颉利可汗被生擒带回长安，东突厥至此灭亡。

　　东突厥灭亡后，突厥人多有不甘，经常反抗。直到半个世纪后，阿史那家族最终在蒙古高原建立了后突厥政权，被视为东突厥之复国。阿史那骨咄禄死后，其弟默啜继位。他率兵进攻中原，重建了土地辽阔的突厥帝国，势力曾日渐强大。但默啜被敌人伏击斩杀后，后突厥内乱不断，最后回纥的骨力裴罗于公元 745 年初攻杀白眉可汗。至此，后突厥灭亡，而回纥成为地区首领。[①]

　　6. 西突厥

　　刘应首先介绍了东西突厥分裂的历史：达头可汗战败逃入吐谷浑，他去世后，泥利可汗及泥撅处罗可汗陆续继位。泥撅处罗可汗曾随隋炀帝出征高丽，并娶隋信义公主为妻。在唐灭隋后，他归顺唐朝。在泥撅处罗可汗被扣留中原时期，突厥人推举达头

---

① Barthélemy d'Herbelot de Molainville, C. Visdelou, A. Galand. *Bibliothèque orientale ou dictionnaire universel*, vol. 4. La Haye: J. Neaulme & N. van Daalen, 1779: 40-48.

可汗之孙射匮可汗继位。射匮可汗积极扩充疆土，使得疆域幅员辽阔，少数民族各国纷纷称臣。

接着，刘应详细介绍了西突厥的发展史以及西突厥与唐朝亦敌亦友的关系。射匮可汗去世后，其弟统叶护可汗继位。统叶护可汗吞并铁勒，拓宽疆域，并将西域诸国纳入军事行政体制之内，他还与唐朝联兵攻打东突厥。但他骄横自负，众人不堪忍受，最终被其叔叔莫贺咄所杀。莫贺咄可汗继位，但是统治后期遭到许多部族的反抗。弩失毕部落推举泥孰为莫贺社可汗，泥孰却立统叶护之子咥立特勒为肆叶护可汗。肆叶护可汗和莫贺咄互相争斗，莫贺咄在金山被泥孰杀死。而肆叶护可汗疑心泥孰，并开始监视他，于是泥孰逃往焉耆。后来，肆叶护可汗遭到弩失毕部落攻击，逃往唐居，不久之后郁郁而终，泥孰因此被推举为可汗。

泥孰及之后的同俄与唐朝保持着密切的关系。而从东突厥逃亡的始毕可汗之子阿史那欲谷设在东突厥灭亡后投奔西突厥，并自立为乙毗咄陆可汗，于是出现了两可汗以伊犁河为界并立的局面。乙毗咄陆可汗后与同俄之臣勾结进攻同俄，同俄兵败逃跑并于同年去世。乙毗咄陆可汗四处征战，实力大增，疆域辽阔，开始进攻唐朝，但是被郭孝恪击败。弩失毕部落请求唐朝皇帝下令另立可汗，于是乙毗射匮可汗被册封。乙毗咄陆可汗逃到吐火罗，其部下贺鲁先归顺唐朝皇帝，后趁唐太宗驾崩之际，取西突厥两省之地纳入其统治，自立为沙钵罗可汗，并开始与唐朝连年征战。最终贺鲁大败，逃亡石国，并在那里被擒。唐朝皇帝将贺鲁的统治地区按照汉制分为府和州进行管理，并设立昆凌和蒙池两都护府，任命阿史那弥射为昆凌都护、兴昔亡可汗；而任命阿史那步真为蒙池都护、继往绝可汗。随后，刘应还根据《新唐书》逐字翻译介绍了附属于西突厥的小国突骑施的情况。最后，作者还介绍了突厥的风俗习惯以及信仰，并认为他们在很多方面与匈奴相似。[①]

7. 回鹘帝国

刘应首先概括性介绍回鹘是匈奴的后代，北魏期间被称为高车，唐朝时被称为铁勒。后来自己更名为回纥，最后定名为回鹘。

接着刘应制作了回鹘历代统治者的列表，并讲述了回鹘从创立到衰败的过程。7世纪时，袁纥人叛离处罗可汗，改称回纥，并立时健为俟斤。他去世后，其子菩萨继位，回纥势力不断壮大，和薛延陀在突厥北边滋事，并打败突厥的十万大军。公元629年，东突厥灭亡，这给回纥和薛延陀的发展创造了条件。菩萨死后，其子吐迷度继位，他联合诸部打败薛延陀，之后遣使节入朝，表示归顺朝廷，于是唐太宗在其辖地内设立了都督。吐迷度后来被其侄乌纥所杀，唐太宗为安抚回纥部众，追封吐迷度为左卫大将军，让其子婆闰承袭父位。婆闰两次出征平定西突厥阿史那贺鲁，功不可没。在其之后，比栗、独解支、伏帝匐、承宗分别继位。承宗后遭诬陷，在流放途中去世。从此，回纥开始反抗唐朝，其子骨力裴罗逃往突厥。

骨力裴罗趁突厥内乱，联合葛逻禄、拔悉密造反，并杀颉伊施可汗，自立为骨咄禄毗伽可汗，建立回纥汗国。骨力裴罗攻杀后突厥的白眉可汗，占据其地，势力日益增强，东至室韦，西至金山，南至沙漠。葛勒可汗在位时期与唐朝交好，他出兵助唐朝平定安史之乱，收复洛阳和长安，肃宗将其女宁国公主下嫁与他。公元762年，回纥出兵帮助唐朝征讨史朝义。公元765年，仆固怀恩造反，引回纥、吐蕃进犯京城，但仆固怀恩在途中患病而死。趁回纥和吐蕃两部相争之际，郭子仪独自前往军营会见回纥，并说服回纥和唐朝联兵大败吐蕃。回纥因其功绩而日渐骄傲蛮横，

---

① Barthélemy d'Herbelot de Molainville, C. Visdelou, A. Galand. *Bibliothèque orientale ou dictionnaire universel*, vol. 4. La Haye: J. Neaulme & N. van Daalen, 1779: 48-57.

公元 778 年，回纥入侵太原，唐军大败。但是牟羽可汗纵兵至唐掠夺，引起不满，被其宰相顿莫贺所杀。顿莫贺同时杀九姓胡人，遣使节与唐朝修好。

接着，刘应翻译了唐德宗与宰相李泌之间的一段对话，主题是李泌建议唐德宗联合回纥，抵御吐蕃。刘应还介绍正是这番对话使唐德宗答应将咸安公主嫁给回纥武义成功可汗，并册封他为汩咄禄长寿天亲毗伽可汗。回纥派宰相等大批人马来迎亲，并在信中请求改名为"回鹘"。公元 789 年，长寿天亲可汗去世，其子多逻斯继位，即忠贞可汗。但不久之后，忠贞可汗被叶公主毒死，大将颉干迦斯从西征吐蕃前线返回，拥立可汗的幼子阿啜为新可汗，即奉诚可汗。此后，骨咄禄、滕里可汗、保义可汗、崇德可汗时期，回鹘和唐朝一直保持着良好的关系。唐穆宗还将自己的妹妹永安公主嫁给崇德可汗，刘应对整个婚礼的进程进行了详细描述。

崇德可汗、昭礼可汗、彰信可汗时期，回鹘内部局势混乱，加之自然灾难频发，使该部族深受其害，并逐渐走向衰败。接着，刘应还介绍了唐朝末期回鹘部众的迁移情况，其中包括薛延陀、拔野古、仆骨、同罗、浑部、契苾、多览葛、阿跌、葛逻禄、拔悉密、都播、骨利干、白霫、斛薛及黠戛斯等。最后，刘应谈及了中国史学家对这段历史的看法，他们认为少数民族野蛮残暴，只知劫掠，贪婪没有节制，给唐朝带来了巨大的不幸。[①]

8. 契丹帝国（创立了辽国）

刘应介绍契丹来源于鲜卑宇文部，在唐代初期形成部落联盟，曾屈服于突厥汗国。公元 628 年，契丹背叛突厥，归顺唐朝。之后，契丹夹在突厥与唐朝之间，根据势力大小选择反叛或依附。

① Barthélemy d'Herbelot de Molainville, C. Visdelou, A. Galand. *Bibliothèque orientale ou dictionnaire universel*, vol. 4. La Haye: J. Neaulme & N. van Daalen, 1779: 57-81.

　　刘应接着介绍了辽国的创立过程。后突厥灭亡后，契丹投降唐朝。唐玄宗赐迪辇组里汉名为李怀秀，他是契丹遥辇部第一个被皇帝封汗的首领。公元842年，唐朝攻破回鹘，耶澜可汗遥辇屈戌归附朝廷。在公元860年至873年间，巴剌可汗习尔遣使者到长安朝贡。契丹势力逐渐增强，痕德廑可汗在公元886年征服了奚、室韦，并与刘仁恭多次交战。按照契丹的惯例，可汗之位应每三年改选一次，但是耶律阿保机想如中原皇帝一样实行终身制和世袭制，所以任期已满仍不肯交出大权。

　　接着，刘应详细介绍了辽国的创立者阿保机的经历。阿保机在公元901年大破室韦、于厥以及奚，并于公元906年被推举为可汗。随后，他征讨黑车子室韦、奚等部，于916年建立契丹国并称帝，即辽太祖，成为北方霸主。公元920年，他命人创建契丹文字，公元921年，他又颁布法令，规范等级制度，并于十一月占领中原十多座城池。公元925年，太祖带兵出征占据着朝鲜半岛的渤海国，并将渤海改名为"东丹"。同年，太祖在返回途中逝世，其子耶律德光继承皇位，即辽太宗。

　　随后，刘应制作了辽历代统治者的列表，并讲述了辽从创立到衰败的过程。辽太宗公元936年灭后唐，之后于公元947年灭后晋。同年二月，太宗建国号为大辽，升镇州为中京。他在征讨后汉时病倒，不久后去世。刘应还制作了一个列表，简要地介绍了之后的继位者，直到公元12世纪辽被金所灭。

　　最后，刘应介绍了有关契丹人始祖的传说、契丹的求雨仪式以及皇帝行猎前的仪式等，并评价辽国是在唐之后建立起的强大国家，国土面积十分辽阔，有很多附属国，连波斯、阿拉伯都向其进贡，国库殷实，根基深厚，不可撼动。[①]

---

① Barthélemy d'Herbelot de Molainville, C. Visdelou, A. Galand. *Bibliothèque orientale ou dictionnaire universel*, vol. 4. La Haye: J. Neaulme & N. van Daalen, 1779: 81-98.

9. 金

刘应首先介绍了女真族的缘起，认为它是靺鞨的一部。在北魏时期，靺鞨被称为勿吉，到了隋唐，才被称为靺鞨。唐朝时期，以粟末靺鞨和黑水靺鞨最为强大。粟末部首领姓"大"，最初隶属于高丽。在高丽隶属于唐朝后，粟末部就迁移到牡丹江上游（后称为渤海国的地方）。而黑水靺鞨占据旧地，该地被唐太宗设置为黑水府，以其首领为都督。之后，渤海国实力增强，黑水部并入其中，并开始脱离唐朝。在五代十国期间，契丹占领渤海国，并称黑水靺鞨为女真。

金朝的始祖函普从高丽来到中原，化解完颜部与其他部族仇杀后，娶完颜部女，成为完颜部一员。随后，乌鲁（金德宗）、跋海（金安帝）、绥可（金献祖）、石鲁（昭祖）、乌古乃（景祖）等时期的不断发展使女真的实力逐步增强。景祖死后，从世祖开始筹划对辽的反抗。后历经肃宗、穆宗，女真一直假借为辽国去除反叛之名，不断借机壮大自己的势力，为女真族建立自己的政权打下了良好的基础。

接着刘应制作了金朝历代统治者的列表，并讲述了金朝从创立到衰败的过程。穆宗之后金太祖阿骨打继位，他于公元 1114 年召集士兵做好攻辽的准备，九月，正式进军伐辽。公元 1115 年，阿骨打建国号为金。公元 1116 年正月，太祖下诏体恤四方来降者，包括室韦、铁骊诸部。四月，高永昌所统领的东京州县以及南路系辽女真都投降太祖。十二月，太祖之弟吴乞买及群臣上尊号，称太祖为"大圣皇帝"，改年号为"天辅"。公元 1119 年，太祖颁布女真字。公元 1122 年，都统完颜杲攻克高、恩、回纥三城，后又取中京和泽州。七月，上京汉人毛八十率四千余户来降。十二月，太祖攻克燕京。次年四月，太祖追上天祚帝，擒得其子习泥烈以及传国玉玺。六月，太祖生病返回上京，并于八月驾崩，尊谥为"武元皇帝"。

太祖死后，其四弟吴乞买继位，即为金太宗。他将夏、高丽归入藩属，并向南伐宋，进一步拓展疆域。之后，金朝经过金熙宗、金世宗和金章宗后，由于成吉思汗的入侵开始衰败。完颜雍的第七子卫绍王在位期间，成吉思汗大举进攻金，并屡败金兵。公元 1213 年，卫绍王被胡沙虎等叛杀，金宣宗在卫绍王死后继位。公元 1215 年，成吉思汗大军挺进中都。公元 1224 年，宣宗重病去世，金哀宗继位。公元 1232 年，蒙古军包围汴京城。十二月，哀宗离开京城，随诸将过河。次年十一月，宋将率军两万，运粮三十万石出兵助蒙灭金。公元 1234 年正月，哀宗深知亡国之日即将到来，禅位给完颜承麟后自缢，而承麟在一片混乱中被杀。金朝就这样在持续了一百二十年后灭亡。

最后，刘应谈及了女真族的习俗，认为他们严格遵守法律典章，特别是在祭祀的时候。例如在祈求保佑或祈愿时，要先向山川河流祭祀；若是七天后没有灵验，就要向灶王爷、土地神等祭祀；若七天后还没有应验，最后祭祀列祖列宗。由于建国初期，金朝势力强大，傲为天子可以创造新神，所以刘应还介绍了金朝皇帝在册封长白山神和混同江神时的讲话，并评论道，很难想象一个如此精明的民族也如此迷信。[①]

10. 蒙古帝国（或称元朝）

刘应介绍金推翻了辽成为当时东方最强大的国家，但最后最受蔑视的蒙古族却消灭了金，并建立了著名的元朝。元朝是整个中国第一次臣服于少数民族的统治，它的疆域空前辽阔，东西南北各跨将近 80 个纬度，东达日本海，北至贝加尔湖。蒙古选择在中原地区建国后，由于其附属国众多并且语言、习俗各不相同，皇帝自感无暇顾及，故任命一些亲王进行管理，但要求他们定期

---

① Barthélemy d'Herbelot de Molainville, C. Visdelou, A. Galand. *Bibliothèque orientale ou dictionnaire universel*, vol. 4. La Haye: J. Neaulme & N. van Daalen, 1779: 98-125.

向他进贡。而皇帝本人只负责中原地区的治理。蒙古只称呼他们的最高首领为"汗",并不称呼其余附属国的首领为"汗"。

刘应对于这个朝代并没有着墨很多,对此他是这样解释的:"关于这个朝代我就不展开了,因为我已经把它历史中值得注意的部分都翻译成了拉丁语。"①笔者认为刘应所说的应是《中国历史》拉丁文译本六册中的部分内容,遗憾的是该部著作并未出版,其手稿现藏于教廷图书馆中。但刘应接下来绘制了元朝皇帝的列表,并简要介绍了这个庞大的家族及其光辉的历程:成吉思汗共有六个儿子。长子术赤有七个儿子,其中次子拔都横扫东欧与北亚;三子窝阔台有五个儿子;四子拖雷有十一个儿子,其六子旭烈兀出征西亚,打败哈里发,等等。

刘应最后介绍元朝虽盛极一时,但最终被农民出身的朱元璋打败。公元 1367 年,蒙古被逐出中原,次年,朱元璋建立明朝,明朝持续了 277 年,之后被清朝所取代。②

11. 满族帝国(或称清朝)

关于满族,刘应首先介绍它源于女真族。为了使他的说法更具信服力,他还将女真语和满语进行了对比,清晰地再现了它们之间的相似之处。

刘应接着介绍满族在发展初期,太祖努尔哈赤于公元 1616 年统一女真各部,建立了后金政权。满族曾一直在东北与明朝作战,但直到吴三桂引清兵入关,才为清朝推翻明朝打通了道路。由于满族铁骑来势汹汹,不平定中原誓不罢休,而中原人忌惮满族实力,于是他们推举满族人当皇帝。太祖努尔哈赤去世后,皇太极受推举承袭汗位。皇太极驾崩后,并未指定继承人,六岁的福临即后来的顺治帝被推举继位,而多尔衮作为摄政王辅政,他

---

① Barthélemy d'Herbelot de Molainville, C. Visdelou, A. Galand. *Bibliothèque orientale ou dictionnaire universel*, vol. 4. La Haye: J. Neaulme & N. van Daalen, 1779: 126.

② Ibid., 125-126.

能文能武，进一步巩固了清朝的社稷。

　　刘应接着讲，谈到清朝不能不提康熙帝。顺治帝在位十八年，去世前曾将诸子召到床前，问他们是否想当皇帝。只有三子即后来的康熙帝胸怀大志，愿意继承帝位，施展抱负。①康熙帝生于1654年，八岁登基。顺治帝遗诏派索尼、苏克萨哈、遏必隆、鳌拜四位大臣辅政。康熙于十四岁正式亲政。鳌拜军功赫赫，但却也操握权柄，结党营私，利用职权，滥杀忠臣。康熙设计擒拿鳌拜，在审讯之后，应处以革职立斩。但是鳌拜死前请求拜见康熙，并让他看为救其祖父皇太极所留下的疤痕。康熙念其战功，将鳌拜免死禁锢。众人皆称赞康熙年少有为，深刻睿智。康熙还采取轻徭薄赋的政策，休养生息，并下诏发放食物给八旬以上的老人，刘应就曾目睹过一次分发粮食的经过。刘应说仅仅在南京一地，一年的振济花销就为一千五百万两白银，他认为这比盲目扩充疆域更具有实际意义，这种体恤百姓的行为也是积聚人心的行为，人心所向也是一种财富，让百姓安居乐业，这才是最重要的。随后，刘应还附上了清朝皇帝的列表。

　　接着刘应介绍了皇帝的名字。他说一般人拥有姓、名和号。而皇帝为其统治的年份起年号；在皇帝驾崩后，其后代会为其起谥号；当他被供奉进庙宇时，人们又会给皇帝起庙号。任何皇帝都有谥号和庙号，这些不同的名字和称呼会使人们感到混乱，尤其是不同民族由于语言不同，对于皇帝的称呼也不同。而少数民族中除了皇族之外，都没有自己的姓氏。

　　在以上介绍完北方各少数民族的发展历程后，刘应简单地谈及了自己的看法。他认为少数民族建立起的王朝像海浪一样后浪推前浪，他们的统治时期大多短暂，因为他们的统治是建立在专

---

　　① 据《圣祖仁皇帝实录》记载，顺治十六年（1659 年）一次诸子向父皇问安，顺治帝问及诸子志向，福全以"愿为贤王"对，而玄烨却说："待长而效法皇父，黾勉尽力。"参见谢景芳：《天花与清初史事评议》，《民族研究》，1995 年 01 期，第 72 页。

制和百姓的血泊之上的。刘应提到了其中天意的作用,并认为通常志向是一个伟人灵魂的标志,但是在一些少数民族心里,这种雄心变成了一种残忍的控制欲。此外,他们的虚荣心使他们以为战功可以使之流传史册,但其实他们是难以跨越疆域被世人所了解的,而且真正流传下去的英雄也是百里挑一,凤毛麟角。

最后,刘应还介绍了"可汗"这一称谓。他说这一称呼最早出现在公元402年,柔然首领社仑在统一漠北时期自称丘豆伐可汗。他是第一个放弃"单于"称号的首领,他还将皇后的称谓改为"可敦"。突厥将"可汗"一词流传开来,由于突厥统治疆域辽阔,必须册封"副可汗"来维持统治,这使得一些人并不知道谁才是真正的可汗,所以为了便于区分,最高首领往往被称为"大可汗"①。

以上就是刘应《大鞑靼史》中所介绍的主要内容。综上所述可以看出,刘应基本按照各民族建立政权的先后顺序对北方少数民族史进行了梳理,如汉朝的匈奴,西晋后期五胡十六国时期出现的北魏鲜卑拓跋氏,前燕后燕的鲜卑慕容氏,以及从拓跋鲜卑部落联盟中分离出来的柔然,隋唐时期的突厥,唐朝中后期的回鹘,五代十国后期和北宋初期的辽,北宋末期南宋时期的金,元朝以及后来的清朝。刘应以中国正史为基础进行介绍的同时,还精心选取了中国史书中的一些章节进行翻译,如匈奴的历史、附属于西突厥的小国突骑施、唐德宗与宰相李泌的对话等,并对内容的掌握和评论都很到位。布雷特施奈德尔(E. Bretschneider)在《中亚和西亚中世纪史地评介》中对刘应给予了很高的评价:"我敢断言,刘应是昔日居留中国耶稣会士中最完备的汉学家。所有的译文都显示出他对汉语深刻的理解和清晰的判断。刘应之于

---

① Barthélemy d'Herbelot de Molainville, C. Visdelou, A. Galand. *Bibliothèque orientale ou dictionnaire universel*, vol. 4. La Haye: J. Neaulme & N. van Daalen, 1779: 126-133.

中国，犹如克拉普罗特（Klaproth）之于西亚，可称得上是我们中国历史知识，尤其是中亚、东亚历史知识之父。"[1]

此外，正如刘应的原题目所示，在《大鞑靼史》主体部分的前后各附有一部分对《东方丛集》中一些条目的考证。《东方丛集》的作者是被克拉普罗特称作"东方知识之父"的戴贝洛（d'Herbelot）。直到 19 世纪末，"这位杰出的东方学者的著作，对那些学习东亚历史和地理，但无法获取原始资料或不懂阿拉伯语和波斯语的学生来说，仍是一本不可或缺的参考书"[2]。然而，这部巨著也存有不少模糊甚至谬误之处。刘应以中国史书为依据，填补其疏漏，修正其错误，对其中的许多条目，如相传鞑靼人称中国皇帝的尊号、契丹的地域、回鹘民族等都进行了考察和纠正，体现出了一个在华生活了 20 多年的汉学家比一个在欧洲从别人作品中汲取营养的东方学者的优势。

（二）《大鞑靼史》对西方的贡献和影响

关于鞑靼的历史，在刘应之前不少传教士都在其著作中有所涉及。马可波罗（Marco Polo）在《马可波罗行纪》中提到过鞑靼，他所指的鞑靼实为蒙古。门多萨（Juan González de Mendoza）在《中华大帝国史》中提到的鞑靼人也是指蒙古部族，指出他们盘踞在北方草原，与明朝频发冲突。利玛窦在《利玛窦中国札记》中提到的鞑靼人还是指长城之外的蒙古族。故 17 世纪之前，一些传教士在其著作中提及的鞑靼指的都是蒙古族，而且也都只是只言片语。究其原因主要是当时蒙古族势力频繁骚扰中国北方边界，所以引起了传教士们的关注。

17 世纪以后，由于传教士们开始深入中国传教，他们对鞑靼

---

① Emil Bretschneider. *Notices of the medieval geography and history of central and western Asia*. London: Trübner & Co., 1876: 19.

② Pierre-Curel Parisot. *Oraison funèbre de Monseigneur de Visdelou, jésuite, évêque de Claudiopolis, vicaire apostolique en Chine*. Cadix: Antoine Pereira, 1742: 19.

的认识也逐渐深入，并已经开始意识到鞑靼人的不同族群。曾德昭在《大中国志》中已经提到鞑靼有东、西、北三部分之分，但他对鞑靼的记载主要是"东鞑靼人"（即满族人）发动的一系列对明廷的攻击。卫匡国在《鞑靼战纪》中记载鞑靼族是许多民族的祖先，"不仅包括西部鞑靼，也包括我们欧洲人至今不知的东部鞑靼人"[①]。但这部著作主要描绘了明清之间的战事，具体年份是始于1616年清军入关攻占开原城，止于1651年多尔衮去世及卫匡国奉命回国之际，所以卫匡国所写的鞑靼主要还是满族。安文思于清初在北京生活过29年，并受到顺治皇帝及其他满族权贵的优待，他在《中国新史》中记录了不少鞑靼即满族政权的状况。西班牙多明我会传教士闵明我（Domingo Fernández de Navarrete）曾因历狱案被羁留北京三个月之久，其间和满族人有所接触。他在《中华帝国的历史、政治、伦理及宗教论集》中介绍了鞑靼起源的一些知识，他所写的鞑靼也是指满族。南怀仁1682年曾随康熙帝到辽东地区旅行，他们从北京出发，穿越辽东，最后到达终点吉林乌喇城。南怀仁是第一位真正深入到白山黑水地区进行实地考察的传教士，他在《鞑靼旅行记》中记载的所见所闻依然是发生在满族地区。综上所述，17世纪以后由于东北地区的满族开始逐渐强大，此时入华的传教士们大都经历了清军入关或是顺治皇帝统治时期，所以虽然他们对鞑靼的认识比以前深入，但是主要集中在对满族情况的了解。

　　到了康熙年间，传教士们对鞑靼的研究无论从广度还是深度上都有进一步的加强。张诚有机会八次前往鞑靼地区，他通过亲历，在《对大鞑靼的历史考察概述》和《张诚日记》中对清代前期鞑靼地区的地理概况以及蒙、满、回等民族做了细致和深入的

---

①〔意〕卫匡国：《鞑靼战纪》，载〔葡〕安文思：《中国新史》，何高济译，郑州：大象出版社，2004年，第193页。

介绍。刘应通过阅读中国史料，在《大鞑靼史》中首次用西方语言把鞑靼从古至今主要民族的历史进行了系统性的梳理。可以说，两位"国王数学家"分别从横向和纵向角度，互为补充地把鞑靼这片广阔土地的现状和历史较为完整和清晰地呈现给了西方的读者。

雷慕沙从欧洲人认知的角度对刘应的历史性贡献做了精辟的概括：

> 刘应致力于研究并传播中北亚地区的民族信息。在他之前，欧洲人对这些民族知之甚微。在古代，只有在希腊地理学家的著作中零散地记载着一些不相关联的传说；之后，只有关于那些与罗马帝国有联系的东亚人民的少量记载；中世纪时，只有旅行家关于成吉思汗及其后人征战情况的记录。这些不完备的材料，没有条理性也没有联系性，不足以重构这么多丢失了其编年史的民族（如果他们曾经有的话）的历史。真正的原始资料尚未为人所识。刘应是发现并利用这种史料的第一人。[①]

根据地理学家唐维尔所述，刘应《大鞑靼史》的四卷手稿寄给了法国科学院院士、经济历史学家马莱（Jean-Roland Malet）[②]。对于欧洲人来说，这些全新的发现本应引起强烈的兴趣，但长期以来一直不太为人所知。然而，这部作品其实间接地在欧洲引起了很大的反响，只是人们不知道这与法国传教士刘应有关。雷慕

---

① Jean-Pierre Abel-Rémusat. *Nouveaux mélanges asiatiques, ou Recueil de morceaux de critique et de mémoires, relatifs aux religions, aux sciences, aux coutumes, à l'histoire et la géographie des nations orientales*, tome 2. Paris: Schubart et Heideloff, 1829: 245-246.

② Jean Baptiste Bourguignon d' Anville. *Mémoire de M. d'Anville sur la Chine*. Paris: Chez l'auteur, aux Galeries du Louvre, 1776: 33.

沙等一些学者一直怀疑德经（de Guignes）是受了刘应《大鞑靼史》的启发，写出了他的四卷本巨著《从公元前至今匈奴、土耳其、蒙古和其他鞑靼诸国通史》（简称《匈奴通史》），因为这两部作品不仅提到了许多相同的作家，更是在观点上出奇地一致。如刘应多次提出匈奴可能就是欧洲人所了解的 Huns 的观点。他在讲到匈奴帝国时是这样开始的："东胡，也就是东鞑靼，认为他们的祖先是中国皇帝高辛氏之子厌越，高辛氏是在公元前 2432 年开始当政……匈奴，也就是西鞑靼（可能就是 Huns，是希腊人称呼的 OΩ'NNOI，拉丁人称呼的 Hunni）的祖先是夏朝的一个皇帝之子淳维，夏朝是止于公元前 1767 年。"①接着，他继续大段引用历史学家关于匈奴的资料，并得出结论：中国人所说的匈奴可能就是 4 世纪以 Huns 名字出现在欧洲的民族。而这个观点正是德经《匈奴通史》的基础，但德经并没有止步于此，他还受《圣经》的启发，主观地推测中国人和匈奴人是在大洪水之后从希纳尔平原迁出的移民者，甚至还构想了他们的迁移路线。

　　德经一直被人们猜测使用了刘应《大鞑靼史》的手稿，直到 2008 年夏天，艾普（Urs App）才在巴黎国家图书馆德经的老师傅尔蒙（Fourmont）的资料中找到了有说服力的证据。傅尔蒙的文件中有几十页是出自德经之手，而且是一字不差地抄自刘应的《大鞑靼史》手稿，笔记所包含的注释显示出其摘自刘应手稿中的内容是非常多的。德经的《匈奴通史》在欧洲取得了很大的成功，受到许多知名人士的褒奖，其中包括《罗马帝国衰亡史》的作者爱德华·吉本（Edward Gibbon）。吉本把这部书称作"伟大的历史"，并赞扬德经在人类历史上打开了全新而重要的一幕。人们对这部著作抱有如此大的兴趣是可以理解的，因为它在中国朝代史

---

① Barthélemy d'Herbelot de Molainville, C. Visdelou, A. Galand. *Bibliothèque orientale ou dictionnaire universel*, vol. 4. La Haye: J. Neaulme & N. van Daalen, 1779: 48.

和罗马帝国史之间建立起了一根联系的纽带，从一个崭新的、更为全球化的角度来展现欧洲的历史。但是，德经的成功很大程度上要归功于刘应这位不太知名的传教士，是他《大鞑靼史》的手稿给了德经研究的灵感和论证的材料，并且使他从中延伸出更为广博的内容。到了 19、20 世纪，德经关于匈奴来自希纳尔平原的观点遭到猛烈抨击。但是，刘应和德经关于匈奴最初身份的推测却有了新的考古证据。斯坦因（Aurel Stein）在敦煌以西 55 英里①的沙漠挖掘出的一些粟特文古信札证实了中国古文献中的匈奴和从 370 年开始出现在欧洲的 Huns 之间一直未被证实的联系确实存在。②

　　刘应的《大鞑靼史》手稿后来不知因何流落到了海牙，被法国国王大使费内隆（Fénélon）购得。人们发现这部手稿的一卷中还附有另外一篇文章，是对著名的西安府景教碑碑文《大秦景教流行中国碑》的翻译，并含有大量注释。这块于 1625 年出土的景教碑在世界考古史上有着重要的意义，它表明了公元 7 世纪时基督教就曾传入过中国。而刘应对景教碑碑文的法文译本在字面翻译和理解上都要比卜弥格（Boym）的拉丁文译文精确得多，而且注释也更加深刻准确，并包含了一些中国作家的作品摘录。《大鞑靼史》和《大秦景教流行中国碑》的法译本，于德经的《匈奴通史》第一卷出版后的第 21 年，才被纳入戴贝洛的《东方丛集》的新版本中作为其附录的一部分出版，两部作品共计 400 页左右。③

---

① 1 英里约等于 1.6 千米。

② Urs App. *The birth of Orientalism*. Philadelphia: University of Pennsylvania Press, 2011: 206.

③ Jean-Pierre Abel-Rémusat. *Nouveaux mélanges asiatiques, ou Recueil de morceaux de critique et de mémoires, relatifs aux religions, aux sciences, aux coutumes, à l'histoire et la géographie des nations orientales*, tome 2. Paris: Schubart et Heideloff, 1829: 248.

三、刘应对中国宗教的态度

刘应对中国宗教的态度与绝大多数耶稣会士有所不同，这也正是他在"礼仪之争"中站在大多数耶稣会士对立面的原因所在。但遗憾的是，用于考证他对中国宗教看法的史料并不多。他曾写过一部名为《论出家道士们的宗教》的著作。荣振华在保存于教廷传信部的"中国杂稿"中发现了该书的一部手稿（第 390 号），其中有这样的记载："近年来（可能是 1737 年左右），教廷传信部收到了他①有关中国宗教史和科学的许多著作手稿。但这些手稿有大部分写得如此潦草以至于很难释读之。"②刘应还写过一部四卷本的《中国哲学家们的宗教史》，费赖之认为这部书稿被寄到了罗马，但不知其下落，现很有可能收藏于梵蒂冈图书馆中。③但刘应曾在接待来访的巴黎外方传教会的白日昇（Jean Basset）时，向他讲述了关于中国宗教的一些知识，阐明了当地基督教徒遭迫害的背景。从中我们可以窥探到他对中国宗教问题的一些看法。

在谈到中国当时存在的教派时，刘应认为共有三种。第一种是哲学家的教派④，是主流的教派。第二种是中国婆罗门僧的教派⑤。刘应说他们自己就是这样称呼的，因为"婆罗门"是经过用汉文伪装之后的印度的 Brachman（婆罗门）教徒，而且这个教派也确实由婆罗门僧由印度传入中国，它在中国有许多叫法。第三种是道士们的教派，因为该派起源于中国，一般自称为道教。他们的伦理与伊壁鸠斯派非常吻合。他们把一切都归咎于懒散，更确切地说是一种温和的冷漠，因为他们远没有和尚（佛教徒）

---

① 即刘应。

② 荣振华：《入华耶稣会士中的道教史学家》，载〔法〕谢和耐、戴密微等著，耿昇译：《明清间耶稣会士入华与中西汇通》，北京：东方出版社，2011 年，第 428 页。

③ 同上。

④ 即新儒学。

⑤ 即佛教。

们那样严格。①刘应对这三种教派进行了详细的阐释，并认为它们都是无神论和偶像崇拜的。最后他还以全面小结的形式讲道：

> 最后两个派别（佛教徒和道教徒）招引了大批其他人。这两种毒恶之源分成了无数散发恶臭的小溪，它们以一种甚至比大禹从前把中国从中解放出来的那场有害的洪水更大的水灾淹没了这个辽阔的帝国。他们除了淹没整个大地（我是说肉体的腐化）之外，再没有其他原则了。这两类令人生畏的祸患，每天还在制造很多能够使偶像崇拜骗人信仰构成新错误的骗子。除此之外，还有那批术士、巫师和职业骗子。他们在这里是依靠民众的轻信而生活，这些人都有权创建附属于两个主要派别的新教派，你们由此可以得出结论认为，中国已陷入了恐怖的深渊，唯有耶稣——基督无限的圣宠才可以把他们从中挽救出来。一点智慧的火花，便会使哲学家一派看到这一大堆荒谬的观点在民众中造成的混乱。哲学家派别徒劳地用其教理的全部诱惑力来对抗这种思潮，以阻止其发展。自命不凡的无神论没有相当强大的武器来破坏偶像崇拜，它自己也被牵涉进去了。由于上帝的正确判断，它也往往发展到崇拜所有的神，而它过去却不崇拜任何神而感到自豪。②

刘应口授的这段文字，白日昇将之做了笔记，后来这段文字传到了巴黎的郭弼恩神父手中。在《中国皇帝容圣教圣旨的历史》

---

① 荣振华：《入华耶稣会士中的道教史学家》，载〔法〕谢和耐、戴密微等著，耿昇译：《明清间耶稣会士入华与中西汇通》，北京：东方出版社，2011 年，第 429 页。

② 同上，第 429-430 页。

一书中，郭氏将其做了修改后引为序言。^①在序言中，他把中国的宗教派别分成了四类：一，残存的对"天主"或"上帝"的崇拜；二，和"理"有关的哲学家的教派，即宋代新儒学；三，婆罗门教，即佛教；四，和尚教，即道教。郭弼恩将第一种教派定义为因对古人的尊敬而不是对宗教的虔诚而产生的教派，认为这种教派仍保存着中国古人对一个至高无上的神灵的信仰，这个神灵是永恒不灭、全知全能的。中国人的祖先将其称为上帝，皇帝就是该教派信徒。^②郭弼恩对其他三种教派的介绍，就是在刘应口授内容的基础上做了些许修改，但在选词上与刘应仍非常雷同。郭弼恩的这部分序言后来又被法国哲学家培尔（Bayle）和狄德罗（Diderot）所引用，^③继而在欧洲产生了一定的影响。

刘应和郭弼恩将中国的宗教进行了类似而又不同的划分，实则体现了他们对中国宗教的不同态度。刘应将之分为三类，斥它们都为无神论和偶像崇拜，给予了全部的否定。在他的这份口述中，"刘应只是探讨了当代儒家思想、佛教思想和道教思想，并未提及中国古代的宗教"^④。其实，即使是对中国古代的宗教，他的态度也亦然。他认为"天"这个词在汉语里指的始终都是物质的天，是苍苍有形之天，而不是宇宙间唯一的主宰。"在 1701 年4 月给副省会长穆若瑟（Jose Monteiro）的信中，刘应言简意赅地批评了耶稣会士 1700 年上呈皇帝的奏折中对尧时代至周初皇帝们所供之牺牲做出的明白解释。刘应评论说，与中国史上的初期不同，从汉代直到他所处的今日，有两种区别明显的祭祀（一为

① Urs App. *The birth of Orientalism*. Philadelphia: University of Pennsylvania Press, 2011: 198.

② 〔美〕孟德卫著，陈怡译：《奇异的国度：耶稣会适应政策及汉学的起源》，郑州：大象出版社，2010 年，第 383 页。

③ Urs App. *The birth of Orientalism*. Philadelphia: University of Pennsylvania Press, 2011: 198.

④ Ibid.

祭天或上帝，一为祭地或后土）。尽管对'上帝'这一术语在不同时期释义各异，但每种祭祀显然都是偶像崇拜性的"[①]。

而郭弼恩对刘应口述的内容进行了"添加"[②]，他将中国的宗教派别分为四类，并认为他所说的第一个教派仍然保有古老的儒家思想，保有对造物主的信仰。虽然人数少，但皇帝是信徒之一，而且是领袖。他还称皇帝本人曾亲自宣布其所进行的庙祭是用来祭祀这位上帝的，不是用来祭祀老百姓们所信奉的那些神灵。郭弼恩将中国宗教进行这样的分类，其目的性是很强的。一方面，他将中国大多数人都归为偶像崇拜者，这正证明了传教士们不远万里来传播天主教的必要性。而另一方面，他又将中国皇帝等一部分人独立出来，认为他们没有淹没在偶像崇拜的迷雾中，而是一直保有对造物主的信仰。这既为耶稣会的适应政策进行了辩护，又反映出他们希望将适应政策建立在皇帝的支持之上，可见"法国耶稣会士的政治敏感度是很高的"[③]。

总之，郭弼恩"和利玛窦一样，都是包容主义者，赞成绝大多数耶稣会士的观点，即中国的古老宗教（以及作为其继承者的儒家思想）尊崇真正的上帝。相反，刘应则是为数不多的持反对意见的人，他同意陆若汉（João Rodrigues）的观点，即中国古老的宗教和儒家思想都是无神论。因此，白日昇关于刘应的叙述的原文已经被郭弼恩大幅度修改，从而呈现出一种迥然不同的观点"[④]。刘应和郭弼恩对中国宗教的阐释体现出了传教士们对中

①〔美〕魏若望著，吴莉苇译：《耶稣会士傅圣泽神甫传：索隐派思想在中国及欧洲》，郑州：大象出版社，2006年，第107页。

② Urs App. *The birth of Orientalism*. Philadelphia: University of Pennsylvania Press, 2011: 198.

③〔美〕孟德卫著，陈怡译：《奇异的国度：耶稣会适应政策及汉学的起源》，郑州：大象出版社，2010年，第383页。

④ Urs App. *The birth of Orientalism*. Philadelphia: University of Pennsylvania Press, 2011: 198.

国社会的认知既有共识,又出现了矛盾。这看似是传教士们之间思想的碰撞,而在本质上其实是中西文化之间的碰撞,而有碰撞才会有交流,有交流才会有进步。

本章结语

五位"国王数学家"对中国历史、文化等方面进行了深入研究,并取得了突出的成就。通过分析,我们不难发现,他们对中国的研究领域互不相同、各有侧重,这其实是和他们的指导思想和既定方案有关。

法国传教士来华肩负有传教与科学的双重使命。在他们出发前,卢瓦先生命王家科学院把为柏应理准备的有关中国的调查表先交到了他们手里。该份调查表涉及了中国天文、地理、数学、哲学、医学、风俗、宗教、建筑、城市、港口、政府、刑法、动物、植物等方方面面的问题。而五位传教士深知在语言学习和福音传播的过程中,要完成中国研究这一包罗万象的计划,是一项庞杂甚至是不可能完成的任务。于是 1687 年,当他们还滞留在宁波期间,就进行了科学工作的分工。洪若翰在 11 月 8 日写给王家科学院的信中汇报了这一情况:

致巴黎王家科学院院士们

宁波,1687 年 11 月 8 日

先生们,

我保证你们看到我们今年所写的信后非常愉悦:我们五个人都健康地到达了中华帝国;我们获准居住在我们想待的城市。首先我们将奉皇帝之命前往北京。

你们关心我们,会为我们感到高兴,我也向你们保证我们也十分喜悦，因为我们终于可以执行你们交给我们完善科学的任务了。我们将给你们寄去我们已经在宁波市为测量这个包围欧洲、非洲、亚洲的大陆所做的研究成果。

在初期，出于谨慎的考虑，我们没有做大量的观测活动，但是作为弥补，我们将所有研究的内容都做了分类，分成五个部分：

第一部分包括中国的天文和地理史以及对天空的日常观测，就像在巴黎天文台所做的一样。

第二部分是中国的从古至今的历史，汉字起源以及与汉字、汉语相关的内容。

第三部分是动植物自然史和医学。

第四部分是艺术史和工艺史。

第五部分是研究中国国体、政府军队和风俗，以及第三部分没有包含的物理学的其他分支。

我负责第一部分，刘应神父第二部分，白晋神父第三部分，李明神父第四部分，张诚神父第五部分。

先生们，我们认为有必要做此划分，以便每个人都有更多的时间做别的事情，避免所有的事都要承担而带来的巨大不便。此外，也为了能一起更投入、更精确地完成工作，因为我们知道人们都是喜欢做自己最擅长的事情而不是什么都做，而当人们全身心投入时会完成得更好。正因为此，在科学院里，尽管你们每个人都有能力共同承担所有的事情，但最终还是一些人负责几何学，一些人负责天文学，另一些人负责物理学，等等。

总之，我们希望每个人都专注于自己负责的领域，当我们发现有一些事情是属于另一个人的领域时，我们会分别进行验证直至明晰判断，得出结论。

但是先生们，我们不能为了科学工作而放弃福音传播工

作，因为这里每年都因没有人负责改宗事宜而使上百万的灵
魂迷失，我们应该承担这项工作。当我们能够帮助他们，但
却不顾如此神圣的使命而去从事另一项自然的使命，这是不
正确的，而后者一旦与宗教的仁慈分开的话就会急剧膨胀。

　　因此，先生们，你们应该采取措施推进你们已经开始的
工作；你们应该为我们提供援助，以助我们完成我们将从事
的，具有相同宗旨的工作；你们应该同我们交流经验，给我
们详细解释你们特别想要做的事情；你们应给我们寄来样
本，即你们已经开始的相关主题的研究成果；你们还应该为
我们每个人设立一个专门的通讯院士，以指导我们，当我们
有困难和错误的时候能够咨询他们。

　　这样的话，您将看到中国科学院将逐渐完善并能够满足
你们的需求。

　　我向你们致以崇高的敬意。①

　　李明在《中国近事报道》的第十四封信中对他们的分工也进
行了介绍：

　　我们商定一部分人从事天文观察、地理和机械工艺研
究，而另外一些人则主要研究与解剖学、药草知识、动物学
和物理学等其他相关的学科，大家根据自己的兴趣爱好选择
科目，以便于他们研究的深入，如时间、地点和任务给他们
创造某个新发现的机会时，他们也不会忽略其他科目。我们
还约定彼此交流见解，让每个人都能借助集体的智慧，如果

---

① Henri Bernard. *Le voyage du père de Fontaney au Siam et à la Chine* (1685-1687) d'après des lettres inédites. *Bulletin de l'Université l'Aurore*, 1942 (série 3, 3, no. 2): 279-280.

可能的话，任何事物都会成为我们研究的对象。[①]

　　结合洪若翰和李明对他们科学工作分工的介绍，我们对照他们每个人的研究计划和研究成果，以便考察他们分工的执行情况。洪若翰按照分工负责天文观察和地理研究，他在实际工作中也是专注于该领域，并向法国王家科学院寄回了大量科学观测和研究报告。刘应负责中国历史、汉字和汉语的研究，这些是他的兴趣所在，也是他最终取得突出成果的领域，即文字、文学和历史。李明按照分工，负责艺术史和工艺史。他虽没有该方面的专著出版，但《中国近事报道》是一部全方面介绍中国的作品，其中对中国的艺术史和工艺史都有或多或少的涉及，如中国的纺织术、制瓷术、印刷术、造船术、航海术以及武器制造等。所以，身在外省的三位教士由于时间和活动比较自由，他们几乎都可以按照之前的分工，同时也是他们的兴趣所在，开展科学研究工作。

　　而留在北京的两位传教士情况则不同。按照分工，白晋负责动植物、自然历史学和医学研究；张诚负责中国国体、政府军队和风俗研究。但他们二人最终分别在中国古籍研究和鞑靼研究方面取得了突出成果。这看似是偏离了最初的研究计划，其实他们正是做到了科学工作分工时所制定的"如时间、地点和任务给他们创造某个新发现的机会时，他们也不会忽略其他科目"的原则。白晋和张诚留在宫廷服务，他们的生活深受康熙皇帝的影响和制约。康熙指导白晋对《易经》展开多年的研究，以探寻《易经》中所包含的数学奥秘，证明西学中源说，并寻找在"礼仪之争"中应对反对者的对策。康熙八次派遣张诚前往鞑靼地区，或为伴驾，或为外交谈判，或为测绘地图。所以，这些契机使他们二人

---

　　① 〔法〕李明著，郭强、龙云、李伟译：《中国近事报道》，郑州：大象出版社，2004年，第367页。

能够更加便利和深入地对中国古籍和鞑靼地区进行研究，并取得丰硕的成果。

但白晋和张诚二人科学研究重点的转移，并不意味着他们完全抛弃了之前科学工作分工中交由他们负责的部分。1691年，白晋寄给当时在福州的李明众多的研究成果以交给王家科学院，并在信中说：

> 我寄给你的所有成果包括：关于老虎的解剖描述以及插图，中国自然历史中对老虎描述的翻译，关于暹罗大象的介绍，我们在暹罗湾看到的独特的鱼的描述……我还寄给你从1690年11月12日至1691年10月底期间我在北京观测的每日天气变化的记录。这些观测分为四类：天气晴朗度、风力、温度和气压。我每天分三个时段观测，分别是凌晨四点、中午和晚上八点，平均分配到每天的各个时段。我错过了许多次中午的观测，因为我必须进宫。我用分别装着水银和硝酸的两个气压计测量气压。用长度为18法寸的温度计测量温度，该温度计通过酒精的热胀冷缩而显示温度。这两个仪器都是修班制作的。[①]

从白晋的介绍中可以看出，他的研究成果中有相当一部分与动植物以及自然历史有关。这是与当年科学工作分工中他所承担的任务相互一致的。所以可以说，五位法国传教士是在科学分工的基础上，结合每个人的不同经历，对中国的不同领域展开了深入的研究。

此外，他们还非常注重彼此之间的交流和学习，正如分工时

---

① ARSI, Jap. Sin. 165, f. 100v, 102r. 参见 Catherine Jami. *The Emperor's New Mathematics: Western Learning and Imperial Authority During the Kangxi Reign (1662-1722)*. Oxford: Oxford University Press, 2012: 118.

所规定的"彼此交流见解，让每个人都能借助集体的智慧"，这一点从他们书信中对会友情况的介绍中便可看出。如当李明谈到中国的滋补药物时写道："刘应神父正致力于《中国植物志》的翻译，该书中对各种植物的性能和特点都做出了说明。这位神父已成为这方面的行家，他将在书中加上他个人的见解。"①又如当他谈到传教士们在华所做的科学观测时写道："除了这些张诚神父手中的回忆录之外，这位神父还在国家的中心区域进行了多次二三百古里的远足：有时向西，有时向北，尽可能多地观察主要地域的纬度和经度。因此他所描绘的地图给我们了解这个广阔国家的真正布局以一个相当正确的概念。"②

综上所述，虽然五位传教士的研究看似很分散，但其实这正是传教团成员精心设计的结果。他们每个人的研究领域各不相同，但从整体上看，他们正是互为补充地对中国展开了多方位、多层次、多角度的研究，给当年获得的那份问题清单交上了一份满意的答卷。总之，"国王数学家"们通过他们潜心的研究，不仅为中国做了最为广泛的宣传，促进了西方人对中国的了解，同时也推动中西文化交流达到了一个前所未有的高度。

①〔法〕李明著，郭强、龙云、李伟译：《中国近事报道》，郑州：大象出版社，2004年，第198页。

② 同上，第382页。

第四章 "国王数学家"与"礼仪之争"

"礼仪之争"是 17 世纪初到 18 世纪中叶,西方传教士对于中国礼仪问题所发生的争论。这场争论不断升级,经历了在华耶稣会士内部之争、在华不同修会之间之争以及欧洲之争三个阶段,其持续时间长达一百余年。在此期间,罗马教皇多次就中国的礼仪问题做出裁定,并两次派特使来华宣布禁令。教皇的行为使康熙皇帝极为不满,也导致了在华禁教政策的实施。天主教被禁使明末清初开始的这场史无前例的中西文化交流受到了重创,在华传教士们也都受到了巨大影响,而"国王数学家"尤为如此。"礼仪之争"一经展开,就不再只限于中国的礼仪问题,而是扩展到对广义的中国文化的全面性深入探讨,而五位法国传教士此时出现了观点的分歧,成为对立的双方。但无论他们的立场如何,他们的命运都被迫卷入了这场洪流之中,无法自拔。

第一节 "礼仪之争"的进程

"礼仪之争"是 17、18 世纪中西交通史上最为重要的事件。它所争论的核心主要有两点:能否用中文中的"天"或"上帝"来称呼天主教所认为的宇宙中的最高主宰 Deus(陡斯);祭祖祀孔是否违反天主教教义。

从利玛窦开始,入华耶稣会士们往往采用比较灵活的传教策略。为了消除中国人对基督教的陌生感,他们从《中庸》《诗经》

等经典中选取了"上帝"和"天"两个词来比附基督教中独一无二的上主,他们也允许中国人按照其传统对祖先和孔子进行祭祀。但利玛窦及其追随者的这种"适应政策"不无争论,首先提出异议的是他的同胞龙华民。1610 年,利玛窦去世后,接任在华耶稣会会长的龙华民立即公开表示反对用"天"或"上帝"来称呼天主教中的上主,而主张音译成"陡斯",此外他也反对中国人参加祭祖祀孔的"迷信"活动。他的意见在耶稣会内部引起了小范围的争论,熊三拔(Sabatino de Ursisi)等人表示支持龙华民的意见,庞迪我(Diego de Pantoja)等人则表示反对。于是,1627 年年末,耶稣会士们在嘉定举行会议。会议最终做出裁定,在 Deus 的译文问题上,遵从龙华民的意见,采用音译;在祭祖祀孔问题上,继续遵从利玛窦政策,把祭拜祖先和孔子看作是一种表达崇敬之情的行为,并无迷信的成分。

　　这场最初只是在耶稣会内部展开的争论,后因其他修会的加入愈演愈烈,逐渐发展成为派系间的论战。1630 年,方济各会和多明我会传教士进入中国。他们的传教策略和耶稣会士颇为不同,他们不走接近皇帝、士大夫及文人的上层路线,而是深入到乡村农舍向平民大众宣讲福音。在和下层民众的接触过程中,这些传教士对中国人的迷信思想以及宗教活动印象深刻,他们觉得这些活动具有明显的迷信特征,应当禁止中国的基督徒参加。1643 年,多明我会士黎玉范(Juan-Baptista Morales)到达罗马,他向传信部提交了名为"17 个问题"的报告,对耶稣会士的传教策略和行为大加指责,认为他们亵渎了基督教的纯洁性。这 17 个问题多与祭祖祀孔有关:其中第 6 条有关城隍,第 8 条有关祭祀孔子,第 9 条有关祭祀亡灵,第 10 条有关葬礼,第 11 条有关牌位,第 12 条涉及灵柩前面设置祭坛。①罗马的神学家们非常仔细和全面地

---

① 许明龙:《欧洲十八世纪中国热》,北京:外语教学与研究出版社,2007 年,第 45 页。

讨论了这些问题,最后教皇英诺森十世(Innocent X)于1645年宣布禁止中国基督徒参与黎玉范所描述的那些礼仪,但前提是那些礼仪确如黎玉范所描述的一样。这个结论表明教皇和神学家们还是采取了相当严肃的怀疑态度,他们"相当清楚自己面前的可能是关于一种他们所知绝少的文化的被歪曲的证据,但至少他们意识到其中存在着因文化差异造成的转译困难,因而多少采取了一点文化相对主义的态度"[①]。

在华耶稣会士获悉此决议后非常震惊,他们决定派出学识渊博的卫匡国前往罗马进行申诉。卫匡国1654年抵达罗马,转年,他向圣职部提交了一份报告,就黎玉范曾提出的关于祭孔、祭祖、为成年女子洗礼和临终涂油、教会戒律在中国基督徒中的强制性等问题进行了反驳,为耶稣会士们所奉行的"适应政策"进行了强有力的辩护。1656年3月23日,经教皇亚历山大七世(Alexandre VII)批准,圣职部颁布了有利于耶稣会的敕谕,允许中国基督徒参加卫匡国所描述的祭孔仪式和经利玛窦等人修改后的祭祖仪式,判定祭祖和祀孔礼仪是世俗性和政治性的活动。这道谕旨"承认传教士在行使权力方面有广泛自由;它赋予中国基督徒遵守全部具有世俗和政治性质典礼的权利,并允许基督徒有充分的自由判断什么礼仪属于此类"[②]。多明我会对圣职部的决定感到不满,认为其有悖于1645年的通令,于是又于1661年派人前去罗马抗议。1669年11月,圣职部给出的答复是1645年和1656年两位教皇所颁布的敕谕并行不悖,应视具体的情况遵照执行。

1658年,传信部任命首批远东宗座代牧。在转年给陆方济等

---

① 张国刚:《从中西初识到礼仪之争——明清传教士与中西文化交流》,北京:人民出版社,2003年,第424页。

② Kenneth Scott Latourette. *A history of Christian mission in China*. New York: Macmillan, 1929: 137. 参见张国刚:《从中西初识到礼仪之争——明清传教士与中西文化交流》,北京:人民出版社,2003年,第431页。

三位宗座代牧的指示中，传信部特拟了三个条款以嘱托他们要灵活地对待中国当地的礼仪问题：

　　　　只要中国人不公开反对宗教和善良风俗，不要去尝试说服中国人改变他们的礼仪、习俗方式。有什么事情比把……欧洲国家的东西输入中国更傻的呢？不要把这些东西，而是要把信仰输入中国。信仰并不是要反对或者摧毁任何民族的礼仪习俗，只要这些礼仪习俗并不是邪恶的。恰恰相反，信仰要把它们保持下去。

　　　　……没有比去改变一个国家的习俗更能引起对方的敌视和疏离的了，尤其是那些历史悠久的民族。当你取消对方的习俗而用你自己国家的习俗取而代之时，这点尤其千真万确。不要因为中国人和欧洲人的方式不同而藐视中国人的方式，反而还要尽力做他们习惯的事情。

　　　　……小心谨慎要求人们，不轻易下判断，或者至少不要仓促地、急躁地妄加指责。……要抓住思想上具备了接受真理的时机，再逐步消除邪恶。[①]

　　从传信部的这份指令中可以看出，当时的教廷对中国礼仪问题的态度是格外宽容和开明的。一方面，这应和卫匡国的上诉有关，这份指令明显是 1656 年敕谕的延伸和发展。另一方面，这也是教廷为摆脱葡萄牙"保教权"的羁绊，取代葡萄牙人在东方的势力所采取的策略。教廷颁布这道指令与其向远东派遣宗座代牧是异曲同工之举。

　　在杨光先事件中，许多传教士被流放并监禁于广州。其中，

---

①〔美〕苏尔、诺尔编，沈保义等译：《中国礼仪之争西文文献一百篇，1645—1941》，上海：上海古籍出版社，2001 年，第 11-12 页。参见张国刚：《从中西初识到礼仪之争——明清传教士与中西文化交流》，北京：人民出版社，2003 年，第 432-433 页。

23 位传教士（19 位耶稣会士、3 位多明我会士及 1 位方济各会士）
被关在一起近五年的时间。在这期间，他们召开了一次近 40 天的
会议，力图就礼仪问题达成共识。最后会议于 1668 年 1 月 26 日
通过了 42 项议案，涉及为适应中国的形势，教会在洗礼、斋戒、
教义指导、焚烧偶像等方面的纪律。与会者除了多明我会士闵明
我之外，都在这份决议上签了字，表示愿意执行 1656 年圣职部的
通令。闵明我后来设法越狱，于 1669 年 12 月离开广州前去澳门，
又自那里返回欧洲。随后，他在西班牙发表了《中华帝国纵览》
一书，猛烈抨击耶稣会士在礼仪问题上的态度和做法。"礼仪之
争"从此越出教会围墙，成为欧洲公众关注的话题。①

　　1680 年和 1684 年，遣使会和巴黎外方传教会相继进入中国
传教，他们对礼仪问题的态度都与耶稣会士相左，从此耶稣会的
反对力量就更为强大了。1693 年 3 月，作为福建宗座代牧的巴黎
外方传教会士阎当（Charles Maigrot）在所在教区内颁布了一项
要求传教士们共同遵守的指令，并派人将之送往欧洲。此份指令
共包括七条规定：

　　（1）只能使用"天主"一词而禁止使用"天"与"上帝"。
　　（2）严禁在任何教堂置放刻有"敬天"字样的牌匾，本
代牧区内没有摆放该牌匾的传教士，其传教业绩不小于其他
人。
　　（3）递交给亚历山大七世要求裁决的问题并没有如实描
述，教皇的回答虽然正确英明，但鉴于所依据的材料有疑问，
所以这道敕谕不能作为允许中国人崇拜孔子和祖先的依据。
　　（4）传教士不得在任何时间以任何理由允许基督徒举

────────────

① 许明龙：《欧洲十八世纪中国热》，北京：外语教学与研究出版社，2007 年，第 46
页。

行、参加或出席一年两度祭祀孔子和祖先的神圣仪式，这些
祭祀沾染着迷信。

（5）嘉许那些力主基督徒将祖先牌位移出家中的传教
士。若不能这样做，至少要禁止在牌位上书写"神主""神
位""灵位"字样，只能写死者之"位"。

（6）严禁在本代牧区以口头或书面形式传播那些能将粗
心的人导向错误、能打开迷信之门的言论，如：中国人的哲
学若加以正确理解与基督教不相违背；最智慧的古代中国人
想用"太极"一词称呼真神，即万物之源；孔子之敬鬼神，
其世俗性质甚于宗教性质；中国人称为《易经》的那本书是
自然与道德教诲的集成之作。

（7）传教士们要确保基督徒不受中国学校里中文教科书
中无神论和迷信内容的影响，同时要强调关于上帝、创生和
基督教优越性等教义。①

　　1694 年，该份训示到达欧洲并迅速传播，产生了很大的影响。
1697 年，教皇英诺森十二世（Innocent XII）责令一个调查委员会
对此问题进行复核。1700 年，在京耶稣会士试图借助于康熙皇帝
的支持击败他们的敌人，就以礼仪问题非迷信活动为主题撰写一
文，呈交康熙御览。康熙在他们的呈文上朱笔加批，表示赞同。
耶稣会士们对这份御批如获至宝，因为在他们看来，这是中国最
高统治者对中国礼仪问题做出的终审判决，具有无法比拟的说服
力。然而，当此份御批和耶稣会士们的奏折被送达罗马时，它所
起的作用却适得其反。"反对耶稣会士者即以此攻击耶稣会士，谓

---

① Claudia von Collani. Charles Maigrot's Role in the Chinese Rites Controversy. In D. E.
Mungello ed., *The Chinese Rites Controversy: Its History and Meaning*. Nettetal: Steyler Verlag,
1994: 152-154. 参见张国刚：《从中西初识到礼仪之争——明清传教士与中西文化交流》，北
京：人民出版社，2003 年，第 439-440 页。

彼等以此关于圣教之事，求判决于外教皇帝，而不请求罗马教廷"①，简直是不可思议。罗马方面十分介意世俗政权对教会神学问题的干涉，而康熙也由此知晓了外国教会内对中国礼仪问题出现的纷争，他认为自己的权力受到了僭越，自己国家的社会和政治制度受到了干涉。所以这份请愿书在欧洲和中国所起的反作用是在华耶稣会士们所始料不及的。总之，自该事件发生之后，"礼仪之争"已经发生了质的改变，其论战的双方不再是耶稣会内部的利玛窦派和反利玛窦派，也不再是在华的耶稣会和其他修会，而是分别以康熙和罗马教皇为代表的权力机构。他们所论战的主题也不再只限于神学领域，这场争论逐渐演变成了中西方之间的一场政治较量。

罗马 1697 年开始的礼仪问题调查直到 1704 年 11 月 20 日才最后公布决议。该份决议由圣职部颁发，并经新教皇克莱芒十一世（Clément XI）确认。它对阁当训示中的七条规定做了逐个回复：

（1）不应使用"Deus"的音译，禁止使用"天"或"上帝"，可以使用"天主"来指基督教所崇拜的神。

（2）不允许在教堂摆放"敬天"牌匾或在摆放的同时附加说明。

（3）关于 1656 年敕谕的有效性问题不予答复，以前所做的答复都是以假设报告是准确的为基础，从来没有习惯宣布这些报告到底准确与否。

（4）不允许基督徒以任何方式、任何理由涉足每年春分和秋分举行的祭拜孔子和祖先的隆重仪式，它们带有迷信色

① 徐宗泽：《中国天主教传教史概论》，上海：上海世纪出版集团，2010 年，第 143 页。

彩；不允许在孔庙进行崇拜孔子的普通仪式，孔庙在中国人
那里就是一所崇拜偶像的庙宇；不许在宗庙和祠堂祭拜祖
宗；不许在家中祖先牌位前、先人坟前或落葬死者时进行磕
头、上供等祭拜活动，与教外人士一起参与或基督徒自己举
行都不行，即使事先声明不视礼仪为宗教活动也不能参与；
中国教外人士这些礼仪也许是世俗性、政治性的，但它们到
底是什么礼仪，要注意些什么才能被容忍，这要由铎罗主教
和中国的主教及宗座代牧来判断。

（5）不能在家中摆放写有某某之位或某某之灵的牌位，
最多只能写死者的名字，同时附加声明表示摆放这个牌子的
真实目的和子孙应对祖先负何种义务。

（6）阎当所谓那些易导向错误和迷信的有关中国哲学和
古籍的言论，圣职部因对其中内容了解不够而无法答复，将
由铎罗主教听取过在中国服务的主教、代牧和有经验的传教
士的意见后做出判断和规定。

（7）如果中国书籍中真有阎当所说的无神论和迷信内
容，那么就非常必要如阎当主教所规定的督促中国基督徒不
要受此污染并加强基督教教义的灌输。①

从这份答复中可以看出，教廷几乎禁止基督徒参加祭祖祀孔
的所有活动，这是对利玛窦以来耶稣会士们所奉行的适应政策的
彻底否定。此外，教廷给予了前去中国的铎罗主教以巨大的权力，
他不仅被授权来华宣布教皇的敕谕，而且有权判定中国礼仪的性
质。

铎罗 1702 年奉教皇之命来华。他于 1703 年 11 月抵达印度，

---

① George Minamiki. *The Chinese Rites Controversy: from its beginning to modern times*.
Chicago: Loyola University Press, 1985: 36-40. 参见张国刚：《从中西初识到礼仪之争——明
清传教士与中西文化交流》，北京：人民出版社，2003 年，第 452-453 页。

1705年4月2日到达澳门，4月8日到达广州，12月14日抱病抵京。康熙想知道教皇特使来华的目的，于是差人前去询问。铎罗说他受命前来只是为了感谢皇帝对传教士们的优待。1705年12月31日，康熙首次召见铎罗，并为他举行了盛大的欢迎仪式。铎罗在觐见过程中再次隐瞒了他来华的真实目的，但康熙已经开始怀疑他此行与礼仪问题有关。

1706年6月22日，康熙将他为西洋传教士订立的规矩谕令铎罗：

> 前日曾有上谕，多罗好了陛见之际再谕。今闻多罗言，我未必等到皇上回来的话，朕甚怜悯，所以将欲下之旨晓谕，朕所欲言者，近日自西洋所来者甚杂，亦有行道者，亦有白人借名为行道，难以分辨是非。如今尔来之际，若不定一规矩，惟恐后来惹出是非，也觉教化王处有关系，只得将定例，先明白晓谕，命后来之人谨守法度，不能稍违方好。以后，凡自西洋来者，再不回去的人，许他内地居住。若今年来、明年去的人，不可叫他居住，此等人譬如立于大门之外，论人屋内之事，众人何以服之？况且多事。更有做生意、做买卖，此等人益不可留住。凡各国各会皆以敬天主者，何得论彼此，一概同居同住，则永无争竞矣。为此晓谕。①

6月29日，康熙第二次召见铎罗，礼仪已大不如上次隆重。康熙一再盘问他来华目的，铎罗回答只是向皇帝问安。康熙又问铎罗罗马对他1700年谕旨的态度，铎罗则闪烁其词，避而不答。6月30日，康熙邀铎罗同游畅春园，并一再向他强调基督教必须与儒学和谐共处，若西洋人反对祭祖祀孔，那便很难再留居中国

---

① 方豪：《中国天主教史人物传》，北京：宗教文化出版社，2007年，第447-448页。

了。而铎罗谈论更多的是基督教和儒学之间的不同,他说欧洲人很难把握中国人书中的真理,他本人更是没有这个能力,但他知道有一位精通汉语的专家能够解答。铎罗所说之人正是阎当。

8月2日,康熙在热河行宫召见了阎当。由于阎当讲福建方言,康熙命巴多明作为翻译。阎当的拙劣表现使康熙大为不悦,2日和3日,他连颁两道谕旨斥责阎当"愚不识字,擅敢妄论中国之道"①,"既不识字,又不善中国语言,对话须用翻译,这等人敢谈中国经书之道,像站在门外,从未进屋的人,讨论屋中之事,说话没有一点根据"②。康熙随后命人将阎当软禁于北堂,并于年底下旨驱逐。

8月11日,铎罗请求离京,康熙照准。8月20日,铎罗南下,并于12月17日抵达南京。同月,康熙在北京发布了传教士领"票"的谕旨,宣布只有遵守利玛窦规矩并永不回国的西方教士方可领"票",并可在中国境内传教,无领"票"者一律驱逐出境。《正教奉褒》记曰:

> 康熙四十五年冬,驻京西士齐趋内殿。上面谕云:"朕念你们,欲给尔等敕文,尔等得有凭据,地方官晓得你们来历,百姓自然喜欢进教。"遂谕内务府:"凡不回去的西洋人等,写票用内务府印给发。票上写西洋某国人,年若干,在某会,来中国若干年,永不复西洋。已经来京朝觐陛见,为此给票。兼满汉字。将《千字文》编成号数,挨次存记。将票书成款式进呈。"钦此!③

---

① 方豪:《中国天主教史人物传》,北京:宗教文化出版社,2007年,第448页。
② 同上。
③ 黄伯禄:《正教奉褒》。参见方豪:《中国天主教史人物传》,北京:宗教文化出版社,2007年,第449页。

铎罗于 1707 年 2 月 7 日在南京宣布了教皇的禁令，将中国
礼仪裁定为异端宗教活动明令禁止，并规定不遵守者将受"弃绝"
重罚。康熙得知此事后，勃然大怒，遂将其驱逐至澳门，交由葡
萄牙澳门总督看管。1710 年 6 月，铎罗去世，他至死都在葡萄牙
人的软禁当中。

1707 年 4 月 19 日，康熙再次向西洋教士发布谕旨，强调他
们要遵从利玛窦规矩：

> 论众西洋人，自今以后，若不遵利玛窦的规矩，断不准
> 在中国住，必逐回去。若教化王因此不准尔等传教，尔等既
> 是出家人，就在中国住着修道。教化王若再怪你们遵利玛窦，
> 不依教化王的话，教你们回西洋去，朕不教你们回去。倘教
> 化王听了多罗的话，说你们不遵教化王的话，得罪天主，必
> 定教你们回去，那时朕自然有话要说。说你们在中国年久，
> 服朕水土，就如中国人一样，必不肯打发回去。教化王若说
> 你们有罪，必定教你们回去。朕带信与他，说徐日升等在中
> 国，服朕水土，出力年久。你必定教他们回去，朕断不肯将
> 他们活打发回去……朕就将中国所有西洋人都查出来，尽行
> 将头带于西洋去。设是如此，你们的教化王也就成了教化王
> 了。[1]

1710 年，教皇重申 1704 年的圣谕，并对铎罗所发布的"南
京禁令"表示肯定。1715 年，教皇发布"从登基之日"（Ex illa die）
圣谕，再一次严禁中国礼仪。1720 年，教皇又派特使嘉乐（Carlo
Ambrogio Mezzabarba）来华宣布禁令。康熙对他仍是以礼相待，

---

[1] 陈垣编：《康熙与罗马使节关系文书》（影印本），台北：文海出版社，1974 年，第
13-14 页。

并多次接见。1721 年 1 月 17 日，康熙命人将"从登基之日"通谕翻译成中文呈交其阅览。从他阅后的朱批看，他显然已经厌烦了这无休止的争论，决定禁教。

> 览此条约，只可说得西洋人等小人，如何言得中国之大理。况西洋人等无一人通汉书者，说言议论，令人可笑者多。今见来臣条约，竟是和尚、道士、异端小教相同。彼此乱言者，莫过如此。以后不必西洋人在中国行教，禁止可也，免得多事。钦此。①

1721 年 11 月 4 日，嘉乐在澳门发表了一封致主教们的公开信，内容除了重申 1715 年的通谕外，还发布了"八项准许"：

（1）基督徒可以在家中置放仅刻有死者姓名的牌位，同时要附带声明其基督信仰，并确保在这种行为中不掺迷信因素。

（2）不是迷信或没有迷信嫌疑的尊敬死者的世俗礼仪可被允许。

（3）允许对孔子进行世俗性的礼敬，在不刻迷信字眼的情况下可供奉孔子牌位，但也要说明自己的信仰；允许点蜡、焚香、供食物。

（4）在葬礼上可以使用香烛，但现场要有一份合适的书面说明。

（5）在经过适当改进的牌位前允许跪拜叩头，在棺木和死者旁也同样。

（6）在棺材和经过改进的牌位前可以设置陈放糕饼、水

---

① 方豪：《中国天主教史人物传》，北京：宗教文化出版社，2007 年，第 456 页。

果和各种例行食物的桌子。

（7）在中国新年或一年其他时间里可以在经改进的牌位前行叩头礼。

（8）只要采取了所要求的预防措施，可以在改进的牌位和坟墓前焚烧香烛。①

　　嘉乐所公布的这"八项准许"其实规定的是在华教士在执行教皇圣谕时所能做的一些灵活处理，是对耶稣会士们所做出的一些让步。他希望能以这些通融缓解争论双方存在分歧最大的一些问题，但结果并不如他所愿。"八项准许"公布之后，在华教士们都按照各自的理解去执行，结果引起了更大的混乱。面对这种情形，教皇本笃十四世（Benedict XIV）于1742年7月11日发布了一道名为"自上主圣意"（Ex quo singulari）的通谕，重申1715年的圣谕精神，取消了"八项准许"，并规定凡不遵守者须返回罗马接受处罚，而且凡要赴华的传教士必须事先宣布反对中国礼仪。持续了一百多年的"礼仪之争"最终以教皇严禁中国礼仪而结束。

第二节　"礼仪之争"背景下
"国王数学家"的命运

　　随着"礼仪之争"的逐步升级，"国王数学家"们的命运便和这场声势浩大、旷日持久的论战紧密结合在了一起。

　　1691年底，李明从厦门登船，踏上了返欧的旅途，同时也敲

---

① Kenneth Scott Latourette. *A history of Christian mission in China*. New York: Macmillan, 1929: 148-149. 参见张国刚：《从中西初识到礼仪之争——明清传教士与中西文化交流》，北京：人民出版社，2003年，第497页。

响了该传教团解散的钟声。李明离华主要和一直视在华法国传教士为敌手的葡萄牙人有关。在北京，张诚和白晋经常抱怨葡萄牙人对他们的粗暴行为以及对他们的暗算。这两位神父在 1690 年 11 月 29 日写给封丹（Paul de Fontaine）神父的信中谈到了葡萄牙人对他们的迫害："这种情形进一步增强了我们对手的嫉妒心理，他们不知用多少不实之词诬蔑我们，往我们脸上抹黑，以致视察员神父信以为真，将我们视为不服从命令的叛逆者，视为破坏传教团体安宁的人，视为裂教者，而所有这一切都没有给我们一丝辩白的机会。"① 1691 年 11 月 30 日，张诚致信维利乌斯继续抱怨葡萄牙人让他们无法忍受，"一个月来我总是要应付葡萄牙神父们的无理取闹和寻衅滋事，我们几乎不得不每天为自我辩解而奋笔疾书，好以此回击他们的攻击和污蔑，并向副省会长，也向洪若翰神父汇报他们对我们的欺压"②。 1691 年 12 月 1 日，张诚和白晋致函传教团团长洪若翰，抱怨葡萄牙人对他们的无理，并说道："我们将密切注意葡萄牙人的所作所为，并希望能够有修建第二处住宅的计划，这样我们将公开向皇帝请求允许我们与葡萄牙传教士分开居住。"③

而在外省，法国教士们面临的情况更为糟糕，葡萄牙人截留他们物资的情况非常严重，这使他们的基本生活都难以保障。1690 年，洪若瀚带领李明前去广州与葡萄牙人理论。洪若翰在致拉雪

---

① 罗马耶稣会档案馆，日本—中国之部 164，f.350. 参见〔法〕伊夫斯·德·托玛斯·博西耶尔夫人著，辛岩译：《耶稣会士张诚：路易十四派往中国的五位数学家之一》，郑州：大象出版社，2009 年，第 79 页。

② 罗马耶稣会档案馆，日本—中国之部 165，f.150. 参见〔法〕伊夫斯·德·托玛斯·博西耶尔夫人著，辛岩译：《耶稣会士张诚：路易十四派往中国的五位数学家之一》，郑州：大象出版社，2009 年，第 85 页。

③ 罗马耶稣会档案馆，日本—中国之部 165，f.157. 参见〔法〕伊夫斯·德·托玛斯·博西耶尔夫人著，辛岩译：《耶稣会士张诚：路易十四派往中国的五位数学家之一》，郑州：大象出版社，2009 年，第 86 页。

兹神父的信中曾这样记载:

> 澳门的葡萄牙人抓住了一位为我们带来经费、一些书籍
> 和数学仪器的法国年青画家。他们把他关押起来,并在严密
> 的看守下将他遣送到果阿。这位画家不久就死于果阿。我们
> 此次所遭受的损失使我们陷入了困境,以致李明神父与刘应
> 神父被迫离开其传教区,徙居海港附近以求生存。我与李明
> 神父一起来到广州,意在让人承认我们的正当权利,并阻止
> 任何会导致我们萎靡不振的事情发生。[①]

与葡萄牙人谈判无果后,他们回到了南京。面对着法国人和
葡萄牙人水火不容的情况,洪若翰于1691年底指派李明返回欧洲
向上级汇报法国人在传教区所受的不公正待遇,以寻求解决之道。
1692年,李明回到法国,然后转赴罗马汇报在华法国教士们的窘
境。再次返回法国后,李明于1696年在巴黎出版了两卷本的《中
国近事报道》,以钦羡和颂扬的态度对中国进行了介绍。阎当于
1693年发布的训令当时已经传到欧洲,并产生了很大的影响。而
李明在此时出版该部著作的目的就是为"礼仪之争"中耶稣会士
的立场和观点进行辩护,进而影响罗马对此事的判断。

《中国近事报道》出版后,获得了极大的成功。李明也声名
远扬,得到国王的赏识,成为勃艮第公爵夫人(la duchesse de
Bourgogne)[②]的忏悔神父。但1700年4月20日,巴黎外方传教
会的领导层从布鲁塞尔寄给了教皇一封信,从此李明和他的这部
著作便陷入了无尽的漩涡之中。这封信对摘自李明的《中国近事
报道》和郭弼恩的《中国皇帝容圣教圣旨的历史》两部著作的六

---

① 〔法〕杜赫德编,郑德弟等译:《耶稣会士中国书简集》上卷Ⅰ,郑州:大象出版社,
2005年,第285页。

② 路易十四的孙媳妇。

处表述进行了指控。1700 年 7 月 1 日，索邦神学院的神学博士、外方传教会的领导普里奥（Salomon Prioux）检举了李明的《中国近事报道》和一部作者不详的著作《关于中国礼仪的信件》，指控这些作品存在问题，应该对其进行审查。由索邦神学院八位代表组成的小组对被指控的书籍进行了严格的审查，从中找出多处他们认为有问题的表述，最后浓缩成五条，并由审查组中资历最老的布瓦洛（Boileau）在 8 月 2 日将他们的报告递交给了索邦神学院。虽然神学院的大多数人同意对这些著述进行审理，但有位杜马（du Mas）先生持反对意见，理由是既然 4 月 20 日给教皇的信还没有得到答复，神学院不应现在就做出裁定。但他的意见最终没有被采纳，神学院将这五处表述印刷出来，在神学院进行流通，审理的日子被定在了 8 月 17 日。

　　这五处表述分别是：

　　（1）中国人近两千年来（即公元前 2000 年左右—公元 1 年）都保留着对真正的神的认识，并且他们敬奉神的方式就是对基督徒来说都是一种榜样和教导。

　　（2）犹大地的人献给上帝的神殿更富丽堂皇，甚至耶稣都到场并祈祷，来把它献给上帝，如果说犹大地的人在这方面更胜一筹，那中国人在世界上最古老的神殿中向造物主献祭，这对中国来说难道不是一种无上的虔诚吗？

　　（3）纯洁的道德、圣洁的礼俗、信念、对真正的神内心和外在的礼拜、圣徒及受上帝感召之人的祈祷和献祭、宗教的精神、最纯洁的博爱（那就是尽善尽美）和宗教的性质以及（作者说：假如我敢这么说的话）上帝的精神曾经在中国人那里保存了两千多年。

　　（4）不管神圣的上帝是怎样明智地在世上各国间分配他的恩宠，中国都没有什么可以抱怨的，因为没有哪个国家比它得到了上帝更多的一贯的偏爱。

（5）此外，中国的皇帝也未必把基督教看作是一种外来的宗教，因为它的原则和根本精神与中国的圣人和最早的皇帝所信仰的古代宗教是一样的，他们和基督徒崇拜的是同一个上帝，他们和基督徒一样，也认识到天与地的主。①

在这些表述中，除了第三条是对李明和郭弼恩观点的概括外，其余四条基本都是直接引用。其中，第一、二、四条表述引自李明的《中国近事报道》，第五条表述引自郭弼恩的《中国皇帝容圣教圣旨的历史》。神学院对这些表述审议的时间长达两个多月，其间共召开会议 30 余次，有 160 位教士发表了意见。审理于10 月 17 日结束，114 票赞成贬责，46 票反对。10 月 18 日，神学院对这五处表述形成了最终的决议。决议认为这些表述是"错误的、轻率冒失的、引人犯罪的、亵渎宗教的、与上帝的语言相悖和带有异教性质的，它破坏了宗教信仰和基督教，并使耶稣——基督的受难和被处死变得没有任何意义了"②。当时，被告被允许前去进行解释，去解释的郭弼恩神父进行了强烈的抗议，认为此次审查是无效的。当然，他的抗议没有起到任何的效果，这个结果是耶稣会士没有能够阻止审查发生时就早已预示了的。

索邦神学院的神学家们是同情詹森派的，他们和耶稣会士的神学观点存在严重的分歧。耶稣会士认为人在原则上有选择"善"的能力，并十分尊重个人的良心选择，他们相信所有人都能够得救，所以教会的使命就在于把全人类都带入教会。而詹森派的态度恰恰相反，他们拒绝在每个个体的行为和具体情况中去衡量罪

---

①〔美〕孟德卫著，陈怡译：《奇异的国度：耶稣会适应政策及汉学的起源》，郑州：大象出版社，2010 年，第 368-369 页。
②〔法〕维吉尔·毕诺著，耿昇译：《中国对法国哲学思想形成的影响》，北京：商务印书馆，2000 年，第 110-111 页。

与道德，其学说的基础是严格的原罪说，认为上帝的恩宠仅是赐予某些人，而不是所有人。出于这种命定论的观点，他们不能接受中国人也受到了上帝恩宠的观点，认为耶稣会士以上帝的名义所做的这种妥协是令人厌恶和难以接受的。

在这五条表述中，遭到最严厉谴责的是第一条。李明认为中国人近两千年来一直都保留着对真正的神的认识，他们敬奉神的方式甚至对基督徒来说都是一种榜样和教导。这种观点是索邦神学院的神学家们无论如何都不能接受的，正如孟德卫所说：

> 当我们静下心来认真考察 17 世纪欧洲基督徒观念中最根本的对自我的认知时，我们发现他们将自己看作被上帝选中并与之订立新誓约的民族，因为犹太人拒绝接受耶稣为救世主。对这些欧洲人来说，承认中国人的世俗成就是没有问题的。但是如今已经全都沦为异教徒的中国人在精神的领域却成为榜样，值得上帝的选民效仿，这个观点似乎让很多欧洲人认为是彻底错误的，应该受到谴责。[1]

此外，受到批评较多的是第四条有关上帝偏爱中国人的表述。李明认为上帝的恩宠好似太阳，根据人们在行善事还是做恶事，它在世界的不同地区相继升起和落下，而中国比世界上任何一个国家都得到了上帝更多的偏爱。在神学家们看来，他的这种观点扰乱了欧洲人对《旧约》的传统观念，因为在《旧约》中犹太人才是上帝选中与其立誓的民族。此外，这种观点和詹森派的上帝恩宠不会考虑人类功过的观点也发生了抵触，詹森派认为中国人不信仰基督教就证明他们没有得到上帝的恩宠。所以，这条

---

① 〔美〕孟德卫著，陈怡译：《奇异的国度：耶稣会适应政策及汉学的起源》，郑州：大象出版社，2010年，第374-375页。

表述在索邦神学院受到谴责便是一种必然的结果。

1700 年，索邦神学院将该书列为禁书的裁决已定。但随着"礼仪之争"在欧洲的升温，人们纷纷发表论著对中国的宗教信仰表示支持或反对。这场论战声势之浩大，让法国国王都深感恐惧。他认为，在宗教问题上的一场笔墨官司，可能会比在国家问题上的一场武力较量更具有令人烦恼的后果，于是便禁止在法国发表与此相关的任何著作。李明神父也因此失宠，他失去了勃艮第公爵夫人忏悔神父的职位，因为国王担心公爵夫人的思想会受到李明的控制。[1]被免职之后，李明致力于编写福尔班的回忆录。1728年，他在波尔多去世。

继李明之后，洪若翰于 1703 年永远地离开了中国。关于他离华的原因，学界一直众说纷纭。有一说是"洪若翰 1703 年离开中国的原因不是很明确，但是也是受皇帝之命"[2]。另有一说是洪氏离华是为了"向上级汇报在华耶稣会士的情况并处理和传教团有关的一些事宜"[3]。还有一说是"此次居京之时甚暂，似有人进谗于帝，宠待不如前时"[4]，故选择返回欧洲。

其实，本书的第三章通过对洪若翰和莱布尼茨通信的剖析，发现洪氏在信中曾对他离开中国以及没有再返回中国的原因都做过解释。他在 1704 年 6 月 13 日的信中写道："几个月后，使团需要派人到欧洲去，而我被选中了……因为战争，我没有办法支援

---

① 〔法〕维吉尔·毕诺著，耿昇译：《中国对法国哲学思想形成的影响》，北京：商务印书馆，2000 年，第 117 页。

② Isabelle Landry-Deron. Les mathématiciens envoyés en Chine par Louis XIV en 1685. *Archive for History of Exact Sciences*, 2001, 55: 449.

③ Jean-Pierre Abel-Rémusat. *Nouveaux mélanges asiatiques, ou Recueil de morceaux de critique et de mémoires, relatifs aux religions, aux sciences, aux coutumes, à l'histoire et la géographie des nations orientales*, tome 2. Paris: Schubart et Heideloff, 1829: 242.

④ 〔法〕费赖之著，冯承钧译：《在华耶稣会士列传及书目》，北京：中华书局，1995年，第 431 页。

我的团队，我被迫必须待在这里一段时间。"①在 1705 年 9 月 10
日的信中，他又写道："中国距离欧洲太遥远了，因此每年传教士
的补贴寄过去很难，因此我待在巴黎努力寻找解决之法。现在传
教士越来越多了，所以这是一个必须重视的问题。"②由此可见，
洪若翰返回法国的原因主要还是向上级汇报传教区情况和处理传
教团有关的事宜。而他滞留法国再也未回中国的原因，首先是西
班牙王位继承战争③导致海路交通受阻，后来又因他承担起了保
障传教士给养安全到达中国的繁忙工作。需要指出的是，此时法
国传教士们的补贴很难安全到达中国主要是路途遥远的问题，而
不是葡萄牙人的有意妨碍。因为在 17、18 世纪之交，独立于副省
的在华法国耶稣会传教区已经正式成立。法国人已经与葡萄牙人
分道扬镳，虽说之后他们之间的争吵日益升级，但葡萄牙人已经
没有权力再染指法国人的财产了。

　　洪若翰第二次返回法国后，便再也没有回过中国。1706 年 5
月 6 日，洪氏被任命为巴黎初修院的副院长，1707 年 12 月 20 日，
又被任命为法国萨尔特省拉弗莱什王家学院的本堂神父，并于
1710 年在那里去世。洪氏有关中国的作品面世的不多，只有几封
信札被收录出版，此外，"《一六九七、一六九八、一六九九年间
的中国事》是编盖为立翁纳（de Lyonne）修道院长在严州府建筑
某堂之际而撰……有人以是编出若翰手"④。但此书是否真为其
所作仍有待进一步考证，为避免张冠李戴，故不纳入本书研究范

---

①　Gottfried Wilhelm Leibniz. *Der Briefwechsel mit den Jesuiten in China (1689-1714)*.
Hamburg: Felix Meiner Verlag, 2006: 446-450.

②　Ibid., 506.

③　1701 年—1714 年，因为西班牙哈布斯堡王朝绝嗣，法兰西王国的波旁王室与奥地
利的哈布斯堡王室为争夺西班牙帝国王位，而引发的一场欧洲大部份君主制国家参与的大
战。

④　〔法〕费赖之著，冯承钧译：《在华耶稣会士列传及书目》，北京：中华书局，1995
年，第 432 页。

围。雷慕沙谈到洪若翰时说道："这位传教士以他不懈的热情所成就的使徒生涯比他的文学作品更值得称道。"①相比较他的会友，他被后世人所忽视，概源于此。

至于张诚，他所具有的法国耶稣会传教区会长的身份使之不可避免地成为"礼仪之争"中的关键人物。1693年，阎当在所管辖区发表训示，并派人把这份文件送往欧洲。在这样严峻的形势下，1700年，张诚等人决定从中国最高权力当局，即皇帝兼立法者，同时也是礼仪的首席执行者那里寻求答案。因为在他们看来，如果礼仪被认为是这个国家世俗的和政治的典礼并与宗教信仰相分离，那么作为这个国家最高代表的皇帝就应该拥有关于该问题的决定性发言权。他们相信来自皇帝的言辞将是结束礼仪辩论的终极性和决定性证据，是他们的"绝招"②。同年11月30日，也就是张诚正式出任在华法国传教区第一任会长的当天，张诚等人呈递了那份请康熙对中国礼仪问题进行裁定的请愿书。《正教奉褒》对此事的记载为：

> 康熙三十九年十月二十日（阳历11月30日）治理历法远臣闵明我、徐日昇、安多、张诚等谨奏，为恭请鉴，以求训诲事。窃远臣等看得西洋学者，闻中国有拜孔子，及祭天祀祖先之礼，必有其故，愿闻其详等语。臣等管见，以为拜孔子，敬其为人师范，并非祈福佑、聪明、爵禄而拜也。祭祀祖先，出于爱亲之义，依儒礼亦无求佑之说，惟尽孝思之念而已。虽立祖先之牌位，非谓祖先之魂，在木牌位之上，

---

① Jean-Pierre Abel-Rémusat. *Nouveaux mélanges asiatiques, ou Recueil de morceaux de critique et de mémoires, relatifs aux religions, aux sciences, aux coutumes, à l'histoire et la géographie des nations orientales*, tome 2. Paris: Schubart et Heideloff, 1829: 243.
② 张国刚：《从中西初识到礼仪之争——明清传教士与中西文化交流》，北京：人民出版社，2003年，第446-447页。

不过抒子孙报本追远、如在之意耳。至于郊天之礼典，非祭苍苍有形之天，乃祭天地万物根源主宰，即孔子所云："郊社之礼，所以事上帝也"。有时不称上帝而称天者，犹主上不曰主上，而曰陛下，曰朝廷之类，虽名称不同，其实一也。前蒙皇上所赐匾额，御书敬天二字，正是此意。远臣等鄙见，以此答之。但缘关系中国风俗，不敢私寄，恭请睿鉴训诲。远臣不胜惶怵待命之至。本日奉御批："这所写甚好，有合大道，敬天及事君亲、敬师长者，系天下通义。这就是无可改处。钦此！"①

在 1705 年铎罗滞留广州期间，"一直负责在华法国传教会事务的张诚为解决中国礼仪问题，已派出傅圣泽前去拜见铎罗特使。傅圣泽向铎罗表明，耶稣会士的阐释是正确的，并向他说明一旦禁止中国礼仪将会引发什么样的后果"②。但铎罗固执己见，以携带教廷圣职部通谕为挡箭牌，根本不听任何规劝，他甚至要傅圣泽转告张诚，他要使耶稣会士在这份通谕公布前就接受它。但铎罗接受了张诚等人的建议，对他来华的原因先不加声张，以免造成不愉快的结果。

法国耶稣会士们希望铎罗能以特使的身份，请求康熙准许在京购买土地建立教堂，铎罗请北京耶稣会住院长上安多代奏，并请求觐见。张诚、闵明我和徐日昇两次联名上奏，但因康熙前往热河，该事始终无果。他们又于 7 月 17 日第三次上奏，20 日，康熙终于批准铎罗入京觐见。《正教奉褒》记载了张诚迎接铎罗进京的经过以及康熙对铎罗的优待：

① 黄伯禄：《正教奉褒》。参见方豪：《中国天主教史人物传》，北京：宗教文化出版社，2007 年，第 443-444 页。

② 〔法〕伊夫斯·德·托玛斯·博西耶尔夫人著，辛岩译：《耶稣会士张诚：路易十四派往中国的五位数学家之一》，郑州：大象出版社，2009 年，第 139 页。

康熙四十四年五月二十七日（1705 年 7 月 17 日）闵明我、宛多①、徐日昇、张诚以教宗钦差大臣铎罗已抵广东，缮摺奏闻。上饬部行知广东督抚，优礼款待，派员伴送来京。又遣两广总督之子，同张诚、苏霖、雷孝思等，先期前往天津迎候。十月二十九日（12 月 24 日）钦使抵京，驻西安门内天主堂。上遣内大臣到堂问好，颁赐珍馔。十一月十六日（12 月 31 日）钦使觐见，上赐坐，亲执金樽赐酒；并赐筵宴，计金盆珍馐三十六色，钦使驻京年余，觐见多次，频荷颁赐御馔果品。②

由此可见，铎罗特使能够进京是张诚等传教士极力请求的结果，铎罗受到优待也是康熙对张诚等人多年为自己服务的一种回报，所以也就容易理解当铎罗使康熙极为不满之时，康熙自然会迁怒于张诚等人。

铎罗在京期间，张诚为了避免矛盾激化，将铎罗来华目的向康熙有所隐瞒，并不断地替他进行解释。张诚还同铎罗进行了多次单独会谈，想让其放弃禁止中国礼仪的想法。这位法国神父依旧想同尼布楚谈判中一样，缓和双方的怒气，隐瞒那些会激怒对方的话语，从中斡旋。而这一次，他失败了。康熙对他为铎罗所进行的辩护感到不满甚至恼怒，而铎罗则认为张诚对天主教没有坚持最基本的原则，对中国皇帝过于阿谀奉承。

康熙想派人前往罗马向教皇介绍在华教会的实情，并赠送其一些礼物。他指派白晋去完成这项任务，因为白晋当时正要再一次以皇帝钦差的身份返回法国，向路易十四赠送一些图书。但铎罗不同意康熙的人选，他更希望派遣自己的助手——传信部教士

---

① 即安多。

② 黄伯禄：《正教奉褒》。参见方豪：《中国天主教史人物传》，北京：宗教文化出版社，2007 年，第 446 页。

沙国安（Sabino Mariani）前往。最后，白晋和沙国安二人均获准
启程，白晋为正使，沙国安为副使，二人携带了康熙赠予教皇的
珍珠、人参、貂皮等物。由于白晋具有正使头衔，所以由他持有
国书和密箧的钥匙。张诚出于缓解康熙与铎罗之间紧张关系的目
的，要求已在广州的白晋将密箧的钥匙交给沙国安。没想到此事
弄巧成拙，康熙得知后大为震怒，下谕道："览多罗所奏，朕知道
了，无用再谕。但白晋已与沙国安不和，叫回白晋何如？"①康
熙命白晋返回北京，并追回了已运往广州的礼物，此事使康熙对
张诚更为气恼。

　　1706 年 12 月 17 日，康熙发布了传教士必须领"票"的谕旨。
张诚负责将该份谕旨从满文翻译成拉丁文，并寄给在华教士们周
知。1707 年 1 月 25 日，铎罗发布了"南京禁令"。这一个个打击
使张诚的身体遭受了严重的损害，同年 3 月 25 日，他于北京去世。
张诚先被葬于阜成门外，1735 年迁葬于法国传教士在北京的墓地
正福寺。

　　康熙曾给予南怀仁的葬礼以无限荣耀，但对同为帝师的张诚
的葬礼却没有任何正式的表示。张诚曾是康熙身边关系最为密切
且贡献最为卓著的几位传教士之一，康熙为何对张诚的态度发生
了如此大的转变，是一个值得研究的问题。法国国家图书馆档案
中有一份文献可以解释其中一部分原因：

　　　　张诚神父失宠、激怒康熙皇帝主要反对他并对其他神父
　　不满的原因是：皇帝陛下命令神父们修理一台呈献给他的欧
　　洲羽管键琴，神父们也许是忘记了这件事。但有人告诉我，
　　南光国神父在这段时间里忙于为耶稣会的保护者索三老爷

---

　　① 陈垣编：《康熙与罗马使节关系文书》（影印本），台北：文海出版社，1974 年，第
7 页。

修理一台羽管键琴，当皇帝派一位宫廷太监来查看修理工作
是否已经完成时，神父们还没有着手为皇帝做这件事情。由
于康熙生性暴烈，缺乏耐心，张诚神父害怕皇帝不满和动怒，
所以他逢迎这位太监并请其转告皇帝：神父们现在正在修
理，要不了几天一定会让皇帝满意。这位太监起初答应完全
按张诚的话去说，最后却变卦了，他如实向皇帝汇报了他和
张诚之间的对话，并肯定地说神父们还没有开始修理；他还
告诉皇帝张诚神父请求他隐瞒实情，向皇帝做虚假的报告。
皇帝对张诚大为恼怒，立即命这位太监前往神父们的寓所辱
骂他们，并斥责张诚收买他的侍从。①

此事确实会让康熙感到生气，他忍受不了他最为信赖的神父
对他的欺骗。但是张诚失宠最根本的原因，还是铎罗在华期间，
他不断地为这位主教进行辩护。在康熙看来，在"礼仪之争"这
场权力的争夺战中，张诚已经加入了他对手的行列之中。

在这场旷日持久的"礼仪之争"中，白晋一直是以他独特的
方式为耶稣会士们的立场进行辩护，即以索隐的方式对《易经》
等中国古籍展开研究，旨在证明它们实际包含着几乎所有的、基
本的基督教的教义。1707年，铎罗在南京宣布的禁令使在华传教
事业受到了严重的打击，但是白晋却越挫越勇，开始更加深入和
勤奋地对中国古籍展开研究。他是在和时间赛跑，因为只有尽快
地促使中国人归信，才能消除"南京禁令"带来的消极影响。②当
"礼仪之争"进入高潮时期，白晋在康熙的安排下于1711年开始

① 巴黎国家图书馆法文手稿2086, ff. 204-205. 参见〔法〕伊夫斯·德·托玛斯·博
西耶尔夫人著，辛岩译：《耶稣会士张诚：路易十四派往中国的五位数学家之一》，郑州：
大象出版社，2009年，第146页。
② 〔德〕柯兰霓著，李岩译：《耶稣会士白晋的生平与著作》，郑州：大象出版社，2009
年，第63页。

对《易经》展开长达五年的研究。康熙此举的目的是出于个人兴趣和统治策略,而白晋的目的非常单一,他就是要找到使整个中华帝国归信天主教的有效途径。

白晋是利玛窦的继承者当中,在"适应政策"的道路上走得最远的一位。在"礼仪之争"的大背景下,他的索隐式研究引发了很多反对者的声音,特别是德国耶稣会传教士、观察员纪理安(Kilian Stumpf)。纪理安不断写信给总会长,对白晋和他的研究进行指责,甚至建议总会长将白晋调回国内。此外,他还聚集了一些同僚共同在康熙面前驳斥白晋的观点,康熙最后对白晋《易经》的研究失去兴趣和纪氏有很大关系。1716年4月23日,纪理安联合了苏霖、巴多明、杜德美、杨秉义(Thilisch)、公类思(Gonzaga)、汤尚贤、贾迪我(Cardoso)和穆敬远(Mourão)以控告书的形式写了一篇驳斥白晋观点的文章,呈递给了康熙皇帝。文章写道:根据白晋的理论,中国那些古代典籍就不是中国人所著的了,而是由赫诺克所写,同样中国古时候的"五帝"压根就不是真有其人,就更谈不上他们是中国人了。而他们实际是一个人,即赫诺克;中国历史上另外四位著名的人物形象也是不存在的,只是上主的象征。[①]康熙觉得纪安理等人所奏甚是,于是当天便颁旨:白晋有关《易经》的研究,"作亦可,不作亦可"。

即使该份旨谕被颁布之后,白晋依旧将索隐式研究作为他毕生的事业,笔耕不辍。1722年12月20日,康熙狩猎回来后于畅春园驾崩,白晋失去了他在华最亲密的朋友和支持者。1724年1月24日,雍正皇帝下旨驱逐传教士并查抄各地教堂。在京的传教士只能以科学家的身份留下来,其他人先去广州,然后再被流放到澳门。此时,几乎所有传教士都陷入了绝望,他们觉得使中国

---

① 罗马耶稣会档案馆,JS177,f119. 参见〔德〕柯兰霓著,李岩译:《耶稣会士白晋的生平与著作》,郑州:大象出版社,2009年,第85页。

人归信天主教已经成为可望而不可即的事情。而生性乐观的白晋却没有这样认为，作为科学家留在北京的他此时可以全身心地投入到他的研究当中去，再也没有反对者的阻挠，再也没有长上的审查了。白晋在他生命的最后几年始终没有放弃索隐式研究，也没有放弃使中国人改宗的希望。1730 年 6 月 28 日，他在病后不久于北京去世，后被葬在正福寺。

而至于刘应，他在华期间的思想逐渐同其他耶稣会士相偏离，在"礼仪之争"中站在了罗马的一方。他认为祭祖祀孔是明显具有偶像崇拜性质的，如果继续容忍，必然会给迷信打开大门。但刘应谴责礼仪问题的态度直到 1701 年年底才渐渐为人所知。当时耶稣会士计划组织一支强大的辩论队伍去罗马捍卫自己的立场，刘应以他对中国古籍的深刻认识而成为首选。最后，刘应和罗历山（Alensandro Ciceri）被选为第一组，卫方济和陆若瑟（Raymond-Ioseph Arxo）被选为第二组，庞嘉宾作为后备人员。但当刘应已到达南昌之时，耶稣会的长上们才听说他在礼仪问题上有不同的意见而最终取消了他的行程。

刘应 1704 年到达广州，转年，铎罗到达该城。他们二人因对中国礼仪的观点一致而迅速达成了共识。刘应声称："我将与另一位先知致力于摧毁这些可耻的偶像，我会竭尽全力使其在我传教的土地上不复存在。我将在派遣我来的上帝的帮助下驱散那些虚假的先知，我将用上帝恩惠的力量使基督教徒中广泛扩散的不纯洁思想哑口无言。"① 铎罗被囚禁于澳门，刘应因不肯领"票"也随之前往。"刘应，作为这位主教的得力助手，背负了后者激起的种种不满。这个罗马教皇特使强加给他的种种恩惠并没有使其

---

① Pierre-Curel Parisot. *Oraison funèbre de Monseigneur de Visdelou, jésuite, évêque de Claudiopolis, vicaire apostolique en Chine.* Cadix: Antoine Pereira, 1742: 42.

得到保护，而是将他投入了不幸的漩涡之中。"① 1708 年 1 月 12
日，刘应收到铎罗的来信，信中任命他为多个省的教廷副本堂神
父，不久之后，另一封信又晋升他为克劳迪乌斯教区的主教。但
这一切并不是刘应想要的，他从不觊觎教会的高位。当铎罗催促
他接受主教的任命时，他婉言拒绝，并表示他曾在教会发誓不接
受任何教士职务。但铎罗态度非常坚决，回复他说：他可以为教
会带来的益处使他享有合法的豁免权。② 由于铎罗一直被囚，刘
应于 1709 年 2 月 2 日才在铎罗的牢房里行就职礼。由于加冕仪式
是秘密进行的，所以他的敌人散布谣言说他其实并未被加冕，没
有人承认他主教身份的合法性，这种并非来自异教徒的攻击使他
备受折磨。"教皇特使觉得应当把他派到本地治理"③，于是，1709
年 6 月 24 日，刘应登船离开澳门，前往该城。

　　在本地治理，刘应继续致力于"圣洁"的天主教的传播。1716
年 1 月 12 日，他公布了罗马教皇寄给他的敕谕，并将副本寄给了
这个地区的所有教会，其内容旨在防止马拉巴尔的基督教徒参与
异教徒的迷信活动。和中国的"礼仪之争"类似，当时在马拉巴
尔也曾出现过一场争论。马拉巴尔的"礼仪之争"和中国的"礼
仪之争"概出自同一原因，即修会在天主教的传播方式上出现了
不可调和的矛盾。④ 而刘应依然是教皇忠实的拥护者，坚信马拉
巴尔的礼仪在本质上就是迷信活动。他的这一举动使他遭受了许

---

① Jean-Pierre Abel-Rémusat. *Nouveaux mélanges asiatiques, ou Recueil de morceaux de critique et de mémoires, relatifs aux religions, aux sciences, aux coutumes, à l'histoire et la géographie des nations orientales*, tome 2. Paris: Schubart et Heideloff, 1829: 249.

② Pierre-Curel Parisot. *Oraison funèbre de Monseigneur de Visdelou, jésuite, évêque de Claudiopolis, vicaire apostolique en Chine.* Cadix: Antoine Pereira, 1742: 71.

③ Louis Moréri, Claude-Pierre Goujet, Etienne-François Drouet. *Le grand dictionnaire historique, ou le mélange curieux de l'histoire sacrée et profane*, vol. 10. Paris: Les Librairies Associées, 1759: 664.

④ 〔法〕维吉尔·毕诺著，耿昇译：《中国对法国哲学思想形成的影响》，北京：商务印书馆，2000 年，第 71 页。

多耶稣会士的反对和非难,人们指责他违背了法国教会的自由性。刘应写信给路易十四进行辩解,该信在国王去世后才到达法国,摄政王菲利普二世(Philippe II)给予的答复只是让他继续待在本地治理。但教皇克莱芒十一世(Clément XI)对刘应的行为给予了充分的肯定,在1719年颁给他的教谕中对其大加褒奖,并希望他能为即将赴华的特使嘉乐神父提供帮助。教皇在教谕中讲道:

> 从各处,尤其是铎罗大主教的充满对您的赞美的信中得知您对基督教和罗马教廷的巨大热忱和博爱。我相信,您很高兴获知我做出再次派遣一位教廷特使到中国的决定……尽管我信任这位主教的热忱和忠诚能够执行我的命令,完成传教团的使命,但我仍然坚持请求您等他一到达中国就帮助他,支持他。因为我清楚地知道,无论从您对中国的风俗礼仪有着深刻理解的角度,还是从您的无与伦比的正直和谨慎的角度,您都能够为他提供处理这些混乱事件的有益的建议和意见。即使您不能亲自言传身教,我希望您至少写信指导他……最后,不要忘记铎罗主教宣布的关于马拉巴尔礼仪的教谕,我也命令实施这个教谕直至教廷有新的决定。我要求您致力于执行这些教谕,以再次在当地彰显您的热情。[①]

刘应在本地治理居住了28年,其间只去过约30法里外的马德拉斯一次,再未去过它处。初到本地治理,刘应和外方传教团教士待在一起,1726年,他又搬去嘉布遣修会处。他的衣食都很简单,与贫苦教士并无两样。"他从罗马提供给外方传教会主教的年金中节省出来的钱都发给了他的外科医生和仆人。他在衣服上

---

① Pierre-Curel Parisot. *Oraison funèbre de Monseigneur de Visdelou, jésuite, évêque de Claudiopolis, vicaire apostolique en Chine.* Cadix: Antoine Pereira, 1742: 82-83.

的花费很少，木床上甚至没有床垫，他就在一张铺了席子的藤椅上休息。"[1]除了传教，他几乎把剩余的所有时间都用来撰写有关中国的著作和翻译中文作品。1737 年 11 月 11 日，刘应在本地治理去世。12 月 11 日，他被安葬于嘉布遣神父的教堂。当日，嘉布遣修会的诺伯特（Norbert）神父宣读了悼词。刘应去世后，他的很多手稿都被进呈给教皇本笃十四世，后藏于教廷图书馆中。其中包括：《中国历史》拉丁文译本六册、《中国历书沿革》《西安府景教碑碑文》拉丁文译本、《论中国婆罗门教派》《孔子的一生》《日本简史》《中国人的礼仪》拉丁文译本、《华人之礼仪及祭献》《中国七子赞》《中国与世界其他各国之古代》等[2]。

刘应在华期间以他对中国古籍的了解受到太子的赞赏，他曾奉皇帝之命到各省去治理泛滥全国的洪灾，并曾和洪若翰用金鸡纳霜治好了康熙的疟疾，可谓是对康熙有救命之恩。然而他在"礼仪之争"中站在教廷一方的态度彻底激怒了康熙。康熙在 1711 年 5 月 22 日读了白晋研究《易经》的手稿后曾说："览博津引文，甚为繁冗。其中日后如严党、刘英等人出，必致逐件无言以对。从此若不谨慎，则朕亦将无法解脱。西洋人应共商议，不可轻视。"[3]康熙在刘应离华多年后，仍然点他的名字警示传教士们，可见对其一直耿耿于怀。

---

① Pierre-Curel Parisot. *Oraison funèbre de Monseigneur de Visdelou, jésuite, évêque de Claudiopolis, vicaire apostolique en Chine.* Cadix: Antoine Pereira, 1742: 113.

② Pierre-Curel Parisot. *Mémoires historiques présentés au Souverain Pontife Benoît XIV, sur les missions des Indes orientales*, tome 2, partie 2-3. Luques: Ciuffetti, 1744: 145-146.

③ 中国第一历史档案馆编：《康熙朝满文朱批奏折全译》，北京：中国社会科学出版社，1996 年，第 725 页。参见吴伯娅：《耶稣会士白晋对〈易经〉的研究》，中国社会科学院历史研究所：《中西初识二编——明清之际中国和西方国家的文化交流之二》，2000 年 4 月，第 56 页。

本章结语

　　"礼仪之争"以它庞大的力量把"国王数学家"都卷入其中，并改变了他们生命的轨迹。这场争论不仅使传教团过早地解散，而且也导致他们的观点出现了分歧。白晋、李明、张诚和洪若翰赞同耶稣会士们一贯奉行的适应政策，特别是白晋和李明在此方面著书立说，目的就是为耶稣会士的立场进行辩护。而刘应的观点则不同，他斥中国的礼仪为迷信活动，这也使他成为康熙皇帝以及几乎所有耶稣会士的敌人。但是，三百多年以后，当我们重新审视他和他的作品时，我们会发现刘应其实对中国并不怀有太多敌意，他只是一位积极致力于在异教徒土地上播撒福音的传教士，一位虔诚地不懈追寻上帝"真意"的耶稣教徒。

　　"礼仪之争"所改变的不单单是在华传教士的命运，随着这场争论扩散到欧洲以及李明的《中国近事报道》等著作的出版，西方也掀起了一场史无前例的大论战。相继出版的和"礼仪之争"有关的著作有《贬责史》《受到驳斥的贬责》《驳斥一部所谓答复"受到驳斥的贬责"的著作》等。根据考狄的《中国书目》所做的不完全统计，"礼仪之争"期间在欧洲各国出版的有关中国的西文著作总数多达262种，未出版的日记和书信等尚有数百种。另一份统计资料显示，从1687年到1733年，耶稣会士总共写了252种与中国有关的著作，其中综合性的48种，直接与"礼仪之争"相关的9种，历史题材的14种，地理和天文题材的54种，宗教和哲学题材的40种，翻译作品39种，字典和语法20种。[①]不可

---

　　① 许明龙：《欧洲十八世纪中国热》，北京：外语教学与研究出版社，2007年，第76页。

否认，"礼仪之争"所引起的基督教在华被禁以及传教士活动受限，使方兴未艾的中西文化交流在中国遭遇了挫折。但另一方面，传教士们为了在这场争论中取胜，以更大的热情投入到对中国文化的研究中去，他们的书信和著作传到欧洲时，引起了人们对中国更大的兴趣和更加激烈的讨论。从这个角度来讲，"礼仪之争"在欧洲对中西文化交流所起的作用是相当积极的。

结　语

　　1687 年法国“国王数学家”来华是中西交通史上一重大事件。传教士们通过他们在华的各种活动以及对中国历史、文化等领域所进行的深入研究，在中西文化交流史上做出了重要贡献。正如圣马丁（Vivien de Saint Martin）所说：“1687 年是中国地理学历史的伟大时代，这一年，法国传教团的来华具有划时代的意义，其中塔查尔[①]、张诚、刘应、李明和白晋形成了这个传教团的第一个核心。该传教团一直因拥有众多的杰出人物而享有盛名，正是因为他们，人们才会看到一大批有关东亚的历史、人文科学、地理学知识的珍贵文献。”[②]

　　在法国传教团来华之前，其实已有不少西方传教士来到中国，他们主要是葡萄牙人、意大利人和西班牙人。而“国王数学家”与他们相比，具有两个明显的不同：

一、“国王数学家”代表着国家的利益

　　1687 年之前抵华的西方传教士都是由修会所派遣。由于葡萄牙在东方拥有的“保教权”，他们几乎都获得了葡萄牙国王的准许，且途经里斯本获得了护照，才前往中国。而“国王数学家”是由法王路易十四直接派出并提供年金支持，“按常规他们必须获得耶稣会总会长的批准方能成行，但结果既未事先获得总会长批

---

　　① 应为洪若翰。
　　② Louis Vivien de Saint-Martin. *Description historique et géographique de l'Asie mineure.* Paris: Arthus Bertrand, 1852: 82.

准和教廷许可，又坚决不对传信部的宗座代牧宣誓，同时绕过葡萄牙保教权的控制来到中国，成为一批彻底代表法国国王的耶稣会士"①。

1685年5月27日，当好望角已然在望之际，洪若翰以赴华传教团团长的身份给罗马总会长写了一封信。在向总会长致歉没能早日去信后，洪氏解释说路易十四国王在给肖蒙大使的指示中将耶稣会士们托付给宗座代牧们，但命令代牧们不许要求他们宣誓。他们当然会遵从传信部的指示，但如果因为宣誓惹得路易十四不悦，他们觉得这样做大可不必了。洪若翰还向总会长保证，他们将与其他耶稣会士以及整个葡萄牙民族亲密无间，和谐共处。②

当法国传教士抵达中国后，他们与教廷传信部及葡萄牙传教士之间的矛盾便突显出来。首先是宣誓问题，中国副省会长殷铎泽、视察员马丁（P. Simao Martins）及其继任者方济各都要求法国传教士按传信部要求宣誓，而且态度强硬。最终南京宗座代牧罗文藻神父出面平息了这场风波，为法国人赋予职权而没有要求宣誓。此外，法葡传教士之间的摩擦也不断升级，甚至达到了水火不容的境地。鉴于此情，洪若翰于1691年下半年指示张诚和白晋向康熙申请一所独立的住宅。此事遭到了徐日昇的强烈阻挠，法国人搪塞他说："上谕提出的分居不过是保证法葡双方相安无事，他们并无意在中国建立独立的法国社区，此宅邸将是耶稣会的共有财产，且这只是一所住宅而非教堂，并不违背总会长禁止

---

① 张国刚：《从中西初识到礼仪之争——明清传教士与中西文化交流》，北京：人民出版社，2003年，第230页。
② 〔美〕魏若望著，吴莉苇译：《耶稣会士傅圣泽神甫传：索隐派思想在中国及欧洲》，郑州：大象出版社，2006年，第37-38页。

擅自于北京及京郊各地开辟新教堂的命令。"①此事终于在法国教士们用金鸡纳霜治愈了康熙的疟疾后变为现实。1693 年 7 月 4 日，法国传教士在进宫觐见时得知康熙在内城赐予他们一所宅院，他们终于能与葡萄牙人分开居住。

　　但法国教士们并不满足于此，洪若翰于 1694 年 10 月 25 日写给耶稣会总会长蒂斯·贡萨雷斯（Thyrse Gonzalez）的信中，抱怨葡萄牙人对法国人的虐待使双方都居无宁日。他说目前看似唯一的办法就是让法国人返回欧洲，但这一做法很难获得康熙皇帝的准许。洪若翰的这番言辞其实是在向总会长暗示应该同意法国人开辟自己的传教区。与此同时，拉雪兹神父也向总会长提出，他想让法国传教士独立于其他耶稣会士生活，因为他们只想服从总会长或法国省教区长，而不想受到任何外国会长的控制。总会长并没有被法国的这一借口迷惑住，他于 1696 年 10 月回复拉雪兹说，他允许法国人在中国与他们自己的长上单独居住，不过这些法籍长上仍隶属副省会长管辖。1699 年当洪若翰返回欧洲时，总会长贡萨雷斯迫于法国方面的不断施压，最终任命洪氏为具有行使副省会长权力的法国人传教区会长，这标志着独立于副省的在华法国耶稣会传教区正式成立。1700 年 11 月 30 日，张诚正式出任在华法国传教区第一任会长。法国传教区的成立是法国政府的胜利，"传教士作为一个国家公民和一个修会成员的两种身份在民族国家日益强大的背景下，逐渐向国家利益靠拢，尤其是在政府的各方面支持直接关系到他们最关心的福音传播活动能否开展的情况下"②。

①　张国刚：《从中西初识到礼仪之争——明清传教士与中西文化交流》，北京：人民出版社，2003 年，第 233 页。
②　同上，第 235 页。

二、"国王数学家"肩负有传教与科学的双重使命

1687 年之前，来华传教士们的目的非常单一，他们要在中国这片广袤的土地上遍洒福音，把更多的灵魂带到上帝那里去。而"国王数学家"与他们不尽相同，作为王家科学院院士，他们还肩负有科学的使命。对此，洪若翰、塔查尔等传教团成员在他们的书信和著作中都曾多次谈及过。此外，我们还可以从 1690 年英国的詹姆斯二世（Jacques II Stuart）参观巴黎天文台时，卡西尼对他说的一番话再次证实这一点。詹姆斯二世在光荣革命中被剥夺了王位后，得到了路易十四的收留和保护。卡西尼曾在巴黎天文台对他说：

> 我们于前一晚观测到了木星第二颗卫星的星食现象，而木星是在九点四十五分的时候偏离其本体圆盘的。这样就给了我们机会讨论这些观测的用途和意义，尤其是在地理和航海方面。有人会说，我们在伽利略对木星卫星的首次发现研究中就可以预测到这种用途，但是在王家科学院建立之前，在我们编写出天体星历表和建立卫星的列表前，我们根本无法将这种用途付诸实践；而且从那时起，我们开始勤奋地致力于此项研究，而获知这种用途的国王将王家科学院院士派遣到世界各地去做与我们当时在天文台所做相应的研究。这些比较研究有利于发现经度的偏差。[①]

此外，法国传教士们所肩负的科学使命还可从他们出发时所携带仪器的数量和种类得以印证。他们共携带了各种仪器总计 30 余件，而且件件做工精美。1682 年 1 月，《学者杂志》曾发表过

---

① Isabelle Landry-Deron. Les mathématiciens envoyés en Chine par Louis XIV en 1685. *Archive for History of Exact Sciences*, 2001, 55: 431.

一篇关于这些仪器的报道，报道中称："它们是如此精确，如此巧妙，如此让人惊叹，耶稣会士们想象不出他们可以携带更好的东西，能让印度人更加震惊，将为他们的祖国赢得更多的尊重，能使他们的福音传播更加容易。"[1]在这些仪器中，最为令人称奇的是罗默赠送给法国王家科学院的两件仪器，它们分别用于观测行星和日月食。在前往暹罗途中，外方传教会的瓦歇先生对观测日月食的仪器做了如下描述：

> 我们携带着两件我们无不称奇的仪器。一个是铜质地球仪，直径为 2.5 法尺，坐落在一个漂亮的银质脚架上。这个地球仪呈现着地球的各个时圈，黄道十二宫和它的十二个象征，不同的星座，布满星星的苍穹，七个行星和它们的涡流，所有这些用不同颜色和型号的宝石标注出来。但更令人欣喜的是，整体是活动的，人们通过弹簧来支配它以使球体的凹处被填平，这样就可以根据我们的选择标示出年、月、日和时，然后我们可以观赏那个时间里，天空的活动，月食，日食和星食的情况。[2]

罗默的仪器不仅令法国人赞叹，当它们抵达北京时，同样得到了中国皇帝的赞赏。根据白晋的记载，康熙对之表现出了浓厚的兴趣：

> 我们到达北京的时候，从带来的天文仪器中选出两件献给了康熙皇帝。用这些仪器来观测日食和月食，或者识别几

① Florence C. Hsia. *French Jesuits and the mission to China: science, religion, history.* Chicago: The University of Chicago, 1999: 121.

② Andrien Launay. *Histoire générale de la Société des missions étrangères*, tome 1. Paris: Téqui, 1894: 150.

个世纪以来或是每天都在不断变化的行星的状态。这两件有
益于社会的奇妙仪器是法国王家科学院学者发明的。皇上命
我们根据中国历法来说明这两种仪器的用途和方法，并下旨
把它们搬进自己的内室，安放在御座的两旁。我从北京出发
前面辞陛下时，还在内室看见过那两件仪器。可见康熙皇帝
是多么珍视这些仪器。从那时起直至今日，皇上不仅对法国
制造的天文仪器，而且对来自法国的所有艺术品都予以高度
的评价。这是由于我们献给皇上的物品是他未曾见过的，并
且觉得比别的物品更好的缘故。[①]

此外，法国国家图书馆档案中的一份文献也记载了康熙对这
两件仪器的重视，只是措辞有所不同：

> 皇帝停下来看这两个测量日月食和行星位置的仪器，并
> 让我们解释其用途。我们很乐意用满语给他解释，并让他了
> 解它们的美，它们的价值。他问是否可以将其适应于中国节
> 令，从而使用它们。我们答道可以根据中国节气运作，并问
> 皇帝是否希望我们编写使用说明。皇帝问这些仪器是多久之
> 前制作的，制作人是否还在世，是否被认为技艺精湛。我们
> 回答说他还在世，是一个技艺高超的人，这两个仪器囊括了
> 所有的天文学知识。[②]

康熙对这两件仪器非常钟爱，应该是将它们放在内室很多

---

① 〔法〕白晋著，赵晨译：《康熙皇帝》，哈尔滨：黑龙江人民出版社，1981年，第36-37
页。
② 巴黎国家图书馆 Ms. Fr. 17240, f. 275-275v. 参见 Catherine Jami. *The Emperor's New
Mathematics: Western Learning and Imperial Authority During the Kangxi Reign (1662-1722).*
Oxford: Oxford University Press, 2012: 154.

年。因为 1699 年到达中国的傅圣泽还曾提到了御座旁边的布局和
对这两件仪器进行修缮的必要性。这两个仪器似乎后来在辛亥革
命中被破坏了。①

　　"国王数学家"们在来华途中以及在华境内都做了大量的观
测活动以履行他们的科学使命，李明在《中国近事报道》的第十
四封信中对之做了介绍。首先，他们进行了多次日月食以及彗星
的观察，其中 1688 年 4 月底洪若翰、李明和刘应在绛州以及塔查
尔在印度旅行时分别观测到的两次日食尤为重要。其次，为了完
善地理学，他们测量了多处海岸、港口和东方最重要城市的纬度，
并利用旅行的机会制作和完善各种地图。如从宁波到北京以及从
北京到绛州的水路图；从南京到广东的河流的水道图；宁波港的
入口图；张诚所绘制的鞑靼地区图；科罗曼德尔、皮切里、马六
甲、墨尔基和柬埔寨的海岸的地图等。此外，他们还在物理学、
解剖学和植物学等领域做了细致的观察。观察的对象有各种动物
（老虎、犀牛、猴子、鳄鱼、变色龙、栗色狗、獴、蛇等）、昆虫
（苍蝇、白蚁、蚂蚱等）、树木、植物、鸟类及珊瑚等。李明于 1691
年离华，所以该封信中所介绍的仅仅是李明所了解的法国传教团
在印度和中国所做的部分科学观测。但从这些活动中，我们已经
可以感受到法国传教士们确实一直都在认真地履行着他们的科学
使命。

　　与此同时，法国传教士们意识到要进行科学研究，仅凭他们
五个人的力量是远远不够的，所以他们还一直有在中国建立科学
院的计划：

　　　　我们首先想到招募在印度的欧洲人，特别是传教士，以

---

① Isabelle Landry-Deron. Les mathématiciens envoyés en Chine par Louis XIV en 1685.
Archive for History of Exact Sciences, 2001, 55: 435.

便齐心协力完成一项对所有国家都既有用又荣耀的事业。其次是在几处地方设立特别院馆，我们的数学家和哲学家可以在那里效法巴黎的学者，指导他们工作；就像科学的中心，学者们可以在这里，与我们交流他们的思想、办法和发现，以及——恕我冒昧地说——作为回馈接受我们肤浅的见解。①

虽然法国传教士们的这项计划最终未能实现，但是由此可见，他们科学使命的意识是非常强烈的，这是他们和之前来华传教士们又一个明显的区别。

法国"国王数学家"们在中西文化交流史上所做出的贡献，可以概括为以下三个方面。

一、"国王数学家"促进了"中学西传"

法国传教士们在华对中国展开了深入的研究，他们的著作、报告寄回法国或在法国出版后产生了广泛的影响，从而促进了中国文化向西方的传播。

张诚是清代到达并深入到满、蒙地区的第一位西欧人，他的著作《对大鞑靼的历史考察概述》和《张诚日记》对鞑靼地区的地势、土产、植物、长城、风土人情等都做了详尽的介绍，是18世纪西方人了解该地区情况的主要知识来源。虽然张诚关于鞑靼的认识不免存在一些偏颇之处（如对游牧文化以及喇嘛教的认识），但当西方社会对这些地区的认识还停留在柏朗嘉宾（Plan Carpin）、鲁布鲁克（Rubruck）或是马可波罗的游记时，他的介绍已经涉及了他所经地区的经纬度、地理景观以及时局众生等。张诚通过他的文字使西方人对鞑靼地区有了更加清晰、形象和客

---

① 〔法〕李明著，郭强、龙云、李伟译：《中国近事报道》，郑州：大象出版社，2004年，第367页。

观的认识。

　　白晋的索隐派著作因几乎均未发表，所以对西方影响不大。然而，白晋通过和莱布尼茨的通信，使他的索隐派思想为西方的一些学者所了解，更使莱氏增强了对二进制实用性的信心。真正使白晋为欧洲人所知的，其实是他那份呈递给路易十四的报告——《康熙皇帝》。在这份报告中，白晋将康熙描绘成一个仁爱的君主、勤奋的学者、道德的典范和耶稣会士保护者的形象。当《康熙皇帝》被莱布尼茨翻译成拉丁文在《中国近事》的第二版中发表后，它在欧洲引起了强烈的反响，从而把遍及欧洲的"中国热"推向了一个新的高潮。

　　李明在华时间不长，但因《中国近事报道》一书而成为西方书籍中被点名最多的传教士之一。他的这一著作并不是以学术水平见长，但却以其通俗、流畅的语言和生动、细致的描写赢得了广大的读者。该书不仅在法国引起了神学上的大讨论，更是使伏尔泰、魁奈、莱布尼茨等人从中找到了支撑自己观点的论据，并在他们的著作中对中国大书特书。所以，《中国近事报道》可称得上是18世纪在欧洲影响最为广泛的著作之一。

　　刘应的代表作《大鞑靼史》对中国北方少数民族的发展史做了非常详尽的介绍，其涉及地域之广、跨越时间之长令人咋舌。但因这部著作内容浩繁，深奥难懂，使很多学者望而却步，它至今仍是一座有待挖掘的宝藏。《大鞑靼史》给了著名学者德经很多启发和素材，使之撰写出了震惊欧洲的《匈奴通史》一书。刘应关于中国宗教的认识经郭弼恩修改后被收录在《中国皇帝容圣教圣旨的历史》一书的序言中，进而又被多位欧洲学者所引用。所以刘应看似只是一位默默无闻的传教士，其实他的中国研究间接地在欧洲也产生了一定程度的影响。

　　作为传教团团长的洪若翰在传教之余，几乎把他全部的精力都用于中国天文、地理学的研究。他把在华所做的大量观测报告寄回法国王家科学院，促进了欧洲对中国地理学的了解。他的过早离华是法国传教团的一大损失，因为"洪若翰在中国的天文学工作没有随即的继任者，不但他的小组中没有，甚至 17 世纪 90年代末和 18 世纪初期的第二代新成员中也没有任何人同任何类别的科学院院士保持相同的联系"[①]。

　　除了他们每个人的研究成果，我们还要提到两部非常重要的著作，因为它们凝聚了"国王数学家"们智慧的结晶。这两部作品分别是《耶稣会士书简集》和《中华帝国全志》。

　　《耶稣会士书简集》是 18 世纪但凡关注中国的人都不会错过的一本书，"在某种意义上，不妨说它是一个资料库，任何论述中国或以中国为实例进行论述的人，几乎都能从这部书中找到所需的资料"[②]。这部书成书的渊源要追溯到耶稣会创始人罗耀拉。罗耀拉曾要求其弟子们在外方传教的过程中将传教地区的地理、物产和风俗等情况进行报告，于是在华耶稣会士们几乎都与身在欧洲的上级、朋友、家人、学者们保持密切的通信往来。而且为了保证信件能够到达欧洲，他们常常把同一内容的信件寄给不同的收件人。这些信件为欧洲带去了有关中国的信息，并被人们反复转抄，流传甚广，成为欧洲人了解中国的重要渠道。

　　18 世纪初，在"礼仪之争"的背景下，耶稣会的在华传教事业受到了来自各方的批评和指责。耶稣会长上们觉得如果能将这些书信结集出版，一定能证明在华耶稣会士们的工作热情以及他们目前所取得的成果，这将成为反击批评者们的强有力的武器。于是，1702 年，郭弼恩神父受命编辑出版了一卷 12 开本的《中国和东印度若干耶稣会传教士信札》，此书出版后反响热烈。1703

---

　　① Florence C. Hsia. Some observations on the Observations: the decline of the French Jesuit scientific mission in China. *Revue de synthèse*, 1999, 120 (2-3): 317.

　　② 许明龙：《欧洲十八世纪中国热》，北京：外语教学与研究出版社，2007 年，第 73页。

年，郭弼恩推出了该书的第 2 卷《若干耶稣会传教士从海外传教团寄回的催人信教和引人入胜的书信》(简称《耶稣会士书简集》)。从此更名便可看出，它收录的范围还包括了中国和东印度以外的其他耶稣会士的书简，此后，该书便一直以此名出版。到 1708 年，郭弼恩共主持出版了 8 卷。从 1709 年到 1743 年，杜赫德继续主持出版了第 9 至 26 卷。从 1749 年到 1776 年，帕杜耶（Patouillet）神父和马赛尔（Marchal）神父又主持出版了第 27 至 34 卷。至此，这项浩繁的工程才告以完成。

在《耶稣会士书简集》所收录的信件中，有一些是出自"国王数学家"之手。其中包括：

（1）白晋于 1699 年 11 月 30 日在北京写给拉雪兹神父的信，介绍了传教团从法国来华的经历以及拜见康熙皇帝的情形。

（2）洪若翰于 1703 年 2 月 15 日于舟山写给拉雪兹神父的一封长信，介绍了他们的来华经过、皇帝召见、张诚参加尼布楚谈判、容教令的公布、刘应与太子讨论中国古籍、传教士用金鸡纳霜治好了康熙的疟疾、康熙在皇城内赐地修建教堂、白晋招募回新的科学家传教士等情况。

（3）洪若翰于 1704 年 1 月 15 日于伦敦写给拉雪兹神父的另一封长信，介绍了自杨光先挑起的迫害事件后传教事业的恢复、在华各教派之间的互相帮助、在各地新建的教堂、传教事业的艰苦、"安菲特利特号"商船等情况。

（4）张诚 1705 年于北京写的一封信，介绍了皇帝派传教士们在京郊测绘地图及他们在此期间宣扬教义和施药的情况。

（5）白晋 1706 年写的一封信，介绍了创设至圣善会的情况。

（6）白晋 1710 年 7 月 10 日于北京写的一封信，介绍了一位皇族贵妇信奉基督的经过。

"国王数学家"的这六封信作为《耶稣会士书简集》的重要组成部分，在帮助欧洲人认识和了解中国方面发挥了重要的作用。

"《中华帝国全志》是一部华美的辑录，一部百科全书，是耶稣会士们在中国所得知识的大全。"[①]它成书的原因是，杜赫德在编辑《耶稣会士书简集》过程中，由于不能把在华耶稣会士们提供的全部资料都利用上而感到非常可惜，于是他决定撰写另一部著作，将这些资料完美融合。《中华帝国全志》于 1735 年以对开四卷本出版，全书超过 3000 页。1736 年和 1746 年海牙和纽伦堡相继又推出两个法文本，1736 年、1738—1741 年和 1741 年伦敦依次推出三个英文本，1747 年至 1756 年，德文本和俄文本又相继出版。[②]该书涉及了中国的地理、历史、经济、政治、民俗、特产、教育、语言、文学、宗教等各方面情况，内容几乎无所不包。杜赫德虽一生从未到过中国，但他通过对资料的系统爬梳，撰写出了一部令在华生活了几十年的传教士都拍案叫绝的作品。钱德明曾这样评价道：

> 在所有写中国的作家中，杜赫德是一个这样无可辩驳的人，他对有些回忆录做了比较精心的加工，内容更丰富而且比较可靠。尽管他总是在自己的书房中来看中国，但他的观点却相当正确，以致仿佛他不是从回忆录中得来的这些认识，他的思想不是出于像他这样一种处境的人的头脑，他给读者的精确认识，使他超出了一切偏见的虚伪时代。因此，他的著作历时愈久，声誉就愈隆。因为他将无愧于自己的声价，而且甚至使孟德斯鸠、伏尔泰和当代作家们对他惊讶不已，使他们不敢明显地小看中国，因为他们反对杜赫德关于中国的思想，就是企图使人相信谎言和梦想所要求的那样再

---

① 阎宗临著，阎守诚编：《传教士与法国早期汉学》，郑州：大象出版社，2003 年，第 56 页。

② Henry Cordier. *Bibliotheca Sinica*, vol. 1. Paris: E. Guilmoto, 1904: 46-52.

现中国······①

　　杜赫德在《中华帝国全志》的序言中列出了被他参考过作品的 27 位耶稣会士，他们分别是卫匡国、南怀仁、柏应理、安文思、洪若翰、白晋、张诚、卫方济、李明、刘应、雷孝思、马若瑟、殷弘绪、赫苍璧、龚当信、戈维里（Peter de Goville）、夏德修（John Armand Nyel）、巴多明、杜德美、汤尚贤、冯秉正、郭中传、彭加德（Claudius Jacquemin）、卜文气、沙守信、宋君荣、杨嘉禄（John Baptist Jacques）。②在这 27 人的名单里，五位“国王数学家”的名字悉数在列。据统计，《中华帝国全志》中有 6 页内容来自刘应的作品，8 页来自洪若翰的作品，10 页来自李明的作品，50 页来自白晋的作品，360 页来自张诚的作品，③总计 434 页，占全书的 14%，可见“国王数学家”的作品对《中华帝国全志》的影响非常重大。

　　总之，法国“国王数学家”通过他们各自的作品，渐渐地为西方揭开了中国这片神秘的面纱，促进了欧洲人对中国的了解和思考。而他们“参著”的《耶稣会士书简集》和《中华帝国全志》“构成了 18 世纪欧洲的中国百科全书和最主要的资料库，凡是关心或研究中国的人，不读这两部书，不从中引用事例作为自己立论依据的人，大概连一个也没有，褒扬中国者如此，贬斥中国者亦然”④。可见，这五位传教士在 17、18 世纪“中学西传”中的作用不可小觑。

　　① 参见阎宗临著，阎守诚编：《传教士与法国早期汉学》，郑州：大象出版社，2003 年，第 71 页。

　　② Isabelle Landry-Deron. *La preuve par la Chine: La Description de J. B. Du Halde, jésuite, 1735*. Paris: Editions EHESS, 2002: 69.

　　③ Ibid., 70.

　　④ 许明龙：《欧洲十八世纪中国热》，北京：外语教学与研究出版社，2007 年，第 75 页。

二、"国王数学家"促进了"西学中传"

如果说法国传教士们通过他们的著作和通信促进了"中学西传",那么他们对"西学中传"的促进主要是通过他们的在华活动实现的。如张诚和白晋为康熙讲授西方数学、哲学、医学、解剖学等知识,张诚在尼布楚谈判中首次将国际法应用于中国外交,洪若翰和刘应用金鸡纳霜治好了康熙的疟疾,洪若翰在南京传授康熙西方天文学知识,张诚、白晋参与了《皇舆全览图》的绘制,等等。法国传教士们曾把西方大量先进科学知识引入到中国,可遗憾的是它们大都仅为康熙及身边人所知。但其中的一个例外便是张诚和白晋为康熙授课时所编写的数学讲稿《几何原本》被收录在《数理精蕴》中出版,在中国广泛传播,影响深远。

《数理精蕴》是《御制律历渊源》(100 卷)的第三部,其第一部为《历象考成》(42 卷),内容关于历法,第二部为《律吕正义》(5 卷),内容关于音律。《数理精蕴》分上下两编,共 53 卷,包括上编 5 卷,下编 40 卷,数学用表 4 种 8 卷。上编名为"立纲明体",是全书的基础理论部分。卷一包括《数理本源》《河图》《洛书》《周髀经解》等;卷二至卷四为《几何原本》;卷五为《算法原本》。下编名为"分条致用",顾名思义就是基于理论基础上的实用部分,分首、线、面、体、末五部,包罗了算术、代数、几何、三角等初等数学的多方面材料。

《数理精蕴》中的《几何原本》就是张诚和白晋授课所用讲稿的汉文版,它是按照几何原本一、几何原本二一直到几何原本十二的方式进行排列的。其内容和思想相当丰富,涉及几何学方面的 89 个概念,并证明了 169 个定理。① 《几何原本》满文本的

---

① 莫德:《几何原本有关问题研究(五)——〈数理精蕴〉中的几何原本之研究》,《内蒙古师大学报》(自然科学版),1991 年第 2 期,第 51 页。

手稿现保存于北京故宫博物院，上有康熙的朱批。此外，该院还收藏了两份《几何原本》的汉文抄本，一份为《几何原本》七卷附算法一卷，另一份为《几何原本》十二卷附算法二卷，它们的开头部分都附有康熙亲笔所写的序言。与这两份抄本相比，台湾"中央图书馆"收藏的另一套《几何原本》的序言显得文风更加高雅，而且其中用两排小字注明了"数源之谓利玛窦所著，因文法不明，后先难解，故另译"。①

1607 年，利玛窦和徐光启的汉语版《几何原本》译出后，明末清初的数学家几乎都学习过，并且出现了一些删削本，如《几何要法》（1631）、《几何约》（1661）、《几何易简集》（1679）、《几何论约》（1700）以及《几何通解》等。但对于利、徐版的《几何原本》，学界评价不高。梅文鼎认为："行文古奥而峭险，学者多畏之。"②梅毂成认为："徐光启所译之书，语多晦涩，謷舛难读。"③显然，很多学者把该书艰深难懂归结于译文水平不高，但其实真正的原因在于译者所依据的底本问题。17 世纪，利玛窦曾表示欧几里得的《几何原本》十分适合中国人，因为作者十分清楚地阐述了他的几何学定理，即使最固执的人都会被说服。在利玛窦看来，清楚性与不可辩驳性密不可分。

而对于张诚和白晋而言，清楚性意味着简洁易懂。这也是他们在授课后不久，经康熙的准许改用巴蒂的《实用和理论几何学》作为教材的原因。他们显然对巴蒂的作品更为熟悉，这其实也反映了欧洲耶稣会学校的教学法随着受众的变化而进行了改进。此时的学生大多出自贵族家庭，他们除了几何学，还有众多领域需

① Catherine Jami. *The Emperor's New Mathematics: Western Learning and Imperial Authority During the Kangxi Reign (1662-1722).* Oxford: Oxford University Press, 2012: 178.

② 梅文鼎：《勿庵历算书目》几何摘要条。参见李兆华：《关于〈数理精蕴〉的若干问题》，《内蒙古师大学报》（自然科学版），1983 年第 2 期，第 66 页。

③ 梅毂成：《操缦卮言》历象考成论。参见李兆华：《关于〈数理精蕴〉的若干问题》，《内蒙古师大学报》（自然科学版），1983 年第 2 期，第 66 页。

要涉猎，欧洲耶稣会教学法的改变在教授中国皇帝几何学的过程中也体现了出来。皇帝也更喜欢这种为法国精英后代设计的令人愉悦的方式，而非将耶稣会定性为宗教教学团体的方式。在巴蒂作品的序言中，我们也可看出笛卡尔（René Descartes）对他的影响。巴蒂写道，数学通向上帝，正是通过数学的无限性，他看到了上帝存在的不可辩驳的证据。因此，巴蒂的作品十分符合张诚和白晋的目的，一方面它提供了研究几何学的清楚而容易的方法，另一方面它又称几何学通向上帝。[①]

《数理精蕴》总结了明末清初传入我国的西方科学以及当时数学研究的主要成果，加之它的编写得到了康熙皇帝的大力支持，有"御制"之名，流传甚广。它影响了整个有清一代的数学家，著名数学家如明安图、戴煦、李善兰、汪莱、顾观光、徐有壬等人的数学成就都与《数理精蕴》有很大的关系。因此，此书可称得上是清代数学发展的基础。此外，《数理精蕴》还传入了我国的众多邻国，如日本、越南、朝鲜等国，并对这些国家数学的发展也产生了很大的影响。而《几何原本》是《数理精蕴》中的理论基础部分，也是最为核心的内容，所以在中西数学领域的这次大交流中，张诚和白晋做出了突出的贡献。

三、"国王数学家"是法国汉学创立的证书

人们常说，国外汉学是由法国人所创立的[②]。而在这之前，它其实经历了漫长的酝酿时期。

16 世纪以前，以马可波罗、伊宾·白图泰（Ibin-Battuah）、鄂多立克（Odoric de Pordenone）、尼哥罗康悌（Nicolo Conti）为

---

① Catherine Jami. *The Emperor's New Mathematics: Western Learning and Imperial Authority During the Kangxi Reign (1662-1722)*. Oxford: Oxford University Press, 2012: 164.

② 〔法〕戴密微著，胡书经译：《法国汉学研究史概述》，阎纯德主编：《汉学研究》第一集，北京：中国和平出版社，1996 年，第 15 页。

代表的旅行家们曾到过中国并著有游记。他们的文字激起了欧洲人对东方的向往，对之后新航线的开辟产生了重大的影响。但是他们对东方世界进行了夸大甚至神话般的描述，他们笔下的中国已经远非其本来的面貌了。

　　16 至 18 世纪，西方对中国历史、文化、语言、宗教、哲学等方面的知识主要是通过传教士们为中介而传入的。葡萄牙、西班牙和意大利等国是法国的先驱，其中产生较大影响的人物有门多萨、利玛窦、曾德昭以及卫匡国等。门多萨的《中华大帝国史》于 1585 年用西班牙文在罗马出版，并被翻译成多国文字。但该书只是把中国做了一个大概的描述，或者说把中国美化了一番，没有贫穷，没有乞丐，聪慧而贤明的人民就像文艺复兴时期的知识分子一样。[①]然而正是他这部书的法译本给了法国哲学家蒙田（Michel de Montaigne）无限的灵感，并在该书的空白处写下了著名的《随笔》。利玛窦曾把四书译成拉丁文，也曾编纂过一本葡汉词典，但最终都未能出版。他的代表性著作《中国札记》由金尼阁（Nicolas Trigault）翻译成拉丁文于 1615 年问世。这部著作的价值在于"它不是传闻与幻想，而是以耶稣会传教士的亲身经历与见闻为根据汇总而成的一部宝贵的历史文献"[②]。曾德昭于 1638 年用葡萄牙文写过一部名为《中国通史》的著作，后被翻译成多国文字。该书分为上下两卷，介绍了中国的政治、语言、风俗、商业、战争、茶叶、基督教传入中国之起源、南京教难等情况。卫匡国著有《中国上古史》（1658 年）和《鞑靼战纪》（1654 年）两部作品。《中国上古史》以编年体形式记述了伏羲到公元初的中国古代编年史，《鞑靼战纪》记载的是满族人入关并挥师南下的战

---

①〔法〕戴密微著，胡书经译：《法国汉学研究史概述》，阎纯德主编：《汉学研究》第一集，北京：中国和平出版社，1996 年，第 15 页。
② 何寅、许光华主编：《国外汉学史》，上海：上海外语教育出版社，2002 年，第 64 页。

事。总之，17世纪中叶之前，在华传教士主要来自葡萄牙、西班牙和意大利，他们中的部分人撰写了一些有关中国的著作。这些作品虽然比游记作品多了真实感和严肃性，在西方也产生了一定的影响，但是由于作者们往往都是兴趣使然，猎奇的心理较多，他们的作品并不具有太多科学研究的性质。

　　从17世纪下半叶起，"欧洲汉学的牛耳从意大利人那里落入法国人手中"①。这个转变的标志便是"国王数学家"来到中国。该团的成员不仅是传教士，而且是王家科学院的通讯院士。他们有明确的科学考察的任务，他们的研究有明显的学术型的特点，已经具备了专业汉学研究的雏形。所以戴密微说："这是一个名副其实的'考察团'，因此可以说这是法国汉学创立的证书。"②1814年12月11日，法兰西学院创办汉学讲座，在西方高等学府中首次将汉学列为正式学科，并于翌年1月16日开课。首任这一讲席教授的是当时年仅27岁的汉学家雷慕沙。这一事件标志着汉学作为一门学科得以确立，同时也标志着专业汉学的真正开端。而追根溯源，"国王数学家"们为汉学的创立及发展所起的铺垫作用不容忽视。

　　总之，法国"国王数学家"为中西文化交流做出了重要贡献。他们在东西文明之间所起的这种沟通作用具有非凡的意义，因为"任何一种文明都不是完美无缺的，它需要由其他文明来加以充实"③。

---

　　①〔法〕戴密微著，胡书经译：《法国汉学研究史概述》，阎纯德主编：《汉学研究》第一集，北京：中国和平出版社，1996年，第18页。

　　② 同上，第19页。

　　③ 阎宗临著，阎守诚编：《传教士与法国早期汉学》，郑州：大象出版社，2003年，第31页。

附　录

附录一：洪若翰1686年2月26日于暹罗写给一位耶稣会朋友的信①

　　信之伊始，我最亲爱的神父，我请求您和我们一起感谢仁慈的上帝，感谢他每日的恩惠。除了几个会友身体微恙外，我们的生活十分顺利，上帝的庇佑不断。如果我们懂得了本地的语言，上帝或许会因为我们的热情给予我们更多的恩赐，对此您一定乐于听闻，我们也愿意写信告知您。被国王派往中国的我们将要开始这伟大的征程了，在执行国王命令的同时，我们将前往中国帮助那些已经在这个庞大帝国里开展上帝的事业并取得诸多成功的人们。我希望在那里我们可以看到十字架，这样可以给我们带来些许欣慰，就像在这里一样。

　　我们现在在康斯坦斯先生家，很自由，您也可以想到，就像在欧洲一样方便。我们在这里以法国的方式用餐，他妻子很和善，对我们十分照顾，无微不至。暹罗国王对我们也十分友善。他经常派他的数学家来向我们问问题，通常涉及物理学方面知识。比

　　① 法国国家图书馆收藏有该份出版物，原题为"Lettre du Père de Fontaney, supérieur des six Jésuites envoyés par le Roi à la Chine, écrite de Siam depuis le départ des vaisseaux à un autre Jésuite de ses amis, le 26 février 1686"，即《法王派遣到中国的传教团团长洪若翰1686年2月26日于暹罗在启程前写给一位耶稣会朋友的信》。

如,太阳是否是一个实心球,为什么它从地平线升起时是红色的?
风从哪里来?诸如此类的。国王陛下经常给我们送吃的,餐饭十
分丰盛,这使我们倍感荣耀。最近一次就是在今日,即狂欢节。
福尔班骑士款待梅特洛波利斯主教(l'Evêque de Metellepolis)和
居住在这里的法国传教士。因此,我们单独在康斯坦斯先生家吃
饭。此时,国王的使者送来了一顿丰盛晚餐,二十个官员每人手
里端着一个大的银盘,由膳食总管领队。在这种场合下,餐桌祈
祷过后,我们要做的第一件事就是朝着皇宫的方向深鞠躬三次,
就像当地人那样,以向尊敬的施善者表达我们的谢意。为了表示
对这些肉食的尊敬,我们应该全部都品尝一遍,国王十分乐意知
道我们觉得哪种是最好吃的。我亲爱的神父,在此我们可以跟您
说我们的上帝曾经说过的话,为我们准备可口的饭菜是遵从了派
送我们的人的意愿,是通过吸引那些用他的鲜血来救赎的灵魂以
扩大他的荣耀。新年第一天,我们赠予了国王礼物:一个表盘倾
斜的钟表,直径大约十二法寸①的凹镜,直径十六到十七法尺的
望远镜以及一本展示法国时尚的图片集。他十分高兴地接受了我
们的礼物。我们也赠给康斯坦斯先生两块我们国王的奖章,他也
十分珍视。这位宰相去了曼谷,使我们丧失了向暹罗国王解释我
们所赠送仪器的用法的机会。

　　康斯坦斯先生此次前往曼谷正值暹罗全国都弥漫着一种恐
惧气氛,因为暹罗人害怕在整个印度十分强盛的荷兰人会占领自
己的国家。在此我不想和您谈论这种恐惧是否有所根据。据管理
国家事务的人宣称,做好防范工作不无道理,在巴达维亚的荷兰
人很早就有夺取这座城市的心思了。就是因为这种恐惧,康斯坦
斯先生被派往了曼谷进行核实,同时敦促肖蒙骑士留给暹罗国王
的法国工程师拉马尔先生负责的防御工事。他同时带着福尔班骑

---

① 1法寸约等于27毫米。

士、张诚神父和李明神父。

康斯坦斯先生一到达曼谷，就请福尔班骑士按照法国的方式训练驻军。暹罗的士兵们很乐意接受骑士的指导，但是其中两个葡萄牙连是勉强为之，每连有 40 个士兵，尤其是大队长，名叫费尔南德·那波（Fernand Nabo），年纪挺大了。他手下还有一个副手，是他的一个女婿。大队长认为，让这两个连服从于一个外国人的管教是对他国家的侮辱。他要是提出抗议，或许还会被接受，但他没有，相反他让他的女婿暗地里进行挑唆，从而使一个连造反了。他们的密谋大大出乎人们的意料，他们决定杀害福尔班骑士和法国人。他们说不是怨恨康斯坦斯先生本人，但是罪犯们承认了要夺取他的银餐具，成为一艘泊在河上的英国船的主人，以求自救。阴谋确定后，一些人对着福音书誓忠，另一些人则对着耶稣像十字架祈祷。就在士兵们拿起武器准备实施这一计划时，他们的首领为表现不曾参与这次行动，奸诈地通知康斯坦斯先生说他的士兵们叛变了，他不再是主人了，而且现在他们已经拿起武器了。神思敏锐的宰相大人当场就识破了费尔南德·那波的诡计，毫无疑问地确定他就是这次暴乱的指使者。事情十分急迫，康斯坦斯先生明白在这次事件中必须表现出强有力的决心。因此，他毅然决然地走向正在寻找他的叛变者们，神情冷峻而坚定，后者为之一惊。他也发现了这一点，于是趁他的神情给叛乱者造成恐惧之时，以充满威慑力的口吻命令这些不想遵守他命令的人放下武器。所有人都服从了。随后，他向他们提了一些问题，其中一人回答得一团糟，另一人试图拔剑，都被他制服了并交到他的随从手中。随后，他逮捕了其他人以及费尔南德·那波和他的女婿。当天，他就给罪行最严重的几个人定了罪。费尔南德·那波由暹罗总督看管，官员们被分散到不同的监狱，或被判苦役，或到正在建设的防御工事上搬运土石，或在山脚下加工铁器。现在那波和他的女婿在暹罗，戴着铁镣，即脖子上戴着铁链。我们不知道最终会怎样处置他们。葡萄牙神父苏阿雷（Suaés）给我写信请求我为他们以及卷入这次叛乱的他的国家的士兵求情。我向康斯坦斯先生说了，他回答说出于对我们的尊重，他会减轻刑罚。但是，当我向他表明我说情的其中一个意图是想让这个官员命令葡萄牙人用他们的船送我们去中国时，他说我们不需要这样，他会用国王的船或者他自己的船送我们去。请您代我转告尊贵的葡萄牙王子的忏悔神父，我会竭尽全力为贵国效力的，虽然这里的葡萄牙人对我们并不友善。不久之前，代牧主教和瓦拉的主教，即葡萄牙在暹罗的教士首领之间就裁判权起了冲突，后者不帮助我们进行调解。一个居住在暹罗的法国人想和一个葡萄牙女孩结婚。这对女孩儿来说是幸运的，因为她没有财产，而她找到了一个拥有财产的丈夫。这个法国人想在神学院的一个教堂结婚，但是主教不同意，而且十分坚持，最终使得该婚姻破裂了。

李明神父旅途归来后病得十分厉害。他得的是间日疟，病情持续了很长时间，他一直处于危险状况，这让我们十分悲伤。刘应神父和白晋神父身体状况也不佳。最使我们担忧的是，康斯坦斯先生也病得十分严重。由于上帝的庇佑，他们一个个都好了起来。上帝对我们来说就如同医生，因为这个国家没有医生。如果您能找到两个懂得疾病和治疗的神父，请您派他们来，我们将十分高兴。

正如我们在报告中已经向您提及的，波斯的大使们来到了这座城市。他们没有受到法国大使们那样恭敬的接待。他们是三个人，当波斯国王任命的使团团长在丹那沙林①死后，他们就很难协调他们的行动。他们为了决定由谁展示奉国王之命带来的大象而大打出手。但当他们看到最终自己成了暹罗民众的笑柄时，于是就代言人问题达成了共识。他们要求受到正式接待，就像法国

---

① 今缅甸德林达依省。

大使一样。据说这种想法来自摩尔人的建议，他们在暹罗十分强大，把波斯使团看作使他们更加强大的一种方式。国王派人跟他们说，他们在拜见时要行叩头礼，接待时没有旁人在场，随后将信交给他的大臣而不是当场交给他。国王补充道，因为伊斯法罕并没有接待暹罗大使，所以根据暹罗习俗，他也不愿意接待波斯大使，但会以波斯的习俗来接待他们，即遵从各种手续和礼仪。波斯人拒绝这个决议，国王也拒绝接待他们，自己去旅行了。波斯大使遭遇这种对待后，心情十分糟糕，就用言语侮辱了代表国王前去传话的宰相大人的军官。为了惩罚他们，国王派卫兵看守他们的房门，阻止别人进去，禁止他们与摩尔人和暹罗人见面，这使得他们屈服了。他们不断向康斯坦斯先生传说如果他愿意协调他们的事，他们做好了一切准备完全依赖于他。

　　暹罗国王去年派往日本的一艘船回来了。康斯坦斯先生将他们带回来的消息告知了我们。第一个消息是一场暴风雨将一艘日本船带到了澳门，船上的日本人受到了葡萄牙人的热诚接待。葡萄牙人希望借此良机与日本重新建立贸易关系，并装备了一艘船把这些新的客人护送回去，他们期望他们的友善能够换来相同的回报，并与这个国家达成和解。船很幸运地到达了长崎，在那里根据惯例被扣押了，直到人们了解了天皇的意图。天皇感谢葡萄牙人对他的臣民的友好之情，下令为他们提供食物，这也是他们返回时所必需的。但是接下来，他们没有得到售卖或购买任何东西的许可，甚至没有人踏上日本国土，天皇就重提以前的法令，威胁他们如果再踏足他的国土，就会惩罚他们。他们就这样被遣返回国了。

　　第二个消息是，中国皇帝今年派了十二三艘装满商品的船前往日本，由两名官员带领。但是同澳门居民之于葡萄牙一样，这次行动对皇帝来说也没取得成功。因为日本天皇通知两名中国官员说，如果他们来日本是为皇帝主子寻找奇珍异宝的，那么他们将满意而归；但是如果没有比贸易更能吸引他们眼球的事情，那么他们怎么来就怎么回去。显然，中国的皇帝对这个他认为低于他很多的天皇的傲慢态度十分不适应。

第三个消息，日本天皇获知外国人从其国带走了大量金、银、铜，而只带来了一些日用品，于是他规定荷兰人每年只能卖出45万埃居的货物，而其他被允许进行贸易的国家如暹罗和交趾支那，每年只能卖出95万埃居的货物，这个总量在这些国家之间进行分配。因为这个法令，暹罗国王的船只卖掉了一半的货物，而荷兰人被迫去寻找更大的市场。

日本对基督教徒越紧闭大门，中国的大门就越向所有外国人开放。皇帝颁布法令说所有的大门都为他们敞开，都可以进行交易。

国王继续为我们提供各种恩惠，当他得知我们的国王让我们负责了解所经国家的新奇之处时，他下令赐给我们犀牛、鳄鱼以及大老虎，这些我们在欧洲几乎很少知晓，从未见过。依此命令，宰相大人一个月前就给了我们两条活生生的大鳄鱼。我们对其进行了解剖，最近这几天我们会把报告寄给王家科学院的院士们。我们请您代为转达我们的敬意，并告诉他们我们十分愿意给他们寄去我们发现的能引起他们极大兴趣的所有事物。

几天前，康斯坦斯先生召唤我们进宫，为的是让一个和尚的首领观看月亮，这个和尚那天去给国王讲道。我和刘应神父出城去透透气。回来时，天气转阴了，因此我们没有去宫里。这种讲道时不时地在某一个宫殿里举行。讲道者坐在地上，周围围着五六个和尚，在讲道期间咀嚼着提神物来消除烦闷。当国王参加时，他会坐在一个专席上，人们看不到他以及公主和他的妻子们，以至于屋子里经常空无一人，只有几个卫兵。康斯坦斯先生有时会听讲道，他说这一般会持续两个小时。和尚们只是讲授道义。祈祷上帝保佑我们能尽早取代这些虚假的讲道，同时向这些人民传

播真正的福音书，真正的耶稣基督的宗教。我亲爱的神父，向上
帝祈祷这一切，为了让这个对我们友善的伟大君王皈依我教。这
确实是一个善良和蔼可亲的国王。在您祈祷时，不要忘了这个需
要祷告的人，他比任何人都更对上帝充满了尊敬和真诚，一切托
付于您。

洪若翰

附录二：张诚1686年6月5日写给父亲的信①

1686年6月5日 洛布里

　　敬爱的父亲：

　　我们即将启程前往中国入口——澳门，只有到12月我才能找到机会给您写信，所以在这里我留给我们的一位神父几封信，他将负责通过比较安全的方式寄出去。我留了两封信给您，一封信给母亲，它们将通过三种方式被寄出去，以保证你们至少收到一封。到中国时我也将尽我一切所能这样做，因为那里对外贸易频繁，所以我们有机会通过各种方式经常寄出信件，直到找到最安全与最快捷的方式。

　　我在船上给您写了不少东西，这艘船就是载我们来到这里，又护送大使返航的船。我还给您寄了一份报告，详细地描述了我们离开法国后直到大使离开时我们的所见所闻。此后，我还在3月给您写了信，一个英国人许诺会将我的信件带到伦敦，然后转寄到法国。在这封信里，我向您讲述了暹罗国王和他的宰相康斯坦斯先生对我们的热情款待。我们在这里得到的真诚和友谊使我们就好像置身于亲朋好友之中。国王赏赐给我们七八顿精美大餐，都是使用他的餐具，由他的官员亲自送来。除了去年12月我们一起观测月食外，4月末时，他和梅特洛波利斯主教又特别款待了我们。皇宫所有的大臣、国王的一等官员和康斯坦斯先生都跪在我们身后，脸朝地面，在长达两小时的会见期间，他们都保持这个姿势。而我们同梅特洛波利斯主教并排坐在国王对面的地毯上。

---

　　① Henri Cordier. Cinq lettres inédites du père Gerbillon, S.J., Missionnaire français à Peking. *T'oung Pao*, 1906 (série 2, 7, no.4): 439-448.

前天，国王通知我们，他希望再次与我们一起观测转天傍晚时分
将发生的月食，那也是我们的送别会。我们特别感谢康斯坦斯先
生的热情，他一直把我们当作真正的兄弟（他对所有的耶稣会士
都这样）。在法国大使离开后，他把我们一直留在宫廷，并和他同
桌就餐。他每次出行都让我们中几个人与他同行，正如他希望的
那样，我每次都陪着他。他十分希望我留在这里，并不断试图说
服我。但我来印度地区不是为了待在宫廷的，所以我只能不停地
致歉，我更愿意前往中国，那里我可以更加容易地致力于改宗事
业，而且那里缺乏耶稣会士，这里有太多教士，但基督徒很少。
我在这里过着十分舒适方便的生活，但这不是我想要的。前往中
国的某个省，为了上帝的荣耀而受难对我来说更有益，而不是待
在一个宫廷里享受荣誉，过着太自由放荡的生活。

　　我们会登上康斯坦斯先生的船，他将该船交托给了一个来自
澳门的葡萄牙船长，据说他是这里经验最丰富的，而我们是这条
船上的乘客。康斯坦斯夫人负责安排我们旅行必需的食物。因此，
从法国到中国，我们自己没有任何花费。指派给我们的船是暹罗
港口最好的，加上我们趁最好的季节出发，有一个进行过 10～12
次这样旅行的经验丰富的船长，我们的行程很明显会十分顺利，
行程只有 500 里，一般历时不到一个月。

　　当我们到达中国港口澳门时，将写信给南怀仁神父。他一直
在皇帝的宫廷里，并且很受重用。我们将等待其回复，然后再采
取相应措施进入中国大陆，履行国王交给我们的使命。我们有理
由相信我们在中国的事业将会获得成功，因为那里的条件有利于
基督教事业的发展，而且中国皇帝去年曾对我们的神父表现得非
常友善，对此，我将寄给您我在两个月来所收信件中摘录的内容
来证明这个判断。其中我加入了对现在日本人对待外国人方式的
介绍，我原本还想加入对暹罗现状的描述，但是我们之中待在那
里的一位神父负责把相关记述寄回巴黎，所以我就仅仅请求我们

省的代理神父给你们寄一份复制件，并对暹罗王朝的统治方式做了一下评论。

　　我也十分感谢在离开法国后上帝对我的恩赐，除了他对我们事业的庇护外，我特别庆幸即使气候多变，我也没有遭受任何疾病。感谢上帝，我现在仍然像离开巴黎时那么健康。以前，我以为热带地区酷热难忍，现在这里也是太阳当头，正值最热的夏季，但除了每天午饭后流很多汗外，也没有其他的不适。晚上很凉爽，睡觉舒适，而早晨到中午都可以工作，并不太热。空气很清新，从来都没发生过流行的疾病。河流水势开始上涨，淹没土地，这种情况一直要持续到 11 月。当我们到达澳门后，我们将开始学习汉语。汉语十分难学，不仅因为它每个词都有不同的声调，根据不同的声调，有时可以表达 15 或 20 种意思，而且更重要的是，它十分难读和难写，因为读音跟字一样多，他们没有像我们一样的字母表，但是每个字都有不同的形象，结果是有 7 万或 8 万不同的读音。这对我们来说是巨大的挑战，但愿上帝会帮助我们。令我安慰的是，我们不需要学得十分精通就可以开始传播福音，而且用不了一年时间，我们就可以用这种语言来讲授教义和小知识。我亲爱的父亲，请您请求上帝助我一臂之力，使我有能力完成改变灵魂的伟大事业。我越靠近中国，就越觉得自己无法胜任这个工作。我一直认为，就像我写信告诉您的，上帝可能派了最弱小的信徒来执行他的意愿，我希望上帝能够赋予我必需的力量来完成他交给我的使命。我请求您在做祈祷时为我向上帝祈祷，同时让整个家庭都行动起来，尤其是我那些虔诚的姑姑们，我对她们有信心。请允许我向母亲表达孝顺之情，并向我的兄弟、姐妹、嫂嫂和整个家庭问好，不要忘了亲爱的玛德隆（Magdelon）和他的小弟[①]。我真心祈求上帝保佑他们，祝福他们。请放心，

---

　　① 张诚的侄子们。

即使远离家人，我同样满怀深情地为他们向耶稣基督祈祷。上帝为我作证，我没有一天不请求上帝安慰您，为您救赎。每周我都为您做弥撒，我将继续做下去，这一点您可以信任我。在前几封信中，我请求您和母亲在方便之时，给我寄来那些色彩艳丽的小型多面水晶盒子，里面装着匈牙利女王之水及其玻璃泪珠，还有许多其他玻璃小玩意儿。这里的人们都十分欣赏这些东西，因此可以以它们为切入点，引起这些崇拜者的共鸣，进而向他们谈论宗教。另外，要是我们省的代理神父以我的名义向你们要一点钱去买我需要的书的话，要是你们不为难，请你们同意。我知道如果神父能够为我们提供一切的话，他一定会这样做。而且我也相信您不会觉得厌烦。无论如何，我都相信您愿意做我要求的事情。我也曾写信告诉您，您可以将要寄给我的信寄给圣路易圣安东尼奥街的维利乌斯神父，他知道我们所有的通信。荷兰人一般是 1 月末和 8 月来印度。英国人，据说是任何季节都来，法国的船只是 2 月初。因此，当您想告诉我您最近的消息时，可以参考这些日期来安排。

我一直尊敬您，服从您，我敬爱的父亲。

您谦卑而且乖顺的儿子
耶稣会士张诚

1686 年 6 月 18 日　暹罗①

我给您写信时，我们已经离开洛布里来到了这里。这之前，国王就在为大使举行特别招待会的地方为我们举行了告别宴。国王与我们交谈了大约一个半小时，对我们十分友善，在场的大臣对此都很惊讶。他要求我们到达中国后，也要同他保持联系以便了解我们的近况，并送给我们已经做好的中国人的服装以便我们

---

① 1686 年 6 月 18 日，张诚在 6 月 5 日的信中又补充了以下内容。

进入中国。他赐给暹罗修道院院长马尔多纳神父（Maldonat）一个金十字架，奖赏他去年在澳门的业绩。第二天，国王邀请我们观看他捕捉两只大象，他的狩猎者将它们赶入了专门的围场，那里距洛布里只有 1 千米。我们骑上了国王给我们送来的大象，并有幸获准进入只有国王可以进入的围场。我们真是享受了诸多恩惠。两天后，我们告别大恩人康斯坦斯先生，我们待在暹罗期间，他对我们照顾有加，热情非凡，并且为我们提供了前往中国需要的所有东西。一切迹象表明，我们最迟将于圣约翰日（仲夏日）第二天登船，7 月 1 日扬帆起航，月底到达澳门，如果上帝保佑的话。请您尽快将我写给您的及以我名义寄给您的信件的复制件寄给阿罗古尔神父（De haraucourt）、德泽神父（Dez）、巴泰勒米神父（Barthelemy）、多邦顿神父（Daubenton）和罗巴尔神父（Lobal），并替我感谢他们。您只需复制一份或两份，然后寄给其中一两人，并请他们寄给其余的人。您一定理解，相隔如此之远，我不方便经常写长信。

1686 年 7 月 1 日 暹罗，大城府[①]

　　信将要写完了，我还想说明天我们将从这里出发，周四到泊地或河口登船，周五将启程。我将从澳门给您写信，经由荷兰船只寄送回去，因为有人向我担保，从澳门到巴达维亚的船只将要到目的地，然后再从这里启程。但是我已将一封信通过康斯坦斯先生前往东京的船只寄了出去，那里有一艘英国船准备出发，前往法国，三四个月之后，您将收到这封信。我还给母亲写了一封信，通过一艘从这里离开的英国船，一年后到达欧洲，因为中途它先去马德拉斯。暹罗国王赠给我们每个人 12 件鞑靼人风格的全丝绸衣服，中国人都是这么穿的。他还向澳门总督推荐我们。再

---

① 1686 年 7 月 1 日，张诚在 6 月 5 日的信中又补充了以下内容。

一次再见了，我亲爱的父亲，真心拥抱您和母亲。我本来想给巴泰勒米神父、德泽神父、多邦顿神父写一封长信，但是我没有时间了，我要忙着准备登船事宜了。因此，请您替我向他们致歉，并给他们寄去我所有信件的复制件。等我到中国后，我将给他们写大量的信。我再次请您为我向上帝祈祷。

致热尔比永•德•布奇（Gerbillon de Buzy）

原凡尔登法官

凡尔登

洛林

附录三：张诚 1686 年 7 月 1 日写给香槟省
代理主教加莱尔的信[①]

1686 年 7 月 1 日　暹罗

我尊敬的神父：

　　我们即将启程前往澳门，所以我们留给李明神父好几封信，他将留在这里，其原因您稍后就会知晓。这些信将由一艘几个月后前往苏尔特或科罗曼德尔海岸的船转运，之后法国公司的船将保证将我们的信最迟在一年内运到法国。我把我的信都寄给阁下，并请求您再寄给不同的收件人。在这包信中，有一封信比其他信厚，是给我父亲的，信中谈到了我们从这些国家获得的信息。我故意没有封口，以便您能够阅读，如果维利乌斯神父愿意的话，也可以看，还有那耶尔神父（Nyel）也是，请您代我向那耶尔神父表达我谦卑的敬意，待我了解了一些情况后再从澳门写信给他。我还请求您把该封信以及我写给您的关于传教团现状的信件交给戈达尔神父（Godard），我写信给他请他让人复制两到三份然后交给您。请您在戈达尔给您复制件后，把它们交给那耶尔神父和维利乌斯神父。

　　如果戈达尔神父不愿意做这件事的话，就烦请您亲自让人复制，然后把原件寄给我的父亲。如果沙浪东神父（Charenton）在学院的话，您可以交给他一份复制件，并把我写给他的信带过去，信中我请他将这些记述复制两份，一份寄给弗勒里奥神父（Fleuriau）（如果他不在巴黎的话），另一份交给郭弼恩神父。此

---

　　① Henri Bernard. Le voyage du père de Fontaney au Siam et à la Chine (1685-1687) d'après des lettres inédites. *Bulletin de l'Université l'Aurore*, 1942 (série 3, 3, no. 2): 261-262.

外，还请您将我写给阿罗古尔神父的信件和有关其他消息的复制件——这些信件我都寄给了您，并且没有密封——寄给马提奥神父（Mathieu）或者里恩古尔神父（de Lioncourt），并传达我的敬意，同时恳请收到这些资料的那个人寄给另一个人，然后让跟他们在同一所学院的认识我的人进行传阅。您还可将一份复制件寄给阿罗古尔神父，我请求他同热巴尔神父（Jobal）、德泽神父、多邦顿神父、戈迪诺神父（Godinot）等相互之间交流信息。

　　如果您还有一份复制件的话，我恳请您以我的名义寄给巴泰勒米神父，并请您通知我的父亲您都寄给了哪几个人，因为我曾写信让我的父亲寄复制件给我的几个朋友。我坚信您愿意帮助我，这点当我在巴黎有幸见到您时就感觉到了，而且我相信您乐于施恩于朋友，因此我冒昧地写信给您，请您来为我做这些事情，我知道维利乌斯神父太忙了。我还恳请您代我去探望少瑟尔主教（de Choiseul），转达我的问候，并告诉他我每天都祈求上帝保佑他履行好教堂内的职务。当我到达中国后我将写信给他。如果特……先生（Tr…ier）①还跟他在一起的话，代我向他问好，他将乐意帮助您复制我写给您的信件。

　　如果您能看到克罗西（Croissy）夫妇的话，请您向他们表达我的敬意，尤其是代我向干特勒尔先生（Ganterel）问好，告诉他我也为他祷告。请您不要忘了告诉您的好友贝蒂神父（Petit）关于我的消息，并向他和科尔努（Cornu）问好。我请求威尔猛神父（Villemont）将李明神父将寄给他的日志复制件交给您，主要谈的是暹罗的现状。同时请您将其寄给我的父亲和我之前提到过要您与之交流信息的人们。我没有再专门给您写信，所有的信都没有密封以便您在寄出之前能够阅读。之前有人告诉我，穆迪我神父（Jacques Motel）在中国还活着，他是来这些国家的神父中唯一一

---

① 此处文稿损毁，名字已看不清楚。

个来自我们省的。但我希望很快能有更多的教士前来与我们分享
将取得的前所未有的成果，特别是如果罗马方面一切进展顺利的
话。

　　我原本以为我有足够的时间给故乡的多个好友写信，但是最
近刘应神父突感不适，加上我负责准备所有登船事宜，所以我找
不到时间来写信了。因此，当您给热巴尔神父、马提奥神父、里
恩古尔神父、艾美神父（Amé）、莱斯内神父（Laisné）、德普神
父（Dep）、莫热莱神父（Morelet）、多邦顿神父、夏佩尔神父（de
la Chapelle）、戈迪诺神父、勒塞尔夫神父（Le Cerf）、加尔蒂涅
神父（Jardinier）、奥马塞尔神父（Homasselle）、比加尔神父（Bizard）
和罗耶尔神父（Le Royer）所在的学院写信时，请您转达我的敬
意，并请他们为我祷告。我本想亲自给他们大多数人写信，但是
时间不够。明天我们将登船，我们一到达泊地就要启程了。我将
从中国写信给他们，我认为他们更愿意知道我那时的消息。

　　再见，我亲爱的神父，请为我向上帝祈祷，请他赋予我必要
的力量来完成传播福音，改宗不信教者的事业。请相信我每天都
会怀着相同的敬意和激情为您在上帝面前祷告的。

谦卑而乖顺的教徒
耶稣会士张诚

附录四：张诚 1687 年 6 月 8 日写给巴黎一位耶稣会士的信①

1687 年 6 月 8 日　暹罗

　　去年 12 月，我从收到的来自巴黎，写于 1686 年 1 月的信中得知那耶尔神父已于两三个月前去世了，对此，我感到十分悲痛。我从一个教士那里得知您和现在是皇太子的忏悔神父的布尔多奈先生（de la Bourdonnais）一起在巴黎，他提到了您对我的嘱托。我非常感谢您，知道您还记得我，我十分高兴。希望您为我向上帝祷告，每天我都会为您祷告，我一直记得您对我的恩惠。我们将直接前往中国第二大城市南京，如果上帝保佑我们顺利到达的话，您明年就会收到我的消息。

　　我向您保证我将继续写信。我代表基督教前往这个大国，那里存在宗教传播的有利条件。感谢上帝派我为他服务。我知道我还不够资格来承担这个改宗的神圣事业，因为我的能力还不足以使我完成这项工作。但是我相信仁慈的上帝不会经常任命一些罪人来执行他的意愿的。我亲爱的神父，再次为我向上帝祷告吧，希望我的罪行不会阻碍对我周围人群的改宗事业。

　　我就不在信中写有关这个地区的信息了，如果您想看的话，可以去阅读我写给郭弼恩神父的信。这些信我没有封口，并把它们寄给了加莱尔神父（Galard），或者是现在担任我们省的代理主教的神父。请您复制几份以我的名义寄给马提奥神父、利昂古尔

---

① Henri Cordier. Cinq lettres inédites du père Gerbillon, S.J., Missionnaire français à Peking. *T'oung Pao*, 1906 (série 2, 7, no.4): 458-460. 该信损坏比较严重，已无法识读的词句用 [……] 标识。

神父（Lyoncourt）和德泽神父。

　　如果您不方便的话，请您写信给戈迪诺神父让他寄给我上面提到的神父们以及我写给他的信中提到的其他人。我已经请郭弼恩神父寄给他复制件了。

　　我已经写信给维利乌斯神父，请他尽量给我们寄来一些含有刀、剪和其他制作精美、镶有精致玳瑁的刀剪制品套装。我和他说以前您让我看过一些刀剪套装，其中含有诺让风格的刀柄镶有玳瑁的漂亮的刀、十分明亮干净的剪刀和价值 1 埃居或 1 埃居 10 分的两脚规，而且我相信您乐意为我们采购这些东西。在这些国家，我们需要一些新奇的欧洲的小玩意儿，把它们作为礼物献给我们为了宗教事业所需的当地的人物们。中国的习俗是如果没有送一些礼物的话，就不要请求或者接受任何恩惠。有了这些欧洲的新奇东西，我们就可以避免送钱财了。您可以从您所知道的我的朋友们那里获得一些新奇之物，如果他们愿意的话［……］您了解了到目前为止我们使团的所有事情［……］如果您有机会的话［……］但是请相信我一直无比热爱着耶稣基督。

您亲爱的兄弟

谦卑而乖顺的使徒

张诚

　　备注：您知道要让我收到信只能通过维利乌斯神父之手，特别是在 1 月初。在其他时间段，只要他有机会，他会负责把信寄出去，包括其他要寄给我的信。

附录五：洪若翰从中国寄给塔查尔的关于
乘中国船注意事项的信^①

敬爱的神父：

所有将乘坐中国帆船而来的人员要注意以下几点：

一、人们需要自己打水，因为中国人不提供水，甚至是吃饭的时候，似乎认为米饭就足够解渴。我们船上的官员、船长、商人、舵手都随身携带了水桶，在暹罗时装满了水。葡萄牙人把桶叫作"barcassa"，和法国的广口瓶容量差不多。

尽管他们负责给我们提供食物，而且他们携带的水能满足他们和我们所有人的需求，但是他们丝毫没有考虑我们，这也是我们特别渴的原因。

二、需要一两个说汉语的仆人来提供服务，即送饭、泡茶（如果有水的话），以及所有必需的事情。

三、即使船长为神父们提供食物，也只有他们不会爱吃的马拉盏酱和一些咸的东西，船长和新的水手也都一样。因此，他们需要自己动手将家禽带上船，和船长一起看人们怎样喂养它们。除此之外，无论船长许下什么诺言会好好对待他们，他们都得自己带一些饼干和饮品，这些东西船长是没有的，而且是他们一定会需要的。

康斯坦斯先生的推荐信，暹罗国王赋予我们的荣耀，这都是众所周知的，因此我们认为在暹罗立足的人也会尊重我们，但是事实正好相反。

---

① Henri Bernard. Le voyage du père de Fontaney au Siam et à la Chine (1685-1687) d'après des lettres inédites. *Bulletin de l'Université l'Aurore*, 1942 (série 3, 3, no. 2): 273-274.

　　四、如果神父们要带箱子或其他旧衣，应尽早将衣服放进箱子里，并把箱子安置好，否则所有的东西都堆在睡觉的地方，再取出来可就难了。我们保留了几个箱子，没有同我们的仪器放在同一个舱口，但是却很难安置。我们只想放在我们床的附近。水手们很粗鲁无礼，船长管不住他们。因此，他们都居心不良，如果不做好准备的话会很遭殃。

　　这就是我觉得必须告诉将要到中国的神父们需要注意的地方。如果他们同不认识的中国人一起乘船的话，危险会更大，对此我就不说了。因为和他们一起乘船后就消失的例子不胜枚举。福建人，即登上暹罗帆船的中国人，因为他们各种不良行为，背信弃义，心地险恶，在中国就很受人鄙视。我不能说他们所有人都是邪恶的，但是只要有一个，神父们就应该高度注意了。从我的信中得知这些后，你们可以商量是否可以采取其他的措施。我尽量避免神父们受折磨，虽然他们就是为此而来的。但愿上帝赐予他们比我们更多的耐心……我真心诚意……

　　进入中国最好的港口就是广东，所有在此登陆的外国人都没有遇到什么困难。应该像我们一样，不要相互之间夸大危险性。上帝已经拯救了我们，因为我们正是这样做的。一旦到达广东的方济各神父的住院后，就没什么令人惧怕的了。

附录六：洪若翰 1687 年 8 月 12 日于宁波写给维利乌斯神父的信①

致巴黎维利乌斯神父
暹罗至中国之行以及居留宁波初期纪实
中国浙江省宁波市 1687 年 8 月 12 日

尊敬的神父：

我迫不及待地向您汇报我们进入中华帝国后的最新消息。7月 23 日，我们到达浙江省的这个城市，而不是我们之前在暹罗所说的南京。在港口抛锚 10 天后（8 月 2 日），当地官员允许我们找一所房子住下来，但是我们现在还是很担心，甚至可以说是很焦虑，我们并不确定我们是否可以在这个国家定居下来。在这一点上，中国人总是小心谨慎。尽管我们的神父们在这个国家很有名并受人尊重，但当他们第一次来到此地时仍被视作外国人，如果没有获得许可的话，就没有权利在此居住。

到目前为止，仁慈的上帝已经帮助我们克服了许多困难，此时我希望上帝继续施以恩惠，帮助我们战胜这个最大的挑战。在此期间，我们将在灵魂救赎者和在印度的使徒圣·方济各·沙勿略神父（每天我们都因同样的目的提到他）的帮助下，同时也在我们的神父的帮助下工作，他们已获知了我们到达的消息。我利用现在这段时间向您讲述我们离开暹罗后所发生的事情以及我们已经采取的措施，等我们的事情有了进展，我将告诉您其他的事

① Henri Bernard. Le voyage du père de Fontaney au Siam et à la Chine (1685-1687) d'après des lettres inédites. *Bulletin de l'Université l'Aurore*, 1942 (série 3, 3, no. 2): 275-279.

情。

6 月 10 日，告别了所有我们认识的人后，尤其是我们的神父们和资助人，我们从暹罗大城府出发了。

途经曼谷时，刘应神父向葡萄牙人做了宣誓，我们也在曼努埃尔（Manuel）先生的请求下听了一些人的告解。曼努埃尔，法国传教士，同我们一起来自法国，他在这里任职。在陆上行进时，我们碰到了暹罗国王三年前（1684 年 3 月末）派往葡萄牙使团的幸存者。他们 1686 年 4 月 27 日在厄加勒斯角遭遇了海难，除了一些人逃上岸外，船上的所有人都葬身大海。但是逃出来的人中，又有 80 人在前往好望角荷兰居民点时，因恐怖的沙漠而死去。

我们修会的一个从果阿前往里斯本的神父，虽在旅途中疲惫不堪，但总有一大本祈祷书不离身，他同该使团的第一大使都在丧生者之列。第二大使正乘坐巴达维亚的船同幸存者们在返航途中。

6 月 18 日，我们仍能收到康斯坦斯先生（费尔康）的消息，他每天都加急寄来一些情真意切的信。这封信是我们在海上航行 3 法里时收到的，信中说暹罗国王通过切断海上供给，镇压了反叛的中国人，他们几年前侵占了柬埔寨河畔的岛，现在趁王国内分裂之时企图谋权篡位。从陆地上来救他们的暹罗人驾驶着 80 艘小型的全副武装的双桅船从柬埔寨开到了河流下游，而此时两艘暹罗的大型战舰已经封锁了河口。他们在战壕中攻击中国人，获得了巨大的成功：烧毁了 600 间房屋，迫使他们四处逃窜。一些人被杀了，一些人掉进河里淹死了，他们还在追击逃进树林里的部分人。这个消息使暹罗国王十分自豪，因为它展示了自己的权威，而这也同样使北京朝廷高兴，他们不想让这些有武装的中国人离开自己的国家，而是想让其归顺皇帝。我们抵达这个城市后，首先写信告诉了南怀仁神父我们到达的消息。

6 月 20 日，我们经由柬埔寨岬角处的两个大岛，穿过了暹罗湾。以前一些马来人居住在这里，但是由于海盗不时来袭，他们被迫放弃了这片土地。

在这里出现了一件令人心惊的小插曲。我们看到远处有一个类似船的东西，以为是那些反叛的中国人的双桅船被驱逐出柬埔寨河后，来到了海上。因为他们有恃强凌弱、滥杀无辜的名声，我们竭尽全力准备抵抗。武器被安置在了甲板上，石炮也装好了，但我们发现这艘“船”只是一个被海水连根拔起的树干。树根漂浮在海面上，树枝向上伸展着，从远处看就像船的桅杆。在风力的作用下，它在火枪的射程范围内向我们漂过来，每个人都因不用交战而倍感高兴。

之后，我们继续沿柬埔寨河前行，当我们距离陆地八九法里处时，海水呈现另一种颜色。我们速度不变，穿过了占城国，并沿着交趾支那运河前行，与陆地保持 3 法里的距离。左边是大海沿岸的山，右边是著名的西沙群岛，70 法里长，10 到 12 法里宽，其实它们就是岩石和浅滩，水深五六法尺，掩盖了那些危险的暗礁，导致很多船出事。

7 月 7 日早晨，我们进入了海南湾。通常在这个海湾，海浪都比较大，有时会遇到台风，这种风在很短时间内就可以引起罗盘大的转动，并不间断地持续两天。因为我们四周被陆地和暗礁包围，所以要是遇到台风就很难逃脱，甚至可能会悲惨地死去或者被大海吞没。上帝保佑，我们遇到的是好天气，微风和煦，我们一直顺利地穿过了海南岛，这是我们见到的中国的第一块土地。7 月 13 日，我们接近了澳门地区，一开始是逆风，后来风平浪静，我们航行到距离陆地 8 法里的地方。

到那时为止，我们所经之航程都很顺利，但是我们还遇到了其他烦心的事，影响了我们如此接近中国时的快乐心情。船上有些人习惯了在日本蔑视带耶稣像的十字架，因此不会对传播福音的教士有任何尊重之意。康斯坦斯先生尽他之力让这些人尊重我们，至少看在有利可图的份上，他们照做了。但当他们离开暹罗后，他们可就没有任何心情继续这样了。除了蔑视和侮辱外，他们拒绝给我们提供必需的物品，如吃饭必需的水，我们从头到尾都一直处于干渴状态。令我惊讶的是，我们没有一个人生病。

此外，还有没完没了的祭祀，而我们还必须是见证者甚至是观众。无论白天还是黑夜，他们都点亮一盏灯，在一尊故意放在船尾高处的雕像前焚香膜拜。日日夜夜都要点燃大把大把的被涂画和裁剪成波浪状的纸片，然后扔进海里，并朝东方和西方深深跪拜。每发现一片新的土地，他们都要重复相同的举动。

出发后七天（6 月 27 日），他们用特别的仪式祭祀神像。他们烧的小纸船点燃了很大的火，如果帆船也像欧洲的船一样涂了焦油的话早就燃烧殆尽了。那晚我们拒绝吃夜宵，并大胆地对中国人说我们不吃已经呈贡给神像的肉。我们的这个声明使得之后即使在相同的仪式举行前，他们也把本要给我们的肉食撤走了。

当我们经过交趾支那运河时，面向一个叫瓦……（瓦雷拉？）的地方（这里有寺庙），他们将一艘带有很多器具的大约四五法尺的竹板船放入海中，那船上有帆、缆绳、旗帜、货物以及很多纸人。

很难看到比这更荒诞、更迷信的事情了。然而我们有理由相信他们做这一切只是出于一种风俗而不是宗教信仰，因为他们首先嘲笑他们的仪式。当我们摇头表示不赞同时，他们也摇头表示嘲讽。最后，当他们的航行顺利时，这些人就在神像前认真地烧香，但当行程糟糕时，据说他们会对其十分不屑并将神像扔到海底，好像他们想通过这种方式使他们的神像有所惧怕从而再次保佑他们一帆风顺。

不谈论这些话题了，回到我们的旅程上来。没有风，我们在澳门附近已经滞留五天了。头顶太阳毒辣，酷热难当。无风无浪的平静有时是这片海域将要发生台风或暴风雨的征兆。水手们害怕了，尝试了多次想要登陆寻找避难所，但徒劳无果。他们都很抑郁，彼此都不说话了。我们心情平静，在他们看来就像没有风的平静一样是不好的迹象，因此他们故作姿态让我们也担心起来。因此，我们开始有各方面的担忧，我们也害怕如果一直平静下去的话，我们中有人会病倒，而在一个什么都匮乏的地方我们无力施救。我们许愿，如果圣·方济各·沙勿略这个伟大的圣人为我们争取顺风助我们完成旅行的话，我们将以他的名义做十周弥撒，并斋戒十周。

　　当晚，中国人做了一场祭祀，他们敲打鼓和铜盆，声音阴森凄冷。我们一起退到船的一个角落，像圣·方济各·沙勿略在相同困境中所做的一样，祈祷上帝将欺骗这些可怜人的魔鬼所带来的苦难加倍，使他们能崇敬自己的造物主。既然基督徒们的上帝在船上已经被众人所知，那么无知并不能为那么多的可憎行为辩解，我们应当沉入海底，以死来为人们对上帝的不断蔑视赎罪。但是，只要听到 10 个人呼喊他的名字，仁慈的上帝就会保佑 5 座有罪的城市，实现我们的祷告，更准确地来说是所有在暹罗和在法国的朋友们的祷告。第二天，18 日，起风了，此后风一直有利于航行。远处，我们看到了台湾岛的高大山脉，我们已经穿过了中国所有的南方省市，到达了东部海岸，左边是这个大陆，它包围了世界三大部分——欧洲、非洲和亚洲。这片海域群岛散落，我们进入这片群岛中，水深大约五六寻，有时候吊艇杆会碰到岩石。7 月 23 日，我们到达了宁波港，当日我们抛锚停船了。几天前，我们已经按鞑靼人的方式理了发，并脱去耶稣会的服装，而按中国人的服饰装扮。

　　我就不向您叙述当我们看到执行使命的目的地时有多么高兴，也不说我们一起唱感恩颂时有多么感动了。即使您没有见证这一切，您离我们如此之远，可能不会明显地被触动，但是您也一定会相信当我们放眼回望我们经过的广袤海域，回顾我们坎坷丛生的旅程时，我们是多么激动，多么感谢神圣的上帝的庇佑。
如果说当我们离开法国时还没有适应海洋，但是船上提供的便利
条件以及我们在好望角和巴达维亚受到的援助使我们感到很舒
适。我们越想我们可能在去年的澳门之行中丧生，就越觉得是上
帝的意愿让我们返回印度。因此，我们受到了暹罗国王和他的宰
相康斯坦斯先生更多的热情照顾，我们推动了洛布里天文台的建
设，用以完善天文学并促进基督教在这些不信教地区的传播。虽
然我们在旅程的最后阶段遭遇了中国人的粗鲁无礼，但这只有 30
多天而已。圣·方济各·沙勿略在我们之前来中国时就已经遭遇
了这些。在我们最渴望水的时候，上帝让船的主人有时瞒着船长
偷偷给我们送来一些水，这稍微缓解了我们的痛苦。

　　尊敬的神父，我们所有人终于到达了中国，航行了 6000 法
里，身体健康，没有忍受我们在法国患过的偏头痛和其他疾病。
我特意向您讲述所有细节，是想请您帮我们一起感谢上帝对我们
的恩赐。请您不要忘了旅程中对我们施以恩惠的人们，大使肖蒙
先生，"飞鸟号"指挥官沃德里古尔先生，好望角的凡赫德男爵
（Van Rhede）和凡德赛先生（Vanderset），巴达维亚的总督，暹罗
国王和暹罗的康斯坦斯夫妇。我无法言说我们在旅程中所受的恩
惠，当通过我们的祷告，上帝使一个善良的国王皈依基督教的时
候，我们再向他表达我们理应的感激之情。

附录七：洪若翰 1687 年 8 月 25 日写给维利乌斯神父的信①

1687 年 8 月 25 日 宁波

尊敬的神父：

　　我们带到中华帝国的礼物十分精美，但是我们还缺少许多质量尚可的礼物来打点诸多官员，因为我们的事情要经过他们之手操办，尤其是我们第一次来这里，没有任何经验来应付这些事情。

　　阁下花在教堂的珐琅器上的最后 15 个金路易，要是用于购买更实用的东西的话，现在我们应该可以购买 40 件左右的精致礼物。为了避免今后出现类似的不便，我给您写信列出需要寄给我们的东西，在我们之后来中国的人可以捎给我们。而且他们必须仔细保管好它们，不要在暹罗或其他地方分发出去，因为我们这里迫切需要。

　　因此，不要那些诸如教堂的珐琅器、宫廷的釉质玫瑰、假冒的珍珠等小玩意，这些东西一半会因热量而融化或者因海水而腐蚀，中国的官员们对这些小东西极为不屑，把它们当作无聊的玩意。应该带来的是：

　　一、精心制作的、刀柄是玳瑁的刀，精心加工的剪刀，无数穆兰②的刀剪套装，我说无数是因为许多高官都认为它们是实用的。刀或者剪刀，无论是放在纸里或者套中，都容易在途中生锈。

　　二、白铁皮望远镜在中国官员眼里是十分不雅的，所以我们

---

　　① Henri Bernard. Le voyage du père de Fontaney au Siam et à la Chine (1685-1687) d'après des lettres inédites. *Bulletin de l'Université l'Aurore*, 1942 (série 3, 3, no. 2): 239-240.

　　② 法国一城市，位于巴黎西南 292 千米处。

需要直径约为5至6法寸的、由轧花革或者金色皮革包装的单筒望远镜，直径约为1法尺的包装相同的双筒望远镜，直径约为2法尺的四筒望远镜，即使镜片不是很好也没关系。但是仅仅带来望远镜的镜片是不够的，因为我们发现这里的港口没有工人制造镜筒，而且也没有欧洲的港口那样干净。

三、可以带来一些小型的迪耶普①的显微镜。越大越好，但要注意组装好。还需要带来双镜或三镜的显微镜，大型的用于我们的实验，小型的功能良好的当作精致的礼物。

四、现在急需 12 个左右的发条表，我们现在只有您让张诚神父带到布雷斯特的那一只。还需要一些自鸣钟送给中国高官们，此外如果能带来巴黎上层人士家中所用的那种摆钟就更好了。

五、所有人都向我们询问有助于阅读的眼镜，因为中国制造的眼镜对眼睛有伤害。需要带来200至300个，一些用于近视，另一些用于正常视力。在那些近视镜中，需要一些用玳瑁镶边的送给中国官员。此外，带一些骑士行进时所戴的防风沙的圆形眼镜。宁波海关的官员向我们询问过这类眼镜，原因是北京的鞑靼人（满族人）迫切需要……

六、广东也生产三棱镜，售价5苏。据说这里也生产多面镜。但仍然可以带来组装好的大多面镜，较大的凹镜，并且镶嵌在比角质更好的材料中。

七、荷兰人和英国人带到这里无数的镜子。但是还是需要带来在巴黎销售的装在轧花革套子里的镜子，可以是双面的，一面是平面镜，另一面是放大镜，以及各种各样的放大镜或缩小镜。

八、我们的风俗画已经被接受了，但是应该着色。不应带穿着虽体面但穿得很少的妇女的画像，因为人们认为这不是传教士该做的事儿。而且这些画通常不能被当作礼物。

---

① 法国一城市，濒临英吉利海峡。

有关狩猎或者战争、人物风景、城市和宫殿的漂亮的铜版画颇受人们喜欢。卢浮宫的铜版画精美绝伦，图形以及戎装图也是不错的主题。

九、不要忘了宫廷的扇子，挑选最精美的，因为这里所有的人手里都拿着扇子，而一把欧洲的扇子会让他们愉悦的。

十、没有裸体的小型图画，特别是小巧而精致的艺术品、漂亮的釉彩图像和画作、珐琅器、珊瑚、琥珀工艺品等。

十一、至于玻璃工艺品，可以带来花瓶、烛台、水晶长颈瓶、用来表示冷热程度的佛罗伦萨温度计、有小巧的玻璃图像上下滚动的圆柱体。我自己有三四个价值不高的玻璃品，但巴黎的阿班制作的更好。

最后，还有其他类似的工艺品，要新奇、实用而且明净。

我们带来的迪耶普象限仪没有用武之地，因为其使用方式是根据我们的特点设计的，中国人无法理解。法国的绘图仪也是这样。

我们在这里看到了很多的磁石，比巴黎更有市场。我们的缝衣针完全没有用处。

我尊敬的神父，请您每年都送来一定数量的礼物，并向我们的保护者解释缘由，如果他们希望这里一切进行顺利的话，这是必需的。

我在暹罗（大城府）看到了许多令人惊叹的精美的手表，梅特洛波利主教先生（拉诺先生）也寄了不少给他中国的教士，他没有想到我们并不知道这些。这些海外传教神学院的先生懂得从巴黎寻找他们想要的。请您对我们也抱有同样的热情。许多在妇女中不再流行的稀奇品可以引起这里许多人的兴趣。

尊敬的神父，希望您相信我的话，敬请认真考虑。

参考文献

一、中文资料

（一）著作：

1. 〔法〕艾田蒲著，许钧、钱林森译：《中国之欧洲》，桂林：广西师范大学出版社，2008 年。

2. 安田朴、谢和耐：《明清间入华耶稣会士和中西文化交流》，成都：巴蜀书社，1993 年。

3. 爱新觉罗·玄烨著，李迪译注：《康熙几暇格物编译注》，上海：上海古籍出版社，2007 年。

4. 〔葡〕安文思著，何高济译：《中国新史》，郑州：大象出版社，2004 年。

5. 〔法〕白晋著，赵晨译：《康熙皇帝》，哈尔滨：黑龙江人民出版社，1981 年。

6. 陈垣编：《康熙与罗马使节关系文书》（影印本），台北：文海出版社，1974 年。

7. 〔法〕杜赫德编，郑德弟等译：《耶稣会士中国书简集》（上卷），郑州：大象出版社，2005 年。

8. 〔法〕杜赫德编，朱静、耿昇译：《耶稣会士中国书简集》（中卷），郑州：大象出版社，2005 年。

9. 杜文凯编：《清代西人见闻录》，北京：中国人民大学出版社，1985 年。

10. 方豪：《中国天主教史人物传》，北京：宗教文化出版社，

2007年。

11. 方豪：《中西交通史》，长沙：岳麓书社，1987年。

12.〔法〕费赖之著，冯承钧译：《在华耶稣会士列传及书目》，北京：中华书局，1995年。

13.〔法〕伏尔泰著，吴模信等译：《路易十四时代》，北京：商务印书馆，1997年。

14.〔法〕伏尔泰著，梁守锵译：《风俗论》，北京：商务印书馆，1995年。

15.〔法〕弗朗斯瓦·魁奈著，谈敏译：《中华帝国的专制制度》，北京：商务印书馆，1992年。

16. 韩琦著，吴旻校注：《熙朝崇正集熙朝定案（外三种）》，北京：中华书局，2006年。

17. 何寅、许光华主编：《国外汉学史》，上海：上海外语教育出版社，2002年。

18. 黄伯禄：《正教奉褒》，中科院自然史研究所藏：光绪三十年上海慈母堂本，1904年。

19. 江文汉：《明清间在华的天主教耶稣会士》，北京：知识出版社，1987年。

20.〔德〕柯兰霓著，李岩译：《耶稣会士白晋的生平与著作》，郑州：大象出版社，2009年。

21.〔德〕莱布尼茨著，梅谦立、杨保筠译：《中国近事——为了照亮我们这个时代的历史》，郑州：大象出版社，2005年。

22. 李光地：《榕村语录榕村续语录》，北京：中华书局，1995年。

23.〔意〕利玛窦著，罗渔译：《利玛窦全集》，台北：光启出版社，1986年。

24.〔法〕李明著，郭强、龙云、李伟译：《中国近事报道（1687—1692）》，郑州：大象出版社，2004年。

25. 〔德〕利奇温著，朱杰勤译：《十八世纪中国与欧洲的接触》，北京：商务印书馆，1991年。

26. 李天刚：《中国礼仪之争——历史·文献和意义》，上海：上海古籍出版社，1998年。

27. 〔英〕李约瑟著，《中国科学技术史》翻译小组译：《中国科学技术史》，北京：科学出版社，1976年。

28. 李贽：《续焚书》，北京：中华书局，1975年。

29. 〔英〕玛德琳·梅因斯通等著，钱乘旦译：《剑桥艺术史》，北京：中国青年出版社，1994年。

30. 〔美〕孟德卫著，陈怡译：《奇异的国度：耶稣会适应政策及汉学的起源》，郑州：大象出版社，2010年。

31. 〔美〕孟德卫著，张学智译：《莱布尼茨和儒学》，南京：江苏人民出版社，1998年。

32. 清华大学思想文化研究所编：《世界名人论中国文化》，武汉：湖北人民出版社，1991年。

33. 〔法〕荣振华著，耿昇译：《在华耶稣会士列传及书目补编》，北京：中华书局，1995年。

34. 〔美〕史景迁著，廖世奇、彭小樵译：《文化类同与文化利用》，北京：北京大学出版社，1997年。

35. 史彤彪：《中国法律文化对西方的影响》，石家庄：河北人民出版社，1999年。

36. 〔美〕苏尔、诺尔编，沈保义等译：《中国礼仪之争西文文献一百篇，1645—1941》，上海：上海古籍出版社，2001年。

37. 谈敏：《法国重农学说的中国渊源》，上海：上海人民出版社，1992年。

38. 〔法〕维吉尔·毕诺著，耿昇译：《中国对法国哲学思想形成的影响》，北京：商务印书馆，2000年。

39. 〔美〕魏若望著，吴莉苇译：《耶稣会士傅圣泽神甫传：

索隐派思想在中国及欧洲》，郑州：大象出版社，2006年。

40.〔美〕卫三畏著，陈俱译：《中国总论》，上海：上海古籍出版社，2005年。

41.吴莉苇：《当诺亚方舟遭遇伏羲神农》，北京：中国人民大学出版社，2005年。

42.吴孟雪：《明清时期——欧洲人眼中的中国》，北京：中华书局，2000年。

43.吴相湘编：《天主教东传文献续编》，台北：学生书局，1966年。

44.〔德〕夏瑞春编，陈爱政等译：《德国思想家论中国》，南京：江苏人民出版社，1995年。

45.〔法〕谢和耐著，耿昇译：《中国与基督教——中西文化的首次撞击》，上海：上海古籍出版社，2003年。

46.〔法〕谢和耐、戴密微等著，耿昇译：《明清间耶稣会士入华与中西汇通》，北京：东方出版社，2011年。

47.许光华：《法国汉学史》，北京：学苑出版社，2009年。

48.许明龙：《欧洲十八世纪中国热》，北京：外语教学与研究出版社，2007年。

49.许明龙主编：《中西文化交流先驱》，北京：东方出版社，1993年。

50.徐宗泽：《中国天主教传教史概论》，上海：上海世纪出版集团，2010年。

51.徐宗泽：《明清间耶稣会士译著提要》，北京：中华书局，1946年。

52.严建强：《十八世纪中国文化在西欧的传播及其反应》，杭州：中国美术学院出版社，2002年。

53.阎宗临著，阎守诚编：《传教士与法国早期汉学》，郑州：大象出版社，2003年。

54.〔法〕伊夫斯·德·托玛斯·博西耶尔夫人著，辛岩译：《耶稣会士张诚：路易十四派往中国的五位数学家之一》，郑州：大象出版社，2009年。

55.〔法〕张诚著，陈霞飞译：《张诚日记》，北京：商务印书馆，1973年。

56.〔法〕张诚著，张宝剑等译：《张诚日记》，《清史资料》第五辑，北京：中华书局，1984年。

57.〔法〕张诚著，张宝剑译：《张诚日记》（续），《清史资料》第六辑，北京：中华书局，1985年。

58.〔法〕张诚著，陈增辉译：《对大鞑靼的历史考察概述》，杜文凯编：《清代西人见闻录》，北京：中国人民大学出版社，1985年。

59. 张国刚：《中西文明的碰撞》，广州：广东人民出版社/北京：华夏出版社，1996年。

60. 张国刚等：《明清传教士与欧洲汉学》，北京：中国社会科学出版社，2001年。

61. 张国刚：《从中西初识到礼仪之争——明清传教士与中西文化交流》，北京：人民出版社，2003年。

62. 张西平：《传教士汉学研究》，郑州：河南教育出版社，2005年。

63. 张西平主编：《莱布尼茨思想中的中国元素》，郑州：大象出版社，2010年。

64. 中国第一历史档案馆编：《康熙朝汉文朱批奏折汇编》，北京：档案出版社，1984年。

65. 中国第一历史档案馆编：《康熙朝满文朱批奏折全译》，北京：中国社会科学出版社，1996年。

66. 周燕：《传教士与中外文化交流——李明〈中国近事报道〉研究》，杭州：浙江大学出版社，2012年。

67. 朱谦之：《中国哲学对于欧洲的影响》，福州：福建人民出版社，1983 年。

68. 朱谦之：《中国思想对于欧洲文化之影响》，北京：商务印书馆，1940 年。

69. 卓新平：《基督宗教论》，北京：社会科学文献出版社，2000 年。

（二）期刊论文：

1. 〔苏〕别尔津著，陈远峰译：《十七世纪下半叶法国殖民者在暹罗的活动》，《东南亚研究资料》，1963 年第 2 期。

2. 曹增友：《法国传教士张诚与〈中俄尼布楚条约〉》，《学习与探索》，1985 年第 4 期。

3. 冯宝琳：《康熙〈皇舆全览图〉的测绘考略》，《故宫博物院院刊》，1985 年第 1 期。

4. 耿昇：《从法国安菲特利特号船远航中国看 17—18 世纪的海上丝绸之路》，《西北第二民族学院学报》（哲学社会科学版），2001 年第 2 期。

5. 韩琦：《君主和布衣之间：李光地在康熙时代的活动及其对科学的影响》，《清华学报》（台湾），1996 年第 2 期。

6. 何桂春：《〈中俄尼布楚条约〉的签订与耶稣会士》，《福建师范大学学报》（哲学社会科学版），1989 年第 4 期。

7. 江晓原：《试论清代"西学中源说"》，《自然科学史研究》，1988 年第 7 卷第 2 期。

8. 李存山：《莱布尼茨的二进制与〈易经〉》，《中国文化研究》，2000 年第 3 期。

9. 李晓标：《耶稣会士张诚眼中的蒙古地区》，《内蒙古社会科学》（汉文版），2013 年第 4 期。

10. 李兆华：《关于〈数理精蕴〉的若干问题》，《内蒙古师大学报》（自然科学版），1983 年第 2 期。

11. 吕颖：《清代来华"皇家数学家"传教士洪若翰研究》，《清史研究》，2013 年第 3 期。

12. 吕颖：《清代来华法国传教士刘应研究》，《福建师范大学学报》（哲学社会科学版），2014 年第 3 期。

13. 吕颖：《17 世纪末法国与暹罗外交的斡旋者——塔查尔》，《南洋问题研究》，2012 年第 2 期。

14. 莫德：《几何原本有关问题研究（五）——〈数理精蕴〉中的几何原本之研究》，《内蒙古师大学报》（自然科学版），1991 年第 2 期。

15. 倪军民、三英：《耶稣会士与〈中俄尼布楚条约〉》，《北方论丛》，1994 年第 5 期。

16. 欧阳哲生：《十七世纪西方耶稣会士眼中的北京——以利玛窦、安文思、李明为中心的讨论》，《历史研究》，2011 年第 3 期。

17. 秦国经：《18 世纪西洋人在测绘清朝舆图中的活动与贡献》，《清史研究》，1997 年第 1 期。

18. 孙小礼：《关于莱布尼茨的一个误传与他对中国易图的解释和猜想》，《自然辩证法通讯》，1999 年第 2 期。

19. 谢景芳：《天花与清初史事评议》，《民族研究》，1995 年第 1 期。

20. 杨剑龙：《冲突与接受：基督教文化与中国家族观念》，《厦门大学学报》（哲学社会科学版），2008 年第 2 期。

21. 杨平：《耶稣会传教士〈易经〉的索隐法诠释》，《周易研究》，2013 年第 4 期。

22. 余三乐：《徐日升、张诚与中俄〈尼布楚条约〉的签订》，《北京行政学院学报》，2000 年第 5 期。

23. 〔法〕詹嘉玲著，耿昇译：《18 世纪中国和法国的科学领域的接触》，《清史研究》，1996 年第 2 期。

24. 张西平：《梵蒂冈图书馆藏白晋读〈易经〉文献初探》，《文献》，2003 年第 3 期。

25. 张西平：《中西文化的一次对话：清初传教士与〈易经〉研究》，《历史研究》，2006 年第 3 期。

26. 张西平：《简论莱布尼茨〈中国近事〉的文化意义》，《世界哲学》，2008 年第 1 期。

27. 周燕：《"国王数学家"来华及其意义》，《株洲师范高等专科学校学报》，2006 年第 6 期。

（三）论文集、会议录：

1. 〔法〕戴密微著，胡书经译：《法国汉学研究史概述》，阎纯德主编：《汉学研究》第一集，北京：中国和平出版社，1996 年。

2. 林金水：《〈易经〉传入西方考略》，《文史》第 29 辑，北京：中华书局，1988 年。

3. 汤开建：《明清之际中国天主教会传教经费之来源》，高伟浓主编：《暨南史学丛书·专门史论集》，广州：暨南大学出版社，2002 年。

4. 吴伯娅：《耶稣会士白晋对〈易经〉的研究》，中国社会科学院历史研究所：《中西初识二编——明清之际中国和西方国家的文化交流之二》，2000 年。

（四）报纸文章：

1. 曾涛：《〈中俄尼布楚条约〉：运用国际法的初例》，《中国社会科学院报》，2009 年 2 月 3 日，第 7 版。

二、外文资料

（一）著作：

1. Abel-Rémusat, Jean-Pierre. *Nouveaux mélanges asiatiques, ou Recueil de morceaux de critique et de mémoires, relatifs aux*

religions, aux sciences, aux coutumes, à l'histoire et la géographie des nations orientales, tome 2. Paris: Schubart et Heideloff, 1829.

2. Bretschneider, Emil. *Notices of the medieval geography and history of central and western Asia*. London: Trübner & Co., 1876.

3. Brockey, Liam Matthew. *Journey to the East, The Jesuit Mission to China, 1579-1724*. Cambridge: The Belknap Press of Harvard University Press, 2007.

4. D' Anville, Jean Baptiste Bourguignon. *Mémoire de M. d'Anville sur la Chine*. Paris: Chez l'auteur, aux Galeries du Louvre, 1776.

5. De Choisy, François-Timoléon. *Journal du voyage de Siam*. Paris: Trévoux, 1741.

6. De Choisy, François-Tiloméon. *Mémoires pour servir à l'histoire de Louis XIV*. Utrecht: Van-De-Water, 1727.

7. De Fontaney, Jean. *Lettre du Père de Fontaney, supérieur des six Jésuites envoyés par le Roi à la Chine, écrite de Siam depuis le départ des vaisseaux à un autre Jésuite de ses amis le 26 février 1686*. S.I., 1687.

8. De Molainville, Barthélemy d'Herbelot et C. Visdelou, A. Galand. *Bibliothèque orientale ou dictionnaire universel*, vol. 4. La Haye: J. Neaulme & N. van Daalen, 1779.

9. De Rhodes, Alexandre et Machault, Jacques. *Voyages et missions du Père Alexandre de Rhodes de la Compagnie de Jésus en la Chine et autres royaumes de l'Orient*. Paris: Julien, Lanier et Cie, 1854.

10. De Saint-Martin, Louis Vivien. *Description historique et géographique de l'Asie mineure*. Paris: Arthus Bertrand, 1852.

11. Du Halde, Jean-Baptiste. *Description géographique,*

historique, chronologique, politique et physique de l'empire de la Chine et de la Tartarie chinoise, vol. 4. The Hague: H. Scheuleer, 1736.

12. Forbin, Claude et de Choisy, François Timoléon. *Voyage du comte de Forbin à Siam, suivi de quelques détails extraits des Mémoires de l'abbé de Choisy (1685-1688).* Paris: Librairie de L. Hachette et Cie, 1853.

13. Gatty, Janette. *voyage de Siam du Père Bouvet.* Leiden: Brill, 1963.

14. Gaubil, Antoine et Joseph Henri Prémare, Claude de Visdelou, Joseph de Guignes. *Le Chou-king: un des livres sacrés des Chinois, qui renferme les fondements de leur ancienne histoire, les principes de leur gouvernement & de leur morale.* Paris: N. M. Tilliard, 1770.

15. Goüye, Thomas. *Observations physiques et mathématiques, pour servir à l'histoire naturelle et à la perfection de l'astronomie et de la géographie.* Paris: Imprimerie Royale, 1692.

16. Henry Cordier. *Bibliotheca Sinica,* vols.1-4. Paris: E. Guilmoto, 1904-1908.

17. Hsia, Florence C. *Sojourners in a Strange land: Jesuits and Their Scientific Missions in Late Imperial China.* Chicago: University of Chicago Press, 2009.

18. Jami, Catherine. *The Emperor's New Mathematics: Western Learning and Imperial Authority During the Kangxi Reign (1662-1722).* Oxford: Oxford University Press, 2012.

19. Klopp, Onno. *Die Werke von Leibniz gemäss seinem handschiftlichen Nachlasse der Köninglichen Bibliothek zu Hannover.* Hannover: Klindworth, 1864.

20. Landry-Deron, Isabelle. *La preuve par la Chine: La Description de J. B. Du Halde, jésuite, 1735.* Paris: Editions EHESS, 2002.

21. Launay, Andrien. *Histoire générale de la Société des missions étrangères*, tome 1. Paris: Téqui, 1894.

22. Leibniz, Gottfried Wilhelm. *Der Briefwechsel mit den Jesuiten in China (1689-1714).* Hamburg: Felix Meiner Verlag, 2006.

23. Mackerras, Colin. *Western Images of China.* Oxford: Oxford University Press, 1982.

24. Moréri, Louis et Claude-Pierre Goujet, Etienne-François Drouet. *Le grand dictionnaire historique, ou le mélange curieux de l'histoire sacrée et profane*, vol. 10. Paris: Les Librairies Associées, 1759.

25. Parisot, Pierre-Curel. *Mémoires historiques présentés au Souverain Pontife Benoît XIV, sur les missions des Indes orientales*, tome 2, partie 2-3. Luques: Ciuffetti, 1744.

26. Parisot, Pierre-Curel. *Oraison funèbre de Monseigneur de Visdelou, jésuite, évêque de Claudiopolis, vicaire apostolique en Chine.* Cadix: Antoine Pereira, 1742.

27. Pouillon, François. *Dictionnaire des orientalistes de langue française.* Paris: IISMM-Karthala, 2008.

28. Ricci, Matthieu. *Histoire de l'expédition chrétienne au royaume de la Chine, 1582-1610.* Paris/Montréal: Desclée de Brouwer/Bellarmin, 1978.

29. Tachard, Guy. *Voyage de Siam des Pères Jésuites envoyés par le Roi aux Indes & à la Chine.* Paris: A. Seneuze et D. Horthemels, 1686.

30. Tachard, Guy. *Second voyage du Père Tachard et des*

jésuites envoyés par le Roi au royaume. Paris: D. Horthemels, 1689.

　　31. Verbiest, Ferdinand et Henri Josson, Léopold Willaert. *Correspondance de Ferdinand Verbiest de la Compagnie de Jésus.* Bruxelles: Palais des Académies, 1938.

　　（二）期刊论文：

　　1. Bernard, Henri. Le voyage du père de Fontaney au Siam et à la Chine (1685-1687) d'après des lettres inédites. *Bulletin de l'Université l'Aurore,* 1942 (série 3, 3, no. 2).

　　2. Hsia, Florence C. Some observations on the Observations: the decline of the French Jesuit scientific mission in China. *Revue de synthèse,* 1999, 120 (2-3).

　　3. Jami, Catherine. Pékin au début de la dynastie Qing: capitale des savoirs impériaux et relais de l'Académie royale des sciences de Paris. *Revue d'histoire moderne et contemporaine,* 2008, 55-2.

　　4. Landry-Deron, Isabelle. Les mathématiciens envoyés en Chine par Louis XIV en 1685. *Archive for History of Exact Sciences,* 2001, 55.

　　5. Vongsuravatana, Raphaël. Guy Tachard ou la Marine française dans les Indes orientales (1684-1701). *Histoire, économie et société,* 1994 (2).

　　（三）论文集、会议录：

　　1. Jami, Catherine. L'empire maritime portugais, la diplomatie française et la transmission des sciences mathématiques européennes en Asie orientale aux XVIIe et XVIIIe siècles. In Dominique Tournès ed., *L'Océan Indien au carrefour des mathématiques arabes, chinoises, européennes et indiennes.* Saint-Denis: I.U.F.M. de la Réunion, 1998.

　　2. Witek, John W. Claude Visdelou and the Chinese Paradox. In

Edward Malatesta and Yves Raguin, eds., *Images de la Chine: Le contexte occidental de la sinologie naissante*. Taipei and Paris: Institut Ricci, 1995.

（四）学位论文：

1. Hsia, Florence C. *French Jesuits and the mission to China: science, religion, history*. Chicago: The University of Chicago, 1999.

2. Landry-Deron, Isabelle. *Les leçons de sciences occidentales de l'empereur de Chine Kangxi (1662-1722): textes des journaux des Pères Bouvet et Gerbillon*. Paris: E.H.E.S.S., 1995.

后　记

　　我是一个安时处顺、知足自安的人。自从 2005 年硕士毕业来到南开任教以来，我就本本分分地做着一个小小教书匠。我本不是研究历史出身，但承蒙阎国栋教授不弃，收我为徒，带我走进了中法文化交流史的研究领域。对我来说，这虽是一全新的方向，但也有着几分亲切和熟悉。因为它既符合我对中外文化交流研究的兴趣，又可发挥我法语方面的专长。在先生的指导下，我将"法国'国王数学家'与中西文化交流"作为博士研究主题。在论文的撰写过程中，先生对我始终是循循善诱，谆谆教导，从篇章布局到段落标点，都严格把关，没有丝毫懈怠。他所教会我的不仅是如何做学问，更重要的是如何为人，如何为师，这一切我都将受益终生。

　　四年的博士生涯能够最终凝结成这部作品，还要感谢学界多位师长的慷慨帮助和睿智点拨。南开大学的孙卫国教授、刘英教授、肖玉秋教授，北京外国语大学的顾钧教授拨冗参加了我的开题答辩，为我把握了方向，开拓了思路，解答了困惑。论文撰写过程中，我也曾多次当面或以电话的方式向教授们请教，他们总是不耐其烦地为我答疑解惑。南开大学历史学院的江沛教授、陈志强教授、张荣明教授的课程使我获益颇丰。南开大学外国语学院各级领导不断热情的鼓励，使我始终能感受到无尽的关怀与支持。

　　此外，我要感谢我的家人。多年来，他们一直是我坚强的后盾。

　　笔者自认为才疏学浅，最终能够完成这部作品，离不开以上各位的指导和扶持。在此，我再一次表示由衷的谢意。